Ὕ Λ Η   Ἱ Σ Τ Ο Ρ Ί Α Σ

Νικηφόρος Βρυέννιος

ニキフォロス＝ヴリエニオス

# 歴史

〜イストリア〜

相野洋三訳

悠書館

# 歴史《イストリア》——目次

ニキフォロス＝ヴリエニオスの生涯と作品（井上浩一） ix
系図：コムニノス家とドゥカス家 xviii
：ヴリエニオス家 xx
付図：十一世紀のローマ世界・中心部拡大図 xxi
：十一世紀のローマ世界・全体図 xxii
凡例 xxv
序文 3
［ニキフォロス＝ヴォタニアティスの簒奪～アレクシオス＝コムニノスの怒り～アレクシオス＝コムニノスの最初の試み～アレクシオス＝コムニノスの第二の試み～アレクシオス＝コムニノスに対する陰謀～アレクシオス＝コムニノス、ヴリエニオスとヴァシラキスを捕らえる～アレクシオス＝コムニノスの反乱～コムニノス家とドゥカス家～アレクシオス＝コムニノスの示した立派な手本、ニキフォロス＝ヴリエニオスによる序文］

第Ⅰ巻　13

［イサアキオス＝コムニノスとヨアニス＝コムニノス兄弟の教育～イサアキオスとヨアニスの経歴と結婚～ヨアニス＝コムニノスへの賛辞～イサアキオス、権力の譲渡を弟に申し出る～コンスタンディノス＝ドゥカスの即位～ヨアニス＝コムニノスの子供たち～トルコ人の起源、ムゥフゥメトとタングロリピクス～ムゥフゥメトのタングロリピクスに対する遠征～ムゥフゥメト、タングロリピクスに敗れる～ローマ人に対するトルコ人の初期の戦闘～マヌイル、フリソスクロスを籠絡する～クロパラティスのマヌイル＝コムニノスの死～ディオエニス、トルコ人に対して進撃を決意する～ヴァシラキス、軽率に攻撃し、捕らえられる～ヴリエニオス、ヴァシラキスの救援に向かう～ローマ軍、戦闘隊形を整える～ローマ軍の敗北と皇帝の捕縛～皇后エヴドキアと息子ミハイルが権力を握る～ディオエニスの解放と宮殿における動揺～皇后エヴドキア、権力を奪われる～ロマノス＝ディオエニスの釈放、帰途につく、ミハイル側の対策～アンナ＝ダラシニの裁判と追放～アンドロニコス＝ドゥカスの出征～ハタトゥリオス、打ちまかされ、捕らえられる～ロマノス＝ディオエニスの捕縛と拷問と死］

第Ⅱ巻　43

［新しい統治～ケサルのヨアニス＝ドゥカス、ヴィシニアに退く～イサアキオス＝コムニノス、トルコ人と戦う～フランク人ウルセリオスの離反～ローマ軍敗れ、イサアキオス、トルコ人に捕らえられる～ローマ軍の脱走およびアレクシオスの逃走～アレクシオス、ガヴァドニアに滞在する～アレクシオス、アンキラで兄弟のイサアキオスと再会～イサアキオスとアレクシオス、デクティでトルコ人に囲まれる～アレクシオス＝コムニノスの演説～トルコ人、攻撃にでる～戦闘の急展開～ローマ人の英雄的防衛～ケサルのヨアニスの対ウルセリオス遠征～ゾムポスの戦い、ケサルの敗北と捕縛～ケサルの孫のミハイル＝ドゥカ

ス、家庭教師と一緒に逃げる～ウルセリオス、ケサルのヨアニス＝ドゥカスを皇帝と宣言する～ケサルとウルセリオス、トルコ人に敗れ、捕らえられる～ウルセリオス、ポントス地方の支配者となる～アレクシオス、しつこくウルセリオスを攻撃する～ウルセリオスとアレクシオス、互いにトゥタフを味方にしようとする～ウルセリオス、トゥタフに捕らえられ、コムニノスに引き渡される～アマシアの住民へのアレクシオス＝コムニノスの演説～アレクシオス＝コムニノス、フランク人の要塞を奪う～アレクシオス＝コムニノスとセオドロス＝ドキアノスの会見～アレクシオス＝コムニノス、イラクリアにおいてマヴリクスの客となる～アレクシオス＝コムニノス、海上からイラクリアを出立する～イサアキオス＝コムニノス、アンティオキアの総主教を同市から追い払う～アンティオキアでの暴動とトルコ人のシリアへの侵入］

第Ⅲ巻　77

［ミハイル七世治下における帝国の状況～ニキフォロス＝ヴリエニオス、ケサルに推薦される～ニキフォロス＝ヴリエニオス、ブルガリアとディラヒオンのドゥクスに任命される～ヨアニス＝ヴリエニオスとニキフォロス＝ヴァシラキスの共謀～ロゴセティスの計画、あばかれる～アレクシオス＝コムニノスの婚約式～アドリアヌポリスにおけるカタカロン＝タルハニオティス～ニキフォロス＝ヴリエニオスとヴァシラキスとの会見～トライアヌポリスの占領～アドリヌポリスにおけるヴリエニオス～コンスタンティノープルを前にしてのヨアニス＝ヴリエニオス～攻囲側によってなされた破壊行為～アレクシオス＝コムニノスの手柄および結婚～攻囲の打ち切りとヴリエニオスの対スキタイ戦～ニキフォロス＝ヴォタニアティスの反乱～ヴォタニアティス、ニケアを包囲する～ヴォタニアティス、ニケアを占領する～コンスタンティノープルにおける元老院と軍の謀反～皇帝、謀反の動きを抑える機会を逸する～アレクシオス＝コムニノ

ス、鎮圧の手段を提案する～アレクシオス＝コムニノス、コンスタンディオスを皇帝に据えようと試みる～コンスタンディオスとアレクシオス、ヴォタニアティス、コンスタンティノープルに向かって乗船～皇帝ミハイル＝ドゥカスの退位～ヴォタニアティス、アラニアのマリアと結婚する～ロゴセティスのニキフォリツィスの死］

第Ⅳ巻　101

［ヴォタニアティス、国庫の金を使い尽くす～ストラヴォロマノスとヒロスファクティス、使節としてヴリエニオスへ派遣される～セオドルポリスでの会見～アレクシオス＝コムニノス、諸軍の指揮を引き受ける～アレクシオス＝コムニノス、カロヴリィイに陣地を設置する～ヴリエニオス軍の陣立て～アレクシオス＝コムニノス軍の陣立て～ヨアニス＝ヴリエニオスの右翼による攻撃～アレクシオス＝コムニノスの個人的偉業～トルコ人援軍の突然の到着～ヴリエニオス軍、隊列を立て直す～ヴリエニオス軍の敗走～ニキフォロス＝ヴリエニオス、捕らえられる～ヴリエニオスの兄弟と息子の逃走～ニキフォロス＝ヴリエニオスとアレクシオス＝コムニノスへの讃辞～アレクシオス＝コムニノス、コンスタンティノープルに帰還する～ヴリエニオス、視力を奪われる。彼の仲間の大赦～アレクシオス＝コムニノス、ヴァシラキスに向かって進軍する～ヴァシラキス、セサロニキから出撃する～戦闘準備～アレクシオス＝コムニノスの戦略～ヴァシラキス、アレクシオス＝コムニノスの陣営を攻撃する～アレクシオス＝コムニノス、ヴァシラキスを負傷させる～暗闇の中での激しい混戦～白昼における戦闘再開～ヴァシラキス、セサロニキに逃げ込む～ヴァシラキス、捕らえられる～ヴァシラキスの失明～イサアキオス＝コムニノス、ヴォタニアティスの寵を得る～アレクシオス＝コムニノス、スキタイを追い払う～ニキフォロス＝メリシノスの反乱～プロトヴェスティアリオスのヨアニス、軍事指揮をとる～ヴィシニアにおける宦官ヨアニス

の遠征～エオルイオス＝パレオロゴス、ニケアの包囲をやめさせようとする～宦官ヨアニス、退却を余儀なくされる～エオルイオス＝パレオロゴス、撤退を遂行する～宦官ヨアニスの狼狽～エオルイオス＝パレオロゴス、宦官のヨアニスを救う～パレオロゴス、イサアキオス＝コンドステファノスを助ける～プロトヴェスティアリオスの忘恩〕

## 付録：マンツィケルトの戦い

### ――ロマノス＝ディオエニス帝の最後の遠征からその死まで――

プセロス『年代記』　135
アタリアティス『歴史』　149
『続スキリツィス』　179
ゾナラス『歴史要約』　195

解題　203
訳者あとがき　233

＊

# ニキフォロス＝ヴリエニオスの生涯と作品

井上浩一

## はじめに

西洋古代・中世を通じて唯一の女性歴史家といわれるアンナ＝コムニニを歴史学へと導いたのは、その夫ニキフォロス＝ヴリエニオスであった。アンナが異色の歴史家であったのに対して、ニキフォロスは、古代ギリシア以来の歴史学の伝統を受け継ぐ、正統派の歴史家である。正統派という意味は、ニキフォロス＝ヴリエニオスの経歴、その著作『歴史』が語っている。

## 一、ヴリエニオス家――十一〜十二世紀のビザンツ帝国

ヴリエニオスという苗字は九世紀から知られているが、ヴリエニオス家が歴史の表舞台に現れるのは十一世紀半ばである。十一世紀はビザンツ帝国史の転換期であった。帝国の最盛期を現出したヴァシリオス二世（在位九七六〜一〇二五年）のあと、帝国は衰退に向かい始め、世紀半ばからは反乱が相次ぐ動乱の時代となった。とりわけ一〇五七年の反乱は、コムニノス家やドゥカス家など、このあと皇帝を出すことになる有力貴族が起こ

した大反乱で、皇帝ミハイル六世（在位一〇五六～五七年）を廃位して、コムニノス家のイサアキオス（アレクシオス一世の伯父）が帝位に就くという結末となった。

この反乱には、バルカン半島の町アドリアヌポリス出身の有力将軍ヴリエニオスも加わっていた。ミハイル六世に不満をもつ人物として、反乱の首謀者たちから声をかけられ、参加することにしたのである。しかしヴリエニオスは功を急ぐあまり勇み足をし、反乱軍が決起する前に捕らえられて、目を潰されてしまった。詳しい情報は伝わっていないが、このヴリエニオスとは、私たちの歴史家ニキフォロス＝ヴリエニオスの曽祖父と思われる。

このあとしばらくヴリエニオス家に関する記録は絶える。次に登場するのはニキフォロスという名の将軍で、先のヴリエニオスの息子とされる人物である。ニキフォロス＝ヴリエニオスは、皇帝ロマノス四世（在位一〇六八～七一年）がトルコ軍に捕らえられた一〇七一年のマンツィケルトの戦いで、ビザンツ軍の左翼を指揮していた。

一〇七七年、そのニキフォロスがアドリアヌポリスを拠点として、時の皇帝ミハイル七世（在位一〇七一～七八年）に対して反乱を起こした。ほぼ同時に小アジアでもニキフォロス＝ヴォタニアティスが反乱、東西の反乱軍は争うようにコンスタンティノープルをめざしたが、七八年四月、ヴォタニアティスが帝都を掌握し、ニキフォロス三世（在位一〇七八～八一年）となった。

新皇帝は、なおも反乱を続けるヴリエニオス家に対して、青年将軍アレクシオス＝コムニノス（のちの皇帝アレクシオス一世）を差し向けた。アレクシオスの巧みな戦術に反乱軍は敗れ、首謀者のニキフォロスは捕えられて盲目にされた。ヴリエニオス家は親子二代、皇帝に背いて目を潰されることになったのである。しかしニキフォロスの息子（名不詳、ヨアニスか？）は故郷のアドリアヌポリスに戻って抵抗を続け、皇帝ニキフォロス三世から名誉と財産の保全を認められて武器を置いた。

一〇八一年、それまでニキフォロス三世に仕えていたアレクシオス＝コムニノスが反旗を翻した。反乱に成功し、即位したアレクシオス一世（在位一〇八一～一一一八年）は、多くの貴族を政権に組み入れ、安定した支配体制を樹立した。ビザンツ帝国の歴史は、貴族反乱の時代からコムニノス王朝のもとでの繁栄の時代へと転換する。そのなかにあって、ヴリエニオス家は、アレクシオス一世の貴族連合政権には加わらず、アドリアヌポリスで独自の道を歩んでいた。

多くの貴族を政権に参与させていたアレクシオス一世政権は一〇九〇年代半ばに危機を迎える。貴族連合政権を支える有力な貴族が相次いで反乱、謀反を企んだのである。支配体制を建て直すべくアレクシオス一世は、かつて戦場で相まみえた敵、有力貴族ヴリエニオス家を政権に取り込むことにした。こうして一〇九六／九七年に、アレクシオスの長女アンナ＝コムニニとヴリエニオス家のニキフォロスの結婚が執り行われた。このニキフォロスは一〇七七～七八年の反乱者の孫で、歴史家のニキフォロス＝ヴリエニオスである。

ヴリエニオス家を組み入れることによって、コムニノス王朝の貴族連合支配体制は完成したと言ってよいだろう。ニキフォロスやその息子たちは、アレクシオス一世以下、その息子ヨアニス二世（在位一一一八～四三年）、孫マヌイル一世（一一四三～八〇年）に仕え、貴族連合政権を支えてゆくことになる。ヴリエニオス家の歴史は、貴族反乱、内乱の時代から、アレクシオス一世による帝国再建、貴族連合政権のもとでの繁栄の時代へという十一～十二世紀のビザンツ帝国の歴史を体現している。

## 二、ニキフォロス＝ヴリエニオスの生涯

歴史家ニキフォロス＝ヴリエニオスは、おそらく一〇八〇年に、アドリアヌポリスで生まれた。父は、

一〇七七～八年の反乱が失敗したあと、故郷に戻って抵抗したヨアニス（?-）＝ヴリエニオス、母の名はマリアだったようである。皇帝ニキフォロス三世から赦免を得たとはいえ、当時のヴリエニオス家は日陰者の身であり、アレクシオス一世の時代になっても、爵位や官職を得ることはなく、コムニノス王朝の貴族連合政権から距離をおいていた。そのためもあって、歴史家ニキフォロス＝ヴリエニオスの少年時代については記録がまったく残っていない。

ニキフォロス＝ヴリエニオスが記録に現れるのは、アレクシオス一世の娘アンナ＝コムニニと結婚してからのことである。一〇九六／九七年と推定される結婚とともに、ニキフォロスはパンイペルセヴァストスという、皇帝一族のみに与えられる高位の称号を帯びた。皇帝の婿としての最初の仕事は、一〇九七年四月、コンスタンティノープルを通過する第一回十字軍への対応であった。妻のアンナ＝コムニニによれば、まだ若いのに見事な弓使いを披露したという（『アレクシアス』一〇巻九章）。

これ以降、ニキフォロス＝ヴリエニオスはアレクシオス一世のもとで活躍する。文武両面で活動とアンナは夫を称えるが、どちらかというと「文」の世界での活動が目立っている。代々将軍を出した軍人の家系に生まれたが、ニキフォロスは戦争よりも学問に関心が深かったようである。広い知識、巧みな弁舌、さらには人を惹きつける性格もあって、裁判や外交交渉において活躍していた。また、神学にも造詣が深く、しばしば異端問題への対処も任されている。

彼の功績としてとりわけ注目されるのは、アレクシオス一世の宿敵である南イタリアのノルマン人君主ボエモンに、武器をおくよう説得し、ビザンツ帝国に服属させた一一〇八年のディアムヴォリス条約の締結である。アレクシオス一世の即位直後から長きにわたって帝国を脅かしてきたボエモンが、「演説と討論において右に出る者のいない」ニキフォロスの説得に応じたのであった。アンナ＝コムニニは条約の全文を引用して、夫の功績を称えている。

アレクシオス一世が晩年病気がちになると、皇后イリニが遠征にも同行するなど、大きな発言力をもつようになった。イリニは息子のヨアニスよりも娘婿のニキフォロスを何かと頼りにしたので、ニキフォロスが政権内で重きをなすに至った。学問・教養のあるニキフォロスは、宮廷人の評判もよく、妻アンナは、父のあとを継いで夫が皇帝になるのではと期待していた。

一一一八年八月、アレクシオス一世は危篤となった。イリニやアンナはニキフォロスに即位を促したが、本人にはそのつもりはなく、アンナの弟ヨアニスが果断な行動で帝位に就いた。ヨアニス二世の即位で、一族のあいだでの帝位争いはいったん収まったかにみえたものの、諦めきれないアンナは翌一九年の春、夫ニキフォロスを担いでヨアニス二世に対するクーデターを企てる。周到に準備された計画であったが、今回も肝心のニキフォロスが動かず、あっけなく失敗に終わって、アンナは修道院に入る。

ニキフォロス＝ヴリエニオスは事件に連座することなく、このあともヨアニス二世に仕えている。彼は帝位への野心はなく、むしろ妻のクーデター計画を意図的に妨害したようである。それを理解したヨアニスは、義兄をケサル（カエサル）という最高位に留め、対外遠征にも繰り返し同行させた。ニキフォロスの息子たちもヨアニス二世の仲立ちで結婚し、父とともにコムニノス王朝の貴族連合体制の一翼を担うこととなる。

ヨアニス二世時代は記録に乏しく、義弟のもとでニキフォロスがどのような役割を果たしたのか、詳細はわからない。ヨアニスも父アレクシオス一世と同じく軍人であり、東西に遠征を繰り返していたので、裁判、外交、宗教問題などはニキフォロスに委ねることが多かったと思われる。

一一三七年、ニキフォロスはヨアニス二世に従ってシリアへ遠征した。遠征先で病が悪化し、皇帝より一足先にコンスタンティノープルに戻ってきたが、帰国後まもなく、妻アンナに看取られて死んだ。享年五十七と推定される。

## 三、ヴリエニオス『歴史』――正統派の優れた歴史書

ニキフォロス＝ヴリエニオスは死ぬ直前まで歴史書の執筆にいそしんでいた。夫アレクシオス一世の治績を長く後世に伝えたいと願った皇后イリニから頼まれた仕事であった。歴史書の執筆者として娘婿のニキフォロスに白羽の矢を立てたのは、適切な判断だったというべきであろう。ニキフォロスには、古代ギリシアに遡る歴史学の伝統を受け継ぐ、正統派の、しかも優れた歴史書が書ける条件が揃っていた。

ビザンツ帝国においても歴史書は、政治や軍事の経験を持つ者が、みずからの体験や聞き取り調査に基づいて書くものとされていた。アレクシオス一世の治世の後半は帝国政治の中枢にあり、かつ祖父や父をはじめ、近親の者たちから生々しい情報を得ることができたニキフォロスは、歴史家の条件を満たしていた。しかも彼は政治・軍事の経験に加えて、広い教養をもち、さまざまな学問に通じていた。同時代の人々は彼の学問・教養を高く評価している。何人かの発言を聞いてみよう。

宮廷の弁論家プロドロモスは、一一二二年頃と推定されるニキフォロスの息子たちの結婚を称える詩のなかで、新郎の父を次のように紹介している。

古《いにしえ》のギリシア人やローマ人は、各人がそれぞれ別の業績を残した。ある者は民衆を動かし、ある者は軍隊を指揮し、ある者は学問に優れていた。学問をする者たちのなかでも、ある者は哲学に優れ、またある者は詩作に励んでいた。しかし同一人物が軍隊を指揮し、同時に詩を創り、哲学をし、裁判を司り、修辞学を操り、あらゆる分野において頂点を極めて、各々の分野でその分野の第一人者に、その名の通り勝利したのは、万人のなかでも唯ひとりケサル以外にはいないだろう。

「その名の通り」というのは、ニキフォロスという名前が「勝利する者」という意味なのを踏まえた語呂合わせである。軍事・行政だけではなく、学問、それもあらゆる分野において、その分野の第一人者に勝る、優れた人物であったと称えられている。

彼が広い知識・教養を備えていたことは、他にも多くの証言がある。弁論家、哲学者のミハイル＝イタリコスは、ニキフォロスの博識を称えて「生ける図書館」と呼んでいる。あらゆる分野の知識を備えた人物という意味である。ふたりのあいだでは書簡のやりとりがあり、イタリコスはニキフォロスの手紙を、知識人が集まる文芸サロンで読み上げた。読み上げるイタリコスも、聴衆もみごとな文章にうっとりしたという。

後世の歴史家もニキフォロスに言及する際には、必ずと言ってよいほど彼の学問を褒めている。同じ歴史家として高く評価していたようである。妻アンナ＝コムニニの手放しの称賛は別としても、たとえば、十二世紀半ばのゾナラスは、アレクシオス一世の晩年にニキフォロスが宮廷で大きな権限をもったことを述べたあと、わざわざ「この男は学問にも打ち込んでいた」と付け加えている。もっともゾナラスは続けて、その妻アンナは夫に負けず劣らず、いやそれ以上の智者であった、とも言っているが。さらに時代が下って十三世紀初めの歴史家ニキタス＝ホニアティスも、ヨアニス二世に対する陰謀においてニキフォロスが担がれたのは、学問・教養に優れていたからだとしている。

歴史家に必要とされた政治・軍事の実務経験をもち、かつ学問・教養を備えたニキフォロス＝ヴリエニオスの著作『歴史』はどのような歴史書なのであろうか。残念ながら、その著作は彼の早い死によって完成をみなかった。最後のシリア遠征から持ち帰った原稿は、短い序文と本論が第四巻の途中までしか仕上がっていなかった。本人はなお推敲するつもりだったのかもしれないが、これを完成原稿とみたある人物が、長い序文を付けて一冊の書物とした。それがニキフォロス＝ヴリエニオス『歴史』である。

『歴史』の現存する写本は冒頭部分が欠けているので書名はわからない。現代の研究者は『歴史』という無難な表題を付けている。もっとも本人は序文の最後で、敢えて題名をつけるなら「歴史の材料」だと述べており、いずれ本格的にアレクシオス一世の歴史を書く人のために素材をまとめたもの、という控え目な態度はいかにもニキフォロスらしい。

『歴史』は、アレクシオス一世の父の世代に触れた序論的な部分のあと、一〇七一年のマンツィケルトの戦い、ビザンツ皇帝ロマノス四世がトルコ軍の捕虜となった戦いから始めて、祖父ニキフォロス＝ヴリエニオスの反乱について記し、アレクシオスの即位の前年、一〇八〇年に生じたメリシノスの反乱の途中で唐突に終わっている。肝心のアレクシオス一世時代は書き上げることができなかった。それにもかかわらず『歴史』は正統派の、優れた作品である。

ニキフォロスがギリシア歴史学の伝統をふまえていたことは、序文においてトゥキュディデスに言及していること――トゥキュディデスのような才能は自分にはないと、やはり奥ゆかしい発言をしている――からも窺える。本論でも、事件の叙述に臨場感をもたせるために当事者の演説を引用するなど、トゥキュディデスを意識した手法がみえる。

著者の体験に基づいて歴史を書くというのが古代ギリシア以来の伝統であるが、その一方で、歴史家は客観的な立場から真実を記すものとされていた。ニキフォロスもまた、公平な立場から事実を記そうと努めている。たとえば、義父アレクシオス一世の若い日の行動を記す場合でも、アレクシオスあるいはコムニノスという名前のほか、将軍としての官職名で呼ぶことも多い。アンナがその著作『アレクシアス』のなかで、アレクシオスのことをしばしば「私の父」と呼ぶのと対照的である。祖父の武勇に触れた際に、珍しく脱線して、そのみごとな振る舞いを描き出すなら、もうひとつの『イリアス』が生まれただろうと言っているのは、同名の祖父への強い思い入れのあまり、といったところであろうか。

『イリアス』への言及などにも、先に見たニキフォロスの広い学問・教養が現れている。もっともこの点においても、奥ゆかしい人柄の現れであろうか、これ見よがしに古典の知識をひけらかすことはない。客観的な立場から事実を記すのが歴史書の作法であることをよく承知していたためでもあろう。

ニキフォロスは、アレクシオス一世の時代についても執筆の準備を進めていたが、書き上げる時間は与えられなかった。アレクシオス一世の歴史はアンナ＝コムニニが書くことになる。

## おわりに

ニキフォロス＝ヴリエニオスの『歴史』は決して読みやすい著作ではない。私たちとはずいぶん異なる世界の話であり、聞いたこともない人名・地名・官職名が頻出する。しかし原文に忠実な相野洋三先生の訳をゆっくり、繰り返し読んでゆくと、著者ニキフォロスのリズムに読者の頭と身体が次第に連動してゆき、遠い過去、異なる世界を訪ねる歴史の旅の楽しさが味わえるはずである。

（大阪市立大学名誉教授）

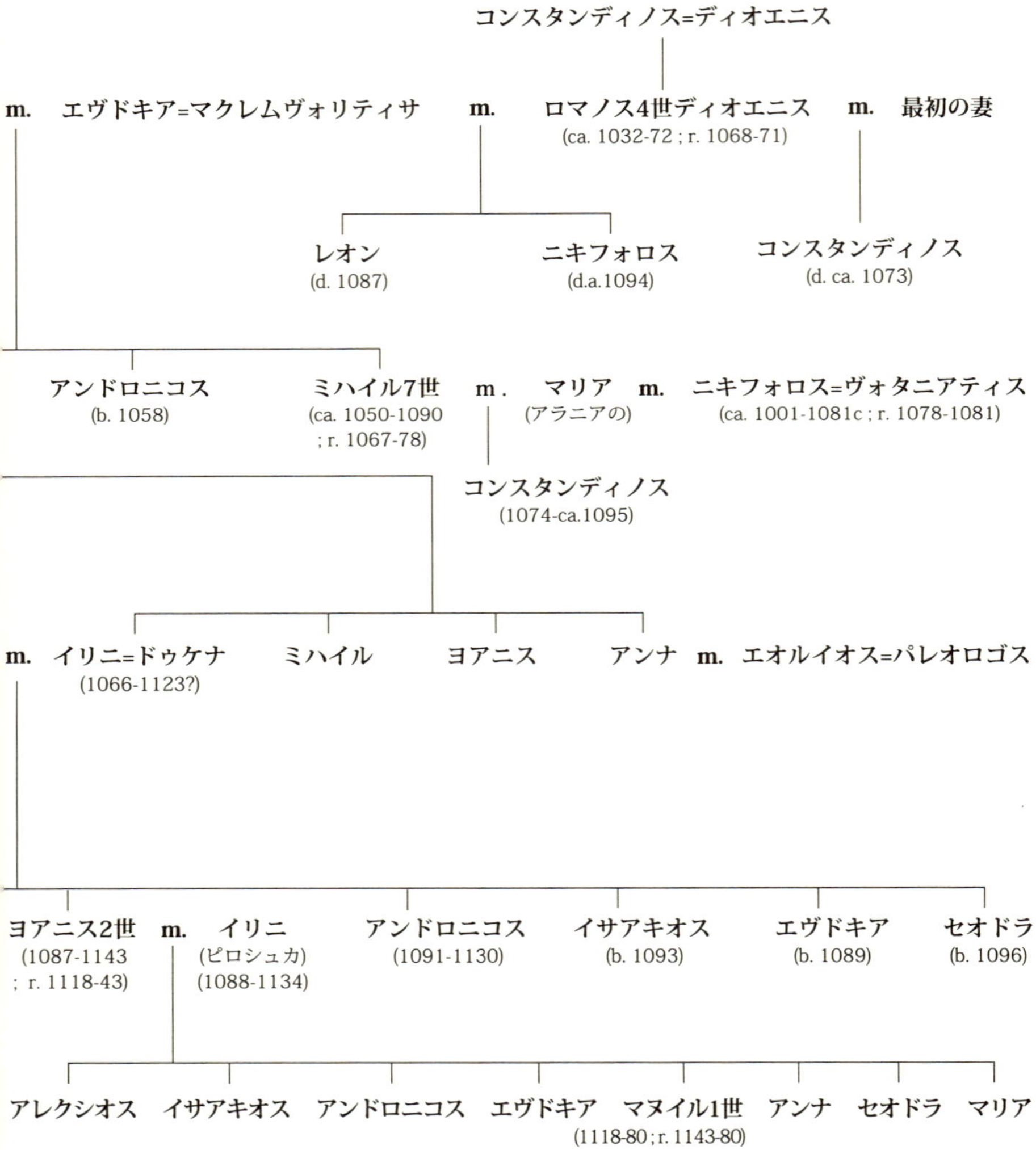


*** 父ヴリエニオス（パトリキオス）・祖父ニキフォロス =ヴリエニオス・曾祖父ヴリエニオス（パトリキオス）

**** ニキフォロス =ヴリエニオスの没年（1138 年）は W.Treadgold, *The Middle Byzantine Historians*,p.346 による。

# コムニノス家とドゥカス家

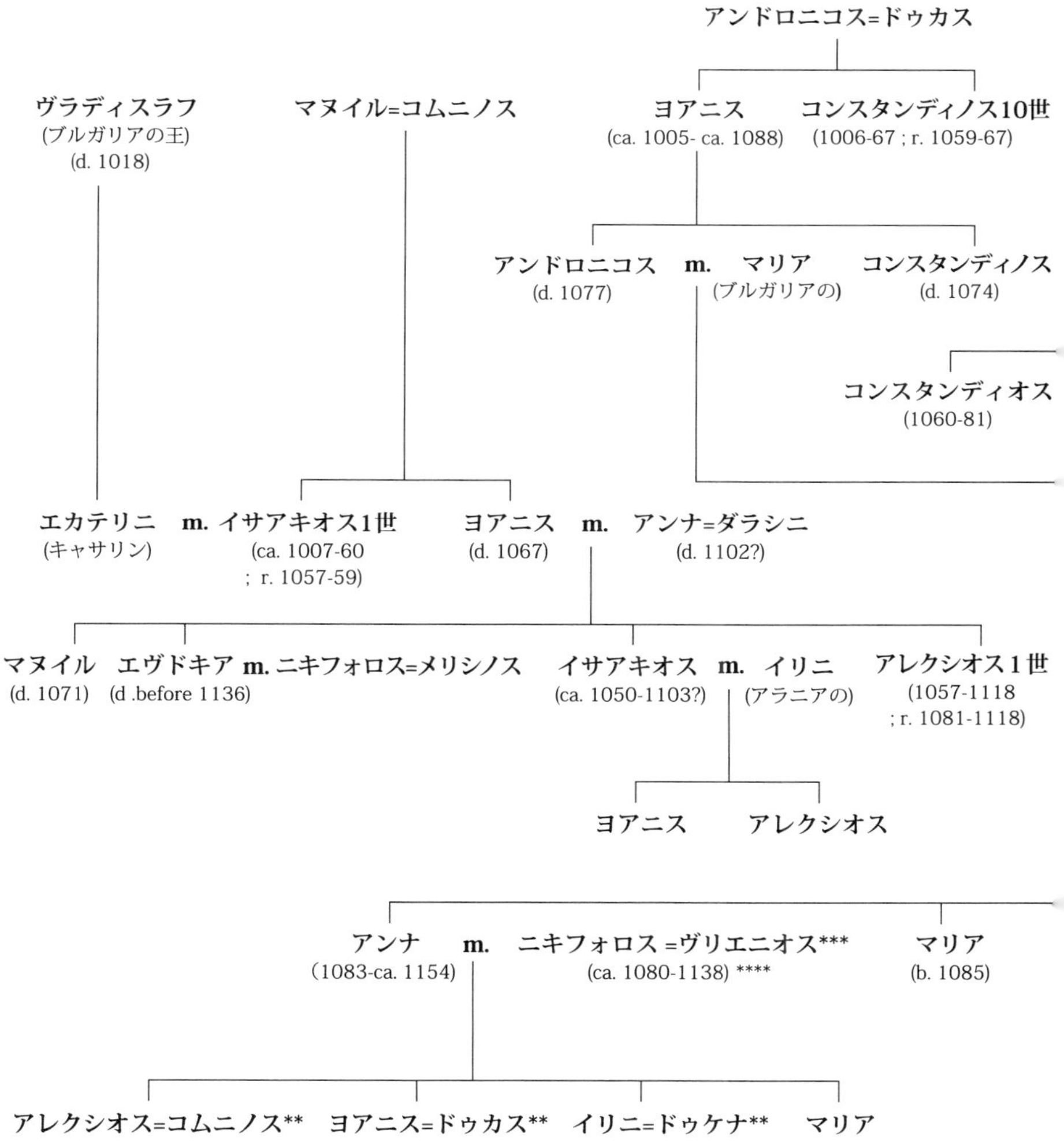


* *The Oxford Dictionary of BYZANTIUM* のドゥカス家 (p.656)・コムニノス家 (p.1145) の系図；
Treadgold, *A History of the Byzantine State and Society*, Table 14(The Comnenus and Ducas Dynasties)；
Michael Jeffrey(editor), *PBW*2016 (online) を参考に作成。

** アンナ = コムニニの長男は母の姓 ( コムニノス ) を、次男と長女イリニは母方の祖母のそれ ( ドゥカス ) を名のっている。

## ヴリエニオス家[1]

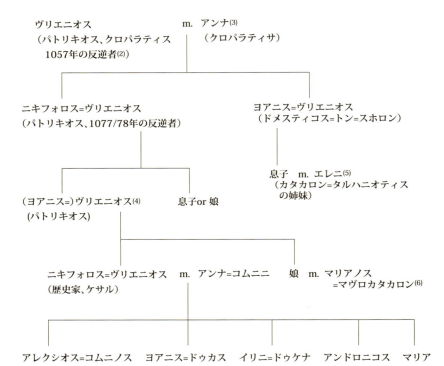

ヴリエニオス m. アンナ[3]
（パトリキオス、クロパラティス
1057年の反逆者[2]）
（クロパラティサ）

ニキフォロス=ヴリエニオス
（パトリキオス、1077/78年の反逆者）

ヨアニス=ヴリエニオス
（ドメスティコス=トン=スホロン）

(ヨアニス=)ヴリエニオス[4]
(パトリキオス)

息子or 娘

息子 m. エレニ[5]
（カタカロン=タルハニオティス
の姉妹）

ニキフォロス=ヴリエニオス m. アンナ=コムニニ
（歴史家、ケサル）

娘 m. マリアノス
=マヴロカタカロン[6]

アレクシオス=コムニノス　ヨアニス=ドゥカス　イリニ=ドゥケナ　アンドロニコス　マリア

(1) 9世紀にすでにヴリエニオスを名のる2人の高位の軍人が知られている。
1人はペロポネソスのストラティゴス、セオクティストス=ヴリエニオス、他はダルマティアのストラティゴスのヴリエニオス(*Nicéphore Bryennios, Histoire*, pp.13-14)。

(2) *Nicéphore Bryennios, Histoire*, pp.14-16.

(3) Anna 64 in *PBW*.

(4) *Nicéphore Bryennios, Histoire*, pp.20-23. Anonymus 61((Ioannes)Bryennios the patrikios, father of the kaiser)in *PBW*.

(5) *Nicéphore Bryennios, Histoire*, p.21.

(6) *Alexias*, XIII, 7, 1.

帝国中心部 拡大図

ドリストラ
パリストリオン
バルカン(エモス)山脈
メシンヴリア
アンキアロス
ゴロエ
ディアムヴォリス
ソゾポリス
フィリプポリス
スラキア
黒海(ポントス)
ロドピ山脈
アドリアヌポリス
セレス
ネストス川
エヴロス川
コンスタンティノープル
ソフォン湖
ステノン(ヴォスポロス)
セオドルポリス
フィリピ
カヴァラ
トライアヌポリス
ツウルロス
シリムヴリア
ダマリス
ハルキドン
イラクリア
イラクリア
アシラ
ニコミディア
レデストス
プロポンディス
ピレ
プレネトス
キプセラ
エレヌポリス
アムフィポリス
マルマラ海
プリンギポス諸島
ヘロニソス
ニケア
ヴィシニア
アトス山
キズィコス
プルサ
エリスポンドス海峡
(ダーダネルス)
アンキラ
サンガリオス川
アヴィドス
オプシキオン
フリイア
ドリレオン
ティティモス山
ゾムポスの橋
アモリオン
コティアイオン
アナトリコン
=セマ
スミルナ
フィラデルフィア
ホマ
リディア
ラムビ
ラオディキア
エフェソス
ホネ(ホナイ)
ピシディア
メアンドロス川
アタリア
パンフィリア
コス島

Arnold Toynbee, *Constantine Porphyrogenitus and His World, London,* 1973の付図より作成

# 11世紀のローマ世界

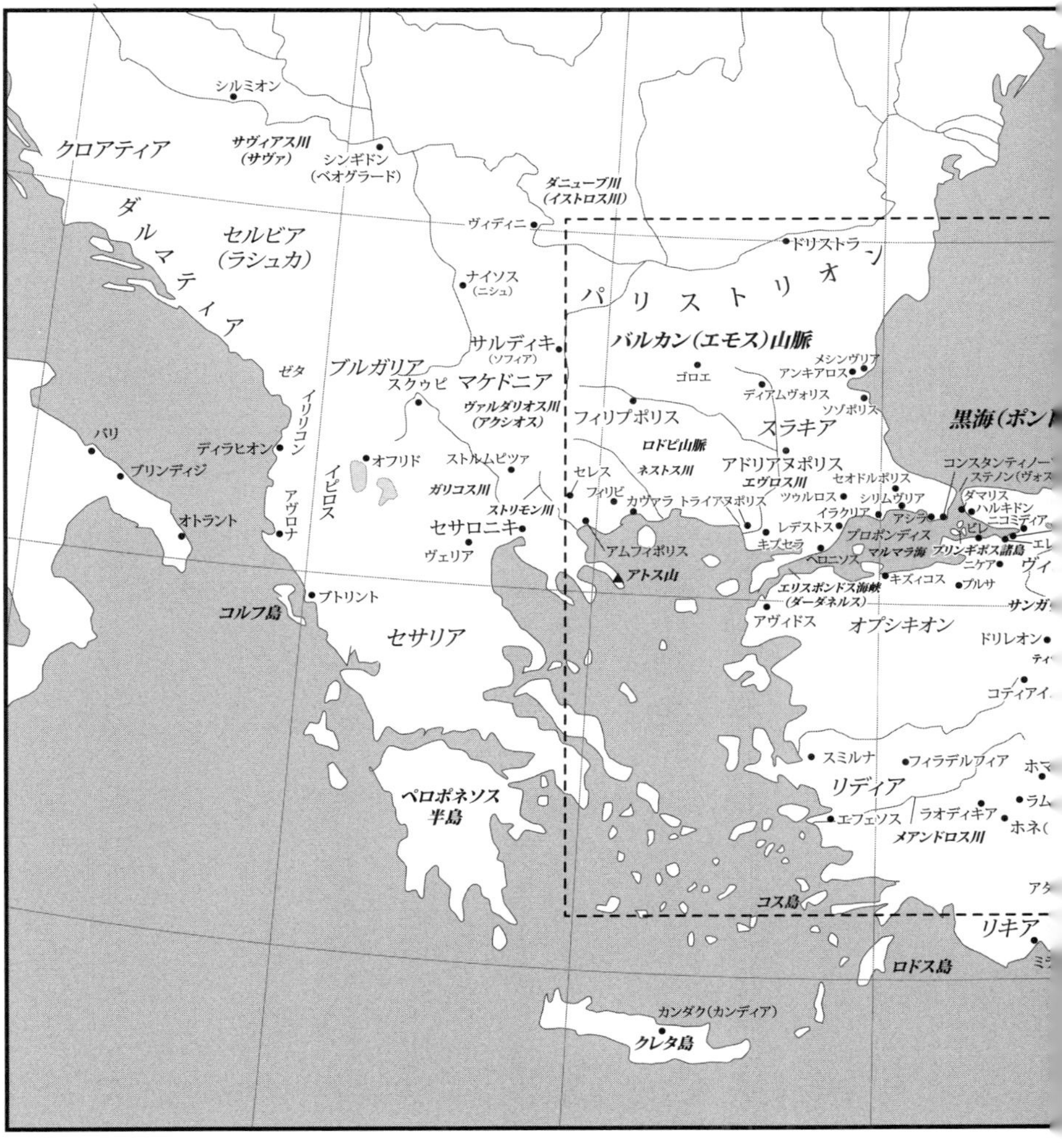

シルミオン
クロアティア
サヴィアス川
(サヴァ)
シンギドン
(ベオグラード)
ダニューブ川
(イストロス川)
ダルマティア
セルビア
(ラシュカ)
ヴィディニ
ドリストラ
ナイソス
(ニシュ)
パリストリオン
サルディキ
(ソフィア)
バルカン(エモス)山脈
ゼタ
ブルガリア
スクゥピ
マケドニア
ヴァルダリオス川
(アクシオス)
メシンヴリア
アンキアロス
ゴロエ
ディアムヴォリス
ソゾポリス
フィリプポリス
スラキア
黒海(ポン
イリリコン
バリ
ディラヒオン
ブリンディジ
イピロス
オフリド
ストルムピツァ
ロドピ山脈
ネストス川
アドリアヌポリス
エヴロス川
コンスタンティノー
ステノン(ヴォス
セオドルポリス
アヴロナ
オトラント
ガリコス川
セレス
フィリピ
カヴァラ
トライアヌポリス
ツウルロス
シリムヴリア
ダマリス
ハルキドン
ストリモン川
セサロニキ
イラクリア
アシラ
ピレ
ニコミディア
エレ
ヴェリア
アムフィポリス
レデストス
プロポンディス
キプセラ
ヘロニソス
マルマラ海
プリンギポス諸島
ニケア
ヴィ
アトス山
キズィコス
プルサ
ブトリント
エリスポンドス海峡
(ダーダネルス)
サンガ
コルフ島
アヴィドス
オプシキオン
セサリア
ドリレオン
コティアイ
スミルナ
フィラデルフィア
リディア
ペロポネソス
半島
エフェソス
ラオディキア
メアンドロス川
コス島
リキア
ロドス島
カンダク(カンディア)
クレタ島

# 凡　例

＊使用したギリシア語テキストは Nicéphore Bryennios, *Histoire*, introduction, texte, traduction et notes par Paul Gautier (Corpus Fontium Historiae Byzantinae, 9), Bruxelles, 1975（*Corpus Fontium Historiae Byzantinae*, vol.IX, Nicephori Bryennii Historiarum Libri Quattuor）（以下 *Nicéphore Bryennios, Histoire* と略記）である。

＊参照した現代語訳は上記 *Nicéphore Bryennios, Histoire* にギリシア語テキストの対訳の形でおさめられている Gautier の仏訳と、Henri Grégoire の仏訳、H. Grégoire, Nicéphore Bryennios, *Les Quatre Livres des Histoires*, Traduction Française avec Notes, Byzantion, 23 (1953), pp.469-530; 25-26-27 (1955-56-57), pp.881-926（Grégoire, *Nicéphore Bryennios, Les Quatre Livres des Histoires* と略記）である。

＊ギリシア語のカタカナ表記は近代ギリシア語読みに従う。７世紀以前の人名は古典時代の発音とされる読みによる。τζ は中世ギリシア語では ts あるいは tch と発音されるとの Bernard Leib の指摘に従う（Anne Comnène, *Alexiade*, II, p.217, n.1）（ex. Πατζινάκοι －パツィナキ）。地名の表記は同じ原則に従うが、コンスタンティノープルやクレタ、ビザンティオンのように日本で慣用的に用いられているものはそれを採用した。これに準じて barbaroi はヴァルヴァリとせずバルバロイとした。

＊見出し文はギリシア語テキストにはなく、Gautier が書き加えたもの、あるいはそれを参考にして訳者がつけたものである。

＊ギリシア語テキスト中の―　―内の説明文は訳文でも同じ記号を使った。

＊訳文の［　］内は訳者による補足・説明文である。

＊ムスリムの人名表記は『イスラム事典』平凡社、1982 年を、地名の現代の表記は谷岡武雄監修『コンサイス外国地名事典』三省堂、1992 年を参考に

した。

＊二重ハイフンと中点について。前者はアレクシオス＝コムニノスのように人名などのわかち書きに、後者は経験・知力・徳のように、あるいはミハイル・ヨアニス・イリニ・アンナ・セオドラのように、修飾語のない名詞の並列・人名の列挙に使用する（本多勝一『日本語の作文技術』朝日新聞社、文庫版、昭和 57 年）。

＊ Gautier の仏訳の多数の訳註において以下の 6 点が主要史料としてたびたび引用される。プセロス『年代記』、アタリアティス『歴史』、スキリツィス『歴史通観』（ケドリノス）、『続スキリツィス』、ゾナラス『歴史要約』、アンナ＝コムニニ『アレクシアス』。Gautier が使用している上記のテキスト、その後にあらわれた新しいテキストおよび参照したそれぞれの現代語訳については巻末の「関係史料および参照文献」を参照。

＊ヴリエニオス『歴史』第 I 巻で詳述されるマンツィケルトの戦いについては、異なる立場から書かれた他の 4 点の史料を「付録」として訳出した（プセロス『年代記』、アタリアティス『歴史』、『続スキリツィス』、ゾナラス『歴史要約』より）。そこでは、［　］内の数字は使用した刊本の頁数を示している。併せて参照されたい。

＊解題および訳註で引用する史料テキストおよび参照文献は、2 回以上利用したものについては略記にて示し、「関係史料および参照文献」欄にて完全な書誌情報を記載した。1 回だけ利用したものについては、註にのみ（完全な）書誌情報を記載した。

# 歴史《イストリア》

# 序文[0-1]

## ［4］ニキフォロス＝ヴォタニアティスの簒奪[0-2]

東方の地［小アジア］において、その者［ヴォタニアティス］もまたつづいて彼［ミハイル七世ドゥカス］に対して反逆し[0-3]、勝利して帝国《ヴァシリア》を握る、それは、すでに語られたように自分に託されたアナトリキの将軍職《ストラティイア トン アナトリコン》[0-4]の卑怯なお返しをそれを託した者に対して行ったことになる[0-5]、そしてそのとき、不実で、善の本質をまったく知らず、また真の忠誠を、自分たちが捧げねばならなかった人たちに対して遵守することもできない者たちが一緒になってその者［ヴォタニアティス］の企てに加わり、その者の意のままに動き、そして民衆《ディモス》もことごとく無分別にもそれらの者たちの行動に右へならえしたのである[0-6]。確かに人間にあっては常に悪が善よりも勝るのがならいであり、それにとりわけ民衆《プリソス》はそのような革命《メタヴォレ》を喜ぶのである。さてヴォタニアティスが帝国《ヴァシリア》の高みに運びあげられたのはそのようにしてであったが、その男ははじめのころは賢慮で強い体力の持ち主であったが、しかしそのころには老年となり、とりわけ高齢に押しひしがれ、名誉の地位に相応しくあろうとの意欲をずっと前からなくし、自身の精力のほとんどすべてを失い、最高権力《ヴァシリア》の栄誉を維持する力のない状態であった。

## ［5］アレクシオス＝コムニノスの怒り

さてその者が帝笏《スキプトラ ティス ヴァシリアス》を握り、他方生まれながらにしてその権利の正当な保持者として認められている者――すなわちミハイル＝ドゥカスの弟、緋の産室生まれ《ポルフィロエニトス》[0-7]のコンスタンディオス[0-8]――よりもむしろ［帝位をもつ者として］尊重されると、前述のアレクシオス＝コムニノス[0-9]はことの異常さに気づき、すなわち帝国《ヴァシリア》の正当な相続人《クリロノモス》がそれ［帝位］について正当に認められることもなく、また以前皇帝であった彼の伯父、イサアキオス＝コムニノス[0-10]の皇帝権《ヴァシリア》について少しも思いだされもせず、事実、その者［イサアキオス］に全体の意志が集中し、すべての者が進んでその者を帝国《ヴァシリア》の回転軸《アクソン》に持ち上げ、その者によって統治されることをみずから選んだのであり、その結果その者から一族の血の流れを引く者は誰でもその権利において他の者よりもより正当であると見なされるのに[0-11]、その権利が無視されているのを知り、深く悲しみ不満を抱き憤慨し、もはやそのような事態に耐えることができない状態になっていた。

## アレクシオス＝コムニノスの最初の試み

事実、その時期にきわめて大きな権力を担っていた者たちが自分たち自身の欲望を満足させることに取り組み、ローマ帝国《ヴァシリア》の破滅についてまったく顧みることをせず、自分たち自身のことだけを考えていた、他方その者［アレクシオス］は心を深く傷つけられ、そこで崇高な精神を発揮し、そのような事態をただ座視し、帝権《ヴァシリア》を正当に主張できる者が正当に主張できない他者に従うのを見ることに我慢できなかった。そこでコムニノスがドゥカスの兄弟［コンスタンディオス］のもとに行き、その者の両足に緋色《フィニコヴァフィ》のサンダル《ペディラ》を履かせ、宮殿《ヴァシリア》に導き、［アレクシオス］自身の力と援助によってその者を帝座《スロノス ティス ヴァシリアス》につけることに取り組もうとしたこと、しかし民衆《ディモス》が街の大通りを行き来しながら口をそろえて自分たちは彼によって統治されたくないとはっきりと叫び、そして先ほどの子供《ペディオン》［コンスタンディオス］がそのような騒音に動転し、民衆の言葉に震えあがり、そのような計画を受け入れることを拒み、コムニノスにもそのような計画から身を引き、これ以上自分に無理強いしないように嘆願しはじめたこと[0-12]、これらのことはすべての人の言うところであり、思慮深い人々の一致して認めるところであり、レテの川の水を飲まないかぎり人々は容易にそれらのことを思いだすことができるのである。

## ［6］アレクシオス＝コムニノスの第二の試み

そこでつぎにコムニノスは第二の道をとることを選び、その子供《ペス》を連れて、ヴォタニアティスのもとに導き、自身もその場にいて、まさにこの子供《ペディオン》に定められている生まれながらの権利をその者に思いださせ、現状においてより賢明にふるまうようその者に勧めるのである、すなわちそのドゥカスの弟を、その者の主君《キリオス》にして皇帝《ヴァシレフス》である者［ヴォタニアティス］の兄弟として親しく受け入れ、一方でその者に皇帝《ヴァシリア》の称号《オノマ》を与え、他方でヴォタニアティス自身はこの世の生活に別れを告げるまで帝笏《スキプトラ ティス ヴァシリアス》をふるい、つぎにそのときにはすでに帝国の舵取りをするのにふさわしくなっている帝国《ヴァシリア》の後継者《クリロノモス》を支配者の地位につけることである。[0-13] しかし、その者はこの企てにも失敗し、それほどの公平無私の行為から得られたものは、すなわちヴォタニアティスおよび彼の取り巻き連中、その他の者たち、とりわけその者［ヴォタニアティス］の二人の奴隷《ドゥリ》、金で買われ、生まれの卑しい、善美のことがらにまったく無感覚な輩――すなわちヴォリリオスとエルマノス[0-14]――によって疑惑をもたれたことであった、そしてそれら二人の者については、彼ら自身の手でコムニノスを破滅させ、そして同時にドゥカスの緋の産室生まれ《ポルフィロエニトス》の弟を、彼の擁護者から離し、助ける者のない状態で悪事をたくらむ者たちにとって容易い餌食となってから、殺害することを目標に定め、コムニノスの追放を命ずる勅令《プロスタグマ》を発送しようとする。[0-15] しかしまさしくその勅令《プロスタグマ》がアレクシオスの手にするところとなり、その者自身はみずから出向いて皇帝《ヴァシレフス》にその件を報告した、［皇帝］はその男の並はずれた高潔な心と知力に畏怖し、また多くの、そして勇ましい彼の働きを思いだし、それらのことに恥じ入り、勅令《プロスタグマ》の作成者たちを咎め、結局その勅令は無に帰し、追放はなされないままになった。

## ［7］アレクシオス＝コムニノスに対する陰謀

しかしヴァタニアティスは再び前述の彼の奴隷《ドゥリ》たちによって振り回され、その者たちのありとあらゆる手段による煽動と強要によりしばしば気を狂わされ、コムニノスの両目をえぐりとろうと考えるようになった[0-16]。しかし最後にはまさに正義と誠実を気遣い、そのようなことを破廉恥に実行に移すことは断念し、別の方法でその者を辛い目に遭わせようと考え、そこで罪のない者を過酷な状態に追いやり、同時に多くの人々から真実の証拠を隠すことのできる、まことしやかな方法を探しだそうとした。確かに同時に大きな決意と行動を必要とし、戦闘を行い、高潔な精神と勇気の発揮を求められるような問題、それには危険がのしかかってくるが、そのような問題が生じるときはいつも、ただちにコムニノスが誰よりも先に担ぎだされ、すべての者のうちでコムニノス一人だけがそのように大きな、危険に満ちた企ての指揮をとる役目を負わされたのである。つまりつぎのような考えが意図されていたのである、あるいは命じられたことにコムニノスが従って、これまで常にそうであったように誠実に、そして勇敢にそれほど大きな企てに立ち向かい、剣の打ち合うまっただ中に突き進み、託された任務に見合った兵力《ディナミス》を与えられていないために、致命的な打撃をこうむって戦闘で倒れるか、あるいはとにかく納得せず、動こうとせず、また命じられたことに従おうとしなければ、確かにその者は当然のこととして告発され、そして刑罰を受けることになる。

### アレクシオス＝コムニノス、ヴリエニオスとヴァシラキスを捕らえる

さてすでに述べられたヴリエニオスとヴァシラキス[0-17]、共に生まれの良い、名高い男たちであるが、これらの者もまたヴァタニアティスの皇帝の座《ヴァシリオススロノス》にあることに我慢ができず、なぜならその者［ヴァタニアティス］もまた自分たち自身ともどもに皇帝《ヴァシレフス》ミハイルに対する謀反人《アポスタテ》であり、共に罪を犯したことを知っていたのである

から、そこでその者たちが最初にミハイルにむかって企てた反逆《アポスタシア》を彼に対しても準備し、多数の兵士《ストラティオテ》、無視しえぬ兵力《ディナミス》をもって彼に立ち向かうこととなる。ただちに皇帝《ヴァシレフス》の頭にコムニノスが浮かび、その者はそのような男たちに対して武装し、迎え撃つ将軍《アンティストラティゴス》として送りだされる、さてそのときメガス＝ドメスティコスの地位《アクシア》[0-18]にあったその者はそれらの者たちに立ち向かい、もっとも勇敢に戦い、それも一度だけ戦ったのではなく、幾度もの戦闘において自身の命そのものを捧げ、最後には敵どもにうち勝ち、彼らに対してすばらしい戦勝記念碑《トロペオン》をうち立て、そして敵を捕らえ、諸都市の女王《ヴァシリス　トン　ポレオン》に連行し、皇帝《ヴァシレフス》に引き渡すのである。すべての人がそれらのことを知っており、それらすべてはすべての人の口の端にのぼり、善意の人々の中でそれらのことを知らない者は誰もいない。

## ［8］アレクシオス＝コムニノスの反乱

これらの、また他の多くの大きな業績が勇ましく、また誠実に成し遂げられたのに、アレクシオスには報償も褒美も一切なく、あるのはただよこしまな嫉妬だけであり、その上にその者に対して親切の代わりに邪悪な行為をなそうとの、またその者の両目を奪い取ってなきものにし、同時にポルフィロエニトス［コンスタンディオス］の命をも絶とうとの計画や陰謀が行われようとしたので、その者はもはやこの情況は我慢できないと判断する。ところで事態が彼にとって悪い方向に進み、また彼の伯父が進んで自身の相続権《クリロノミア》を他人にゆだねた後……（欠文）[0-19]、確かに彼の血統を引く者の誰一人もその後、相続権を手にいれた者［コンスタンディノス十世ドゥカス］によって指名されず、他の、血縁関係のない者が[0-20]代わってその相続権《クリロノミア》を手にしたことを考え、そして同時に、これまで彼に対してしばしば計られたような何か恐ろしい事をこうむらないように自身の身の安全を得ようとして、急いで大都《メガロポリス》を離れ[0-21]、アドリアヌポリス[0-22]をめざして出発するのである。その地における兵士の集会は、彼らの大部分がヴォタニアティスの統治《ヴァシリア》に敵対的であり、かつてまさしく彼［アレクシオス］の指揮《ストラタルヒス》のもとに数々の武勇を達成したことから、彼の味方になり、またその者を皇帝《ヴァシレア》に選び、[0-23] ただちに不本意なその者を無理にも［皇帝に］宣言しようとするのを知って、その者はこれらの者たちの決意を受け入れ、自分が正当に請求する資格のあると判断する彼の伯父の相続権《クリロノミア》を取りもどそうとする。[0-24] 確かに彼自身のために帝笏《スキプトラ》を握るが、しかしポルフィロエニトスから、[0-25] この者はすでに十分すぎるほどの、彼の地位に相応しい暮らしぶりをしていたが、それら［帝笏］を奪うためではない。実際、最初にその者を兄の座《スロノス》に据えようとして、その者のためになるようあらゆることに奔走しつづけた者が、どうしてそのようなことをするだろうか。それゆえにその者［コムニノス］はただちに自分の娘をポルフィロエニトスに[0-26]与えて姻戚《アナリシス》関係を結び、その者と一緒に皇帝として統治し、帝国《ヴァシリア》の共同統治を行い、確かに慣例の称賛の呼びかけ《エフフィミア》と歓呼をその者と共に受け、赤インクで文書《グラマ》に署名すること《イポシマシア》を共有することを認めるのであり、[0-27] このことによって［アレクシオスが］考えていることは、その者に帝笏《スキプトラ》を約束し、そして最後には、時が来て、すなわちその者が民衆《プリソス》の多くの好意を自分に引きつけ、以前の激しい怒りを取り除くことのできるようになったときには、[0-28] 彼を帝　座《スロノス ティス ヴァシリアス》に導くことである。おそらくもし重い病がそれより先にポルフィロエニトスにとりつき、彼に権力《アルヒ》の座に至ることを許さず、まもなくこの世の人々のもとから連れ去ることがなければ、そのように整えられた計画は実現されたであろう。[0-29]

### ［9］コムニノス家とドゥカス家

さて皇帝《ヴァシレフス》になったばかりのアレクシオス＝コムニノスは大都《メガロポリス》に足を踏み入れようとしたとき、ヴォタニアティスがその事態を前にして彼に抵抗し、軍隊をもって立ち向かおうとしないのを知った、それどころかこの者もまさしく血縁関係からコムニノスにしっかりと結びつけられている帝国《ヴァシリア》への権利に服し、争うことなく権力《アルヒ》を捨て去る。[0-30] 実際それを保持するために武器を取り、敵対することを望まなかった、それは、良心が最初から二つの理由により、すなわちそもそも自分には帝権《ヴァシリア》にかかわりのないこと、他方アレクシオス＝コムニノスには正当な権利のあることから、彼を苦しめ心痛の思いでいたからであった。確かにコムニノスが皇帝《ヴァシリオス》の権力《アルヒ》を取りもどそうとするのはそのような理由からであり、他の理由からではない、すなわち明らかにその血統からコムニノス家の正統な一員としての権利によって、また親族関係からドゥカス家と深い関係にあることによってである。確かにその者はドゥカス家から生涯の伴侶[0-31]を得て、それら二つの家を一つに結びつけ、一本の大木に、同時に人が言うように、［二つの］家系の古さにおいて他を凌ぐゆえに、いっそう敬われる樹木にしたのである。これゆえに、すべての人々もコムニノス家とドゥカス家の古さを、そしてそこから帝権《ヴァシリア》に関して他の誰よりも正当だと理由づけられた者、すなわちアレクシオス＝コムニノスを尊敬し、喜んで彼によって統治されることを選んだのであった。事実、もしいわば時の流れをさかのぼろうとすれば、ドゥカス家はその始めからコンスタンティヌス大帝の血統から流れ出ていることを知るであろう、なぜならあの最初のドゥカスはコンスタンティヌス大帝と共に古いローマを離れ、新しいローマに移住した者たちの一人で、血統においてまったく紛れもなくコンスタンティヌス大帝につながっていたからである。確かにこの者は彼［大帝］の実の従兄弟であり、コンスタンティノープルのドゥクスの職《アクシア》を彼から託されたのであった、ここからその者の子孫のすべてもドゥカスの名で呼ばれたのである。[0-32]

## ［10］アレクシオス＝コムニノスの示した立派な手本

確かにこのようにして帝権《ヴァシリア》を自分のもとに呼びもどし、そしてその統治のゆえに尊崇された皇帝《ヴァシレフス》アレクシオスは、またそれに劣らずそれ［帝国］にも名誉を与えたのである、そして事実そのものが明らかにしているように、その者がなし遂げた多くの、そして偉大な業績によって東方と西方の地を戦勝記念碑《トロペア》で満たした後、まさしく死を直前にして、二つの理由から統治を行うにもっとも相応しいと見なされる自身の息子、ヨアニス[0-33]に帝笏《スキプトラ》をゆだねるのである、すなわち前に説明されたように、明らかに帝国《ヴァシリア》を受けとるものとして選ばれたコムニノス家の出身であることから、およびその者の母がその見事な果実としてそこから生まれたドゥカスの皇帝家の出自であることからである。この世から立ち去ったあのポルフィロエニトス[0-34]の後、統治するにより相応しいと見なされる者が一体他に誰が考えられたであろうか。ところでつぎのことは実に明らかなことである、つまり皇帝《ヴァシリス》たちの中で著名なあのアレクシオスは帝国《ヴァシリア》の笏《スキプトラ》を手にするにおいて単にいかなる非難にも相当しないのは当然であるばかりか、また正しく思考する人々には称賛に値する者とみなされ、後世の人々には手本、立派な鑑として引き合いに出されるであろう、すなわち［その者を手本としてなすべきこととは］、人々は、自分たちの本来の主人《キリオス》たちが侮辱され、またはじめからそれらの者［主人たち］に帰属する権利の奪われるのを知れば、それら不正をこうむった者たちのために憤慨し、彼ら［主人たち］のために復讐することに、また奪われた彼らの相続権《クリロノミア》を彼らに回復することに全力を傾注することであり、しかし状況がおそらく妨げとなってそれができない場合には、とにかく彼らに力をふるった者に力で対抗し、彼らをその本来の相続財産《クリロノミア》から追いだした者に、その根っからの悪癖を楽しませないように、［奪い取った］その相続財産から追放することである、そうすれば他人に悪事を行おうとする者たちは他人から盗み取ろうとするものを享受できなくなるだろう。確かに当時そのように考えず、コムニノス、そして同じくあのドゥカス[0-35]についても言えることだが、その者たちが自分たちの相続財産《クリロノミア》を回復しようとすることに協力せず、むしろ反対にどのような形であれ彼らに手向かい、武器《オプラ》を捨てて彼らの本来の主人《デスポティス》に恭順の意を示さなかった者たち、むしろ主人のために武器《オプラ》を取らねばならなかった者たち、それらの者たちにはどのような懲罰が受けるに値しなかったといえるだろうか、すなわち単に彼らのもとからの財産《フリマタ》や身分の喪失、他のあらゆる種類の物質的損害にとどまらず、死そのもの、惨く苦しい死にまでおよぶのが当然ではなかっただろうか。さらに神《セオス》がどうしてそれらの者たちを不幸から守られ、その者たち自身が判断に用いた秤をもって彼らを測り返されないと考えられるだろうか。本来の権利［の所在］を忘れ果て、彼ら本来の主人《キリオス》を無慈悲に扱ったそれらの者たちもまた神《セオス》から何らの慈悲も受けることなく、報復の炎におおわれることは必至であろう、なぜならその者たちは神《セオス》そのものを怒らせ、罪ある者として判決を受けたからである。これらのことが天上における意志によって、神《セオス》の同意で成し遂げられたことは、ローマ帝国《ヴァシリア》における状況が明白に証明しているのである、つまり事態はその者［の治世］からよりよい方向に進展し、今日まで日に日によくなっているし、神《セオス》の引き立てと恩寵により東方においても西方においても恵まれた結果になっている、したがってこれらの成功裡の成果から［アレクシオスの］権力《アルヒ》が正当であることもまた示されているのである。

## ［11］ニキフォロス＝ヴリエニオスによる序文

まことに賢明な心と考えの持ち主よ、あなたは偉大なアレクシオスの事績を集めて書くことを私に命じ、私たちの知っているすべての仕事のうちでもっとも重要なものを私に申し出た、[0-36] 実にその者［アレクシオス］は、ローマ人の国家《プラグマタ》が衰退し、地に倒れ、今にも消え去ってしまうように思われた危急存亡の折りに、ローマ人の舵取り《イエモニア》を引き受け、ついに国家を立ち直らせ、栄光の頂に導いたのであった。その者は深慮《ヌネヒア》に勇気を結びつけ、つぎつぎと業績を連ね、ローマ人のためにどれほど多くの戦勝記念碑《トロペア》をうち立てたかは数えきれないだろう、……であるように、[0-37]［敵の］ある者たちは追い払い、他の者たちは服属させ、さらにある者たちはローマ人との協定《イポスポンダ》に従う者とさせたのである。それゆえにその者の業績を集めて書くことは大変骨の折れる仕事で、私の力量をこえるものであり、もしヘラクレスのような力が短期間の労苦で最高の栄誉を受け取れると説得して、私をその仕事に力ずくで向かわせようとしなかったならば、私は辞退していたであろう。確かにもしその者の業績を黙って見過ごし、その結果、忘却の深みに消えてしまうことになれば、一体、私は、他の何をもってその者自身が私に与えてくれたすべてに相応しいものを彼に報いることができるだろうか。ところで、たとえすべてのことについて私の記述が言い尽くせなかったとしても、どうかそのことで誰も非難のヤジをとばさないでほしい。なぜなら私は歴史《イストリア》を記述しようとも、またその者の頌詩《エンゴミオン》を編もうと意図しているのでもなく——確かにそのためにはトゥキュディデスのような才能やデモステネスのような格調高い雄弁の才が相応しい[0-38]——、将来その者のことについて書こうとする者たちになんらかの資料を提供しようと考えて、まさしくこの著述にとりかかったのである。それゆえに「私の」書物の名は歴史の材料《イリ イストリアス》が妥当だろう。さて今からそれに取り組まねばならない。

# 第Ⅰ巻

## ［1］イサアキオス＝コムニノスとヨアニス＝コムニノス兄弟の教育

血統上コムニノス家に連なるあの有名なマヌイルは、当時ローマ人の帝笏《スキプトラ》を握っていたヴァシリオス［二世］と、長年にわたって反逆者として行動し、東方のほとんどすべての地を従わせていたあのヴァルダス＝スクリロスの両者間の和解《シムヴァシス》と協定《スポンデ》の使節《プレスヴィス》に任命され、ローマ人の国家《イエモニア》の切り離されていた手足を一つの全体に結びつけることを試み、確かに実に巧みにまた精力的にそれをやり遂げたのであったが[1-1]、さてそのマヌイルから二人の子供が生まれる、長子はイサアキオス、次子はヨアニスと呼ばれた。父［マヌイル］は患い、死の近いのに気づき、二人ともまったく幼かったので、二人の子供を皇帝《ヴァシレフス》に預けようと考えた。なぜならその者の連れあいはずっと以前に死んでおり、子供たちは母のない身であったからである。このように考えると、その者は［そう思っただけでなく］その考えをことのほかうまく実行した、確かにその者たちを皇帝《ヴァシレフス》に託したのである[1-2]。親切で、生まれの良さを大切にすることを心得ているその者［皇帝］は、子どもたちについては言葉で表せないほどの配慮に値すると考えた。すなわちその者は彼ら二人に家庭教師と体育教師をつけ、一方の者たちには幼い者たちの人格の養成につとめ、他の者たちには軍事に関することを徹底的に教える役目を与えたのである、［軍事に関してその者たちは］いかにして申し分なく武装し、大きな盾《シレオス》で敵の投槍《ヴォレ》から身を守り、槍《エンホス》をしごき、巧みに馬を御し、矢《ヴェロス》を標的に向けて射るかを、もっとも大事なことを言えば、戦術《タクティカ》を学ぶことを、つまりどのようにして戦列《ファランクス》を組み、待ち伏せ《ロヒ》[1-3]を配置し、適切に陣地を設営し、防御柵《ハラクス》を築くかを、さらに戦術書《タクティカ》が詳細に教えている他のすべてのことを教え込むことであった。[1-4]二つの理由からその者たちにストゥディオス修道院《モニ》[1-5]が住まいとしてあてがわれた、一つはもっとも優れた男たちを手本にして徳の向上をめざして努力するためであり、二つは狩猟《シラ》に出かけ、また武器《オプラ》を持って鍛錬しに、都《ポリス》から容易く出ていけるためである。

## ［2］ イサアキオスとヨアニスの経歴と結婚

思春期《イヴィ》[1-6]を過ぎると、二人ともすぐに皇帝の《ヴァシリケ》護衛部隊《エテリエ》[1-7]に入隊することになった。なぜならローマ人の皇帝《ヴァシリス》たちにとって、もっとも優れた者たちおよび高貴の生まれの者たちの子供を彼ら自身のための勤務につかせるのが習慣であったからである。そして長い期間を経ることなく、もっとも高い栄誉がそれらの者のものとなった、すなわちエパルヒエ[1-8]、ファランガルヒエ[1-9]、軍司令官職《ストラティイエ》[1-10]である。ところで血統上著名な者たちには立派な結婚が求められたが、それらの者もまたそれらを手にいれる。事実イサアキオスはブルガール人の皇帝《ヴァシレフス》サムイルの娘たちの最年長者、エカテリナ[1-11]という名の者と、他方ヨアニスはアレクシオス＝ハロン[1-12]の娘と結婚する、ところでその者［ハロン］にはかつて皇帝《ヴァシレフス》からイタリアの統治《プラグマタ》が託されたのであるが、心の健全な、分別のある、行動において勇ましく、精神において大胆な男で、そのあだ名はその者の勇気から得られた。すなわち向かってくる敵は誰であれ彼の一撃を喰らえば死体となったので、そのことからハロンと名づけられたのであった。その者の娘、血統上その母方においてダラシノス家に、あの有名のアドリアノス家とセオフィラクトス家につながるアンナと結婚したヨアニスは、まことに優れた子供たちの父となった。[1-13]それらのうち男の五人はマヌイル・イサアキオス・アレクシオス・アドリアノス・ニキフォロス、女の三人はマリア・エヴドキア・セオドラであり、女たちは彼の最後まで無事に過ごした。なぜなら彼女らの存命中にその者は死去したからである。しかしそれらのことは後にして、今は話の続きにもどろう。

## 〔3〕ヨアニス＝コムニノスへの賛辞

確かに栄光から栄光へと前進する兄弟は二人とも最後まで心を一つにし、年少者はすべてにおいて年長者に従い[1-14]、後者は年少者に彼に相応しい名誉を分け与えたのである。帝《ヴァシリオス》位《ペリオピ》に持ち上げられると[1-15]、イサアキオスは弟にクロパラティス［の爵位］[1-16]を与え、以前はドメスティコス＝トン＝スホロンと呼ばれ、現在はメガス＝ドメスティコスと呼ばれている西方の諸軍の指揮官《アルホン トン ティスィス ディセオス ストラテヴマトン》[1-17]に任命した。さてイサアキオスの治世の出来事、その者がどのようにして帝《ヴァシリア》笏《スキプトラ》を握り、またどれほどの期間にわたり、どのように舵取りをしたかについてここで述べることは無益であろう。なぜならそれらについて知りたい者は、歴史書《イストリエ》[1-18]からその者についての情報を得ることができるからである。他方ヨアニスについては上で説明されたように、西方を支配する役目を引き受けるとただちに、スラキア人やマケドニア人、そしてもちろんイリリス人とブルガール人、すなわちそれらの民の支配者たち《アルホンデス》そして支配される民《アルホメニ》の中に彼の功績を不朽の記念碑として残したのであり、その男の志操高尚を体験しなかったものは誰もいなかった。つまりその者は誰にもましてこのうえもなく穏和で節度をもっていたので、すべての者の好意を引きだした、実に人に親切にすることにおいてはすこぶる迅速にまた熱心であり、人を懲らしめることにおいては寛大で、またためらいがちであった。この男の徳を示す証拠はおびただしいが、それでもやはり帝位《ヴァシリア》を辞退したことに勝るものはない。その次第は話を進めて明らかにしよう。

## 〔4〕イサアキオス、権力の譲渡を弟に申し出る

すでに治世《ヴァシリア》三年目の末[1-19]、兄の皇帝《ヴァシレフス》はプロポンディスの海峡《ポルスモス》を渡り、せっせと狩猟《シラ》に出かけ身体を鍛えようと、オノラトスの小さな町《ポリフニオン》の郊外に滞在していた。しかし鍛錬は彼に何も益するところがなかった。なぜなら胸膜炎《プレヴリティス》に苦しみ、三日のあいだ我慢したが、調子が良くならないのに気づき、皇帝用《ヴァシリコス》のドロモン船に乗っ

て、宮殿《アナクトラ》にもどった。[1-20] さてただちに自分の後に統治する者についての思案に捉えられたが、[1-21] 誰よりもさきに頭に浮かんだのは弟であった[1-22]——なぜならその者が忠実であり、国《キナ》事《プラグマタ》に通暁していることを知っていたからである——、そこで皇帝《ヴァシレフス》はすぐに彼を呼びだし、彼に向かって話しかけ、励まし駆りたてることにとりかかった。[1-23]「いとしい兄弟よ、すでに私の命はつきようとし、そのことが私に退位を迫る、だからあなたは国《キナ》事《プラグマタ》を引き受け、帝国《ヴァシリア》の舵柄《イアケス》を握らねばならない。なぜならこのことは、私の思うには、血縁関係においてわれわれに結びついている者たちだけでなく、ローマ人の支配下にあるすべての者たちにとっても有益であるからである。だから私自身が生きているあいだに、あなたは帝冠《ディアディマ》を頭に戴き、国事《プラグマタ》を引き受けなさい。なぜならあなたの承知のように多くの者がローマ人の帝位《ヴァシリア》に嫉妬深い視線を放っているのです」これらの言葉を聞くと、その者は国《キナ》事を引き受けることに激しい嫌悪を示し、事実それを拒み、国《キナ》事を引き受けるくらいならあらゆる辛酸を進んでなめる覚悟でいたのである、確かにその者の態度はそのようなものであったが、しかしそれに対してその者の妻［アンナ＝ダラシニ］はこれらのやりとりを聞くと、辞退を耐えがたい気持ちで受け取り、夫のかたわらに座り、面と向かってつぎのように語りはじめた。「私のご主人様、どうしてなのですか、ご自身ともっとも愛しい者たちに向かって剣《クシフォス》を抜こうとされるとは、まだ幼い子供たちのことを憐れとも思われず、また私たちのことを心にかけようともされないのですか。もし誰か他の者がローマ人の権力《アルヒ》をにぎるならば、その者は権力《アルヒ》を確実に自分にとどめようと考えて、急いで私たち一族のすべてを抹殺する行動にとりかかることをご承知ではないのですか。[1-24] いずれにせよ、どうして私たち自身と私たちのもっとも愛しい者たちを明らかな危険にさらすことになる、そのような愚行をおかそうとなされるのですか、すべての者が羨望するローマ人の帝国《ヴァシリア》を拒もうとされるのですか。この有害ながんこさ、時ならぬしり込み、これは一体どうしてなのですか。それはとにかく、私をお信じになるなら、できるだけ速やかに兄君の皇帝《ヴァシレフス》の勧めに従い、国事《プラグマタ》を掌握してください」

## 〔5〕コンスタンディノス＝ドゥカスの即位

これらのこと、さらにそれ以上のことを口にしたが――なぜならその者［アンナ＝ダラシニ］は言行ともに巧みであったから――、しかし説得できないとなると、今度は嘆願に転じ、涙とうめき声をもって訴えつづけた。願いを容れようとせず、てこでも動かないのを知ると、泣き落としも断念し、心の底で深く苦しみ、その者に恨みをいだいたまま沈黙してしまった。確かにその者はそのように帝権《ヴァシリア》を拒んだのであった。他方皇帝《ヴァシレフス》は病の高じるのを知って、自身も兄弟に関することは諦め、多くの長所を備えたコンスタンディノス＝ドゥカスに目を向けた。そこでただちにその者を呼びだし、国事《キナ》について彼と話しあい、自分の親族たちを彼に紹介し、それから自身は緋色の衣服《アルルイス》を修道士《アンゲリコン》のそれ《スヒマ》にかえた後、皇帝のリボン《ヴァシリコンテニオマ》[1-25]を彼に与える。事実その者はストゥディオス修道院《モニ》に退いた。[1-26]他方ドゥカスは帝国《ヴァシリア》の舵柄《イアケス》を握ると、ただちに一方で権力の不当な行使を一掃し、他方で中道《メトリオティス》と公正《ディケオシニ》[1-27]を呼び寄せることに熱心にとりくみ、確かにそれは立派に達成された。というのはその者は大多数の者が不正を行う傾向にあるのを見て、裁判官をつとめることに取り組んだ。[1-28]裁判《クリシス》においてその者は預言者《プロフィティス》［イエス］に従い、人を偏《かたよ》りみることはなく、右にも左にも傾かず、王《ヴァシリキ》の道《オドス》にそって進み、不正行為をうち砕こうとしたので、不正をなす者にとっては恐ろしい存在となり、他方不正を被る者たちにとっては愛すべき、喜ばしい存在となった、そしてもちろん以前帝国を統治した者［前帝イサアキオス］に対して恩知らずのふるまいはとらなかった。というのは、修道士《モニリス》の生活と衣服を受け入れストゥディオス修道院《モニ》に引きこもった後、病気は弱まり、間もなく死ぬものと思われた者は健康になった、そしてドゥカスは、その者のもとを訪れたときには、主君《キリオス》、皇帝《ヴァシレフス》とも呼び、上席を勧めるなどし、敬意の限りをもって接しつづけた。事実［ドゥカスは］しばしばその者のもとを訪れていた。敬意をもって接したのは彼だけではなく、その者の血縁の者のすべて、妻・娘・兄弟、その他の者たちも同様にした。しかしコムニノスはその者［ドゥカス］の即位から

一年して死んだ。[1-29]

## 〔6〕ヨアニス＝コムニノスの子供たち

ドゥカスは七年すべてにわたってローマ人の帝国《ヴァシリア》を正しく統治した後、この者もまた命を終えた。[1-30] その者の連れあいのエヴドキアが[1-31]子供のミハイルとコンスタンディオスと共に帝国《ヴァシリア》を継承する。[1-32] ドゥカスの死後わずかして、クロパラティス〔ヨアニス＝コムニノス〕も、前に説明されたように男五人と女三人の子供八人を残して、死去した。[1-33] 彼らすべてを母〔アンナ＝ダラシニ〕は立派に育てあげ、一族に相応しい者にした。ところで二人の娘はまだ父の存命中に高貴の生まれで財産に恵まれた男たちと結婚した、すなわち長女のマリアはミハイル＝タロニティスと、[1-34] 次女のエヴドキアはニキフォロス＝メリシノスと結婚した、[1-35] 後者は利口で嘆賞すべき男、その血統は父方においてヴルツィオスの一族にさかのぼる。[1-36] 最後のセオドラについては、父の死後に、母はディオエニスの息子コンスタンディノスに、[1-37] その父がすでにローマ人の帝笏《スキプトラ》を握っていたときに、嫁がせた、その男は正直で、行動において勇敢であったが、やがて明らかになるように、すべてにおいて必ずしも褒められたものではなかった。[1-38] 娘たちのことについてはそのような次第であった。男子のうち、マヌイルはなお父の存命中に軍務に服しはじめ、祖先の人たちをみならって刻苦勉励し、それらの者たちに相応しいものになろうとつとめた。次男のイサアキオスは兄のあとを追いかけつづけた。他方三番目のアレクシオスはあらゆる種類の魅力に満ちていた。その面にはかつて他の誰にも見られることのなかったような優美さが現れ、そしてその者はいつも晴れ晴れとし、善意にあふれていた、事実その者について、その眩しいほどの人柄のよさと心のやさしさを言い表しうる言葉を、一体誰が語ることができるだろうか。それは生来の品位と意図的に獲得されたそれの混合物であり、二つの相反する要素から構成された、いわば生きた最高傑作[1-39]であった。なぜならその者は、われわれ自身がこれまで目にしたすべての者の中で、精神はもっとも厳格で行動はもっとも精力的であったが、怒りに身をゆだねることのほとんどなかったほどにまことに穏和な心を示したのである。そしてまた、いまだ思春期《イヴィ》を越えていなかったとき、[1-40]その者は母に自分も兄と[1-41]一緒に出征に送りだすよう強く迫ったことがあった。もちろん軍司令官であるその者に従い、そして成人前のことであったが、大きな盾《サコス》を携え、もっとも見事に槍《ドリ》をしごき、その技の見事さを示していたのであり、［その名は］たちまちすべての人々の口の端にのぼるところとなった。さてその者のことについてはしばらく措き、話を流れの順序にもどそう。なぜなら流れに従って進めば、結局その者自身の活躍に行き着くからであり、まずは残りの兄弟について述べよう。その者［アレクシオス］のつぎにアドリアノス[1-42]とニキフォロス[1-43]がいたが、まだごく若かった二人に母は教師たちをつけ、一般《エンギクリオス》教育《ペデフシス》を授けることを指示した。

## ［7］トルコ人の起源、ムゥフウメトとタングロリピクス

ロマノス＝ディオエニスが帝国《ヴァシリア》の舵柄《イアケス》を握ってすぐに、兄弟の最年長者のマヌイルは皇帝《ヴァシレフス》の一族に加わり、彼からプロトストラトルの職[1-44]を受けた。またそれから間もなくして東方《エオア》軍《タグマタ》の総司《ストラティゴス》令官《アフトクラトル》に任命された。すでにトルコ人が東方の地を略奪しはじめていたので、その者はプロポンディスを渡り、ガラティア人の地に陣を張った。[1-45]ところでトルコ人とはいったい何者であるのか、ついにローマ人と境を接するに至る以前、その者たちはどの土地からやって来たのか、これらについて最初から述べなければならない。[1-46]これらの者たちは、タナイス川とヴォスポロス［クリミア半島の］の彼方の北の地方、コーカサス山脈からさほど遠くない所を住処としていた。[1-47]独立し、元来ミルクで生活しているこの民はことのほか多数で好戦的であり、これまでいかなる民にも従属したことがない。さてペルシア人の帝国《アルヒ》が粉砕されアガルの息子たち[1-48]の手にきし、[1-49]そしてサラセン人の支配領域《エピクラティア》がペルシア・ミディア・バビロン・アッシリアだけでなく、さらにエジプト・リビア、そしてヨーロッパの少なからぬ部分にもおよぶと、アガルの息子たちは互いに争いあい、甚だしく広大な領土《アルヒ》を

多くの部分に分割し、それぞれが別々の部分を支配し、その民は同族同士の戦いを行うこととなった、そして皇帝《アフトクラトル》ヴァシリオス［二世］の御代、ペルシア・ホラスミィイ[1-50]・アヴリタニ[1-51]・ミディアの支配者《アルヒゴス》であったイムヴライルの息子、ムゥフゥメト[1-52]はインド人とバビロンの住民と戦ったが、しかし状況が自身にとって不利になっていくのを知って、フン人の首長《アルホン》[1-53]のもとに使節を送り、そこから同盟軍《シムマヒア》を求めなければならないと判断した。とにかく使節団《プレスヴィア》はその者［フンの首長］にとって好都合なものとして受けとられ、その者は使節たちに高価な贈物を与えた。確かに使節《プレスヴィス》たちは、ミケイルの息子であるタングロリピクス＝ムゥカレト[1-54]を指揮者《アルヒゴス》とする三千の同盟兵士《シムマヒ》をつれて帰還することになり、そして［同盟兵士たちは］その両側に塔をそなえた橋を使ってアラクシス川[1-55]を渡り、ペルシアに向かうことになったのである。そういうことでムゥフゥメトは自身の軍勢《ストラテヴマタ》にこれらのトルコ人傭兵《ミスソフォリ》を加えて、アラブ人の支配者《アルホン》ピサシリオス[1-56]を攻撃し、たやすく敗走させる。その者［ムゥフゥメト］は自分の領土に帰還した後、敵対するインドの民に対しても同盟兵士《シムマヒ》たちと共に戦おうと意気込んだ。しかしそれらの者は［彼に従ってインドに行くことを］断り、アラクシス川の橋の見張りを自分たちにまかせ、そして自分たちを自身の土地に送り返すよう熱心に懇願したが、しかしその者［ムゥフゥメト］が強く迫り、力ずくで［インドの民と］戦わせようとしたから、トルコ人たちはなにか恐ろしい目にあうのではないかと恐れて反逆に走り、少人数で数万という大軍に立ち向かう自信がないのでカルヴォニティス砂漠[1-57]に入り込み、そしてそこから出撃部隊を送りだし、サラセン人の土地を略奪し、荒廃させることを始めた。

## ［8］ムゥフゥメトのタングロリピクスに対する遠征

ムゥフゥメトは生じた事態に我慢ができず、およそ二万の軍《ストラトス》を集め、勇気と知力において名の知られた十人のサラセン人軍司令官《ストラティイ》[1-58]にその指揮を取らせ、トルコ人に向けて送りだす。実際これらの者たちは出発しカルヴォニティス砂漠に急いだ、しかし砂漠の中に入ることは水の不足と食糧の欠乏のため不利であると考えて、砂漠の端に最も近いところに野営し、いかに戦うべきかを検討することにとりかかった。他方、砂漠の深いところに野営していたタングロリピクス［トゥグリル＝ベク］は自分に対して向けられた遠征《エクストラティア》に気づくと、側近の者たちと相談し、夜中にアガリニとペルシア人を攻撃することが有利であると判断し、二日間の強行軍の後、三日目の夜、警戒せず、惨事を予想することもなく野営している彼らに襲いかかり、わけなくそれらの者を敗走させる。[1-59] これによりとても多くの勝利品を手にいれ、多数の馬車と馬を握ったので、もはやこれからはカルヴォニティス砂漠に野営することも、また逃亡者や盗賊のように隠れてこそと攻撃にでることもなく、公然と平地で戦いを挑み、そしてまた不正行為のゆえに死刑を恐れているすべての者、少なからぬ奴隷《ドゥリィ》たち、略奪を好んで行おうとする者たちが彼のところに殺到してきたので、短期間のうちに彼のまわりに五万を下らぬ大軍勢《ディナミス》を集めることとなった。[1-60] その者に生じたことは以上である。他方ムゥフゥメトは事態の成り行きにまったく我慢できず、帰還してきた十人の軍司令官《ストラティイ》たちについては彼らの目を潰した、他方危険を避けて逃げてきた兵士《ストラティオティス》たちについては女の衣服を着せて皆の前で引きずり回すと脅し、そしてその者自身は戦闘に向けて完全武装することにとりかかった。

## ［9］ムゥフゥメト、タングロリピクスに敗れる

しかし兵士《ストラティオティス》たちはあの者［ムゥフゥメト］の脅しの言葉を耳にしてタングロリピクスのもとに走る。それゆえ相当多数できわめて強い軍勢《ディナミス》が彼の側についたので、その者は全軍《ストラトス》を召集し、全面戦争でいっきに勝負を決しようと、ムゥフゥメトに向かってただちに進軍することにとりかかった。しかし相手もサラセン人・ペルシア人・カヴィリ人[1-61]・アラブ人を完全武装させ、およそ五十万の軍《ストラトス》を召集し、塔を運ぶ百頭の象を連れ、急いでタングロリピクスに立ち向かおうとした。このようにしてその者はアスパハン[1-62]と呼ばれるところで彼と相まみえ、そして激しい戦闘となり、両方の側で多くの者が倒れ、ムゥフゥメト自身も倒れる、それは弓《トクソン》で

射られてのことでも、槍《ドリ》を受けてのことでもなく、騎乗して味方を励ましていたその者は、彼の馬が足を滑らせたとき、馬と共に地面に倒れたが、そのとき真っ逆さまに振り落とされて死んだのであった。[1-63] このことが起こると、彼に従っていたペルシア人の多数はタングロリピクスに合流し、ただちにタングロリピクスはすべての者によってペルシアの王《ヴァシレフス》と宣せられた。このように持ち上げられた後、その者は人を派遣して、アラクシス川の橋に配置された守備隊《フィラキ》[1-64]を取り除き、トルコ人の民をペルシアに呼び寄せようとする。ペルシアへの道が開かれ、アラクシス川の渡河が彼らに許されたので、彼ら自身の故国への愛着からその地にとどまることを強く求める者以外の者はすべて大挙して［ペルシアに］向かって行くことになった。ペルシア人とサラセン人を倒した彼ら自身がペルシアの主人《キリイ》となり、そしてタングロリピクスを、彼らにおいては諸王《ヴァシレフス》の王《ヴァシレオン》また絶対君主《パンドクラトル》を意味するスルタノスの称号で呼んだのである。[1-65] 実際その者はペルシア人とサラセン人からすべての指揮権《アルヘ》を奪い、それらをトルコ人に移し、ペルシア全体を彼ら自身に従わせたのである。

## ［10］ローマ人に対するトルコ人の初期の戦闘

とにかくトルコ人はペルシア人の帝国《アルヒ》を握ったことで、ローマ人と境を接するにいたったのである。しかしまた同様に、どのような原因で彼らがつき動かされてローマ人と戦いを始めるようになったのかについて述べることもぜひ必要であろう、もっとも最初のうちは彼らとの戦いを恐れ、先の三人の皇帝《ヴァシリス》、すなわちニキフォロス＝フォカスとヨアニス［ツィミスキス］、ポルフィロエニトスのヴァシリオス［二世］の勇敢な働きを聞いただけで身震いしていたのであった。確かにローマ人にはまだそれらの者の示した勇気と力が保たれていると、［トルコ人は］考えていた。先に説明されたように、タングロリピクスがペルシア人の帝国《ヴァシリア》を自分のものとし、多くの富と軍勢《ストラテヴマタ》を手にし、サラセン人を打ちのめすや、以前ペルシア人と境を接し、ムゥフゥメトと戦っていた者たちは互いに協定《スポンデ》を結び、［タングロリピクスの支配下に入った］ペルシア人と戦う準備を始めた。しかしそのことを見抜いて、あの者［タングロリピクス］はまずバビロンの支配者《アルホン》ピサシリオスに対してみずから遠征の準備を行い、幾度もの戦いでその者をやぶり、そして殺害し、[1-66]バビロニア人の支配権《エクスウシア》を掌握した。他方アラブ人の支配者《アルヒゴス》カルヴェシス[1-67]に対しては自身の父の兄弟の息子、クトルムス[1-68]に強力な手勢を与えて送りだす。その者は出発し、しかしアラブ人と戦って敗れ、見苦しくも逃亡するはめとなった。[1-69]その者は退却の途中、ミディア人の土地[1-70]を通過するつもりで、ヴァスプラカン[1-71]の近くで野営しようと考えた。しかし当時ミディアを支配していたローマ人を恐れ、その地の支配者《アルホン》に使節を送る——ミディアの支配者《アルホン》はそのときパトリキオスのステファノスで、時の皇帝《ヴァシレフス》のそばにあって大きな力をふるっていたコンスタンティノス、またリフディアス[1-72]とも呼ばれる者の息子[1-73]であった——、それは、その者に土地の通過の同意を求め、その土地に一切害を与えないことを約束しようとするためである。しかし相手の者は使節たち《プレスヴィス》と会見し、訴えが臆病から起こっていることに気づき、その地方の軍《ストラトス》を召集してトルコ人に戦いを挑もうとする、しかし戦闘の経験のない者がそれに精通した者を相手にするのであるから、言うべきほどの働きはなにもなしえず、会戦において打ち負かされ、そのとき一方でローマ人の多くが倒れ、他方でその者自身も捕らえられた。[1-74]ところでタヴレズィオンに到着すると、クトルムスはそこでその捕らえた者を売り、その者自身はスルタノスのもとに立ちもどると、遠征《ストラティア》の結果[1-75]について弁明する一方、ついでのこととしてミディアについて、そこはあらゆる物を生み出す豊かな土地であるが、自分に向かって戦いを挑んできた兵士たち《ストラティオテ》がどの程度のものかを暗に示そうとして、[1-76]女たちによって管理されていると報告した。スルタノスはそれらの話で元気をとりもどし、およそ二万の軍勢《ディナミス》を、コフォスとあだ名された彼の甥のアサン[1-77]をその軍司令官《ストラティゴス》にして送りだす、その際彼にできるだけ急いで行き、もし従わなければミディアの地を征服するように命じた。[1-78]トルコ人はそのときからローマ人に対する戦いを開始し、今日までずっとローマ人と戦いをつづけてきた。[1-79]さあ、話を最初からの順序に従い、中断したところにもどそう。

## [11] マヌイル、フリソスクロスを籠絡する

すでに語られたように、[1-80]クロパラティスのマヌイルはディオエニスにより東方《エオア》軍《タグマタ》の総司《ストラティゴス》令官《アフトクラトル》[1-81]に任命された後、ハルティキの地[1-82]に滞在して、トルコ人の侵入に備えていた。斥候《スコピ》からトルコ人の大きな集団がフリソスクロスを軍司令官《ストラティゴス》として戴き、この者は血統上スルタノスたちにつながり、[1-83]ペルシア人の支配権《エクスウシア》を自分に相応しいものとして手に入れようとしていたが、アルメニアコン［セマ］の町々《コモポリス》を略奪するために前進してくるとの知らせが彼のもとに届くと、軍勢《ディナミス》を率いてトルコ人に向かって進軍し、そして略奪《プロノミ》に出かけてちりぢりばらばらになっていた彼ら［の一部］に遭遇し、その者たちをたやすく敗走させた。[1-84]［マヌイルは］彼らを追跡するうちにトルコ人の陣地《ストラトペドン》のすぐ近くにまで達し、そしてトルコ人の独立の諸部隊《ロヒ》に遭遇し、長時間にわたって立ち向かい勇ましく戦ったが、ローマ人の本隊《ファランクス》が逃走に転じ四散してしまったので、それ以上もちこたえることができず、自身も逃走にかかろうとした、しかしトルコ人に取り囲まれ、彼の二人の義兄弟、メリシノス［ニキフォロス］とタロニティス［ミハイル］と一緒に捕らえられる。また残りの少数のローマ人もたおれた。[1-85]さてフリソスクロスのもとに連行されたその者は自分の一族に相応しい手柄を何か立てないことにはと耐えがたい思いでいた、そしてもちろん語るに値することを行ったのである。すなわち自分を打ち負かした者がスルタノスに[1-86]対する謀反人《アポスタティス》であり、ペルシア人の権力《ディナスティア》を得ようとしているのを見抜き、ひとつその者を味方に引き入れる試みをやってみるべきだと考えた。そこで一人でその者のもとに行き、彼の情況についていろいろと質問し、確かにその男がとても不安な状態にあるのを知ると——なぜならその者はスルタノスに対抗するだけの強力な軍勢《ディナミス》を欠いていた——、そこで彼にむかって優しい言葉を投げかけ、その者の堅い心を和らげると、第二の試みとしていっそう効き目のある言葉の薬《ファルマカ》を用いることにとりかかった。その言葉はこうであった、確かにペルシア人の帝国《ヴァシリア》を手に入れたいと望みながら、しかし十分な軍勢《ディナミス》に欠けているため帝国を支配《クラトン》する者に対して戦列を組んで立ち向かうことができないのであるから、もしローマ人の皇帝《ヴァシレフス》のもとへ脱

走し、そしてその者を味方とし、当面の企ての協力者としないならば、決して彼の目的は実現しないであろう。そこでその者は相手［マヌイル］を同時に忠告者であり案内人であると見なし、彼と共に急いで女王の都《ヴァシリス》に到着した、武器で戦って勝利した者が弁論の技で捕らえられたのである。この手柄はクロパラティスに大きな名声を与えた、なぜなら事実それは賞賛に価したのであった。さて皇帝は彼ら二人を優しく迎え入れ、たいそう立派な贈物を与えた。[1-87]

## ［12］クロパラティスのマヌイル＝コムニノスの死

春が始まると、[1-88] その者［ロマノス＝ディオエニス］はフリソスクロスを伴ってトルコ人に向かって出陣した。その者がヴィシニアに到着したとき、クロパラティス［マヌイル＝コムニノス］が耳痛《オタルイア》にかかり、皇帝《ヴァシレフス》に深い悲しみを残して死んでしまった。［皇帝は］実際その者を深く愛していたのである。他方フリソスクロスはもう少しで彼の後を追って死ぬところであった。自分の命そのものをも捨ててしまいたいほどに、その不幸な出来事に激しい衝撃をうけていたのである。その者たちはそのような状態であった。他方諸都市の女王《ヴァシリス トン ポレオン》に滞在していたクロパラティスの母［アンナ＝ダラシニ］については、息子の病気について聞き知ると、病気がことのほか重く、治癒の困難なものではないかと心配し、急いで［海峡を］渡り、ヴィシニアの主都《ミトロポリス》［ニケア］に到着する。子供の病状がいっそう悪化しているのを知ると、［母は］その地の住民によってアザラス[1-89]と名づけられている丘を越えた後、その麓にある神の母《セオミトル》に捧げられた修道院《フロンディスティリオン》——すなわちアリポスという名[1-90]の修道院《モニ》——でその者が臨終の際にあることを知った。クロパラティスの側近の者たちのあいだで、彼女の到着したとの叫び声が起こったとき、その者は確かに母が訪れたことを悟ると、急いで寝台から跳び起き、その者に抱きつき、しっかりと抱擁しつづけた、しかしただ二人を同じところに埋葬してほしいと彼女に願う以外、何ひとつ声を発することができなかった。事実その者は再び横になり、そして少ししてから死んだ。[1-91] けなげで高邁な母は息子のためのしかるべき葬式を立派に行い、兵士《ストラティオティス》であり同時に軍司令官《ストラティゴス》であったそのような子供を失った者にとって当然のように涙を流し、しかし間もなく苦しみから立ち直り、皇帝《ヴァシレフス》と一緒に出征しようとする名の聞こえたアレクシオスを送りだす。[1-92]その者は母に別れを告げるに際してとめどなく涙を流した、彼の心は二つに、一つは母への愛情と、一つは遠征《ストラティア》へのあつい想いとに引き裂かれていたからであった、なぜなら他の誰よりも戦いを好み、また母を愛する者であったからである。そこでその者は出発し、皇帝《ヴァシレフス》のもとに通じる道をとり、そしてドリレオンの近くで露営し、軍《ストラトス》を集めていた者［皇帝］のもとに達する。［皇帝は］その者を見て、最近の不幸を想起し涙を流しはじめ、そしてその者の母について問い尋ね、そして最後にはつぎのように告げて、その者を無理にでも母のもとに帰らせようとする。「苦しみに苦しみが重なれば、あの者の死にさらにあなたの長期間にわたる外地滞在ともなれば、そのような大きな不幸にある者を慰める者のない状態で後に残しておくこととなり、それは良くないことである」確かに皇帝《ヴァシレフス》はこのように言い、[1-93]他方の者は彼から離れず、蛮族《バルバロイ》に向かって出陣する彼のあとについて行けるように一所懸命になったが、それらの言葉で皇帝《ヴァシレフス》を説得できなかった、なぜなら不本意なその者を母のもとに帰るよう仕向けたのである。さて一方の者は帰途につき、他方皇帝《ヴァシレフス》は先に進み、ローマの軍勢《ディナミス》を一つに集結させ、そしてそれらを戦いに備えさせることにとりかかった。[1-94]

## [13] ディオエニス、トルコ人に対して進撃を決意する

カパドキア人の地に到着すると、[1-95]その者はもっともすぐれた軍司令官《ストラティギ》たちを集会《エクリシア》に呼びだし、ペルシアに突き進み、そこでトルコ人と戦うべきであるか、それとも自領にとどまり彼らの到来を待つべきかを諮問し、戦いについて意見を求めようとした。なぜならスルタノス[1-96]がすでにペルシアを出立し、一歩一歩ゆっくりとローマ人に向かって進んでいることが報告されていたのである。さておそらく極端に向こう見ずで、またまったく

のご機嫌とりである者たちにとっては、とどまらず進軍し、スルタノスがミディアのヴァタナ[1-97]に進入したときに戦うべきとの意見であった。他方マイストロスで、多数の諸軍《タグマタ》を指揮しているヨシフ＝タルハニオティス[1-98]と全西方のドゥクスであるニキフォロス＝ヴリエニオス[1-99]にはそのような計画は完全に失敗すると思われ、皇帝《ヴァシレフス》に、もし可能ならば、じっと待って自分たちの方へ敵を引きつけることを熱心に懇願した、周辺の諸都市《ポリス》の防備を固め、平野に火をかければ敵は兵糧に窮乏することになる、もしそれができないならば、とにかくセオドシウポリスに至り、そこで布陣して敵を待つべきである、そうすればスルタノスは必要物資の欠乏からローマ人が戦うに有利な場所でローマ人と戦うことを強いられることになる。しかしその者たちは耳の聞こえない者に向かって歌っているように見えた[1-100]、ごますりたちの意見が通ったのである、自分たち本来のすぐれた特性を示した男たちに耳をかたむけねばならないのに、その者は正しいことを勧告する者たちよりも、むしろごますりたちに心をむけたのである、それは以前の勝利に心を奮い立たされ、思い上がっていたからである、というのは事実その者はメンベト[1-101]の要塞《フルリオン》を奪いとり、また略奪に従事していたトルコ人の派遣諸部隊と出会ったとき、彼らを敗走させると共に、その多くを殺し、少なからぬ者たちを生け捕りにしたからである。とにかくこれらの成果に得意となり、またこれまでよりも多数の同盟軍《シムマヒア》と軍勢《ディナミス》を手にしたことで必要以上に大胆になり[1-102]、全軍《ストラテヴマ》を率いて出発し、ペルシアの地にまっすぐ突き進み、敵に向かっていくことになった。

## 〔14〕ヴァシラキス、軽率に攻撃し、捕らえられる

その者〔皇帝〕がマンツィケルトン[1-103]に到着すると、シリアとアルメニアの少なからぬ軍《ストラトス》を率いてヴァシラキオス[1-104]が会いにやって来た、この者は強壮で勇敢である一方、向こう見ずで、ともかく衝動に駆られやすく、皇帝《ヴァシレフス》におもねようとして、ものを訊ねられてもまっとうなことは一切言わなかった。さてヴェスタルヒスのレオン＝ディアヴァティノス[1-105]が皇帝《ヴァシレフス》に書簡《グラマタ》を送り、スルタノスが〔皇帝の〕出征《エクストラティア》を聞き知りその兵力《ディナミス》に

恐れをなして、ペルシア[1-106]を離れ、バビロンに逃げ去っていくのを知らせたとき、皇帝《ヴァシレフス》はこれらの言葉を真に受け、遠征軍《ストラテヴマ》を二手に分け、軍勢《ディナミス》の一方をその場にひきとどめ、もう一方の軍勢をマイストロスのヨシフ＝タルハニオティス[1-107]をその軍司令官《ストラティゴス》に任命してフレアトに向けて送りだそうとした、他方その男は戦略《ストラティオティカ ヴレヴマタ》と戦術《ストラティイマタ》に長けていたが、そのときはまったく気が進まず、皇帝《ヴァシレフス》に敵が近くに陣を敷いているときには全兵力《ディナミス》を陣地内にとどめ、遠征軍《ストラテヴマ》を分割しないように忠告したのであった。[1-108]しかしこれらの言葉をもってしても説得できなかったので、その者は軍勢《ディナミス》を引き受け、フレアトにむけて急ぐことになった。フレアトはそのときトルコ人の支配下にある都市《ポリス》で、その中には十分多数のトルコ人の守備隊《フルラ》がいた。さてそれから三日がすぎたとき、馬糧を徴発しに出かけた者たちにトルコ人が襲撃し、ある者たちを殺し、他の者たちを生け捕りにする。[1-109]とにかくその事態が皇帝《ヴァシレフス》に知らされると、ただちにヴァシラキスが呼びだされ、トルコ人について、攻撃したそれらの者たちは何者で、どの土地から来ているのかと、詳しく尋ねられた。その者は今回もまたいつもの向こう見ずを発揮して、それらの者はフレアトから略奪しにやって来ていると主張した。確かにそれゆえに［敵の］陣地《ストラトペドン》からほど遠くない所にいて、戦いの準備を入念に整えているスルタノスの接近は皇帝《ヴァシレフス》の目を逃れたのであった。[1-110]なぜなら［スルタノスは］皇帝《ヴァシレフス》を前面に導きだし、網の中に捕らえようと考えて、先遣の騎兵斥候兵《プロドロミ》を送りだすことにしたのであった、その者たちは馬でローマ人の防柵《ハラクス》の陣地近くまで駆け進み、つぎには逃走するかのように引き返す、それを幾度もくり返すあいだに、幾人かの軍司令官《ストラティイ》を捕らえて連れ去ったが、その最初の者がヴァシラキスであった。というのはその者は出撃してきた者たちがペルシアの遠征軍《ストラテヴマ》からではなく、フレアトの住民からのものであることを皇帝《ヴァシレフス》に確信させようとあせり、陣地《ハラクス》から出撃することの許しを求め、それから剣《アキナキス》を引き抜くと馬に鞭をいれ、闇雲に敵に向かって突撃し、彼の部下も戦列を組まず、それぞれ勝手に彼の後を追っていった。[1-111]さてそれらの者たちの無秩序な行動を驚きの目で見た敵は、逃走するふりをした。敵はそれらの者が陣地《ハラクス》から遠ざかったのを確かめると、馬首を反転させ、ばらばらに進む彼らに突撃し、全力をあげて彼らをうち破り、言われているように、もう少しで事態を告げる伝令《アンゲロス》が一人も助からないほど多くの兵士《ストラティオテ》が倒れ、またヴァシラキスも捕らえられたのである。[1-112]

## 〔15〕ヴリエニオス、ヴァシラキスの救援に向かう

ヴァシラキスが隊列を組むことなく陣地《ハラクス》から飛びだし敵に向かって突撃したことが皇帝《ヴァシレフス》に報告されると、〔皇帝は〕全西方のドゥクスで、そのときは左翼を指揮することになっているヴリエニオスを呼び寄せ、もしヴァシラキスの身に何か危険がふりかかっておれば、その者を援助し、その逃走に手をかすようにと、一刻も早く出立することを命じ、彼自身の兵力《ディナミス》と共に送りだす。[1-113] 確かにその者〔皇帝〕はすでに何か禍が起こったことを気づきはじめていたのである。そこで〔ドゥクスは〕出発にとりかかり、軍勢《ディナミス》を防柵《ハラクス》の陣地から連れだした。出発し進んだところ、味方も敵も誰一人姿が見えない、急いでさらに前進すると、初めて丘の上に敵がかたまって立っているのを目撃した。さらに少し進むと、死体に出会い、ヴァシラキスもすでにこのようになっているのではないかと想像した。他方まだ生きている一人の兵士《ストラティオティス》に出会い、ヴァシラキスはどこにいるか、一体彼らに何が起こったのかを尋ねた。その者が身にふりかかった事態を報告しているあいだに、トルコ人があらゆる方向から駆けてきて軍勢《ファランクス》を包囲しはじめた。これを見てドゥクスは兵士たちに勇気ある男であることを心し、見下げはてた者たちのふるまい、ローマ人の高潔にふさわしくない行為を一切しないよう励ました。そこでその者は軍勢《ファランクス》を半回転させ、迫ってくる敵をまったく無視して、陣地《ストラトペドン》に向かって戦列を崩さず整然と引き返すことにとりかかった。防柵《ハラクス》の陣地[1-114]の近くに達したとき、その者は軍勢《ファランクス》の一部を率い、他の者たちにはその場に待機するように命じて、ただちに迫ってくる敵に対して突撃し、やすやすと彼らを敗走させた。しかし敵の残りの者たちが一団となってこちらに向かって迫ってくるのを見ると、すべての者を連れ、〔待機している〕軍勢《ファランクス》のもとへ向かって引き返した。しかしトルコ人が彼に向かって攻撃し、取り囲んだとき、槍《ドリ》で胸

を傷つけられ、背中に二本の矢を受けた。しかしその者は英雄的に戦い、無事に軍勢《ファランクス》と合流し、一つになった軍勢と共に陣地《ストラトペドン》にたどり着いた。皇帝のもとに行き、出来事を詳しく話した後、その者から幕舎《スキニ》にもどって傷の治療をするように強く勧められ、[1-115] それで幕舎《スキニ》内にとどまることにした。

## [16] ローマ軍、戦闘隊形を整える

太陽《イリオス》が地平線に顔をのぞかせ日《イメラ》が微笑みかけると、[1-116] その者［ヴリエニオス］は再び皇帝《アフトクラトル》に呼びだされることとなった。[1-117] その者は負傷をものともせず［幕舎を］出ていった。戦うべきか、あるいは軍勢《ディナミス》を［陣地内に］にとどめるべきか、意見が求められると、ある者たちはきわめて賢明にも防柵《ハラクス》の陣地の中にとどまり、フレアトから軍勢《ディナミス》を呼びもどすべきであるとの考えであった、[1-118] しかし他方あのおべっか使いたちはまったく正反対の考えをよしとした。その者たちが本気でそのように考えていたのかどうか、私には言うことができない。とにかくそのときはそのように思われ、まともに取り上げる価値のない意見が再び勝利することになった。そこで確かに軍勢《ディナミス》が連れだされることになった。さてトルコ人は以前よりもいっそう強力で、より多数の軍勢《キル》となって近づいてきた。そして［ローマ人の］軍勢に襲いかかり、戦闘が始まり、多数のトルコ人が倒れ、また他方きわめて多数のローマ人も倒れる。ヴリエニオス自身も体の各所に多数の傷を負ったが、戦術の技により自身の軍勢《ファランクス》のほとんどを無傷のままに保った。[1-119] 皇帝《ヴァシレフス》はトルコ人が攻撃してくるのを見て、戦うべく自身も軍勢《ディナミス》を連れだし、陣地《ハラクス》の前で整列させることにとりかかった。右翼についてはカパドキア人で皇帝《ヴァシレフス》と親しいアリアティスが、[1-120] 左翼についてはヴリエニオス自身が指揮することになり、皇帝《ヴァシレフス》は本隊《ファランクス》の中央を引き受けた。ケサル［ヨアニス＝ドゥカス］の息子でプロエドロスのアンドロニコスは護衛兵《エテリ》の諸部隊《タクシス》[1-121]およびアルホンデスの諸部隊《タクシス》[1-122]の指揮官であったが、後衛につくことを命ぜられた、この男は際だった一族に属し、あらゆる長所で飾られていた。なぜなら知力において同じ年齢のすべての者に勝り、そして他のだれよりも勇敢で、よく戦術に

関する研究に専念していたが、皇帝《ヴァシレフス》に対しては必ずしも好意的でなかった。[1-123]

## ［17］ローマ軍の敗北と皇帝の捕縛

他方トルコ人は皇帝《ヴァシレフス》が軍隊《ストラトス》を戦闘隊形《ファランゲス》に配置しているのを見ながら、戦闘集団にも、また独立部隊《ロヒ》にも整列せず、――なぜならローマ人と接近戦を交えることを望まなかったから――、じっとして動かないでいた。しかしスルタノスは十分に離れた所にあって戦闘の準備にとりかかり、[1-124] そして彼に大きな影響力をもつ、タランギス[1-125]という名の宦官《エクトミアス》に兵力《ディナミス》の大部分をあずけ、その者を戦闘の指揮官《キリオス》に任命した。その者は軍勢《ストラテヴマ》を多くの部分に分割し、罠《プロロヒズミ》をしかけ、伏兵《エネドレ》を配置し、[1-126]〔味方の兵士に〕ローマ人の諸部隊《タクシス》[1-127]を取り巻いて、いたる所から矢を使って攻めるように命令した。他方ローマ人は味方の騎兵《イピ》たちが矢の的にされているのを見て、〔彼らを援助するために〕彼ら〔騎兵〕の後についていくことを強いられ、[1-128] 確かに騎兵の後を追って進んだ、一方あの者たち〔トルコ人〕は逃げていくふりをつづけた。[1-129] そのため〔ローマ人は〕待ち伏せの罠《ロヒ》と伏兵《エネドレ》[1-130]に陥り、手ひどく損害を受けた。一発勝負を決心した皇帝《ヴァシレフス》は、トルコ人の本隊《ファランクス》を見つければ戦いにでて決着を着けようと考え、敵の後をゆっくりと追って進んでいた、他方トルコ人は四方にちらばっていた。しかしその者たちはくるりと向きを変えると、おそろしい勢いと叫び声をもって一斉にローマ人に襲いかかり、右翼を敗走させる。そして後衛《ウライア》の者たちもたちまちに退却にとりかかる、[1-131] そしてトルコ人は皇帝《ヴァシレフス》を取り囲み、あらゆる方向から打ちかかりはじめた。左翼が急いで援助に駆けつけようとするが、トルコ人はそれを阻止する行動にでた。実際これらの者は左翼の背後にむかっていき、左翼を包囲し、敗走に追い込んだのである。皇帝《ヴァシレフス》は完全に孤立し援軍を断たれた状態の中で、敵にむかって剣を引き抜き、多くの敵を殺し、また逃走させた。しかし多くの敵に取り囲まれ、手に傷を負う、そして周りをすっかり取り囲まれている者が誰であるかを相手に知られ、そして彼の馬が矢を射られて足を滑らせ転倒し、乗り手をも一緒に投げ落とす、このようにしてローマ人の皇帝《ヴァシレフス》は捕らえられ、縛られてスルタノスのもとに連行される、[1-132] このような結末をととのえられた神《シア》の摂理《プロニア》の理由については私の知るところではない。[1-133] そのときまた少なからぬ数の指揮官《アルホンデス》たちもまた捕らえられた。残りのある者たちは剣《マヘレ》の餌食となり、またある者たちは無事に逃れた。[1-134] 陣地《ストラトペドン》全体が、皇帝の幕舎《ヴァシリオススキニ》も、財宝《フリマタ》も、この上なくすばらしい皇帝《ヴァシリカ》の標章《パラシマタ》も、それらの中にはオルファノスと名づけられた有名な真珠[1-135]が含まれていたが、ことごとく奪われた。戦闘で生き残った者たちは、それぞれ急いで自分の故国に帰り着こうとして、別々の方向にむかって散っていった。

## ［18］ 皇后エヴドキアと息子ミハイルが権力を握る

日数がそれほど経たないうちに、[1-136] 戦闘から逃げ延びた者の一人がまず最初の使者《アンゲロス》として都《ポリス》に恐ろしい知らせを持ち込んだ、そしてただちに第二、さらに第三、第四の使者が到着した、しかしその者たちは確かなことは何ひとつ報告することができず、ただ恐ろしい事態であるとだけを告げ、それぞれ別々に勝手な解釈をした。[1-137] 実際ある者たちは皇帝《ヴァシレフス》自身はもう死んでしまったと、他の者たちは捕らえられたと、さらに他の者たちは傷つき地上に倒れるのを目撃したと、最後には鎖につながれて敵の陣地《ストラトペドン》に連行されるのを見たと、告げていたのである。そこで女王《ヴァシリス》の都において事態が討議に付されることになり、皇帝《ヴァシレフス》［ディオエニス］に疑惑をもたれたため、ヴィシニアに渡り狩猟をして時を過ごしていたケサル［ヨアニス＝ドゥカス］がただちに呼びもどされることとなった。しかしまだその者が到着しないうちに、皇后《ヴァシリス》［エヴドキア＝マクレンヴォリティサ］はさしあたりこれから何をなすべきかを訊ねはじめた。すべての者の意見は、さしあたってあの者が捕らわれていようがすでに死んでいようがそれは成り行きにゆだね、彼女自身と子供たち《ペデス》［ミハイル・アンドロニコス・コンスタンディオス］が権力《アルヒ》を握るのがよいということであった。その問題がまだ未決定の段階で、ケサルがその審議にかかわることになる。その者は共同統治《キノプライア》[1-138]に賛同する、すなわち二人が一緒に帝権《ヴァシリア》にかかわるすべてのことを行うこと――［ケサルは］二人とは母と、子供たちのうちの最年長者［ミハイル＝ドゥカス］であると言明する――、すなわち一方の者は彼女を生みの母として崇め、他方は子供と共同ですべての管理をとりおこなうことである。確かに皇帝《ヴァシレフス》ミハイルもそうするのがよいと考え、叔父の意向に同意しようとした。[1-139]しかし国事《プラグマタ》から公の財貨を手に入れ、彼ら自身の利益のために権力《アルヒ》にかかわろうと望む者たちは、一方で彼女に一人支配《モナルヒア》を行うようかきたてることに、他方で彼に母に反抗するよう熱心に働きかけることにとりかかった。

## ［19］ディオエニスの解放と宮殿における動揺

しかしこの［最初の］大波がまだ鎮まらないうちに、[1-140]もう一つの大波が起こり、うなりつづけた。なぜならペルシア人［トルコ人］の支配者《アルヒゴス》［アルプ＝アルスラン］は、戦いで捕らえたローマ人の皇帝《ヴァシレフス》を驚きの目で見た後、そのような成功に思い上がることなく、むしろ幸運に恐縮し、勝利の中にあって誰も思いもおよばなかったほどに節度を保つ。すなわち捕らわれた者を慰め、食事を共にし、その者の望んだ捕虜のすべてを彼のもとへ解き放ち、最後には彼をも囚われの身から解放し、[1-141]つぎに姻戚関係《キドス》の取り決め《シムヴォラ》をなし、あの者［ディオエニス］からローマ人にとって相応しい誓約つきの約束を受け取ると――確かに皇帝《ヴァシレフス》は自身の剛勇に相応しくない提案を飲むくらいならむしろ死ぬことを望んでいた――、ただちに人の言える限りの多くのお供と護衛《ドリフォリア》をつけてその者自身の帝国《アルヒ》に送り返す。[1-142]しかしそのことはまさに禍を引き起こし、多くの惨事の主たる原因となったのである。確かに皇帝《ヴァシレフス》はあたかも奇跡のように予想もしていなかった幸運に恵まれ、たやすくローマ人の帝国《ヴァシリア》を再び手にすることになると思い、あの最大の不運のあとの幸運の、いわば自らの知らせを運ぶ使者《アフトアンゲロス》となり、自分の手で認め署名した書簡《グラマタ》の中で、自分の身にふりかかった事態を皇后《ヴァシリス》に報告したのであった。それゆえ宮殿《ヴァシリア》ではたちまち騒ぎとなり、多くの者が駆けつけた、そのときある者たちはその事態に驚嘆し、他の者たちはその事実を疑うしまつであった。皇后《ヴァシリス》も不安定な状態にあり、一体どうするべきかと思い悩み、彼女の支持者《エフヌン》[1-143]たちを集めて、彼らの意見を徴することにとりかかった。

## [20] 皇后エヴドキア、権力を奪われる

さてそのような状況下、ケサル［ヨアニス＝ドゥカス］はディオエニスが再び帝権《ヴァシリア》を握ることになればその者から自身と二人の甥[1-144]がどんなひどい仕打ちを受けるかわからないと恐れ、急いで宮殿《アヴリ》の護衛兵《フィラケス》を味方にする。[1-145]この民［ヴァランギ］は大地を取り巻く大洋《オケアノス》の近くの蛮族《バルバロス》の土地からやって来た者たちで、昔からずっとローマ人の皇帝《ヴァシリス》に忠実であり、皆それぞれ盾《アスピディフォロス》を携え、肩に両刃の斧《ペレキス》を担いでいる。さてその者［ケサル］は彼らを二手に分け、一方の者たちには息子たちの後に従い、命じられたことを実行することを、他の者たちには彼自身につき従い、彼によって考えだされた計画にそって彼の指示通りに動くことを命じた。ところで実際、名の聞こえたアンドロニコスそしてコンスタンディノス——ケサルの二人の子供《ペデ》はそう呼ばれていた——に従う者たちは皇帝《ヴァシレフス》［ミハイル］を取り巻き、彼の周りを一団となって回っているうちに、突然その者を宮殿《アナクトラ》の高所に導き、そしてケサルの子供《ペデス》たちの先導により、ミハイルを皇帝《アフトクラトル》と宣言しだしたのである。[1-146]他方ケサルに従う者たちは絶え間なく丸盾《アスピデス》を打ちならし、蛮族特有の叫び声をあげ、互いに両刃の剣《ロムフェエ》を擦りあわせ打ち合わせながら、皇后《ヴァシリス》の礼拝堂《スキニ》[1-147]へ進んだ。［皇后は］騒ぎと叫び声を聞いて自制心を失い、かぶっていたヴェールを頭から取り払うと洞窟のような近寄ることのできない場所に急ぎ、その穴の中に入り込んでしまった、他方あの者たち［ヴァランギ］は大きな声をあげ、彼女にこの上なく大きな恐れを与えながら、穴の周りを取り囲んでしまった、そしてもしケサルが中に入って彼女から激しい恐怖心を取り除かなかったならば、ほとんど気を失ってしまうところであった。そこでその者［ケサル］は、護衛兵《フィラケス》から何か取り返しのつかない目にあってはいけないと宮殿《アナクトラ》から立ち去るように彼女に勧めることにとりかかった。［皇后は］言いくるめられ、海岸に降りていき、皇帝用《ヴァシリコス》のドロモン船に乗り、住むように定められた場所、明らかに彼女自身が海峡《ステノン》の岸辺に神の母《セオトコス》に奉献して

建設した教会《テメノス》[1-148]に向かうことになった。そして間もなくして、彼女に対して修道女《モナディキ》の生活《ゾイ》に移るべしとの第二の決定が行われ、即刻実行にうつされた。皇后《ヴァシリス》については以上のように定められていたのであった。

## ［21］ロマノス＝ディオエニスの釈放、帰途につく、ミハイル側の対策

他方囚われの身から解放された皇帝《ヴァシレフス》[1-149]ディオエニスは[1-150]、もし再び権力《アルヒ》を握らなければ危険な情況に立ち至ると考え[1-151]、あらゆる都市《ポリス》と地方に人を送り、将軍《ストラティイキ》にふさわしい軍勢《ストラテヴマタ》を集め[1-152]、財貨を取りたてることにとりかかった。すでに多数が彼のもとに群がり集まり、軍勢《ファランクス》をなしたので、その者は全軍《ストラトペドン》を率い、すべての人々に褒め称えられている都市《ポリスマ》、すなわちアマシア[1-153]に向かう。ところでこのことを知って、皇帝《ヴァシレフス》［ミハイル］とケサルの側近たちは、誰を彼に立ち向かわせたらよいか考えはじめた。そこでケサルの息子のうちで年少者［コンスタンディノス＝ドゥカス］にローマ軍《ストラトペドン》を託することがよいと思われた、その男は行動において勇ましく、知力において鋭く、嘆賞すべき者であった。その者は軍勢《ディナミス》を引き受けると、ディオエニスに向かって進み、アマシアの近くに至ると、まず最初に軍勢《ストラテヴマ》を一つに集めておき、つぎに小競り合いをつづけ、そしてあらゆる方法でディオエニスを捕らえるか、あるいは彼をその都市《ポリス》から追い出すことを試みた[1-154]。相手は事態が自分にとって差し迫った状態となり、軍勢《ディナミス》を外に連れだし、ドゥカスに対して戦闘を交えねばならぬこととなった。そこで両軍《ストラトペダ》は戦いを交え、双方ともに勇ましく戦ったので、双方の側において実に多数の兵士《ストラティオテ》が倒れる[1-155]。しかしコンスタンディノス＝ドゥカスが前面に立ちはだかる敵に向かっていっそう勇敢に突き進み、彼らの軍勢《ファランクス》に襲いかかったので、ディオエニス側の者たちは逃げにかかる。事実ディオエニスの側の多くが倒れ、その者自身もごく少数の側近の者たちと共に逃走に転じ、ある要塞《フルリオン》の中に閉じこもる[1-156]。このことが作用して皇帝《ヴァシレフス》ミハイルの側の者たちに勇気を与えることとなり、したがってディオエニスにとって破滅の始まりとなり、そしてもし別の事態が生じなかったならば、その者は即刻に捕らえられてしまったであろう。というのは生まれは

アルメニアで思慮深く勇敢な一人の男が——その者はハタトゥリオスであった——、以前ディオエニスがローマ人の皇帝《ヴァシレフス》として統治していたとき、その者からもっとも高い官職《アルヒ》の一つを授かったが[1-157]、現在不運にある彼に恩返しをしようとして、多数の兵士《ストラティオテ》を連れて彼のもとに来たのであった[1-158]。その者は、元気をだすように彼を激励し、最大限尽くすことを約束し、そして今はコンスタンディノス＝ドゥカスの軍勢《ストラテヴマタ》と戦うことを思いとどまらせ、彼をキリキア人の土地に連れていく、そしてキリキアの谷の背後にかくまい、彼に軍隊《ストラトス》を用意し、財貨を与えた、つまり何よりもまず兵士を訓練することにつとめ、敵と戦う好機にそなえて軍勢《ストラテヴマ》を蓄えておこうとする[1-159]。

## ［22］アンナ＝ダラシニの裁判と追放

それゆえ皇帝《ヴァシレフス》ミハイルとケサルにとってこの新しい事態が再び討議されることになり、元老院《シングリトス》の選りすぐれた者たち《ロガデス》が集められた、そしてある者たちはディオエニスと和解し、権力《アルヒ》の一部を彼に与えるのがよいと考え、別の者たちは戦いを続け、彼に帝国《ヴァシリア》を手にする機会を一切与えてはならないと考えた。とにかく和平《イリニ》の交渉がもたれることになり、あの者に悪行の大赦を約束する書簡《グラマタ》[1-160]が皇帝《ヴァシレフス》ミハイルから使節《プレスヴィス》たちと共に送られることになった[1-161]。しかし相手は、まったくなにも悪事を犯していない自分になにか同情が示されたと見て、当然憤慨し、［使節への］返答において帝国《ヴァシリア》の掌握を思いとどまることはないと主張し、また自分は最大の不正をこうむっていると断言した。とにかくディオエニスとの交渉はそのようなものであった。さて正しい人々を常に嫉むもの《ヴァスケノン》[1-162]がコムニノス家の者たちに対して迫害を引き起こした、それがどのようなものであったかを語らねばならない。その者［嫉む者］がある一人の出しゃばり男を探しだし、その者の舌を蛇のように鋭くし、彼ら［コムニノス家の者たち］のけなげな母［アンナ＝ダラシニ］に対して立ち向かわせる。その男は嘘で中傷を縫い合わせ、その女性からのディオエニス宛て書簡《グラマタ》をでっちあげ、それらを皇帝《ヴァシレフス》のもとに持ち込む。［皇帝は］告発者[1-163]が誰であるかを調べることも、また告発された者が出頭するのを待つこともせず、その場で激怒してしまった。そこで法廷《ディカスティリア》が用意され、高潔な心の、けなげで慎み深い女性が宮殿《アナクトラ》に呼びだされることになった。その者は宮殿にいそいだ、しかし皇帝《ヴァシレフス》は裁判の場に居合わせることを恥じた、他方その女性が来て、触れ役《キリクス》が開廷を呼びかけると、法廷《ディカスティリア》に関わる者たち一同が集まりはじめた。そこでけなげで高邁な女性は晴れやかな顔をして裁きの場に入り、そしてマントの下に隠していた至上の裁判官《ディカスティス・パントン》のイコンを突然取りだし、厳かな態度とまなざしで裁判官《ディカステ》たちを凝視して言った、「今、ここに私とあなたがたの裁判官《ディカスティス》がおられる、このかたをしっかり見て、隠されたものを見通される裁判官《ディカスティス》に恥じない判決をしなさい」この厳しい言葉を熱心に聞き取った者たちは驚嘆に満たされ、幾人かの者たちはあのような中傷に吐き気をもよおし、裁定を辞退しはじめた。なぜなら灰の下に埋もれていた火のように真実が光り輝いたのである。心に神に対する畏《シオス》敬《フォヴォス》の念をもち、魂の救済を求める人たちはそのような態度であった。しかし他方権力者《クラトンテス》たちの歓心を買うことしか考えない幾人かの者たちは恐ろしい裁判官《ディカステ》としてふるまった。中傷であると表明することができず、また今上皇帝《クラトン》、いやむしろその者［皇帝］のためにそのような罠をこしらえた者をおもんばかって、彼らははっきりと判決をくださない一方、強引にも有罪が推定されるとの判断にもちこむ。とんでもない愚昧。なんという推定、告発者が破廉恥な論告を行い、他方被告がけなげにもそれらの告発を論駁する場合、人は大胆にも彼らに向かってなんと愚かな者たちと叫ぶだろう、一方は必要とあらば正義をオボロス［少額貨幣の単位］で売ろうとするペテン師であり、他方はあらゆる疑惑から超然としており[1-164]、真実そのものにほとんど赤面する思いでいた。この法院《シネドリオン》はもちろんこのようにして解散した[1-165]、それはほとんどカイアファスのそれに似ていた。そこでその女性は子供たちと共にプリンギプス島に追放されることとなる。

## [23] アンドロニコス＝ドゥカスの出征

あの者たち［コムニノス一族］のことは以上のような次第であった。他方皇帝《ヴァシレフス》ミハイルと、ケサルの取り巻きは和平《イリニ》のことは断念し、先に説明されたケサルの第二子、あのコンスタンディノス＝ドゥカスがディオエニスと戦い勝利し、ビザンティオンに帰還するやすぐに[1-166]、ディオエニス問題をどのように処理するかに思いをめぐらしはじめた。なぜならあの者［ディオエニス］が再び機会を得て、以前よりもより多数の軍勢《ストラテヴマタ》を集め、アンティオキアの周辺地帯から財貨を取りたて、いっそう手に負えない存在になるのではないかと恐れたからであった。そこでケサルはただちに息子コンスタンディノスを呼び寄せ、再び軍勢を引き受けて、ディオエニスに向かって進軍するように勧めることにした。しかしその者が辞退したので、ケサルの息子のうち年上のアンドロニコスが呼びだされ[1-167]、出征するよう鼓舞された。その者は誰よりも父に従順であったので、ただちにその戦いに進んで取り組むことになった。事実その日のうちに皇帝《ヴァシレフス》とケサルに別れの挨拶をすませると、ハルキドンの海峡《ポルスモス》を渡り[1-168]、そしてハルキドンの近くで六日滞在し、遠征《エクストラティア》に必要なものを手にすると、そこから出立し、東方の地を回って軍勢《ディナミス》を集め、そして速やかにすべてを一つに集結させると、彼らと共にキリキアへの道を進んだ。その者は軍隊《ストラトペドン》を一つの同じ考えをもつものにすることを最初の目標とした。自身が兵士一人一人に公平にふるまい、すべての者に対して親しく接することで、その目標が達成されると、つぎの目標を敵の目をのがれて、ディオエニスがその者の接近に気づく前にキリキアの隘路《ステナ》を通過することに定める。とにかく思い通りにことがなり、狭く険しい通路を突破して進んだ後、アンドロニコスの麾下の者たちは一つにまとまって、皇帝《ヴァシレフス》［ディオエニス］の配下の者たちの前に姿を現す[1-169]。

## [24] ハタトゥリオス、打ちまかされ、捕らえられる

他方皇帝《ヴァシレフス》［ディオエニス］もまたその者たちの接近を知り、彼自身も軍勢《ディナミス》を出動させることにし、先で語

られたアルメニア人ハタトゥリオスに戦闘の指揮権《エクスゥシア》を与え、軍《ストラトス》のほとんどすべてを彼に託した。[1-170] そこでその者は歩兵《ペズィ》と騎兵《イピス》を連れ、有利な地点を握ろうとその場所に急いだ、しかしその見込みははずれた、ドメスティコス＝トン＝スホロンのアンドロニコスがそこをすでに占領していたのである。[1-171] それゆえそのことは断念し、その者は自身の軍勢《ファランクス》を敵のそれの正面に据える。アンドロニコスもまた同じように軍勢を敵と向かいあわせ、自身は戦列《ファランクス》の中央を指揮し、左翼はフランク人のクリスピノスが、[1-172] 右翼はアンドロニコスの麾下の将官の一人が引き受ける。しかし両軍がまさにそれぞれ密集隊形を整え、白兵戦に入る前に、以前から皇帝《ヴァシレフス》ロマノスを憎み、彼に激しい怒りを抱いていたそのフランク人は敵の騎兵隊《イピコス》をよく観察した後、敵に向かって突撃することをアンドロニコスに告げると、麾下の者たちとともに手綱を放して馬を疾駆させる。そこで激しい攻撃が起こり、ハタトゥリオス側の者たちは逃げだす。その後を追跡する者たちは敵の多くを殺し、また多くを生け捕りにした。［ハタトゥリオスの］騎兵隊《イピコス》がそのようにして四散したので、徒《ペズィキィ》の部隊《ファランクス》も取り囲まれて粉砕されることを恐れて敵に背を向け一目散に逃走しはじめた。そこで岩穴や茂みに入り込んだ者は助かったが、しかし他の者は倒されるか、または捕らえられるかした。このようにしてディオエニスの軍勢《ファランクス》は蹴散らされ、四散してしまった。戦勝成果をあげ、幕舎《スキニ》に帰還し、歓喜して神に感謝の捧げ物をするアンドロニコスには、さらに別の幸運がつづいて訪れた。すでに一人の騎兵《イペフス》が来ており、その者は大急ぎで敵の捕虜の一人を連行し、軍司令官《ストラティゴス》に接見を求めていたのである。後者は幕舎《スキニ》から首を突きだしその者をじっと眺めていたが、それは彼に無上の喜びを与えるもの、鎖につながれて彼のもとに連れてこられたハタトゥリオスであったのである。さてその者［ハタトゥリオス］はつぎのように語った、すなわち逃走中に馬から滑り落ち、ある茂みに入り込み、なんとか敵の目から逃れようとしていた、しかし追跡者に見つかるところとなり、捕らえられ、今にも殺されようとしたとき、捕らえた者に哀願しつづけた。男が涙を流すのを見て、その者は男の衣服を脱がせ、茂みの中に裸のままに放置して去っていった。つぎに別の者が茂みの中で裸のまま隠れている自分に気づき、殺そうとした、そこで声をあげて自分が誰であるかを告げ、軍司令官《ストラティゴス》のもとに連れていくように哀願した、そこでその者は急いで自分を馬に乗せ、アンドロニコスのもとに連行したのであった。裸のまま連れてこられたその者を幕舎《スキニ》の中から見ていた者は幕舎《スキニ》から外に出て、優しい眼差しでその者を眺めていた。そして裸の身の彼に勇ましい軍司令官《ストラティゴス》に相応しい衣服を着せた後、鎖をつけないままで監視の下においた。[1-173] ハタトゥリオスはアンドロニコスの自分に対する好意に感激し、捕らわれた場所の茂みの中に自分が埋めたきわめて高価な一つの宝石を彼にうち明け、自分と共にそれを持ち帰ってくる者たちを送りだすように求める、そこでその者たちが送りだされ、それを見る者には分かる驚きの品を持ち帰る。確かにそれは大きさにおいておそらくあらゆる宝石に勝り、また輝きにおいてあらゆる輝くものに勝って光り輝いていた。アンドロニコスは、後にそれを贈物として皇后《ヴァシリス》のマリア［ミハイル七世の妻］に差しだした。

## [25] ロマノス＝ディオエニスの捕縛と拷問と死

ディオエニスはすぐ後に自分の身に起こることに気づかず、[1-174] 味方を鼓舞し、間違いなくすぐにペルシアの同盟軍《シムマヒア》[1-175] が到着する希望を示そうとしていた。そしてまたクリスピノスにも、その蛮族《バルバロン》の思い上がりを煽ってアンドロニコスに反抗させようと、使者を送ろうとした。しかしアンドロニコスはそのことを知って、クリスピノスにいっそうご機嫌をとって話し合い、あの者の使節《プレスヴィア》を無益なものとした。使節《プレスヴィア》が不成功に終わり、またペルシアの同盟軍《シムマヒコン》がまだぐずぐずしているので、ディオエニスの味方の者たちは絶望し、アンドロニコスと取り決めを行い、一切危害を受けないとの保証を得ると、皇帝《ヴァシレフス》自身と要塞《フルリオン》を引き渡す。[1-176] アンドロニコス＝ドゥカス側の者たちは彼を捕らえ、緋の衣服《アルルイス》を脱がせ、修道士《モナディコン》の衣服《スヒマ》を着せ、そしてすぐに要塞《フルリオン》から連れだし、度を越した喜びようでアンドロニコスのもとへ連れ去る。[1-177] 後者はその者の不運を憐れみ涙を流し、そして彼の右手をとり、自分の幕舎《スキニ》に導き、彼と食事を共にする。[1-178] 確かにその男にとって不運がそれまでにとどまればまだよかったのだが、しかし彼には悪意の矢玉から逃れることができなかった。というのは皇帝《ヴァシレフス》ミハイルの取り巻き連中はあたかも自分たちの欲望の動機をあの者［皇帝］への誠意であるかのように偽り、そしてその者たちが言明したように、ディオエニスが何か画策して再び皇帝《ヴァシレフス》にとって面倒なことの始まりにならないように、文書《グラマタ》をもってそのときのある一人の有力者《ディナステヴォン》[1-179]にその者の両目を潰すことを命ずるのである。[1-180]その事態はアンドロニコスを深く苦しめた、そしてあらゆる努力にもかかわらずその者を助けることができなかったのでその苦しみはいっそう大きかった、というのは皇帝《ヴァシレフス》の取り巻き連中が激しく反対したためであった。実際その者は父のケサル［ヨアニス＝ドゥカス］[1-181]に書を送り、その中でそのような罪深い行為がなされることに同意しないように、そうでなければ確実に近い将来、神《シア》の正義《ディキ》の判決がくだるだろうと、嘆願したのである。とにかく以上がその者の行ったことであり、他方その文書《グラマタ》[1-182]を受け取った者たちはその者の目を完全に潰し、[1-183]そしてその者がプロティ島に自分のために建造した思索の場所《フロンディスティリオン》［修道院］に追放する。その者は両目を奪われてからもしばらく生きていたが、結局三年間にわたってローマ人の帝国《ヴァシリア》を統治して死去したのであった。[1-184]ディオエニスについてのことは以上でおわりである。

# 第Ⅱ巻

## ［1］新しい統治

すでに大きく傾いていたローマ人の状況を立て直すべく意気込んだ皇帝《ヴァシレフス》ロマノス＝ディオエニスは、しかし巧みさに欠け、また手腕もなしにこの再建の仕事にとりかかったので、自身は破滅し、同時にローマ人の国家《プラグマタ》をも自身と共に倒壊させてしまった。その次第［ディオエニスの破滅］についてはすでに説明された、もう一つのそれ［皇帝ミハイルの破滅］はこれから語られることになろう。

皇帝《ヴァシレフス》ミハイルはディオエニスから解放されると、先に語られたコムニノス一族の母、クロパラティサのアンナ［アンナ＝ダラシニ］を息子たちと共に追放地から呼びもどし、姻戚《キドス》関係を通じて彼らを自身の味方にしようとする。つまり彼自身は先にイヴィリア人の支配者《カタルホン》である者の娘、マリア＝パンクラティア[2-1]と結婚していたが、その者の従姉妹、すなわちアラニアの支配者《エクスシアゾン》の娘イリニ[2-2]を、クロパラティサの子供たちの年長者、イサアキオスに娶《めあわ》せる。他方ケサル［ヨアニス＝ドゥカス］は甥［皇帝ミハイル］が国事《キナ》の舵取りに向いていないことを知っていたので、彼自身が精力的に国事《プラグマタ》を取り仕切り、人が愛称でニキフォリツィスと呼んでいる宦官《エクトミアス》のニキフォロスを皇帝《ヴァシレフス》の側近にし、ロゴセティス＝トゥ＝ドロムゥに任命した、しかしその男は頭の回転が早く精力的で、判断力を備え、多くのことを経験している一方、他の点では腹黒く、ヘラスを引っかき回したと人が言うあのペリクレス[2-3]以上に国事《プラグマタ》を混乱させることのできる男であった[2-4]。だからケサルは知らずに自身の敵を自身に向けて完全武装させることになったのである。

### ［2］ ケサルのヨアニス＝ドゥカス、ヴィシニアに退く

さてその者［ニキフォロス］は皇帝《ヴァシレフス》の軽薄な性格につけ込み、叔父のケサルに一切かかわらないように説得し、その者［皇帝］を全面的に自分の方に取り込んだ。だがケサルはしばらくの間その事態に素知らぬ顔をし、国事《プラグマタ》に専念していた。しかし皇帝《ヴァシレフス》の［自分に対する］無視が日ごとに増していくのを見て、またその者がまったくロゴセティスの言いなりであるのを見定めると、何か行動に移らねばならないと考え、狩猟《シラ》のためにアジアに渡りたいように見せかけ、皇帝《ヴァシレフス》の同意を確かめると、その年の秋分に息子のアンドロニコスと一緒に黒海《ポントス》の前の海《ポルスモス》を渡り、アジアに出立した。[2-5] その者の息子のもう一人、コンスタンディノスは皇帝《ヴァシレフス》のそばにとどまった。なぜならその者は彼からプロトストラトル[2-6]に任命されていたからである、実際この官職《オフィキオン》は常に重要であり、諸帝《ヴァシリス》からもっとも有力な人々に与えられてきた。その者はとどまって、皇帝《ヴァシレフス》の不安定な性格を矯正することに熱心に取り組んだのである、確かにその者の性格は二つの相反するもの、つまり軽薄と不実から構成されていた。

### ［3］ イサアキオス＝コムニノス、トルコ人と戦う

確かにケサルはアジアの地に到着すると、狩猟《シラ》に熱中するように見せかけていた。他方皇帝《ヴァシレフス》ミハイルは、すでに東方でも西方でも困難事がその者に押し寄せ、――なぜならディオエニスの境遇を聞き知ったトルコ人たちが、その者を介してローマ人との間で結んだ和解《シムヴァシス》と条約《スポンデ》を破棄し、東方すべてを荒らし略奪することにとりかかり、その上にスキタイ［パツィナキ］も反乱し、スラキアとマケドニアを荒らし、そのためアジアとヨーロッパのほとんどすべてがそれら二つの敵によって破壊されていたのである――そのような困難な状況下

で、姻戚《キドス》関係から自身に結びついていたイサアキオス＝コムニノスを東方のドメスティコス＝トン＝スホロン[2-7]に任命し、トルコ人との戦いの[2-8]総司《ストラティゴス》令官《アフトクラトル》としてその者を送りだした。その者は軍勢《ディナミス》を受けとると、カパドキア人の地に向かって出立する。彼には兄弟のアレクシオスがつき従った、その者は当時においてローマ人の大きな期待の存在であり、事実そのように思われていた、そしてやがてローマ人にとってもっとも大きな救い手となるのだが、まだそのときは顎髭が十分に生えそろってはいなかった[2-9]、しかし心身共に完成の域《テリオティス》に達するずっと前に[2-10]司令官《ストラティイキ》としての才能《アレティ》のかずかずをすでにかいま見せていたのである、それは、ローマの歴史家たちが語っているマケドニア人のペルセウスとの戦いにおいて軍司令官であったアエミリウスにつき従ったときのスキピオ[2-11]よりも勝っていた。事実その者は兄と共に行動し、戦列《タクシス》を整え待ち伏《ロヒ》せを配置し、確かに実戦を経験する前にそのように軍事《ストラティオティカ》に関して精通し、戦列を指揮する者にふさわしい存在であると思われていたのである。二人がカパドキア人の主都《ミトロポリス》、すなわち有名なケサリア[2-12]のことだが、そこに到着したとき、古い都市《ポリス》のそばに野営した、そしてそのとき都市の崩れた城壁を堀と防御の柵《ハラクス》の代わりとして使用した、なぜなら昔の地震により都市のほとんどすべてが役に立たないものになってしまっていたからである、なお現在残っているいくつかの塔はこの都市《ポリス》の往時の繁栄を知るよすがであると私には思われる。とにかくそこに陣を張ると、それらの者は、襲ってきて町々《コモポリス》を破壊しているトルコ人をどのようにして追い払うかについて考えをめぐらした。

## ［4］フランク人ウルセリオスの離反

以上が二人の行ったことである。他方クリスピノス[2-13]のエテリアに属し、その者の死後にその部隊《ファランクス》を指揮していたフランク人のウルセリオス[2-14]が彼ら［コムニノス兄弟］と行動を共にしていたが、その者はずっと以前から待ち望んでいた反逆《アポスタシア》を白日のもとにさらすための何かもっともらしい口実を見つけだそうとしており、たまたま彼の部隊《ファランクス》に属するある者が地元の住民の一人に大きな損害を与えることが生じ、その被害者が軍司令官《ストラティゴス》〔イサアキオス＝コムニノス〕のもとに来て、その不正行為を訴え、そこで軍司令官《ストラティゴス》がその加害者を公の場に連行させようとしたとき、ウルセリオスにはこれが反逆《アポスタシス》の口実となり、[2-15]その者は翌日には本隊《ストラトペドン》にもどると告げて、陣営《パレムヴォリ》の外に野営しに出かけ、しかしその真夜中、ケルト人の部隊《ファランクス》を引き連れて逃亡し、ただちにセヴァスティア[2-16]に向かったのである。夜明けに逃亡がイサアキオス＝コムニノスの知るところとなり、その者は兄弟のアレクシオスに軍勢《ストラティア》の一部を託して、ウルセリオスの追跡にその者を送りださねばならないと判断した。しかしこの命令がまだ実行されず、軍隊《ストラトス》の集合の最中に、斥候《スコピ》たちからきわめて多数のトルコ人がローマ人に向かって進み、近くに野営しているとの知らせが届けられた。そこでイサアキオス＝コムニノスはウルセリオスの追跡を中断し、戦いの準備にとりかかり、兄弟には防柵《ハラクス》で守られた陣地の中にとどまり陣営《ストラトペドン》を守るように要求した。その者はその命令を辛い思いで受けとったが、後日、みずからローマ人の多数の部隊《ファランゲス》を指揮してトルコ人に向かって送りだされることを条件に、命令を守り抜くことに同意したのであった。

### 〔5〕ローマ軍敗れ、イサアキオス、トルコ人に捕らえられる

さて説得された一方は陣地《ストラトペドン》の中にとどまり、他方は軍勢《ディナミス》を率いてトルコ人に向かって出発することになった。実際カパドキア人の境界地域で彼ら〔トルコ人〕と遭遇し、会戦となり、[2-17]ローマ人は敗走する、しかしその者〔イサアキオス〕は勇敢に戦い、しかし敵に取り囲まれ、彼の馬が傷つけられ乗り手と一緒に地面に倒れたので、捕らえられる。[2-18]ローマ人の軍勢《ストラテヴマ》が四散する一方、トルコ人は〔敵の〕陣地《ストラトペドン》に向かって進軍した。トルコ人が押し寄せてくる中で、アレクシオスは自分につき従う少数の者たちと共に防衛にとりかかり、事実防衛し、〔味方の兵士の〕ほとんどすべてを救ったのであった。そのとき彼自身はすべての者のために身を危険にさらし、すんでのところで捕らえられるところであった。なぜなら敵中に身を投げ入れ、最初に出会った者を

相手より先に槍《ドリ》で撃ち、即死させた、しかし敵に取り囲まれ、いたる所から矢《ヴェリ》が彼に向けて射られたが、彼自身は天上《イポティス》からの《アノセン》右手《デクシアス》[2-19]に守られ無傷であった、他方その者を乗せた馬が矢の雨を受けて乗り手ともども地面に倒れた。しかしそのとき彼を愛する彼の仲間の者たちは、まさしくその者は愛されるに値したが、馬から飛び降り、その者と共に勇ましく闘い、その者を危険から救いだしたのであった。全部で十五人いたが、そのうちわずか五人が彼と共に無事に陣地《ストラトペドン》にたどり着き、残りの者は殺されるか、捕らえられるかした。陣地《ストラトペドン》内に無事もどったその者はじっと動かないでいたのでなく、陣地《ハラクス》の周りを駆け回り、ローマ人の高潔に相応しくない行為をしないようにと兵士たち《ストラティオテ》の士気を高めることにつとめた。日中の間、兵士たちはよく持ちこたえ、そして若者の勇ましい行為に驚嘆し、賞賛の言葉を発し、保護を求める者のように手をあげ、その者を救い手、恩人と呼んでいた、事実そのときはその者たちは次のように言っていたのである、「いいぞ、若者、お前は救い主、生き残ったこのローマ軍《ストラティア》の導き手、保護者だ、いいぞ、なんとお前は人間の姿をした天使だ。俺たちはずっとお前の勇敢な行為を受けつづけたい、お前がすべての者の助け人としてこれから先ずっと俺たちのものでいてほしい」 その者たちはこれらの言葉で若い軍司令官《ストラティゴス》を勇気づけながら、自分たちは陣地《ストラトペドン》内にとどまり、その間その者は防柵《ハラクス》の陣地から打って出て、襲いかかる敵の多くを殺し、また追い払っていた。夜となり、その者はすべての者が準備にとりかかっているのを見て、彼らが戦闘に備えていることと思い、当然喜び、行われていること[2-20]を戦友たち《セラポンデス》[2-21]に伝えた。

## ［6］ローマ軍の脱走およびアレクシオスの逃走

とにかく他のすべての者［戦友］は沈黙していたが、それらの者のうちでただ一人、勇敢で行為と経験において他の者に抜きんでたセオドトス[2-22]という名の者がそのような［彼らの］動きは良い前兆ではないと言いだした。「なぜなら夜が更けると、ただちにあの者たちは疑いなく逃げていくであろう」その言葉を聞かされて、若者はとても悲しんだ。一緒にいるすべての者が自分と同じように勇敢であると思っていたからである。しかしそれでも食事を取りに幕舎《スキニ》に入ることにした。なぜならまったく何も口にしていなかったからである。その者がなお鎧をつけたまま食事をしている間に、あの者たちは防柵《ハラクス》の陣地からこっそりと出て、逃げることにとりかかった。軍勢《ストラテヴマ》のすべてが逃亡し、その者一人がわずかな者と共に取り残されたことが告げられると、その者は一頭の馬を求め、急いで彼らに救いの手をさしのべ、引き留めようとした。とにかくやっと一頭のラバを見つけると、それに乗り、入口を押さえ、まだ残っている者たちを防柵《ハラクス》の陣地の中に閉じこめてしまおうと、急いで入口に向かったが、しかしほとんどすべての者がすでに逃走してしまっていた。そこで彼自身も外に出ようとした、そのときすでにトルコ人がローマ人の逃走に気づき、猛烈な勢いとありったけの兵力で逃げていく者を追撃していたので、もし前記のセオドトスが馬の蹄《ひづめ》の音を聞き、トルコ人の大軍《プリソス》が彼らに向かって襲いかかろうとしているのを見定め、街道から少し離れた所へその者［アレクシオス］を向かわせなかったならば、明らかに捕らえられていたであろう。その者たち［アレクシオスとセオドトスたち］は街道から外れ、樹木で深くおおわれた場所に至ると、多数のトルコ人のすべてが通り過ぎるまでそこにとどまっていた。次にそこから離れて、ディディミ山[2-23]の方向に向かって道を急いだ。しかしその途中にその者たちはトルコ人と遭遇し、彼らに向かって突撃したが、二人は切り離され、そして日が暮れ、もはや一緒になることはできなかった。そこで各人はそれぞれがいた場所から行き当たりばったりに立ち去ることになった。誉れ高いアレクシオスは一人だけとなり、ディディミ山の麓に到着したときには、ラバはすでにへとへとに疲れて先に進むことができず、そこでラバから降りると鎧《ソラクス》をつけたまま徒歩で山をよじ登りはじめた。なぜなら若さからの血気が鎧を脱ぎ捨てることを許さず、また同時にその者が後に語ったように、記憶にあったある言葉が脱ぎ捨てることを思いとどまらせたのである。確かにその者は父が武具を捨てたある者に向かって嘲笑したことを耳にしたと語っていたことがある。だから鎧《ソラクス》をつけたままで徒歩で登りつづけた。それは実に驚嘆すべきことであった、夜通し鼻から実に多量の血を流しつづけながら、それは徒歩で登りはじめてからであるが、ガヴァドニアに位置する小さな町《ポリフニオン》[2-24]にたどりつくまで、武具を捨てることも歩みを中断することもなかったのである。

## ［7］アレクシオス、ガヴァドニアに滞在する

そこにその者が到着すると、住民のすべてが一緒に駆けつけ、そして鎧《ソラクス》にまとったマントに血の斑点がついているのを見て、その者たちは当然のごとく悲嘆の声をあげ、涙を流しはじめた。その者の到着の噂が町の有力者《ディナステヴォンデス》たちの耳に達すると、その者たちも姿を見せ、できる限りの敬意を払ってその者をある家に導き、あたたかく迎え入れた。そのような男に相応しい衣服を用意し、あらゆる方法で若者の身体の手当をすることにとりかかった、それはその者たちの習慣に従って彼の前に鏡を持ち込み、自分の姿を映して見るように勧めるほどであった。その者［アレクシオス］は鏡に視線を向けると微笑した、［鏡を持参した］者はその様子にとまどいを見せた。そこで［アレクシオスは］、男たち、いずれにせよ兵士たち《ストラティオテ》には鏡に姿を映して見るということはしないものだと言った。「なぜならこれ［鏡に姿を映すこと］は、女たち、そう女たちだけが夫になんとか気に入られようとして行われることである。男そして兵士《ストラティオティス》にとっての装身具は、武具と質実剛健である」その言葉を耳にした者たちは、若者の慎み深い態度と賢慮に驚嘆の思いでいた。彼らの客人として三日間過ごした後、戦友《セラポンデス》たちが追いついてきたので、その者はアンキラに向かって出発することにした。というのは戦闘から逃げだすことのできた者の一人が、兄弟の安否を問い訊ねたその者［アレクシオス］に即座にある小さな町を知らせ、あの者［イサアキオス］が追跡者をかわしてその［町］へ安全にたどり着いたことをしかと請けあっていたからである。その情報が真実であると思い、その者は急いで兄弟に会おうとした。しかし情報提供者は間違っていた、実際出発したその者は、兄弟について捕らわれたことを確かな筋から知ることになったのである。期待に裏切られたその者は悲しみ、落胆し嘆き涙を流したが、道を先に進むことをやめなかった。

## ［8］アレクシオス、アンキラで兄弟のイサアキオスと再会

アンキラに着くと、その者はあらゆる所に人を送ってより詳しいことを知ろうとつとめ、その結果、兄弟を捕らえている者たちが多額の金貨《フリシオン》の身代金で引き渡してもよいと考えているのを聞き知った。このことを知ると、その者は大きな落胆から立ち直り、金貨《フリシオン》を集め、兄弟をうけだすために急いで諸都市の女王《ヴァシリス トン ポレオン》に向かった。数日のうちに金貨を集めると、アンキラに向かって出発し、できるだけ早くそこに着こうとの考えからほとんど昼夜を通して馬を走らせた。夕方も遅くにアンキラに到着し、都市《ポリス》の諸門が閉まっているを知って、開けるように頼んだ。都市《アスティ》の住民は、トルコ人がそれほど遠方でない所に野営していたので、敵によって罠をしかけられるのではないかと恐れ、彼らが何者であるかを言うように求め、そこでアレクシオスの部下がただちにその者が誰であるかを詳しく説明した、そしてそのとき、当時だけでなく、今日においても美談の愛好家たちを愉快にさせるある事態が生じたのである。［こういうことである］アレクシオス＝コムニノスが兄弟のための身代金《ティミ》を得ようと出発していた間に、イサアキオス＝コムニノスはローマ人の領土《オリア》から遠くへ連れていかれてしまえば、囚人の身から解放されることがより困難になるのではないかと恐れ、周辺の諸都市《ポリス》に人を送り、自分が囚われの身であること、蛮族《バルバロイ》が身代金で自分を解放する意思のあることなどを詳しく説明し、蛮族《バルバロイ》がローマ人の領土《オリア》から遠くへ行ってしまう前に、各人にできる限りの金額を都合するように求め、その際支払われる全額を利子をつけて彼らに返済することを約束した。とにかく裕福な者の多くが彼に金貨《フリシオン》を送った、そこでその者［イサアキオス］は身代金の一部を支払い、残りについては担保として人質を残し、そのようにして鎖を解かれた後、ガラティア人の主都《ミトロポリス》アンキラにたどり着いたのであった。[2-25] ところで兄弟二人はたまたま同じ日に都市《ポリス》に到着することになったが、しかしその者［イサアキオス］が先に到着し、城門の上に張りだした一つの部屋に入って休むことになった、そのときは門を閉めた後、鍵を自分の手にもってきていた。外で兄弟の人

を呼ぶ声を聞くと、寝床から飛び起き、鍵をもって急いで城門へ走った。そのようにして城門を開き、すべての者を都市《ポリス》の中に入れることにとりかかった。そのとき、あの嘆賞すべきアレクシオスは思いもかけずそこにいるその者を驚きの目で見つめると――なぜなら彼については聞かされていなかったので――馬から飛び降り、両手で抱きつき、抱擁をつづけた。その者たちは心をこの上なく大きな喜びで満たし、小部屋に入った、一方はまったく何も食べていなかったので食事を始め、他方は捕囚の身に降りかかったことなどを物語ったのであり、そのときの夕食は彼らにとって嬉しさと涙を交えての一時であった。

## [9] イサアキオスとアレクシオス、デクティでトルコ人に囲まれる

その者たちは三日間彼ら自身と駄獣を休ませた後、トルコ人がローマ人の領土から遠くの方へ行ったのを知ると、そこ[アンキラ]を離れて諸都市《ヴァシリストン》の女王《ポレオン》に向かって進むことになった。サンガリオス川を渡った後、ニコメデスの[都市][ニコミディア]に急いで至ろうとした。デクティ[2-26]と呼ばれる村《ホリオン》を通過しているとき、その者たちのもとに、友人の一人が出迎えに現れ、自分の家に来て、しばらく休むように勧めた。その者たちはその男の誘いに従い、彼の後を進み、そして馬から降りてその家に入り、その者たちは体を休める一方、主人はそのような客人を迎え入れたことで大いに喜び、食事の準備を始めた。その間に、畑荒らし《フロノミ》に出かけていたおよそ二〇〇人のトルコ人が突然現れたのである、実はその者たちは先を急ぎ、途中出会ったローマ人になんら関心を払うことなく、街道を進みつづけていた。しかし畑仕事をしていた一人の農夫が彼らを見て、招待を受けた者たちの一部と思い、彼らに大きく声をかけ、呼び寄せ、メガス＝ドメスティコスについて教えようと申し出たのである。[2-27]そこでその者たちは彼に近づき、あの者[イサアキオス]がわずかの者たちと共に客人として迎えられていることを知ると、ただちに駆けつけその建物を包囲し、出口で待ちかまえることにとりかかったのである。しかし中の者たちを恐れて、屋敷を攻撃しようとはしなかった。[2-28]生じた事態が中の者に知れると、

彼らのうちでもっとも勇ましく強毅な者たちはただちに武器を取ろうとし、他の者たちは、大部分は召使いからなる雑多な集団であったので、逃亡することにとりかかり、さらに身体の大きさでは他の者を凌ぎ、軍務《ストラトス》[2-29]に関して大いに自慢していた者たちは、敵とは戦いを交えず、殺されないとの約束を取りつけた後に、武器を捨て蛮族《バルバロイ》に投降するほうがよいと考えた。その意見をめぐって大きな騒ぎが起き、ある者たちはその考えに賛同し、また他の者たちは態度を決しかねていた。そこで勇敢なアレクシオスは騒ぎを鎮めた後、彼らに向かって次のように話しはじめたのである。

## [10] アレクシオス＝コムニノスの演説

「私の考えでは、諸君、敵とまったく戦おうとせず、自分たち自身をわざと奴隷の状態と明白な危険にゆだねるのは臆病の誹りを受けることであり、愚の骨頂である。なぜなら高潔な心の持ち主であるローマ人はむろん、高貴で賢明な女たちもそのような行動を取るべきではない、と私は信じる。恐ろしい事態に陥ることに加えて、人々から私たちに寄せられる憐憫をみずから遠ざけ、勇敢に、そして自分たちの生まれのよさに相応しく戦った者に……［与えられる］賞賛の声を将来にわたって失ってしまうことになろう。［戦って］死ぬ者は民衆からは憐れみの情を受け、博識者たちからは讃美され、そしてすべての人々から祝福されるのである。自分たち自身をわざと奴隷の状態と危険に陥れる者にはいかなる言い訳も許されないし、すべての者からその惨めさのゆえに恥ずべき存在と見なされよう。確かに諺にあるように、立派に生きあるいは立派に死ぬことに思い致すべきである。[2-30]さて、とにかく私を信用するなら、白兵戦用の武器《オプラ》を手にしているわれわれは武器を携え出口で待機しよう、弓《トクサ》と矢《ヴェリ》をもっている者は屋根に登れ、戦闘のできないすべての召使い《シティコン》、そして戦える者のうちで馬がなくラバにしか乗れない者、それらの者たちはわれわれの後方にとどまれ。それから屋根にいる者たちは敵に向かって矢《ヴェリ》を放て。他方われわれ自身は門を開いて、馬を全力疾走させて彼らに襲いかかる。あの者たちが逃走し門から遠く離れてしまえば、屋根にいる者たちは降り、騎乗して進撃せよ、そして残りの者はすべて一緒に彼らの後について行け。それらの者は戦闘隊形を組んで道を進み、すべての者は隊形《タクシス》を崩さず、ばらばらにならないことを心せよ。私たちが敵に向かって進撃すれば、それらの者はゆっくりと歩み、他方敵が私たちに襲いかかってくれば、ただちに歩みを止めよ。隘路《ステノピ》が近くにある、われわれすべてがそこに到着すれば、馬から降りる、そうなれば敵はあえてわれわれに近づいてくることはないと私は確信する」

## 〔11〕トルコ人、攻撃にでる

その者はこのように語り、その間すべての者は聞き入っていた、そして事実ある者たちは屋根に登り矢《ヴェリ》を放ち、別の者たちは諸門を開き、激しい勢いで敵に向かって襲いかかった。実際敵は突然の攻撃で仰天し、戦うことを忘れ逃走に転じた。そこで〔建物の〕中にいる者たちはすべてこの機をつかむと外に出て、戦闘隊形《タクシス ファランゴス》を組んで出発を始め、必要以上の早さで道を進んだ、しかし蛮族《バルバロイ》は危険から遠ざかると、再び自分たちの力を思いだし、とくに相手が二十名〔騎兵〕にもおよばないことを知ると、互いに先導して引き返し、自分たちを追跡して来る者たち〔コムニノス兄弟率いる騎馬の者〕に立ち向かおうとした。実際引き返し、相手を取り囲もうと勇んだ。そこでその者たち〔コムニノス兄弟率いる騎馬の者たち〕は大急ぎでその場から逃走し、味方の者たちの近くに至ると、[2-31]再び反転して猛烈な勢いで敵を攻撃し、そのため蛮族《バルバロイ》は逃走しはじめた。しかしこれらの者は再び引き返してきて、その結果長時間にわたって互いに攻撃しあうことになった。トルコ人は相手のすべてがわずかで、自分たちが何倍も多数であることを知ると[2-32]——戦闘隊形《タクシス ファランゴス》でいる者たちは馬がなく五十名におよばなかった——、一方の者たち〔騎馬の者〕を無視して、それらの者たち〔戦闘隊形を組んでいる者たち〕に向かい、蛮族風に叫び声をあげて攻撃し、矢《トクセヴマタ》を浴びせかけた。実際それらの者は恐怖にとらえられ、隊形《タクシス》を崩しはじめ、今にも逃走しようとしていた、そしてそのとき、もし兄弟二人が少数の騎兵と共に大急ぎに救助に駆けつけ、もし自分たちに見捨てられ助けのないままにされたくなければ、その場にとどまるよう命じて、逃走しようとする者を呼び集めなかったなら、それらの者は疑いなくことごとく殺されていたであろう。

## [12] 戦闘の急展開

さてそのとき、驚嘆すべき事《ティ サヴマシオン》[2-33]も生じたのである。宮殿《ヴァシリア》の宦官《エクトミエ》の一人、身体がことのほか大きくて頑健な男で、一目で賛嘆を引き起こしていた。なぜなら彼を見れば、人は次のように言い合った。「一体いかなる敵がそのような男の力に立ち向かうことができるだろうか。なぜならただ彼を見るだけで、その叫び声を聞くだけで、すべての者は逃げてしまうだろう」 さてトルコ人が戦闘《タクシス》隊形《ファランゴス》を組んだ者たちに襲いかかろうとしていたとき、この者はたまたまその隊列の中にいた。すべての者が逃走に転じようとしたとき、その者は図体が大きく、しかも鎧《ソラクス》をつけていたので、馬は尻込みし[2-34]、その者一人が他の者の後方に取り残されてしまった。確かにトルコ人が再び攻撃をしかけてきて、そしてイサアキオスと名だたるアレクシオスの率いる者たちが救援に駆けつけてきたとき、その者自身は輝かしいアレクシオスをその名で呼びかけ、助けてくれるよう嘆願したのである。[アレクシオスは] ただちに身を転じ、向かってくる敵を追い払ってその者を危険の中から救いだした、そしてそのとき、彼とその者を賞賛した者たちに、もっともすぐれた兵士《ストラティオティス》の資格は実に背丈の大きさでも体力でも恐ろしい声でも体重でもなく、精神力と危険を前にしての毅然たるふるまいであることを教えたのである。確かにこの者 [アレクシオス] はその者を救出した。ところで勇敢なイサアキオスの配下の傭兵の一人、アラン人で名をアラヴァティスという者がいた、その者は蛮族《バルバロイ》の猛烈な突撃を目にし、実際その者たちが激しい勢いで攻撃を加え、その中で二人の兄弟がただわずかの者と共にあらゆる危険にさらされているのを知って、二人のうちのどちらかが取り返しのつかない事態に陥るのではないかと恐れ、アレクシオス＝コムニノスの指揮下に置かれていた名をハスカリス[2-35]というエテロス[2-36]に向かって、自分と一緒に二人して馬から降り、敵に向かって矢を射かけようと呼びかけた。その者はこう言ったのである。「なぜならアラン人がこの時この場にいながら、名門でこの上なく勇敢な男たち［コムニノス兄弟］が危険の中にさらされるということになれば、それは不名誉なことである。そのようなことはアラン人の民全体にとって恥辱であろう」その者がそのように言ったのに対して、他方の者はその決意を勇敢であるというよりもむしろ無謀だとしてはねつけた。なぜならその者の考えは、この場所は平地であり、何もない平原であるので、そのように行動すれば自分たち自身を危険にさらすことになり、またあの者たちもそのような行為からなんらの利益も得られないということであった。その者は言った、「もし私を信用するなら、われわれはすでに隘路《ステノピ》の近くに来ており、そこに達すれば共に馬から降り、勇敢に戦おう、そうすればわが民の名誉となり、われわれの主人《デスポテ》たちを助けることになろう」

## ［13］ローマ人の英雄的防衛

ハスカリスはそのように言った。他方アラヴァティスは異国語《バルバリコス》[2-37]で彼に向かって罵倒すると、すぐに馬から降り、鞭で馬の尻を打って先に逃れ去った者たちの後を追わせると、彼自身は平原の中に立って身構えていた。トルコ人はその者の思いもよらない行動にびっくりし、どう対応すべきかとまどった。なぜならその者の手には短い投槍《ヴェロス》しか握られていなかったからである。さてその者は最初にかかってきた者の胸をその投槍《オイストス》で打ちつけ、即座にその者を落馬させる。他方［トルコ人の］一人が投槍《ヴェロス》を投げ、その者の右手にあてる。後者は昔のブラシダスのようにその投槍《ヴェロス》を引き抜くと、同じ槍をその蛮族《バルバロス》にめがけてお返しした。実際蛮族《バルバロイ》たちは彼の勇ましい行為に恐れをなし、その者から少し引き下がった。後者はその機を掴んで、ある家［の屋根］にはい上がり、そこから彼らに向かって矢《トクセヴマタ》を放しつづけた、一方他の味方の者たちについては、その間にすでにその地方の隘路《ステノパ》にたどり着こうとしていた。さて蛮族《バルバロイ》はあの者をそのままにして、猛烈な勢いで他の者たちに向かって押し寄せていった。アレクシオス＝コムニノスは少数の部下を率いて反転し、まず最初に向かってきた敵の一人をうち倒し、そして先ほど語られたハスカリスももう一人の敵の背中を負傷させた。激しい恐れにとらえられ、［トルコ人は］彼らを後に残して、退却していった。他方［ローマ人は］しばらく進み、そして安全な場所で馬から降り、野営することにとりかかった。夜になったころ、以前に馬から降りていたあのアラン人が［徒歩で］彼らに追いつき、[2-38] それですべての者は同じ場所に逃げ延びることができたのであり、捕らえられた者も殺された者もいなかった。救われたすべての者は、勇敢なアレクシオスを自分たちの救済者・保護者と呼んで喝采したのである。その日から四日後に、一行は女王《ヴァシリス》の都にたどり着き、都市《ポリス》の人々に自分たちの身に降りかかったすべてのことを報告し、そしてまたそのときには、なんともすばらしいこの若いアレクシオスが将来すべての者の救済者になるだろうとも語ったのである、[2-39] だからその者が［都の中を］歩き回ると、すべての者はその者の手柄にあたかも飛び跳ねんばかりに喜び、彼の側に走り寄ってくるのであった。

## [14] ケサルのヨアニスの対ウルセリオス遠征

［兄弟たちの］冒険はこのようにして達成されたのである。他方ウルセリオスはその間を利用して、ガラティアとリカオニアの間にある村々《コメ》や町々《ポリス》を駆け回り、それらのうちのある者は略奪し、他の者は説得で自身に服従させ、それらから財貨を取り立て、すでにその勢いにおいて強力で、手に負えないものとなっていた。冬が終わるとすぐに、[2-40] ケサル［ヨアニス＝ドゥカス］もアジアから[2-41] 宮殿《ヴァシリア》にやって来て、皇帝《ヴァシレフス》と共に会議に連なり、如才なく語り合い、共に国事《キナ》を処理し、そして皇帝《ヴァシレフス》が決定を下すときには、その者の経験の無さからくる欠陥を補うために自分の判断を示して見せた、しかしこのようなやり方はもとよりロゴセティス［ニキフォリツィス］の気に入るところではなかった。だからこの者は速やかにその者［ケサル］を取り除くためにあらゆる方法を試み、あらゆる網を張ろうとしていた。しかしその企ては容易でなかったので、親しい者たちと共に策をめぐらした、しかし時がいたずらに過ぎていくのを感じて歯がみしていた。なぜならあの者［ケサル］への恐れか

ら解放され、自由に皇帝《ヴァシレフス》の愚かさにつけいって思い通りにすることを願っていたからである。八方塞がりの中で、その者はついに賢明というよりむしろ腹黒く卑劣な計画を企むにいたる。つまり再び皇帝《ヴァシレフス》の単純な心に忍び込み、叔父のケサルを厄介払いさせるように説得し、その方法として彼にウルセリオスに向かって出陣することを納得させるよう［皇帝に］申し出る。さてどのような展開となるか。皇帝《ヴァシレフス》はその者の言葉に言いくるめられ、叔父を呼びだし、これまで秘密にしていた命令を、短く、また途中幾度も中断する話し方で伝える。なぜならその者は舌の回りがおそく、そのように語るのを常としていた。[2-42] 他方相手はその謀を見逃さず、むしろそれを目論んだ者の敵意と籠絡された者の御しやすさをよく知っていたので、まず自分の息子のアンドロニコスを謀反人に向けて派遣することを提案した。しかし皇帝《ヴァシレフス》が反対し、そして最後に「あの者に向かって出征しなければならないのは私かそれともあなたか」と言ったので、命令に従い遠征の準備にとりかかった。[2-43] 準備が万端整うと、その者はアジアに渡り、軍勢《ディナミス》を集結させ、敵に向かって出立することになった。ヴィシニアの山岳地帯を越え、そしてその時点で敵がサンガリオス川の源流近く[2-44]に野営しているのを知ると、ドリレオンを過ぎ、さらに急いで先に進んだ。[2-45] そしてあの蛮族《バルバロス》［ウルセリオス］もその者の出撃を知ると、彼自身も自分の軍勢《ディナミス》の動員にとりかかった。とにかく両者はゾムポスと呼ばれる橋[2-46]の近くで相まみえることになり、そこにそれぞれ布陣し、戦闘に向けて備えることにとりかかった。夜明けと同時に、それぞれは軍勢《ディナミス》を連れだし、次のように陣容を整える。まずケサルは、以前から宮殿《ヴァシリア》の護衛の役目を託されていた、あの盾をもち斧を担ぐ《ペレキフォリ》蛮族《バルバロイ》［ヴァランギ］を率いて、ローマ人の陣立て《タクシス》の中央に身を置いた。右翼を占めるのはケルト人の傭兵《ミスソフォリ》で、パパスという名のケルト人[2-47]が彼らを指揮する。左翼を指揮するのはドメスティコス＝トン＝スホロンのアンドロニコスである。後にローマ人の皇帝《ヴァシレフス》となるニキフォロス＝ヴォタニアティスが後衛を指揮することを命じられ、フリイア人とリカオニア人からなる部隊《ファランクス》、さらにアシア［小アジア西部］出身者の部隊は彼の指揮下に入った。[2-48] 他方ウルセリオスはそのように配置されたローマ人の陣立て《ファランクス》をよく観察して、彼自身も軍勢《ディナミス》を二つの部分に分割し、軍隊《ファランクス》の一方を彼自身が指揮し、ゆっくりした歩調で進み、他の一方にはただちにケルト人傭兵《ミスソフォリ》に向かって進軍するように命じた。[2-49] 両者を隔てる距離が縮まったとき、傭兵《ミスソフォリ》たちと彼らの敵方［ウルセリオスの兵士］が互いに話を交わしはじめ、そしてただちにパパス側の傭兵《ミスソフォロン》すべてが敵側に走り、互いに戦友として一緒になってケサルの指揮する者たちを取り囲もうとしはじめた、他方ウルセリオスは軍隊《ファランクス》の精鋭部分を率いて…（欠文）…蛮族《バルバロイ》たちが［敵の］攻撃に立ち向かったので、[2-50] 猛烈な戦いとなり、双方ともに多数が倒れる。互いの槍《ドラタ》が折れると、剣《クシフィ》を抜いて接近戦となり、互いに殺し合った。

## ［15］ゾムポスの戦い、ケサルの敗北と捕縛

さてこれらのことが起こっている間に、後衛《ウライア》を託されていたあの者［ニキフォロス＝ヴォタニアティス］は傭兵《ミスソフォリ》が敵方に走り、ケサルの指揮する部隊《ファランクス》を激しく取り囲んでいるのを驚きの目で見て、救助に駆けつけなければならないのに、事実これまで幾度もその証拠を示してきたように勇敢な男であったにもかかわらず、自分の軍勢《ディナミス》を連れて退却することにとりかかった。蛮族《バルバロイ》はこの事態を利用して、落ち着いてケサルの側の者たちを取り囲んだ。しかし彼［ケサル］の配下の蛮族《バルバロン》［斧を担いだ蛮族］は敵を攻撃し、また敵の攻撃を受けながら、しばらくの間踏みとどまっていた。しかし［ケサルの蛮族は］敵が真っ正面から迫り、また後方にも敵が現れたのを知ると、いかに処すべきか苦境に陥った。しかしながらケサルは動じることなく、彼らの気力を奮い立たせていた。その者たち［ケサル側の兵士］は力の続く限り、抗戦をつづけた。しかしまったく疲れ果て、もはや攻撃してくる敵を押しもどすことができなくなるや、彼らの多くが殺戮され、そして決して逃走しようとしなかったケサルは捕らえられた、さらにアンドロニコスの配下の者たちも敵に圧倒され、逃走に追いやられた。[2-51] しかしその者［アンドロニコス］は傷だらけであったが――確かに致命的な打撃を受けていた――、父を探して駆け回っていた。その者［父］の捕らえられたのを知ると、すでに矢玉《ヴェリ》と戦場から脱して助かるこ

とができたのに、自分の救済より父のために危険を冒すことを選び、馬首をめぐらし、敵のまっただ中に突き進み、剣《クシフォス》で敵の多くを打ち倒し、ケサルの近くに至るや、もはや誰も押しとどめられないほどの激しさを発揮し、また死すべき人間ではなく、不死の、肉体をもたない存在のように思われた。事実槍《ドラタ》で攻撃をうけても恐れることなく、［剣で］それらを打ち切り、またそれらを払いのけ、父の捕らえられている場所に到ろうと必死になっていた。敵はその者の押さえがたい突進を見て、すべてが一緒になって駆け寄り、ある者たちは投槍《クシスタ》で、他の者たちは槍《ドラタ》で馬と彼を撃ちにかかり、その状態は傷だらけになった馬が乗り手と共に地面に倒れるまでつづけられた。そこで蛮族《バルバロイ》は彼を取り囲み、その兜《ペリケファレア》を取り除き、剣《クシフォス》で勇者の首を切り落とそうとした、しかしそのとき、ケサルは自分を取り押さえている者たちを払いのけ、力をふり絞って走り寄り、すでに無数の傷で動くことのできなくなっている勇ましい子供《ペス》[2-52]の上に身を投げかけ、彼を取り巻く者たちにその者が誰であるかを知らせ、危機一髪のところで子供《ペス》を救う。

## ［16］ケサルの孫のミハイル＝ドゥカス、家庭教師と一緒に逃げる

サンガリオス川の橋の近くで行われたローマ人と謀反人《アポスタテェ》のケルト人たちの戦闘はそのようにして終わった。あの蛮族《バルバロス》［ウルセリオス］が勝利に有頂天となり、サンガリオス川周辺の町々《ポリス》を走り回り、それらすべてを自分の支配下に入れていった。ヴィシニアに到着すると、そこにはケサルの大きな屋敷《ヴァシリア》があり、また高所に十分堅固な要塞《フルリオン》が築かれてあったが、その者はソフォン山[2-53]の麓の平地に野営し、どのようにしてローマ人の帝国《ヴァシリア》の政権《プラグマタ》を握ろうかと考えつづけた。だからケサルを敬意をもって扱い、そしてその者の息子、勇ましいアンドロニコスが負傷してひどい状態であるのを見て、あらゆる配慮を示そうとした。実際ケサルは息子がそのようにひどい傷を受けているのを見ながら、苦しみ悲しみ、そしてウルセリオスにその者を諸都市の女王《ヴァシリス トン ポレオン》に送りだすことを願い出た。その者は彼の言うことを承知し、その者［アンドロニコス］の年上の［二人の］[2-54]息子を人質と

して要求し、確かに人質を受けとると、その者を［帝都の］自宅に送りだした、このようにして一方の者は［帝都で］適切な治療を受けることとなり、他方の者［ウルセリオス］は彼の子供たちを要塞《フルリオン》の中に閉じこめ、見張らせた。さてそのときに幼い者たちの家庭教師たちによって記録に値する行為が実行されたのである。その地方の農夫の一人がしばしば彼らのもとを訪れていた。その者たちはその者［農夫］と親しくなり、彼にニコミディアに通じる諸道をその者自身が知っているかどうかと訊ね、［農夫が］夜中いつも使われている道から逸れて山岳地帯を通り抜け、ニコミディアに達することができると言うほどにこと細かにそれら［諸道］についてよく知っていることを確かめると、見張りの者たちが夜中ぐっすり眠っている間に二人の子供をこっそりと囲い塀の門から連れだし、逃走して子供たちを無事に帰国させようとの賢明だが同時に大胆な計画を考え出す。そこでその者たちは農夫に道案内をしてくれるよう頼み、褒美の金を与える約束で口説き落とす。さて月のない闇夜の来るのを待ち、そしてこっそりと囲い塀の門の鍵を盗み出すと、農夫には囲い塀の外にいるようにさせ、門の近くから離れないように伝えると、彼ら自身は中で見張りの者たちの動きを注視していた。その者たちすべてが眠り込んでしまうと、子供のうちで年上の可愛いミハイルの家庭教師――その家庭教師の名はレオンダキオスであった――は頭のいい宦官《エクトミアス》であったが、子供を目覚めさせ、先に門を開けておいてからこれからの行動を説明した。そこでただちにその者［子供］を連れだし、同時にもう一人の家庭教師に急いでもう一人［子供］を起こし、外へ連れだすよう伝える。その者は急いだ、しかし［連れだすことに］失敗した。なぜなら降りるとき、階段の途中で軋る音が生じ、その音に気づいた見張りの者たちはあわてて飛び起き、誰が歩いているのかを調べはじめたからである。その者は機先を制して、子供に小便をするかっこうをさせる、しかしそれでもあの者たちは疑い深く周囲を調べだし、そしてミハイルはどうしているかと問い尋ねた。そこで中にいる家庭教師は結局［逃げることを］断念し、すでに逃げだしたもう一人が捕らえられるのを恐れ、鳴り響くような大きな声で返事をつづけた。中の騒ぎを知って、外にいる者たち、もう一人の家庭教師と道案内人は子供がたいへん幼かったので、交代で肩に担いで一目散に走りつづけた。その者たちがこのように逃げ去る一方、見張りの者たちは松明をもとめると、子供たちの小さな寝台が置かれている母屋へ入っていった。逃げ去った子供の寝台が空であるのを知ると、それぞれはそのことを理解するやただちにその家庭教師に打擲を加えつづけ、子供と家庭教師はどうしているかを知ろうと問いつづけた。その者はけなげにも打擲に耐えつづけ、計画されたことについては何も知らせなかった。そこで蛮族《バルバロイ》はその者の両足が棍棒でうち砕かれてしまうほどの手荒な行為におよんだのであり、そのときそこに、身体は虚弱であるが、心は、確かにその者が示したように、けなげで称賛に値し、言葉で言い表せない一人の宦官《エクトミアス》の忍耐力を見ることができたのである。そこで諦めた蛮族《バルバロイ》は次に馬を用意し、［逃げた者たちを］追跡する者を送りだすことになった。このようにしてそれらの者は追跡にとりかかり、他方あの良き案内者は、そう思われるように、あのヨセフを羊[2-55]のように導いた者の役割を担い、幼いヨセフを聡明な家庭教師と共に連れ、街道から大きく離れた方向に導き、そしてその者たちは樹木で深くおおわれた山地をよじ登り、自分たちは見られないように注意しながら、追跡してくる者たちを観察しつづけた。追跡者たちがソフォン山を越え、ニコメデスの都市［ニコミディア］の谷に達した後、引き返しはじめるや、その者たちの帰っていくのを確認した逃走者たちは夜中に山地を出発し、日《イメラ》がにっこりと微笑みだしたときにはすでにニコメデスの都市に達していた、このようにして人質であったケサルの孫の一人は救いだされることになった、しかしその［孫の］ことについてはまた後で見ることにしよう。[2-56]

## ［17］ウルセリオス、ケサルのヨアニス＝ドゥカスを皇帝と宣言する

皇帝《ヴァシレフス》ミハイルは、ローマ遠征軍《ストラテヴマ》の敗北、叔父のケサルとその者の息子、すなわち軍勢《ストラテヴマタ》の指揮者《カタルホン》アンドロニコスの二人の捕縛を聞き知り、この上ない不安に襲われ、コンスタンディノス＝ドゥカス、すでに前に語られたケサルの年下の息子、大胆不敵な男を呼び寄せ、プロポンディスを渡って、先の戦闘で生き残った軍勢《ストラテヴマ》

の兵士を再び集めるように命じた。[2-57] 父と兄弟の身に降りかかった事態に我慢できなかったその者はライオンのようにうめき、明らかにその役目に大きな熱意を示していた。[2-58] 夕方に皇帝《ヴァシレフス》に別れの挨拶をして、準備をしに家にもどった、しかし真夜中……に苦痛を感じ、それは激しいものとなり、医師《アケストレス》のうちでもっともすぐれた者たちが呼びよせられた。しかし医術は苦しむ者を救うことがまったくできず、明け方に死んでしまった。これはケサルにとっては不幸にさらに追い打ちをかける結果となった。あの蛮族《バルバロス》［ウルセリオス］はこの機に乗じて、主《キリオス》から吹き込まれたものではないにしろ、巧妙な計画を考え出した。すなわちその計画はケサルをローマ人の皇帝《ヴァシレフス》と宣言し、そうして諸都市《ポリス》を回って、それらを自分に従わせようとすることであった。またさらに諸都市の女王《ヴァシリストンポレオン》の有力市民《ディナメニ》たちの好意をも手に入れようと考えていた。[2-59] 他方、名の聞こえたケサルは最初立腹し苦しみ、そして人の言うように、あらゆる手を使ってその役割を避けようとした。しかしその蛮族《バルバロス》が不本意なその者を無理やりその企ての中心に押しやったので、［ケサルも］積極的に事にかかわることになり、[2-60] 密かに都《ポリス》の者たちと連絡をとり、ほとんどすべての者を味方に引き入れるところまでいった。なぜならこの男は善美にあふれ、志操高尚において当時のすべての人に優っていたので、誰からも好かれていたからである。確かにもしその計画に反対する神的な何か《トシオン》[2-61] が生じなかったならば、たやすく帝笏《スキプトラトンヴァシリオン》を手にすることになったであろう。しかし彼の動きは宦官《エクトミアス》のニキフォロス［ニキフォリツィス］にことのほかに積極な行動を取らせることとなり、あの者たちの計画を失敗させてしまったのである。というのはその者［ニキフォロス］はローマ人の軍勢《ストラテヴマ》の力を当てにすることを断念して、トルコ人のもとに使者を派遣し、[2-62] 当時東方の諸地域にしばしば姿を現していたアルトゥフ[2-63] に財貨を与え、さらにさまざまの約束で奮いたたせ、あの者たちに対する戦いを引き受けるよう言いくるめたのである。そこでこの者は――並はずれてすぐれた軍司令官《ストラティゴス》[2-64] であった――できるだけ多数の軍勢《ディナミス》を引き連れてあの者たちに向かって出陣することにとりかかった。

## ［18］ケサルとウルセリオス、トルコ人に敗れ、捕らえられる

ケサルとウルセリオスの配下の者たちは[2-65]トルコ人の接近と、そしてアルトゥフが言葉で表せないほどのトルコ人の大軍[2-66]を率いて彼らに向かってくるのを聞き知ると、ケサルの大きな屋敷《ヴァシリア》の近くに位置する要塞《フルリオン》が建っている丘を越え——その要塞《フルリオン》の名はメタヴォリである——、ソフォン山の麓に横に長く延びている平地を見いだし、そこに野営する。なぜなら自分たち［ウルセリオスの兵士］は多勢に対して無勢であるので[2-67]、そのような多数の敵によって取り囲まれ、全滅させられるのを恐れ、狭い空間を選び、ソフォン山から流れ落ちている川[2-68]を防柵《ハラクス》代わりにして、その背後に身を置いた。他方アルトゥフはサンガリオス川を渡り、メタヴォリに達し、そこにケサルとウルセリオスのいないことを知ると、彼自身もその地の隘路《ステナ》を抜け、マロクソス[2-69]と呼ばれる山の頂きに達し、そこに野営した、そしてその高所から、トリセアと呼ばれている村の近くに野営している敵を注意深く観察しつづけた。そしてアルトゥフはただちに彼らを攻撃することにした、すなわちまず高所から打って出て小競り合いを行い、次に軍《ストラテヴマ》を三つの部隊《ロヒ》に分け、ウルセリオスとケサルの兵士たちを取り囲もうと試みた。しかし山地に阻まれ、敵［アルトゥフ側の兵士たち］は背後から攻撃することができなかった。そこで三方面にむかって激しく攻撃に出て、このやり方でラテン人の一つにまとまった軍《ファランクス》を混乱させようとした。少人数の味方は、多数の敵に圧倒され、また彼らの馬がいたるところから矢《ヴェリ》を射られたので、敵を怯ませるため騎兵《イピ》の突撃で敵に向かっていくべきと判断した。そこで互いに励まし合い、密集隊形をつくって激しく突進した。その結果敵の多くが周りに倒れ、しかし彼ら自身も大軍に囲まれ、一方で多くの者が殺され、他方でより多くの者が捕らえられた。そしてそれらの者と共にケサルもウルセリオスも捕らえられたのであった。[2-70]だからアルトゥフは勝利に喜び、ウルセリオスに関しては身代金《リトロン》を受けとって彼の仲間に引き渡し[2-71]、ケサルについてはその者を引き連れ、上部フリイアに向かって立ち去ることとなった。他方皇帝《ヴァシレフス》ミハイルの側近たちは生じた事態を聞き知ると、ケサルを請けもどす役目の者たちを送り、そこであの蛮族《バルバロス》は多額の財貨を受け取

り、[2-72]その者を引き渡す。その者［ケサル］は諸都市の女王《ヴァシリス トン ポレオン》の近くに達したとき、何か恐ろしい仕打ちを受けるのではないかと恐れ、[2-73]トラゴニシオンへ[2-74]渡った後、修道士《モナディコン》の衣服《スヒマ》をまとい、頭髪を切り、そうしてから皇帝《ヴァシレフス》ミハイルのもとに行く。その者［ミハイル］は彼を見ると、大げさに嘆き悲しむふりをした。[2-75]

## 19 ウルセリオス、ポントス地方の支配者となる

　この上なく嘆賞すべきケサルに関することはそのようにして終わった。[2-76]他方ウルセリオスは囚われの身から解放されると、再びポントス地方に向かって出発し、[2-77]いくつかの要塞《フルリア》を占領し、それらの場所からポントス地方の都市《ポリス》、アマシアとネア＝ケサリアを襲い苦しめていた。事実それらの地方を略奪し、無理やり税を取り立てていた。そのことを知った皇帝《ヴァシレフス》ミハイルは、ニキフォロス＝パレオロゴスを、[2-78]そこから傭兵《ストラテヴマ》軍《ミスソフォロン》を連れもどる役目を与えて、アラニアの王《アルホン》[2-79]のもとに派遣した。その者は出発し、その地でおよそ六千人の軍隊《ストラトス》を受けいれ、それからポントス地方に至った、そしてそこでウルセリオスの攻撃を押しとどめることにとりかかろうとした。しかしアラン人が約束の報酬を要求したとき、その者には金がなかったので、アラン人が引き上げてしまう前に、どうしてもウルセリオスに向かって攻撃しなければならない状態に置かれた、しかしそれらの者は報酬を要求して強く迫ったが、もちろんその者には支払うことができず、当然少数の者が残っただけで、ほとんどすべては帰還していった。ウルセリオスはそれら少数の者たちに襲いかかり敗走させ、彼らのうち少なからざる者を殺した、他の者たちはポントス地方の諸都市《ポリス》に逃げ込んで助かった。それらの事態が皇帝《ヴァシレフス》ミハイルに知らされると、あのすぐれた若者、[2-80]アレクシオスが呼びだされたのである、[2-81]すでに神《シア》の摂理《プロニア》はその者の勇気を明らかにすることを計画されていたのである。その者は呼びだされると、ただちに軍司令官《ストラトペダルヒス》および対ウルセリオス遠征軍《ストラティゴス》総司令官《アフトクラトル》[2-82]に任命される。

## ［20］アレクシオス、しつこくウルセリオスを攻撃する

その者は皇帝《ヴァシレフス》の決定を喜んで受け入れた一方、その者の母は事情を聞き知ると、ウルセリオスとの戦いにおいて必要なのは若者の頭と腕ではなく、多くのことを知り、多くのことを行ってきた老練な男であると言って、その指揮権《アルヒ》を辞退するように強く迫った。その女性はそのようにふるまい、他方［若者］は訴えに耳を傾けたが、しかし彼女を説得し、彼女の祈りを受けた後、皇帝《ヴァシレフス》からは戦いの経費に必要な財貨も十分強力な軍勢《ストラテヴマ》も受けとることなく、出発することになった。そしてパフラゴニアの黒海《ポントス》沿岸地方を通過し、アマシアに到着した。[2-83]そこで百五十人に満たない生き残りのアラン人を見いだした、そして幾度も敵を攻撃し、また同じほど打ち負かされながらも敵を押しもどした。敵の攻撃を抑えると、もはや敵の出撃を見張っているのではなく、彼［ウルセリオス］によって占領されている諸要塞《フルリア》に近づき、待ち伏せ《エネドレ》を配置し、それらの要塞《フルリア》の近くに味方の者を略奪に送りだすことになった。このようにして、敵が［要塞から］出てきて、［味方の］略奪者の追跡にとりかかると、彼自身は待ち伏せの場所《エネドラ》から出て、要塞《フルリア》に通じる諸道を掌握し、追跡者に帰還する通路を塞いだ。このように要塞《フルリア》に通じる諸道《オディ》が前もって握られていたので、もう少しでほとんどすべての者を生け捕りにするところであった。事実これらの戦術がしばしば行われたので、あの蛮族《バルバロス》［ウルセリオス］をどうしようもない状態に陥れた。そこで十分強力な軍勢《ディナミス》をもっているその者は一戦でもって事のすべてを決着することを望み、戦力《ディナミス》に欠ける[2-84]軍司令官《ストラトペダルヒス》はその蛮族《バルバロス》に戦術で打ち勝とうと懸命になり、あの者が自身の軍勢《ストラテヴマ》を一つに集結させたときには、この者は行動に出ないふりをし、しかし数日後にひそかに出かけ、敵の近くに到ると、待ち伏せ《ロヒ》を配置し、できるだけ多く罠をしかけ、必要物資を軍勢《ストラテヴマ》のもとに運んでいる者たちを生け捕りにすることにとりかかった。それらの事態があの蛮族《バルバロス》に知らされると、救助に駆けつけるべく兵士《ストラティオテ》が送りだされることになり、しかし待ち伏せ《ロヒ》と罠《エネドレ》[2-85]に陥り、ほとんどすべての者が例外なく生け捕りにされることとなった。なぜなら軍司令官《ストラトペダルヒス》は、キリスト教徒であるそれらの者たちを殺すことは許されないとの考えであったから

である。

## [21] ウルセリオスとアレクシオス、互いにトゥタフを味方にしようとする

このことがたびたび生じ、あの蛮族《バルバロス》を大いに苦しめた。なぜなら最初は好意からというよりむしろ恐れから彼に従い税を支払っていた諸都市《ポリス》は彼の立場に見込みのないのを感じはじめるや、いかなる都市も彼に何も提供しなくなり、そのため財貨に窮し、そこで、結末が明らかにするように、巧妙ではあるが、しかし賢明とは言えない計画をその者は考えだした。すなわち[2-86]丁度そのときにトゥタフ[2-87]がローマ人の領土を略奪するためにペルシアから多数のトルコ人からなる軍勢を率いてやって来たので、その者に近づき、そして軍司令官《ストラトペダルヒス》との戦いにおいてその者を味方にしなければならないと考えた。それゆえまず使節《プレスヴィス》を送った後、その後に彼自身がトルコ人の陣営《ストラトペドン》にやって来て、トゥタフと会談し、そしてその者から約定《ピスティス》を受けとると、近いうちに再び来ることを約束して自分の要塞《フルリオン》にもどっていった。他方軍司令官《ストラトペダルヒス》はウルセリオスのトゥタフ訪問を聞き知ると、彼自身もまた使節《プレスヴィス》と高価な贈物をトゥタフに送り、ローマ人の帝国《ヴァシリア》がペルシア人［トルコ人］の支配者《クラトン》に示してきた友誼を彼に思いださせ、その者［トゥタフ］に大きな利益をもたらすことになることを密かに告げなければならないので、その者にとってもっとも信用できる者たちを使節《プレスヴィス》として自分のもとに送ることを求めた。その者は贈物に喜び、またあの者［アレクシオス］が何者であるを知って、ただちに一人のもっとも信頼できる者を送った。その者がアマシアに到着すると、軍司令官《ストラトペダルヒス》はその者を丁重に迎え入れ、贈物を与え、しばしば話し合うことによって——というのは他の誰よりも彼の話は心地よいものであった——その蛮族《バルバロス》が彼に対して最大の好意を抱いたほどに、その者の心を引きつけた。そのように事が進むと、［アレクシオスは］その者に向かって次のように話しはじめた。「ねぇ君、ローマ人の皇帝《ヴァシレフス》とスルタノス[2-88]は友人同士、ところがウルセリオスはそれら両者にとって敵であるということだ。というのはその者は一方でローマ人の領土を荒らし、他方でトルコ

人をも攻撃している。さてその者は今し方あなたのアミラス［トゥタフ］がやって来たのを知り、これら両者［ローマ人とトルコ人］によって滅ぼされてしまうのではないかと恐れ、友好の仮面をかぶり、時間を稼ごうと彼のもとに行ったのである。時が過ぎれば、以前そうであったように、再びトルコ人にとって敵となろう。さあそこで、もしあの者［アミラス］が私を信用するのなら、今度再び訪れてきたとき、彼を［捕らえて］私に高額のお金を代償に引き渡してもらいたい。というのはそのことからあの者［アミラス］は三つの大きな利益をえるだろう、すなわち多額のお金、そのことにより大きな恩恵を引き出すことになるローマ人の皇帝《ヴァシレフス》との親交関係、そして三つ目はトルコ人の敵が取り除かれて、スルタノスが喜ばれることである」

## ［22］ウルセリオス、トゥタフに捕らえられ、コムニノスに引き渡される

使者《プレスヴィス》[2-89]は軍司令官《ストラトペダルヒス》の言葉に納得し、アミラスを説得して軍司令官《ストラトペダルヒス》の計画を実現させることを約束する。そこでその者はただちに贈物をもって送りだされ、そしてトゥタフにすべてのことを報告する、すなわち軍司令官《ストラトペダルヒス》の提案、その者の会話のすばらしさ、財貨を気前よく与えることなどを並び立てる、その蛮族《バルバロス》はもちろんそれらの報告に強く影響され、軍司令官《ストラトペダルヒス》の言葉と考えにすべて従おうとする。それゆえ［アミラスは］やって来たウルセリオスを親切に迎えるふりをし、共に食事をした後、最後には彼を捕らえ、約束された財貨が支払われるために人質を受けとってから、縛ったままの状態で軍司令官《ストラトペダルヒス》のもとに送り届ける。[2-90]軍司令官《ストラトペダルヒス》はもちろんこのことに喜んだ、しかしお金がなかったので、いかに処すべきか途方にくれていた。しかしその者はただちに集会《エクリシア》を召集し、都市《ポリス》［アマシア］の有力者《ディナメニ》たちをその集まりに呼びだし、[2-91]すべての者が集まると、彼らに向かって次のように話しはじめた。「今日、この会議場に私によって召集された諸君、諸君に向かって話すことに耳を傾けてくれ。アルメニアコン［セマ］のすべての都市《ポリス》をあの蛮族《バルバロス》がどのように扱ったか、どれほどの財貨を諸君から奪い取ったか、どれほど多くの町《コモポリス》を破壊したか、まったく些細な理由から耐えがたい

苦痛を与え、人々にどれほどの身体上の虐待をおこなったか、諸君はご存じだ。さてその者による苦痛からわれわれを解放する機会が来ているので、その機会を逃し、われわれ自身が煙から逃れて猛火の炉に落ち込む羽目になってはならない。[2-92] 確かに神《セオス》の配慮とわれわれの努力によって、諸君は今、その蛮族《バルバロス》が縛られているのを目にすることができる、しかしその者を捕らえた者が身代金を要求している、しかしわれわれ自身にはお金がない、だから諸君各々はその資力に応じて分担金を納めなければならない。もし私が皇帝《ヴァシレフス》[2-93]のもとから遠く離れていず、あるいはあの蛮族《バルバロス》が支払い延期を承知してくれるなら、急いであの地［コンスタンティノープル］で身代金を手に入れることになる。しかしご承知のとおり、それらは不可能であり、またアミラスが身代金を待っている状態がつづけば、多数のトルコ人が地方を大いに苦しめことになることから、私が言ったように諸君のすべては分担金を提供しなければならない、私は都市の有力者《アルホンデス》諸君に向かって言っているが、そうすれば諸君が提供したものすべてを後日皇帝《ヴァシレフス》から受けとることになろう」

## [23] アマシアの住民へのアレクシオス＝コムニノスの演説

これらの言葉を聞いて、あの者たち[2-94]は群衆《プリソス》を騒動にかき立てることにとりかかり、一方で［群衆の］ある者たちが訳の分からないことを大声で叫び、他方である者たちがウルセリオスを助け出そうとしたので、大混乱となり怒号が飛び交った。なぜならその者たちは恐ろしい被害をあの者からなんら受けなかったと叫び、あの者を家から連れだし、解放しようと企てた。[2-95] そしておそらく他の者たちは、民衆《ディモス》が暴れ狂い、大都市《ポリス》が混乱に陥っているのを見てひどく狼狽したであろう、しかし他方勇敢な若者は、私はあの軍司令官《ストラトペダルヒス》のことを言っているのだが、まったく恐れることなく、手で合図してまず騒動を鎮めようとした。かなりの時間がたった後、やっと静かになったので、群衆《プリソス》に向かって次のように話しはじめた。「アマシアの諸君、諸君を欺こうとする者たちによって諸君がそんなにも簡単にだまされようとしていることは私には驚きだ、その者たちは一方で彼ら自身の利益を諸君の血でもって買おうとし、他方で諸君に最大の損害を与えようとしている。殺戮・捕縛・眼球損傷・手足の切断以外に、諸君は、今、支持しようとしている［ウルセリオスの］反逆《ティラニス》からどのような利益を得たのであったか。確かに諸君はそのような虐待を受けてきたのだ、しかし今、諸君を怒りと混乱に駆りたてている者たちは一方であの蛮族《バルバロス》のご機嫌をとりながら自分たちの財産を無傷のままに守り、他方で自分たちと都市《ポリス》をあの蛮族《バルバロス》に手渡さなかったと主張して、皇帝《ヴァシレフス》からも贈物を受けとろうとしている。しかしその者たちは諸君にはこれまで一顧だにしなかった。だからその者たちが再び反逆《ティラニス》に与しようとするのはもちろんこの理由からである、すなわち一方ですばらしい期待を抱かせて反逆者《ティラノス》の機嫌を取って自分たちの財産を無傷のままに守ろうとし、他方で再び皇帝《ヴァシレフス》から栄誉と贈物を求めようとするためである。そしてもし反乱が起こることになれば、[2-96] 彼ら自身はその事態にまったくあずかり知らなかった者としてふるまい、皇帝《ヴァシレフス》の怒りを間違いなく諸君にむけて燃え上がらせるであろう。もし私を信用するなら、諸君を暴動に駆りたてようとする者はとっとと立ち去らせ、諸君それぞれは自分の家にもどり、語られたことをよくよく考え、そうすれば諸君にとってためになる助言をしている者は誰であるかを知るだろう」これらの言葉を聞いた群衆《プリソス》は言われたことに納得し、すべての者は引き下がっていった。

## ［24］アレクシオス＝コムニノス、フランク人の要塞を奪う

軍司令官《ストラトペダルヒス》は有力者《ディナティ》たちが再び群衆《プリソス》を扇動しウルセリオスを奪い取ることを恐れ、まことに巧妙で、また実に人道的な計画を考えつく。その計画はどのようなものであったか。処刑吏《ディミオス》が呼びだされる。火が燃やされ、鉄が真っ赤に焼かれる。ウルセリオスは地面に身を投げだす。そこで両眼が奪い取られているかのように、大声をあげ、嘆きの声を出すようにその者に指示される。[2-97] その者は承知し、家中をわめき声と悲嘆の声で満たしつづけた。それから両瞼に痛みをしずめる薬が塗られ、薬物の上に眼帯がつけられる。夜明けにその者は群衆《プリソス》の

前に連れだされ、すべての者に確かに目の見えない者として見られる。この芝居によって騒動は完全におさまった。さてそこで軍司令官《ストラトペダルヒス》はこの機をとらえて、いかにしてウルセリオスの軍勢《ストラテヴマ》を破壊し、保持されている要塞《フルリア》を掌握することができるか考えをめぐらした。しかし皇帝《ヴァシレフス》によって派遣されて来た者たちは、皇帝《ヴァシレフス》の親しい人たちであったが、ウルセリオスを引き連れて女王の都市《ヴァシリス》にもどるようその者に強く迫った。しかしその者は次のように言った、「もし、あの反逆者《ティラノス》の指揮下にあった者たちが多数いるのに、私たちが反逆者《ティラノス》一人だけを掌握し、他の者たちを残して立ち去ることになれば、恥ずべきことである。というのは必ずや残っている者の一人が反逆者《ティラノス》となり、再び諸都市《ポリス》を混乱に陥れることになる。私としては……[2-98]、できる限り要塞《フルリア》を奪いかえすことにつとめたい」このように言った後、その者はその作業にとりかかり、必要物資が密かに要塞《フルリア》内へ運びこまれないように、まず最初に諸道を見張り、そして穀物や他の必要物資を集めに出かけている者に大きな打撃を加え、次にもちろん待ち伏せ《エネドレ》を配置し、その上で［敵の土地の］略奪を目的に兵士たちを送りだすことにとりかかった。他方要塞《フルリア》内の者たちは出撃し、略奪する者たちを追跡し、しかし待ち伏せ《エネドレ》に陥り、捕らえられることとなった。この戦術がしばしば、さまざまな方法で行われ、フランク人たちをどうしようもない苦境に投げ込んだ。すなわちあるときは四日あるいは五日にわたって、またあるときは再び一日あるいは二日の後に略奪が行われた。確かに要塞内の者たちは進退窮まって、ある者たちは彼ら自身と要塞《フルリア》を軍司令官《ストラトペダルヒス》に引き渡し、またある者たちは要塞を無人にしたままで立ち去っていき、このようにしてすべて［の要塞］が掌握されたのであった。それから数日間アマシアにとどまり、その間にすべての都市《ポリス》を取りもどし、強固な秩序を与え、すべての者から愛すべき存在と認められた後、拍手の嵐と最大の称賛の中、［軍司令官は］ウルセリオスを引き連れて、その地を去ったのである。[2-99]

## ［25］アレクシオス＝コムニノスとセオドロス＝ドキアノスの会見

その者がパフラゴニアを過ぎ、セオドロス＝ドキアノス[2-100]の屋敷に近づいたとき、ドキアノスは、なおこの男は高貴な生まれの一人で自慢するほどの富をもち、軍司令官《ストラトペダルヒス》と血縁の関係にあったが――この者は彼［アレクシオス］の父の姉妹の子供であった――、その者がやって来たことを知り、遠くから会いに行き、両手の中に抱きしめた。[2-101]しかしこの者はウルセリオスの方を凝視し、彼の瞼の上の覆いをよく見て心を悲しみで一杯にし、もはやがまんできず、あのように勇敢でローマ人の帝国《プラグマタ》のために大いに役立つことのできる男の視力を奪ったことで軍司令官《ストラトペダルヒス》を激しくなじった。しかしとくに寛容で、事実を隠し、必要以上に早々と明らかにしないことに手慣れていたその者は何ごともないかのように実に優しく、静かに彼に向かって返答した。「いとこよ、この者が視力を奪われた理由について、今はそれを言うときではない。あなたの家に行き、われわれ二人だけになったとき、あなたはすべてを知り速やかに私への非難を取り除くだろう」さて屋敷に着き、馬から降り、埃をふるい落としてから、主人が豪華な食事を準備していたので、昼食を取ることになった。昼食の後、軍司令官《ストラトペダルヒス》はドキアノスの手を取って、ウルセリオスが閉じこもっていた小部屋に入り、その者に覆いを開けるよう命じた。その者はすぐさま喜んで飛び上がり、覆いを取り除き、そして見えるがごとくに見て、ドキアノスを抱きつづけた。他方の者は思いがけない事態に驚愕すると同時に、喜びに満たされ、名だたるアレクシオスを抱擁し、唇、頬、すばらしい両眼に口づけし、このような大計画は若者の先祖たちに相応しいものであると大声で誉め、その演劇を讃美し、その舞台装置に感嘆するばかりであった。

## [26] アレクシオス＝コムニノス、イラクリアにおいてマヴリクスの客となる

さて三日間にわたって彼のもとで客としてもてなしを受けたのち、軍司令官《ストラトペダルヒス》は出立し、ポントスの海に向かって降っていった。カスタモンの近くに達したとき、その者は祖父の家を見たいと願った。そこですべての者には後に残るように願い、彼自身はわずかの者を連れ、来た道から離れた。その家の中に入り、そこが無人

であるのを知り、祖先の人たちを思いだしながら、涙を流し悲嘆の声をあげていた。同行の者たちによって力づくでその場から引き離され立ち去ることになったが、もしその者たちが急いで彼を引き連れ、残りの者たちに合流させなかったならば、もう少しの所でトルコ人の待ち伏せに陥っていたであろう。[2-102] その地方の隘路《ステノピ》を通り抜け、海の方に向かっていたその者を、マヴリクス[2-103]がイラクリアの手前まで出迎えにやって来た、この男は貴族身分のものでないが、適応能力にすぐれ、とくに海事に関してたいへん豊かな知識をもっていた。それゆえに確かにローマ人の皇帝《ヴァシリス》たちはその者をぜひ必要な人物と考えていた、そしてその者は彼らから多くの贈物を受け取り、その結果巨大な富を手に入れ、奴隷《ドゥリ》や軍事《ストラティオティカ》にかかわる者たち[2-104]からなる大きな集団をもち、またすばらしい屋敷を建てることができたのである。この者は出迎えると、彼に自分の客になってくれるよう願い、他方の者はそれを受け入れた。イラクリアに到着すると、軍司令官《ストラトペダルヒス》はすべての救世主《ソティル》とその母に感謝の捧げるために、まず人の手によるものでない神の母《セオミトル》の聖堂《ナオス》に詣で、それからマヴリクスの客として迎えられた。

## [27] アレクシオス＝コムニノス、海上からイラクリアを出立する

出発の準備にとりかかっている間に、トルコ人が略奪しに近くまで来ていることが知らされた。言われているように、かつてティモテオスの笛の調べがあのアレクサンドロス［大王］を奮い立たせたよりも、その知らせはいっそう早く彼［アレクシオス］に武器をとらせた。事実その者は武装し馬にまたがり、彼の部下と共に出発することとなった。またマヴリクスの勇敢で戦闘経験に長けた男たちも彼に従った、なおその者たちを指揮するのがミハイル＝ヴトゥミティスで[2-105]、その者はホメロスの言うように身体は小さいが、まさしく戦士《マヒティス》[2-106]であった。トルコ人は遠くからその者たちの存在、武器の煌めき、整然とした隊形を見て、そしてその抗しがたい突撃を支えきれないとみて、一目散に逃げだした。味方はその地方の境界のかなたにまで彼らを追い払い、またかなりの数の敵を殺して引き返した。軍司令官《ストラトペダルヒス》は通りすがりにたまたま得た勝利に喜び、おそらくまた略奪《プロノミ》にやっ

て来るトルコ人と出会うことができるだろうと期待して、このままずっとイラクリアの境界内にとどまろうと考えた。というのは戦勝記念碑《トロペア》を積み重ね、そうして五種競技の冠を戴いて大都《メガロポリス》に帰還することを願っていたのである。しかし皇帝《ヴァシレフス》[2-107]から送られてきた書簡《グラマタ》と水夫を乗せた一段櫂船《ナフス モニリス》[2-108]は、彼の意気込みをそいでしまった。つまり書簡《グラマタ》は、諸道にはトルコ人が待ち伏せているので、[2-109]ウルセリオスと共に船《ナフス》に乗り、速やかに女王の都市《ヴァシリス》にもどるよう命じていたのである。そのためその者は命じられたことに従い、船でプロポンディスに向かって急いだ。しかし突然に北北西の激しい風が吹き、もし明らかに神の母《セオミトル》がその者を救わなかったなら、ほとんど難破の目にあうところであった。すなわちその者がその名［神の母の］を呼んで助けを求めると同時に、海は静まり、大波から逃れることができたのである。

## [28] イサアキオス＝コムニノス、アンティオキアの総主教を同市から追い払う

女王の都市《ヴァシリス》に帰還したその者を、皇帝《ヴァシレフス》は親しげに迎え入れ、うれしそうに抱擁し、その者の言葉を使えば、「神に次いで私の右手のお方、よくぞご無事に帰ってこられた」と言った。しかしその者が労苦の代償として皇帝《ヴァシレフス》から最初に受けとったのはそのようなものであった、つまりまず彼自身が直接に皇帝《ヴァシレフス》の感謝の言葉を受けとり、その次にその者が［感謝の］印《シムヴォラ》を彼に授けたのであった。[2-110]ウルセリオスはといえば、牢屋で厳重に見張られる状態であったが、[2-111]しかしすべての点ですぐれたアレクシオスはその者があらゆる種類の世話を受けるに相応しいと考え、自分の家から多くの必要な品々を届け、また彼に対する皇帝《ヴァシレフス》の怒りを鎮めようとした。立派なアレクシオスの行為はそのようなものであった。

他方イサアキオス［コムニノス］については、皇帝《ヴァシレフス》ミハイルは彼をアンティオキアのドゥクス[2-112]に任命した、というのはごく最近プロトプロエドロスの爵位をもつアンティオキアのドゥクス、ヨシフ＝タルハニオティスが誰も《キノン》が支払うべき負債《フレオス》を果たし終えたこと、[2-113]またフィラレトス[2-114]の反乱がすでに大きく広がりはじめていたこ

とから、そこ［アンティオキア］で発生した騒乱がその者［タルハニオティス］の息子、マイストロスのカタカロン[2-115]によって辛うじて鎮圧できたほどにその地の状況が混乱した状態であることを考えたからである。その者（皇帝）には［都市内の］内紛の首謀者が総主教《パトリアルヒス》のエミリアノス[2-116]であると思われたので、その者をできるだけ速やかにコンスタンティノープルに送り届けることを［イサアキオスに］命じたのである。[2-117]他方ずっと以前から総主教《パトリアルヒス》に敵意を抱いていたあのロゴセティス［ニキフォリツィス］は、ただ総主教《パトリアルヒス》を［アンティオキアの］都市《ポリス》から追い出すだけで、皇帝《ヴァシレフス》から報償をえるだろうと彼［イサアキオス］に請け合っていた。さてアンティオキアに到着すると、コムニノスは都市の役人《イエンテリ》たち、そして総主教《パトリアルヒコス》の座《ソロノス》にある者自身から最大の敬意をもって迎えられた。都市に入ると、その者は民衆の総主教《パトリアルヒス》への人気を恐れて、彼を尊崇するふりをし、彼に対して親しげにふるまった。ところで都市《ポリス》は二つに分かれ、一方は総主教《パトリアルヒス》に味方し忠実であり、他は有力者《アルホンデス》[2-118]たちに仕えていた。それゆえに争いが起こるのではないかと不安な気持ちを抱きながら、ドゥクスは総主教《パトリアルヒス》の［都市］退去を命じた皇帝《ヴァシレフス》の書簡《グラマタ》を渡すことも、また皇帝《ヴァシレフス》から受けた指図を漏らすこともしなかった。その者は一体なにを企てようとしているのか。病気のふりをし、手も腕も包帯でしばり、苦しむことを演じ、そして医者《イアトリ》たちを呼び寄せる。そのため総主教《パトリアルヒス》も彼のもとに急ぎ、病気について博識を示し、彼とどうすべきか相談しあう。病気の原因は動脈の流れに生じた機能障害であるように見えた。医者《イアトリ》たちにはその者が都市《ポリス》の外に出るのがよいと思われた、そしてその病気に適切な、穏和な気候で病人に気晴らしをさせることのできる場所が検討されたが、総主教《パトリアルヒス》はそのような場所をもっていることを知らせ、ドゥクスにただちに出かけてそこに滞在するように伝えた。そこでその者は出かけることになり、総主教《パトリアルヒス》も彼につきそってその場に来て、それから［都市へ］もどっていった。さてそれから何がおこるか。二日が過ぎてから、総主教《パトリアルヒス》がその者の容態を調べにやって来た。他方の者は総主教《パトリアルヒス》を見て、その者が自分の容態について訊ねたので、あなたの勧めのおかげでよくなり、というのはこの場所の穏和な空気によって好転していると応えた、それを聞いて相手は喜んでいた。彼らがなお話し合っていると、ある者が来てこの場所の近くに野ウサギが巣を構えていると報告した。そこで医者《イアトリ》たちは彼に出かけるよう勧めた、しかしその者は行きたくないふりをしていた。仕組まれていることをまったく知らない総主教《パトリアルヒス》はその者に馬に乗って野ウサギ狩りに行くよう駆りたてた。他方の者はそれに従うように見せかける。不本意ながらというふりで、馬に乗るとその者はアンティオキアへの道をとったのである、そして都市《ポリス》の中に入ると城門を閉じ、それから総主教《パトリアルヒス》を諸都市の女王《ヴァシリス トン ポレオン》に呼び寄せる皇帝の書簡《ヴァシリカグラマタ》を彼に送りつけ、同時にできるだけ早く海に向かって降っていくよう厳命した。他方の者は激怒し、死んでやると脅かした、だがしかしそれはできず、いやいやながら［出発し］ラオディキア人の町に達した後、[2-119] 彼のもとに旅の荷物がアンティオキア人の町から送り届けられるまで数日間をそこで過ごし、それからビザンティオンに向かって出帆した。[2-120]

## ［29］アンティオキアでの暴動とトルコ人のシリアへの侵入

ドゥクスのイサアキオスは総主教《パトリアルヒス》への懸念から解放され、公的業務《キナ》を押し進め、また諸都市《ポリス》に発生している騒乱を鎮めることに取り組んだ。しかしキリスト教徒の以前からの敵《ポレミオス》[2-121] が静かにしていることは不可能であった。それゆえ敵は再び些細な理由から内紛を煽動する者たち《スタシアテ》を駆りたてたのであった。確かに最近に成り上がった者たちの一部は妬みによって燃え上がり、民衆《プリソス》に役人《イエンテリ》[2-122] とドゥクスに対して武器を取らせ、そして一方でその者［ドゥクス］をアクロポリスの中に閉じこめ、出口を見張った、また他方で彼らに向かっていった者たち［役人］は彼ら［扇動者］の一部を殺害し、しかし［扇動者の］残りの者たちはアクロポリスの方向で、有力者《アルホンデス》たちの屋敷を破壊し、財産を略奪した。[2-123] それゆえ明らかに危険な状況におかれたドゥクスは、兵士《ストラティオテ》を呼び寄せようと周辺の諸都市《ポリス》に使者を送った。すぐに十分な兵力《ディナミス》が集まると、［ドゥクスは］煽動者たち《スタシアテ》を用兵の術をもってうち負かすことにとりかかった。すなわち軍勢《ストラテヴマ》を多くの部分に分け、暴徒たちが同じ場所に集まってお互いに助け合うことのないように、それぞれに狭い通路に向かい、そこに姿を現した者を捕らえるよう命令した。そのことが行われると、アンティオキアにおける扇動者《スタシアテ》に対する大殺戮が生じることになり、このようにしてやっとのことで騒乱は鎮圧されたのである。騒乱が鎮圧されると、［ドゥクスは］ただちにアンティオキアの人々の歓心を買うことにつとめた。それから数日後、少なからざるトルコ人の集団がシリアに向かって来るとの知らせが届いた。[2-124]［ドゥクスは］軍勢《ディナミス》を率いて出発することとなった。その者の姉妹の夫、すなわち皇帝《ヴァシレフス》ディオエニスの息子であるコンスタンディノス[2-125]が彼につき従っていた。［ドゥクスは］トルコ人と遭遇し、彼らと戦い打ち負かされた、そのとき［ドゥクス］は勇敢に戦ったが、彼らから無数の傷を受け、一方で彼自身は捕らえられ、他方でディオエニス［コンスタンディノス］は殺された。[2-126]そこでアンティオキアの人々はただちに金貨《フリシオン》二万枚を送って彼を請けだし、戦闘で受けた彼の傷の治療に熱心につとめた。彼らに対して彼自身心底から感動し、できる限りのお返しをすることに懸命につとめた。さてアンティオキアの状況はそのようなものであったが、次に話は西方で起こったことについてのことになる。

# 第Ⅲ巻

## ［1］ミハイル七世治下における帝国の状況

皇帝《ヴァシレフス》ディオエニスの破滅後、東方において生じた諸事件、燃え上がりそしてやがて消えてしまった混乱・反逆・騒乱、それらすべてのうちでもっとも大きな反逆《ティラニス》は私に言わせればウルセリオスのそれであり、甚だしく大規模なものとなり、ローマ人の［帝国］にとって実に大きな不幸の原因となったが、まだまったくの若者であったにもかかわらず、東方の軍司令官《ストラトペダルヒス》に任命されたアレクシオス＝コムニノスによってうち倒されたこと、以上については前の巻《ロゴス》で説明されている。さて話が時の流れに従い順序よく進み、再びアレクシオス＝コムニノスの行為へいたるためには、ここで東方における出来事から西方に舞台を移し、そこで行われたことについて詳しく述べなければならない。この上なくすばらしいケサルの子供のうちで、勇敢な男であった年少のコンスタンディノスは突然死去し、[3-1] 他方年上のアンドロニコスはその精神のけなげさを立証し、ウルセリオスとの戦いにおいては父を救うため自らを投げだし、ほとんどすべての血を失ってしまうほどに恐ろしく負傷し、ビザンティオンにもどった、[3-2] そしてできる限りの治療を受け、傷による苦痛から一度は解放されたが、しかし内臓の病気に苦しめられ、水腫《イデロス》にかかり、医術はその病人にはお手上げとなり、医者《イアトリ》たちによって見放されてしまう状態であった、[3-3] 確かにこれらのことが起き、そしてケサルもこれまでの誉れ高い生き方から修道士《モナディコス》の生活《ヴィオス》にかえたころ、皇帝《ヴァシレフス》ミハイルは数限りない不安に苦しめられていた、事実スキタイがスラキアとマケドニア[3-4]

を荒らし、[3-5]スラヴの民がローマ人のくびきを取り除いて、ブルガール人の土地を荒らし、[3-6]略奪していたのである。そしてスクゥピとナイソスは破壊されつづけ、[3-7]またシルミオンそのもの、サヴィアス川の地方、ヴィディニまでのイストロス川《パリストリイ》に沿った諸都市《ポリス》は被害を受けつづけた。[3-8]さらに彼方《エキセン》では、[3-9]ホロヴァティやディオクリスが反乱をおこし、イリリコンのすべてを荒らしていた。[3-10]

## [2] ニキフォロス＝ヴリエニオス、ケサルに推薦される

そのような事態を前にして、皇帝《ヴァシレフス》ミハイルは大きな恐怖に陥り、誰かを「国事を共にする」同僚《キノノス》に採用し、その者に第二の栄誉、すなわちケサルのそれを与えようと考えはじめた。[3-11]彼の親族はすべて除外されたので、高位の役人《イエンテリ》のうちからもっとも将軍の才能に長けた人物に目を向け、ごく親しい者たちと共に内密で、経験・知力・徳においてすべての者に優る者を探すこととした。側近のすべてとあのロゴセティス自身「ニキフォリツィス」においても、そのような者にはすでに前に「この」歴史《イストリア》で語られたニキフォロス＝ヴリエニオスが[3-12]望ましいとの考えであったので、事実その者は神《セオス》への信仰心があつく、友誼において揺るぎなく、起こる事態を事前に感じとり、警戒にあたることにおいて並はずれ、敵に対して作戦を立てることにおいてまことに優れていた。それで「皇帝は」ただちに皇帝の《ヴァシリカ》書簡《グラマタ》を通じてその者をオドリシの土地から呼び寄せることにした。[3-13]しかしその者が女王の都市《ヴァシリス》にやって来る前に、皇帝《ヴァシレフス》はその考えを元老《シングリトス》院《ヴリ》の一員、母方において彼と血縁関係にある者にうち明ける。その者はドルンガリオスのコンスタンディノスで、以前総主教職《パトリアルヒア》の座にあったキルラリオスのあだ名をもつミハイルの甥であった。[3-14]その者はそれを聞き、とても耐えがたい思いで言われた言葉を受けとった、というのは久しい以前から帝位《ヴァシリア》を手にすることを夢みていたからである。だからその者は自分の意見を求められると、あの男を知っており、称賛すべき人物であるが、しかし彼についてなされた吟味と計画についてはまったく同意するというわけではないと言った、すなわち「あるいは陛下はあの勇敢で積極的なそ

してやり手の男に皇帝《ヴァシリキ》権《アルヒ》を進んで放棄しなければならない羽目にいたるか、あるいは意に反してそのような事態にいたることを良しとされないのであれば、彼を統治の同僚《キノノス》[3-15]として受け入れる考えは捨てなければならない」その者はこのように言い、とくに臆病で、人の言うように自分の影にさえ怖じけていた皇帝《ヴァシレフス》を大きな恐怖の中に投げ込んだのである。

## ［3］ニキフォロス＝ヴリエニオス、ブルガリアとディラヒオンのドゥクスに任命される

さてヴリエニオスが到着すると、皇帝《ヴァシレフス》ミハイルは考えを変え、その者をブルガール人の土地《ホラ》すべてのドゥクス[3-16]に任命しようと考えた、それは彼を用いてその地で大きな力をふるっているスラヴの民を抑えるためである。確かにその者はブルガリアに到着すると、短期間のうちに、スラヴの民が再びローマ人の支配のもとに入り、ブルガリアの問題がその者の手に掌握されることを受け入れるほどに彼らを打ちのめしたのである。他方ホロヴァティとディオクリスがイリリス[3-17]を荒らし、イタリアとシチリアを支配していたフランクの民[3-18]がローマ人に対して恐ろしい行為を行っていたので、ミハイルはこの者がブルガリアからイリリコンの主都《ミトロポリス》であるディラヒオンに移動させることを望んでいた。そこでただちに彼のもとへイリリコンへ移ることを命じる、というよりむしろそう期待する旨の［皇帝の］書簡《グラマタ》が発送された[3-19]。確かにその者はそこに到着し、住民のすべては喜んで彼を迎え入れた。なぜならその男は優しく、気前がよかったからである。戦いの準備をするためにしばらくそこにとどまった後、その者はディオクリスとホロヴァティに向かって出陣した。それらの者たち［ディオクリスとホロヴァティ］は堅固な場所に野営していたので、彼自身は足場の悪い場所を急いで通行可能にすることに取り組んだ。なぜならまず兵士《ストラティオテ》たちを武装させ、それから［彼らを率いて］山間の隘路《ステノピ》を越えていこうと考えたからである。しかし遠征軍《ストラテヴマ》は帰還に際してそれらの通過の困難な場所に遭遇することを恐れたので、その者は住民に多数の斧を担いで［軍隊の］後に従い、通行困難な場所を切り開き、通路を広くするように命じ

た。[3-20] そのような処置が取られると、兵士は勇んで敵に向かって進軍し、敵の軍勢がいる場所近くに到着すると、敵に向かって突撃し、激しい戦闘が行われ、そして全力をだして勝利を得た。そしてすべての都市《ポリス》を以前のようにローマ人との協定《イポスポンディ》[3-21]に従う者となし、人質をとり、各地点にそれぞれ十分な守備隊《フルラ》を残してから、その者はディラヒオンへの帰還の途についた。他方イタリアから放たれた船舶《ニエス》が［ディラヒオンに］入港する貨物船《フォルティイナフス》に被害を加えていたので、その者は彼らの攻撃を撃退しようと考え、そして確かに彼らに対してすみやかに三段櫂船《トリイリス》を艤装し、[3-22] 一方で海賊船《リストリケニエス》の多くを沈没させ、他方で少なからぬ船を拿捕して、彼らの攻撃を取り除いた、その結果イタリアの全艦隊《ストロス》は怖じけ、帆をたたみこんでしまった。

## ［4］ヨアニス＝ヴリエニオスとニキフォロス＝ヴァシラキスの共謀

このように栄誉《ティミ》と報酬《ゲラ》に値することが遂行されていた一方、妬みはこの上なくすぐれた男《アニル》[3-23]のそのような業績に我慢できず、神《シオス》のようなダビデが言っているように、隣人と平和を語りながら心の中では隣人への悪事を考える密告者たちの舌をかき立てた。実際それらの者は皇帝《ヴァシレフス》の軽薄さにつけいって、その男が実は反逆を企てようとしていると密かに中傷していたのである。それらの言葉に動かされ、その者［皇帝］は自分のもっとも信頼している一人――その者はエフスタシオス＝カパドキスであった[3-24]――を、告発されていることが事実であるかを確かめるようこっそりと知らせて、イリリス[3-25]に送りだした。[3-26] その地に赴いたその者を、ヴリエニオスはたいそう喜んで迎え入れ、その者が自分の役割と、皇帝《ヴァシレフス》によって派遣された理由を彼にうち明けるほどに、その者を自分の方へ取り込んだ。［ヴリエニオスは］それらを聞いて、深く心を傷つけられ愕然となっていた。それにもかかわらず怒りに駆りたてられることなく、しばらくのあいだ怒りを抑え、いかに処すべきかについて考えをめぐらしていた。さらにその間にその者の兄弟［ヨアニス＝ヴリエニオス］は、スキタイに対して武勲を立てた後すぐにビザンティオンに向かって急いだ。当然にその者は武勲の報償を皇帝《ヴァシレフス》から求めようとした、しかしロゴセティス［ニキフォリツィス］から面倒がられる始末であった。事実無視され、手ぶらで追い払われる羽目となったので、大いに怒り苦しんだ。他方フロロスの息子、ヴァシラキスが[3-27]パフラゴニア人のもとからやって来た、実は彼自身もまた皇帝《ヴァシレフス》からなんらかの贈物を得ようと考えてのことであった、というのはその者は軍事においてすぐれた男であったが、しかしその者も意図していたことがかなわず、そのため悲しみ、憤慨していた、そしてそのとき、たまたまその者たち二人は出会って、共に会話を交わすことになり、皇帝《ヴァシレフス》の吝嗇とロゴセティスの冷酷を大いにやじり倒すこととなった。ところで二人の会談は、互いに誓言を取り交わし、彼ら自身とローマ人の帝国《アルヒ》にとって有益なことは何かを考え出すことに取り組み、もちろん企てられたことは漏らさないようにしようというところまで進んだのである。すなわち一方であの吝嗇でだらしのない者［ミハイル帝］を取り除き、他方で多くの栄誉で飾られた男をローマ人の帝国《アルヒ》の頭に据え、宦官《エクトミアス》のような者［ニキフォリツィス］によってローマ人の将軍たち《ストラティイ》がもてあそばれないようにすることであった。それゆえ二人にはできるだけ早くヴリエニオスをイリリスから呼び寄せ、その者を彼らの謀の指揮者《アルヒゴス》に据えることがよいと思われた。

## ［5］ロゴセティスの計画、あばかれる

さてこれらが計画されると、ヨアニス＝ヴリエニオスは自分の故郷［アドリアヌポリス］に向かって立ち去り、他方ヴァシラキスはビザンティオンにとどまることになった。その後間もなく、これまで宮殿《ヴァシリア》の護衛が託されてきた斧を担いだ《ペレキフォリ》あの蛮族《バルバロイ》の一人が[3-28]オドリシの土地、以前はオレスティアスと、現在はアドリアヌポリスと呼ばれている所に行くことになり、ある旅籠屋に宿泊したが、葡萄酒をしこたま飲んで、心の中にしまっていた計画、すなわち策を用いてヴリエニオス［ヨアニス］に近づき、その者を殺してしまうべくロゴセティスから送りだされたことを口にだしてしまった。そのことがヴリエニオスに通報されると、その蛮族《バルバロス》はただちに捕らえ

られ、尋問され、［酔いにまかせて言った］それらがその通りであると仕方なく認めることとなった。そこでヨアニス＝ヴリエニオスは彼の鼻をそぐように命じ、[3-29] 即刻兄弟に反逆《アポスタシア》に立ち上がるよう駆りたてる書簡《グラマタ》を送った。確かに書簡《グラマタ》がディラヒオンにいる彼のもとに送られると、その者はいかに対応すべきか分からず、不安な状態に陥った。なぜなら反逆《アポスタシア》に立ち上がることは危険であり、きわめて大きな不幸の原因ともなると思い、また向こう見ずに目に見えて明らかな危険に自らをさらすことは、高貴で賢慮で勇敢な男の行うことではないと考えたからである。その者は兄弟からしきりに書簡《エピストレ》を通じてせき立てられながら、そのような思いと向かいあって、ぐずぐずと時を延ばしていた。

## ［6］アレクシオス＝コムニノスの婚約式

その者［ニキフォロス＝ヴリエニオス］についてはそのような状態であった。他方ケサル［ヨアニス＝ドゥカス］は息子［アンドロニコス＝ドゥカス］が死への道を進んでいること、[3-30] そして彼の子供たち[3-31]がごく若いことを考え、当然のことながら彼の一家に保護者を迎え入れることに熱心に取り組むことになった、事実その者［アンドロニコス］も、そして女性たちの中でもっとも美しいその者の妻［ブルガリアのマリア］も、彼［ケサル］にそうするようかき立てていた、なお彼女についてはその内面のすばらしさは身体の美しさと共に光輝き、秀でた美徳と際だった品性は生まれながらの顕著な美点と共に閃いていた。というのはその女性は父方においてその血統をブルガール人の皇帝《ヴァシレフス》サムイルから受け継ぎ、その者［サムイル］の息子トロイアノスの娘であり、[3-32] また母方においてその血筋をコンドステファノス家とアヴァランディス家、ずっと以前から著名で富を自慢したフォカス家にさかのぼった。[3-33] 確かに聡明さにおいてすべての女性に優ったその者は、夫に子供たちの保護者を取り入れるようかき立てることを止めず、もちろんもっとも賢明で、同時にもっとも役に立つ考えを提案した。すなわちそれはアレクシオス＝コムニノスを娘たちの最年長者と結びつけることであった。確かに三人の娘をもうけた両親はもっとも年少のセオドラについては幼少時に神《セオス》に捧げ、静謐のゆえに無垢である花婿[3-34]［イエス］に与えたのである。[3-35]二人は、他の娘たち[3-36]について、とりわけすでに語られたイリニ[3-37]について考えをめぐらした、なぜならその者は魅力に満ちあふれ、青春期の身体の美しさと品性のすばらしさで輝いていた乙女であったからである。確かに彼女の母がその考えを提案すると、ケサルは同意し、プロトヴェスティアリオス、すなわち名の聞こえたアンドロニコスは喜び、ほとんど病の苦痛を忘れるほどであった。[3-38]そしてアレクシオス＝コムニノスが彼のもとを訪れたとき、その者は彼を自分のところに呼び入れ妻を娶る気はないかと訊ねた、なぜなら彼の婚約者、あの有名なアルイロス、すなわち名門のきわめて富裕で、莫大な財産の所有者であった男の娘が最近死んでしまったからである。[3-39]その者が［結婚に］乗り気であるのが分かったので、［アンドロニコスは］すぐに婚姻関係の意向を伝えた。確かに他のすべての若者よりも賢明であったその者は耳にしたことを喜ぶ一方、その件については母［アンナ＝ダラシニ］の意思に従うことにした。それゆえただちにケサル一家のすべてはいったいどうなるかと不安に陥った、なぜならすべての女性のうちでもっとも美しい人［マリア］が召使《セラペフティコン》いすべてと一族すべてを奮起させるべくかき立てたからである。実は皇帝《ヴァシレフス》にあっても姻戚関係《キドス》で自分の一族がコムニノスと結びつくことに好意を持っていなかったし、またその者［アレクシオス］の母においてもケサルとケサルの一家に対して以前から遺恨を抱きつづけており、[3-40]決して乗り気ではなかったのである。さらに勇敢なアレクシオスを大いに気に入っている、今上《クラトン》皇帝の実の兄弟、ポルフィロエニトスのコンスタンディオスはその者が自分の従兄弟の娘[3-41]と結婚することには同意しなかった。なぜなら彼にはその者と結びつけたいと思っていたゾイ[3-42]という名の姉がいたからである。障害がそのように多数あったが、すべての女性のうちでもっとも賢明なその女性は諦めることなく、若者のうちでもっともすばらしい者ともっとも美しい娘を婚約させることができるまで、[3-43]眼に眠りを、瞼にまどろみを与えることも、また金品を出し惜しみすることもしなかった。事実［娘の］父は婚約後もほんのしばらく生き、もっとも愛しい子供をすばらしい期待に託して死ぬことになった、[3-44]しかし再び悪意を抱く者たちが力を発揮したように見え、以前から性悪な者たちが皇帝《ヴァシレフス》の単純さに、私としては軽さと言おう、つけいり籠絡していたので、結婚は許されないままであった。しかし神の配慮《プロニア》が再び勝利し、悪意の行為は蜂の群れが煙から逃げ去るように消散し、すでに立派に婚約を交わしていた者たちは、間もなくもっともすばらしい新郎新婦として披露された。その次第については、私たちの物語の流れに従って再びその場にもどるときに、語ることにしよう。[3-45]

### [7] アドリアヌポリスにおけるカタカロン＝タルハニオティス

少し前に語られたヨアニス＝ヴリエニオスは兄弟がまだぐずぐずし、ためらい、反逆《アポスタシア》に向かって動き出すよりもなんとかしてそれから免れようとするのに懸命であるのを知って、いやがる彼を企てにかかわるよう仕向けなければならないと考えた。ところでその者［ヨアニス］は都市《ポリス》の大物たちのすべてを自分と一緒に計画に加わるように説得し、アドリアヌポリスすべてを彼の影響下に置くと、しばしば人を送って兄弟を呼び寄せようとした。他方タルハニオティス[3-46]は、まだ若く、しかし他の誰よりも賢明でこの上なく冷静な男であったが、そのような企てに反対して立ち上がり、皇帝《ヴァシレフス》とロゴセティスに通報し、すでに燃え上がった反逆《アポスタシア》をうち倒すことのできるほどの軍勢《ストラテヴマ》を送って自分を援助するよう要求した。[3-47] しかしこれらの者［皇帝とロゴセティス］には兵士《ストラティオテ》が不足していたのか、あるいはそのような試みに関心がなかったのか、[3-48] 彼に援軍をまったく送らなかった。かなりの日数に渡って抵抗した後、その者［タルハニオティス］は［味方の］すべてが自分に対して反対の考えでおり、自身が明らかな危険に置かれているのを知って、激しい抵抗を幾分ゆるめた。そしてそのときヴリエニオス家の母、クロパラティサのアンナ[3-49]がその者に婚姻関係で彼女の子供たちと手を結ぶように提案した結果、そのことに同意した、そしてその者の姉妹、美しさにおいて輝き、優雅さにおいて同年齢のすべてのものを凌駕するエレニをニキフォロスの兄弟［ヨアニス］の息子に与えることになり、このようにしてその者は彼ら［ヴリエニオス家の者たち］に与することになる。

## ［8］ニキフォロス＝ヴリエニオスとヴァシラキスとの会見

私の思うところ、皇帝《ヴァシレフス》ミハイルはヴリエニオス［ヨアニス］とヴァシラキスのあいだで結ばれた取り決めと誓言[3-50]を知らないで、ヴァシラキスをイリリス人のドゥクスとして派遣した[3-51]、そしてその際、もし可能ならヴリエニオス［ニキフォロス］を捕らえ、その者を縛ってコンスタンティノープルに送るよう命じた。そのことがヴリエニオス［ニキフォロス］に伝えられると、その者はもはや現地にとどまらず、出立して故郷［アドリアヌポリス］へ帰るべきであると考えた。実際、少数の軍勢《ディナミス》を引き連れて出発した。他方ヴァシラキスはディラヒオンに向かって急ぎ、その地でヴリエニオスを捕らえようと意気込んでいたが、両者はセサロニキの近くで出会うことになった、なおそのときヴァシラキスがすでにその都市《アスティ》を握っていた[3-52]。後者はヴリエニオスが取るに足らぬ、自分よりも著しく劣勢な軍勢《ディナミス》しか連れていないことを知り、その者の兄弟とのあいだで取り交わした誓言と申し合わせを忘れたかのように、彼に向かって突進した[3-53]。ヴリエニオスはその突撃に対して勇敢に抗戦し、相手の手勢の多くを殺したので、相手は敗走し、都市《ポリス》の中に閉じこもった。さてその者［ヴァシラキス］は使節《プレスヴィス》を送って、彼の兄弟との申し合わせと誓言を自分たちによって更新することを求めてきた、そして相手は大いに喜んで彼を受けいれ、和解を承知することとなった。それからその者［ヴリエニオス］はアドリアヌポリスへの道を進み、彼の兄弟はできるだけ多数の軍勢《ディナミス》を伴って出迎えに行くことにとりかかった[3-54]。確かにその者はロハイ[3-55]とファランガルへ[3-56]、さらに軍司令官《ストラティイ》さえも伴い、マケドニア人とスラキア人からなる全部隊[3-57]を率いていった、また諸都市の有力者《アルホンデス》たちもすべて彼のそばにいた、そしてこれらの者すべてをあの者［ニキフォロス＝ヴリエニオス］はうれしそうに受け入れたのである[3-58]、確かにこの男は他の誰よりも愛想よく、人を心地よくさせる会話の主であった。それからそれらの者たちは野営をし、食事の用意にとりかかった、しかしヨアニス

＝ヴリエニオスには何もせずじっとしていることも、行動に出るべき機会を先に延ばすこともしてはならないと思えた。そこで帝権《ヴァシリア》の標章《パラシマ》[3-59]を持ち出し、兄弟にそれらを身につけるように強く迫った。しかしその者は拒み、それについて考える余裕を求めたので、そこで彼自身［ヨアニス］は他のすべての者を説得し、［一緒になって］できる限り無理にでも兄弟に承知させることにとりかかった。それでもがんとして考えを変えない彼の態度が勝利した。すなわちその者は、翌年に有力者《アルホンデス》・軍司令官《ストラティイ》・将校《ロハイ》を一堂に集め、会議を開き、すべての者と一緒に全体の利益になることを検討すると、自分の考えを述べたのである。その日はそのようにして、その者は兄弟と有力者《アルホンデス》たちの激しい思いを鎮めた、しかし翌日にある出来事が、不承不承ながらその者にそれらの者たちの意見に従うことを納得させたのである。

## ［9］トライアヌポリスの占領

一行の者たちがトライアヌポリスの［近くに］[3-60]野営していたとき、今上皇帝《クラトン》への忠誠を守ろうとする［都市の住民は］都市《ポリス》の諸門を閉じ、都市《ポリス》をしっかりと守ろうとの決意で狭間胸壁に登ってきた。そのことを聞き知って、兵士《ストラティオテ》の多くはそのありさまを見ようと、武器をもたないまま飛びだしていき、他方都市《ポリス》の住民はやって来た者たちを罵り、彼らの不忠を激しく非難し、それに対して外の者たちもやり返した。つぎに互いに石投げ器《スフェンドニ》を使って小競り合いを始めだした。ところでそのことが野営地《ストラトペドン》に伝えられると、より多くの者が一緒になって駆けだしていった。急襲して都市《ポリス》を奪い取るぞと脅しながら、その場で即席の梯子の作成にとりかかる者たちもいた。しかしその情報がヴリエニオスのもとにも伝わると、彼自身まだためらい、反逆《ティラニス》の行動にでることを拒んでいたが、もし兵士《ストラティオティス》たちが反逆《ティラニス》の動きを明らかにし、しかも立派な男たちを擁する都市《ポリス》に向かってそのような行為におよび、人が言うように、まさしくスタート《エクプロティス》[3-61]から同国人の血で自分たちの手を汚すようなことになれば、恐ろしいことだとその者は判断した。それゆえその者はただちに兵士《ストラティオテ》たちの戦いへの衝動を抑える者たちを送りだした、その者たちは大きな戦闘に燃え上がる前に到着し、彼らの突撃を抑えたのである。事態がおさまると、その者は、夜陰に乗じて都市《ポリス》の者たちが出撃し軍勢《ストラテヴマ》を混乱に陥れないように、都市《ポリス》の城壁の近くに十分の数の見張り《フィラキ》を残しておくのがよいと考えた。

この処置が取られた後、すでにこの時点で帝位を望む気になっているニキフォロス[3-62]の息子、パトリキオスのヴリエニオス[3-63]はやっと少年期を出たばかりの、血気盛んで勇敢な思春期の若者《ミラキオン》であったが、同じ年頃の仲間を連れて――クツォミティス[3-64]とヴァシリオス＝クルティキス[3-65]の二人で、後者はヨアニキオスとも呼ばれていた――遊びのつもりで都市《ポリス》の近くの見張りを託された兵士《ストラティオテ》たちのもとにやって来て、その者たちすべてが起きているのを見て賞賛し、そして彼らのところを通り抜けて、都市《ポリス》の近くに達し、都市《ポリス》の守りの状態を注意深く観察しながら城壁の近くを歩き回っていた。中で見張りをしている者たちがすべて眠っているものと考え、引き返しているとき、たまたま急ごしらえの梯子があるのを見つけ、同行してきた者にそれらを運ぶように命じ、そして都市《ポリス》の城壁にしっかりと固定すると、まず彼自身が最初に胸壁の上まで登っていき、他の者がその後につづいた。見張りの者が深く眠り、何が起こっているか気づいていないことを確認すると、その者たちは剣《クシフィ》を鞘から抜き、彼らの周りに立ち、彼らを起こすと、ローマ人の皇帝《ヴァシレフス》ニキフォロスと叫ぶように命じた。これらの者たちは突然の事態に驚愕し、すべてが失態をさとると、ある者たちはみずから身を城壁の外に投げ、他の者たちは命じられたことを低く、とぎれとぎれに声をだして行いだした、つまり恐怖が彼らの声を途切れさせていたのである。都市《ポリス》の住民は出来事を知り、すでに都市《ポリス》すべてが奪われたと理解すると、武器《オプラ》を取ることも、また急いで撃退にかかろうともせず、というのはすでに諦め、救いの唯一の条件はヴリエニオスをローマ人の皇帝《ヴァシレフス》と歓呼することだけだと考え、すべての者が一緒になって駆けつけてきた。実際ただちにそのことが行われ、すべての者は声をあげて歓呼し、城壁の上にいる者［三人の若者］に向かって手をさしのべ、都市《ポリス》を助けるよう嘆願しつづけた。確かに大きな叫びの声が起こったので、［外にいる］兵士《ストラティオティコン》すべては都市《ポリス》に向かって駆けつけることにとりかかり、梯子を使って城壁の上に登ろうとまでしだした、しかしヴリエニオスの息子は、下にとどまり［都市の］中にいる者と一緒に歓呼《エフフィミア》を行うように命じて、彼らの衝動を抑えたのである。

**［10］アドリヌポリスにおけるヴリエニオス**

とにかくこのような形でトライアヌポリスは、最初にヴリエニオスをローマ人の皇帝《ヴァシレフス》と声高く歓呼したのである。夜明けと共に、その者の幕舎の周囲に集められた全《アパン》軍《ストラティオティコン》は軍司令官《ストラティイ》たちや将校《ロハイ》たちと一緒になって、無理にも彼に緋色《アルルイス》の衣服を身につけ緋色《ココヴァフィ》のサンダル《ペディラ》を履かせようとした。遅まきながら、しかもなお嫌々ながら彼らの圧力に屈し、その者はそれらを身につけ、ローマ人の皇帝《ヴァシレフス》として公式に歓呼された。[3-66] さてそこからアドリアヌポリスに向けて出立し、進みつづけ、その途中、すべての都市《ポリス》と村々《コメ》はやって来るその者を歓呼しつづけた。[3-67] そして一行が都市《ポリス》［アドリアヌポリス］へ到着すると、都市《ポリス》の住民すべてはたいそうな喜びようで迎え入れた。[3-68] その者は神の母《セオミトル》の教会《ナオス》に詣で、神の母に感謝の捧げ物を行った、そして再び故郷［の都市］にもどり、これらからのことについて思案をめぐらし、それから軍司令官《ストラティイ》と有力者《アルホンデス》のすべてを集会《エクリシア》に呼び集め、大都《メガロポリス》の人々について探りをいれるべきかどうかについて考えを求めた。すべての者には、その者が全軍勢《ストラテヴマ》を率いてただちにビザンティオンに向かうのでなく、十分な兵力《ディナミス》をもたせて軍司令官《ストラティギ》の一人を、そして同時に和平と正義のために使節《プレスヴィス》を今上皇帝《クラトン》のもとに派遣し、他方、［帝都の］すべての高位の役人《イ エンテリ》に大きな栄誉《ティメ》とこの上なくすばらしい贈物《ドレエ》の約束の一杯詰まった金印《フリソシマンディ》文書《グラフェ》を送り、このようにしてそれらの者たちの心を打診してみることがよいと思われた。

**［11］コンスタンティノープルを前にしてのヨアニス＝ヴリエニオス**

そのように決定されると、ヴリエニオスは肉親の、マイストロスのヨアニス［ヴリエニオス］にクロパラティスの爵位を授け、ドメスティコス＝トン＝スホロンに任命し、十分な軍勢《ディナミス》を率いさせ、さらに十分多数の有力者《アルホンデス》を伴わせて送りだすことになった。その者はこれらの軍勢《ディナミス》を受けとり、コンスタンティノープルに向かって出立した[3-69]。なおこれらの後におびただしい数のスキタイの軍勢《ディナミス》が続いた、その者たちは外国人でも傭兵《ミスソフォリ》でもなく、ずっと以前にローマ人の帝国《ヴァシリア》のもとに逃れてきていた者たちであった[3-70]。さて確かにドメスティコス＝トン＝スホロンはコンスタンティノープルの近くに達し、野営地を設けると、そこ［都市］に探りを入れてみようとした[3-71]。［都市］内の人々は今上皇帝《クラトン》に怒りを抱いていると同時に、ヴリエニオス［ニキフォロス］の勇気と精神の強さを知っており、心のうちに隠していたあの者に対する共感をすでに表に出すようになっていた[3-72]。しかし前に立ちはだかった悪鬼《デモニオン》[3-73]がつぎのような偶然事のもとに、すべての者の共感をすみやかに敵意に変えてしまったのである。

## ［12］攻囲側によってなされた破壊行為

ドメスティコス＝トン＝スホロンはヴラヘルネ地区の宮殿《パラティア》[3-74]と向かい合った、コスミディオンと呼ばれる所に陣地を張った、そこにはすこぶる大きく美しいサヴマトルギ＝アナルギリに捧げられた教会[3-75]も、また要塞《フルリオン》も建っていた、ところが身分の低い従者《シティコン》の一部、さらにまた兵士《ストラティオティコン》の一部の者たちが密かに陣地《ハラクス》から走り出て、橋[3-76]を渡り、都《ポリス》と向かい合った、海峡《ステノン》[3-77]の地域に出かけ、確かに必要物資を集める口実で、見いだしたものは何でも奪い取ろうと考えていた。ところがその地域の住民たちがそれより先にすべてのものを都《ポリス》の中に運び込んでしまっていたので、やって来た者たちは家々には戦利品となるものがまったくないのを知って激怒し、それらに火をつけることにとりかかった、しかしこの事態を聞き知ったドメスティコス＝トン＝スホロンは、急いで彼らの暴挙を阻止し火を消す役目の者たちを送りだした。しかし彼の取った処置は少しもこの暴挙を止めることにならなかった、火は大きくなり、火のまわった所はすべてを焼き尽くしたのである[3-78]。とにかくこのためたいへん美しい郊外の多くが焼き払われてしまうという結果になった。この行為は市民たちを怒りに駆りたて、その者たちの［ニキフォロス＝ヴリエニオスへの］共感を消してしまった。[3-79] それゆえに諸軍《タグマタ》の指揮者《エクサルホス》［ヨアニス］は説得で都《ポリス》を従わせることを断念し、攻囲にとりかかることになった。

### [13] アレクシオス＝コムニノスの手柄および結婚

他方、今上皇帝《クラトン》はそのとき、自身の兄弟、ポルフィロエニトスのコンスタンディオスとアレクシオス＝コムニノスに陸地側城壁の守備隊《フィラケス》を指揮させた、そこで二人は兵士《ストラティオテ》を欠いていたので、たまたま見つけた者を城壁の上に登らせ、そして自分たち自身の部下を完全武装させると、その者たち自身は走り回って都《ポリス》の守備につとめていた。あるとき、［巡回中の］[3-80] アレクシオス＝コムニノスは、ヴリエニオスの陣地《ストラトペドン》から兵士たちが略奪のためにその地域の海岸に向かって降りていき、確かに少数の者たちを後に残して再び陣地《ストラトペドン》にもどっていくのをよく観察すると、城門を開いて部下と共に飛びだし、その者たちを襲って二十人ばかりを捕らえ、他の者たちがその事態に気づく前に、彼らを連れて都《ポリス》にもどる、すると、ただちにその者の勇敢な行為がすべての人々の口の端にのぼることとなった。しかし妬み心はコンスタンディオスをかき立て、それはその者に面と向かって、その企てに自分を加えなかったことを責めたてるほどであった。他方、今上皇帝《クラトン》は彼の働きを賞賛し、大っぴらに彼に感謝の言葉を述べたのである。ケサル［ヨアニス＝ドゥカス］はコムニノスのこの快挙を好機と見て、孫娘［イリニ＝ドゥケナ］の結婚が結婚式の挙行によって実現されるよう要求し、確かに［結婚式は］攻囲が終わると同時に早々と執り行われることとなった。[3-81] 以上が結婚式の行われた次第である。

### [14] 攻囲の打ち切りとヴリエニオスの対スキタイ戦

ヴリエニオスの諸軍《タグマタ》の指揮官《カタルホン》［ヨアニス＝ヴリエニオス］は攻囲が無益に時を費やしていくのを見て、彼に従う軍勢《ストラテヴマ》がこれ以上苦しい状態に置かれないために、一方では攻囲を解くことを望んだが、しかし他方ではそうすることを恥と感じ、そしてまた退却に際して分裂が生じるのではないかとも恐れた。そこで攻囲を解き、そのことから何か破滅の原因になるものが生じない口実を見いだそうとつとめていた。[3-82] そのように思いをめぐらしているとき、スキタイの大きな集団がエモス山脈を越え、ヘロニソスの地方にくだり、略奪しているということが報告される。[3-83] それゆえ軍司令官《ストラタルヒス》はこれを好機と考え、攻囲を解きスキタイに向かって出発し、たまたま引き上げていこうしている彼らと遭遇し、強襲して彼らの多数を殺害する一方、また多数を生け捕りにし、そうして兄弟のもとにもどっていった。さてこれらの捕らえられた者たちは、あの者［ニキフォロス＝ヴリエニオス］にスキタイとの和睦《イリニ》と協定《シムヴァシス》の機会を提供することになる。というのは［スキタイは］身分の高い者を人質として差し出し、捕虜《エフマロティ》となった彼らの仲間を請けもどし、そしてあの者の同盟者《シムマヒ》となったのである。[3-84]

## ［15］ ニキフォロス＝ヴォタニアティスの反乱

これらのことが起こっているあいだに、東方におけるひときわ高い名門の一人で、ずっと以前に皇帝《ヴァシレフス》によってアナトリキの軍司令官《ストラティゴス　トン　アナトリコン》[3-85]に任命されていたニキフォロス＝ヴォタニアティスは、[3-86] 熱望していた反乱《エパナスタシス》を白日の下にさらすことになった。確かに［西方の］すべての都市《ポリス》がヴリエニオスの支配下におかれて、西方が混乱状態になっているのを知って、彼自身も東方において兵士《ストラティオテ》を糾合し、[3-87] またそのときに西方の地にとどまっていたフリソスクロスを味方につけると――確かにこの者は以前に、すでに先で語られたように、[3-88] ロマノス＝ディオエニスが帝国《ヴァシリア》の手綱を握っていたときにローマ人の側に立っていた――、諸都市《ポリス》に押し寄せ、それらを自分の支配下に置くことにとりかかった。すべてが彼の側についたとき、[3-89] ヴルツィオス家とメリシノス家の血統を受け継いだニキフォロス＝メリシノスは時のローマ人の皇帝《クラトン》に対して信義を守り、ヴォタニアティスを自身の敵とした。[3-90] また勇敢な、軍事に関してこの上なく優れた男で、つい最近メソポタミアから帰還したばかりのエオルイオス＝パレオロゴスも[3-91]――というのはその者はメソポタミアの統治《アルヒ》に従事していた自身の父[3-92]と共にその地にいた――今上皇帝《クラトン》への信義を揺るぎなく守る考えでいた。

## ［16］ヴォタニアティス、ニケアを包囲する

さてヴォタニアティスは他のすべての者[3-93]が彼に従ったので、フリイアを出立し[3-94]ヴィシニアに急ぎ、同時に密かに都《ポリス》の者たちに書を送ることにとりかかり、有力者《アルホンデス》には、もしローマ人の帝国《ヴァシリア》を掌握することに彼ら自身が協力してくれるなら最大の栄誉《ティメ》と贈物《ドレエ》を約束しようとしたのである。確かに元老《シングリトス》院《ヴリ》の議員と聖職者《ヴィマ》の多数は今上皇帝《クラトン》とロゴセティスに敵意を抱いており、とりわけすでに語られたアンティオキアの総主教《パトリアルヒス》のエミリアノス[3-95]は当然そうであったが、その者たちは自分たちにとって利益になることを実行する機会を探していたのである。[3-96]皇帝《ヴァシレフス》とロゴセティスはこの内部の敵を見逃し、外の敵［ヴォタニアティス］に対して備えようとし、トルコ人の首長《アルホン》――そのとき彼らの支配者《カタルホン》はクトルムスの息子ソリマンであった[3-97]――に武器を取らせてヴォタニアティスに向かわせるべく、その者に使者を派遣することにした。彼らと協定を結んだその者［ソリマン］は、ヴォタニアティスに対する戦いを引き受け、そのときから諸道を見張り、隘路《ステノピ》を抑え、彼の兵力《ディナミス》と進路を注意深く探ることとなった[3-98]。他方［ヴォタニアティスは］コティアイオンに達し、［そこで］ソリマンの動きを聞き知ると、軍勢《ストラテヴマ》を欠いていたので、とにかくその兵力《ディナミス》が敵のそのような大軍《プリソス》に対抗できるほど十分でなかったので[3-99]、抜け目のない計画を考え出す。すなわちそこを通過すると思われるまっすぐな諸道を避け[3-100]、夜中にそこ［コティアイオン］を発し、見張っている敵兵に気づかれることなくサンガリオス川のごく近くに位置する要塞《フルリオン》に達したのである、そこはアツラと呼ばれ[3-101]、ニケアからおよそ二百ミリア離れた所であった。その者は再びそこを発って、トルコ人がその者の動きに気づく前にニケアに向けて急ごうとした、しかしトルコ人は彼のそこからの密かな通路と兵力《ディナミス》を聞き知ると、まず隊列を整えて彼に向かって進み、同時に少数の騎兵《イピス》を先に送りだ

し、敵軍の注意を引きつけ、進軍を遅らせようとした、しかし［騎兵は］その目的を十分に達することができなかった。確かに先に送りだされたその者たちはニケアの近くで彼に追いつき、鬨の声をあげ矢《トクセヴマタ》を放ってその者の進軍を阻止しようと試みた。しかし彼の指揮下の者たちは勇敢で、少数であったけれども、トルコ人に向かって激しく突進し、彼らの攻撃を押しもどすことにとりかかった。しかし彼に従う者たちは、トルコ人の大軍《プリソス》が到着して、自分たちが包囲され同時に捕らえられるのではないかと恐れ、フリソスクロス[3-102]を使者として彼らのもとに送りだした。その者は彼らと親しく話し合い、お金を受けとり帰還するように説得し[3-103]、そのようにして味方の者たちにニケアに進んで行くことを可能にしたのであった。

## ［17］ヴォタニアティス、ニケアを占領する

さてその［都市の］近くに到着してみて、一行の者たちはそこに戦闘部隊《ファランクス》ごとに並んでいるおびただしい数の人々を目にする。その者たちは敵であり、きっと自分たちに向かってくると思い、助かる見込みがないものと絶望して、恐怖でほとんど凍りついたようになってしまった。もちろん少人数でそのような大軍《プリソス》と戦うことは不可能であると彼らには思われ、またもとの道をもどることも［トルコ人が待ちかまえているので］あまりにも危険であった。それゆえ一行の者たちは使者《アンゲリィ》を派遣し、それらの者たちが何者であるか、何を望んでいるかを訊ねることにした。しかし相手の者たちは、ただ一声、ローマ人の皇帝《ヴァシレフス》ヴォタニアティスと叫び声をあげる。その知らせを聞き、あの者は恐怖から解放され、まったく思いもよらない形で助かり、ニケアに入城することになった[3-104]。本当に彼と共に反逆《アポスタシア》に立ち上がった者たちは三百を超えていなかった、しかし彼と一緒に行動をした者すべては、多くの罠と、もちろん彼らを待ち伏せする多くの敵の中を通り抜け、神の摂理《シアプロニア》によって無事に救いだされたのであり、実に神《セオス》がそのときにも示されたことは、神の同意があれば悪意《フソノス》[3-105]であれ勝利し、同意がなければ無力であり、そしてまた同様に大軍勢《ストラテヴマタ》も待ち伏せ《コニ》も、まったく見事に並んだ戦闘部隊《ファランゲス》も無力であり、

巧みな策略も計画もまったく役に立たないということである。

## ［18］コンスタンティノープルにおける元老院と軍の謀反

ヴォタニアティスの［ニケア］到着と、ニケア人の都市《ポリス》が両手をあげて彼を迎え入れたことが都《ポリス》の人々に伝えられると、ただちに元老《シングリトス》院《ヴリ》のすべての議員と聖職者《ヴィマ》の多数はそのことを話題に取りあげ論議し、どうすれば今上皇帝《クラトン》を取り除き、ヴォタニアティスを自分たちの皇帝にすることができるか考えをめぐらし始めた。確かに彼らの大部分はすでに密かに彼に使者を送り、彼から金印《フリソシマンディ》文書《グラフェ》を受けとっていたのである。[3-106] そこでそれらの者たちが考えたことは、名高い神智の聖堂《ナオス トゥ セゥ ソフィアス》に集まり、彼らの従者を完全武装させ、牢獄《フルラ》から縛られた者たちを引き出し、そのようにしてから、まだ企てに加わっていない高官《イエンテリ》たちに人を派遣して、その者たちに一緒に行動するよう呼びかけることであった。[3-107] 企ての首謀者たちは、抜け目がないと同時に精力的で、民衆《ディモス》を混乱に導くことにおいて誰よりも力があり、また熱心であったエミリアノス[3-108]と、その彼に加えて元老《シングリトス》院《ヴリ》の多数の議員であった。そこでことの実行の前に、ケサル［ヨアニス＝ドゥカス］をも企ての仲間に引き入れることがよいと彼らには思われ、彼のもとに知恵と多くの経験において他を凌いだミハイル＝ヴァリス[3-109]を送ることになる。ケサルはそのときヴラヘルネの教会《ナオス》[3-110]に滞在しており、そこにはたまたま皇帝《ヴァシレフス》自身も居合わせた。さてヴァリスは夕方に彼と会見し、ことの次第を告げ、ヴォタニアティスからケサルに送られた、多くの贈物と栄誉を約束した金印の押された《フリソシマンドス》文書《グラフィ》をケサルに示した。これらのことを聞いたその者は、その場で時をおかずその男に向かって、甥であり皇帝《ヴァシレフス》である者の利益を決して進んで損ないたくないと返答し、そして……（欠文）……立ち去ろうとするその者をロゴセティス［ニキフォリツィス］のもとに送りだした、つまりこの者［ロゴセティス］にその者［ヴァリス］から［事情を］聞き、聞いたことについて皇帝《ヴァシレフス》に報告し、適切な処置をとるよう勧めるためであった。

### ［19］ 皇帝、謀反の動きを抑える機会を逸する

その者［ヴァリス］は引き下がるときに、彼の家来の一人を呼んで、共謀者たちのもとに送りだした、それは、自分は捕らえられれば、そのとき鞭打ちあるいは拷問による処罰に耐えることができず、知っていることを知らせてしまうことが確かであることを彼らに伝えるためであった。その者は実際こう言ったのである、「あなた方にとって大切なことは、すみやかに自分たちのためになることについて話し合うことである」これらの事を（家来に）告げた後、確かにその者は捕らえられロゴセティスのもとに連行され、知っていることをすべて話すことになった。他方の者［ロゴセティス］は、そのすべてを今上皇帝《クラトン》に報告することになった。そのときたまたまアレクシオス＝コムニノスが居合わせ、自分の考えを述べるよう求められると、すみやかに兵士《ストラティオテ》を派遣し、企ての指導者《アルホンデス》たちを捕らえるべきであると言って、まことに時宜を得た計画を提案した。ケサルにもロゴセティスにもこの計画がすべてのうちでもっともよいと思われた、しかし今上皇帝《クラトン》にはそう思えなかった。なぜならすでに夕方であったので、もしこの時刻に逮捕者がでるようなことになれば、都《ポリス》中に騒ぎと混乱が発生するのではないかと、彼には思われたからである。確かに神の摂理《プロニア》が今上皇帝《クラトン》の判断を誤らせ、彼らの逮捕を翌日に延ばすことになったので、［共謀者の］すべては翌朝早く神智の聖堂《ナオストゥセゥソフィアス》に集まり、都《ポリス》中の牢獄《フルレ》を開き、罪人たちを、さらに彼ら各々のすべての召使《セラペフティコン》いと奴隷《イケティコン》を完全武装させ、つぎに高官《イエンテリ》たちのうち、まだ彼らの計画に加担していない者たちのもとに人を送り、もし自分たちのもとに来て企てに加わらなければ、家々に火をかけると脅そうとした。[3-111] その者たちは、送りだされる者たちに書簡《グラマタ》をもたせ、その中につぎのように認めていた。「いと聖なる総主教《パトリアルヘ》たち、教会会議《シノドス》、元老院《シングリトス》は、汝らをいと名高き神智の聖堂《ナオストゥセゥソフィアス》に召集する」[3-112]。進んで臨もうとする者も、嫌々ながらの者も馳せ参じることになった。

### [20] アレクシオス＝コムニノス、鎮圧の手段を提案する

事態が皇帝《ヴァシレフス》に知らされると、アレクシオス＝コムニノスが呼びだされ、皇帝《ヴァシレフス》はこの状況に対して何をなすべきかをその者に問い訊ねた。そこでその者は最上の、同時にまったくこの上なく有効な計画を述べた。すなわち集まった群衆《プリソス》は大部分戦いに向いていない者たち、また職人たちであり、完全武装し決然と戦闘に向かう男たちを見ることさえ耐え得ないだろうと、その者は述べたのである。「だからあの斧を担いだ《ペレキフォリ》、皇帝《ヴァシリス》の護衛兵《フィラケス》を完全武装させ、軍司令官《ストラティゴス》と共に彼らに向けて送りだすべきである」しかしそれらの言葉を耳にした今上皇帝《クラトン》はその計画をはねつけた、その者はあるいは臆病心に捉えられたのか、あるいは極端なほど高い徳により、すでに自分の身に降りかかっている不幸を超越する高みに達していたのか、私はしかとは知らない。確かにそのときはまだ騒乱を終わらせ、大きな火焔に達する前に火を消すことができたのであった。しかしその者は望まなかったのである。

### [21] アレクシオス＝コムニノス、コンスタンディオスを皇帝に据えようと試みる

それでもコムニノスは再び彼［皇帝］を行動へと強く駆りたて、彼から自分に向かってむごい仕打ちをすると揶揄されるのを聞くほどまで、あらゆる手段を使って奮起させようとした。今上皇帝《クラトン》はとうとう最後に彼に向かってつぎのように言った。「私はずっと前から帝権《ヴァシリア》を捨てる考えでいた。とにかく私はそのことを進んで行おうと心がけてきたのであり、だから私には思いがけないことではあるが、確かにそれが神の摂理《プロニア》であるからには、私はそれを喜んで受け入れる。もしあなたが望むなら、私の代わりに私の兄弟のコンスタンディオスを皇帝《ヴァシレフス》に据えるように」[3-113] 一方の者はそのように言い、他方の者は言われたことを文書《グラフィ》に記録されるよう要求し、そこでただちに文書《グラマ》が草され、印が押され、それから今上皇帝《クラトン》はすぐにヴラヘルネの神の母《セオミトル》の教会《ナオス》[3-114]に行き、他方コムニノスは文書《グラマ》をもってコンスタンディオスのもとへ立ち去り、つづいてその者に帝権《ヴァシレア》を引き継ぐため

に、自分に同行して宮殿《ヴァシリア》へ行くように促した。しかし相手は［アレクシオスの提案を］受け入れようとしなかった、それは若さゆえの考えによってつまずき[3-115]、そしてまた、たとえヴォタニアティスが帝笏《スキプトラ》を握るにいたってもその者にとっては万事うまくいくだろうと考えてのことであり、代わりにその者は、黒海《ポントス》の前の海《ポルスモス》を渡ってヴォタニアティスのもとを訪れることを望んだ[3-116]。そこでこれらの者はそうすることになった。

## [22] コンスタンディオスとアレクシオス、ヴォタニアティスと会見

ヴォタニアティスは都《ポリス》における騒乱を知ると、ニケア人の［都市］を発って大都《メガロポリス》に向かって急ごうとし、プレネトス[3-117]に到着すると、彼のもっとも忠実な家来《イケテ》の一人、名をヴォリリオスという者を指揮者《アルヒゴス》にして、宮殿《ヴァシリア》[3-118]を掌握する者たちを送りだした。それから少しして、彼自身も都《ポリス》に急いだ。ルフィニアネ[3-119]の宮殿《パラティア》に着くと、皇帝用《ヴァシリオス》のドロモン船と他の準備を待つあいだ、そこにとどまった。二人の者、すなわちポルフィロエニトスのコンスタンディオスとアレクシオス＝コムニノスが彼のもとへ到着したのはそのときであり、その一方の者は実際に体験する前に自分の身に生じるであろうことを知らなかったが、他方の者はすべてを予知し、ことの起こる前に明言した[3-120]。確かにこの者［アレクシオス］は、皇帝《ヴァシレフス》が自分に右手を差し出すことも、歓迎の態度を示すこともしないので、すでに最高権力者《クラトン》であるその者に向かってつぎのように語りはじめた。「おお、もっともすぐれた皇帝《ヴァシレフス》よ、あなた様はこのポルフィロエニトスが[3-121]、その兄弟が帝権《ヴァシリア》を握っているあいだ、その者からなんらの厚遇も受けず、むしろいわば暗い牢屋に押し込められたような生活をこれまでずっと送ってきたことをご存じである。今やっと、皇帝陛下《シィヴァシリア》の慈悲とその者への父のような配慮を得て、暗闇の生活が終わり、光が目の前にはっきりと見えるというすばらしい期待を抱いている」

## [23] ヴォタニアティス、コンスタンティノープルに向かって乗船

［コンスタンディオスが］自分のために述べられた言葉に頷いて同意したので、その者は再び話しはじめた。「おお、皇帝《ヴァシレフス》よ、ご存じのように、私はあなたの先任の最高権力者《クラトン》に最後まで忠誠の態度を持ちつづけ、すべての者が陛下《シィ ヴァシリア》に与しているのに、私自身はあなたに使者《プレスヴィス》も書簡《グラマタ》も送らず、今日まであの者への信義を守ってきた。あの者へ誠の信義を守ってきたように、私はあなたに対してもそのように揺らぐことのない信義を守るであろう」 そこで皇帝《ヴァシレフス》が彼を誉めると、アレクシオスはその場から立ち去った。さてヴォタニアティスは先に派遣した者たちが宮殿《ヴァシリア》を掌握したことを知ると、海を渡って宮殿《ヴァシリア》に行く準備にとりかかった。都《ポリス》の対岸に位置する海岸、柱の上に石像の若い牝牛《ダマリス》が置かれていた場所[3-122]に到着したとき、その者は一隻の皇帝用《ヴァシリオス》のドロモン船[3-123]に迎えられ、称賛と拍手喝采を受けて、ただちに宮殿《ヴァシリア》に向けて海を渡っていった[3-124]。

## [24] 皇帝ミハイル＝ドゥカスの退位

他方皇帝《ヴァシレフス》ミハイルはただちに髪を切らせ修道士《モナヒコン》の衣服《スヒマ》を身につけた[3-125]、というのは叔父のケサル［ヨアニス＝ドゥカス］もその場にいたが、実はその者［ケサル］は最高権力者であったその者の軽薄さと、以前から彼の権限《エクスウシア》が奴隷どもによってもてあそばれてきたのを見てきたので、彼の取り巻き連中[3-126]の不遜なふるまいを考え、そしてまた甥の身により恐ろしい不幸が降りかかるのではないかと恐れ、身を神《セオス》に捧げるように勧めたのであった。そこでそのとき総主教職《パトリアルヒア》の座にあった者――偉大で著名なコスマスであった――がその者の純粋さを知っていて、その者を聖職者《クリロス》の一員とし、少し後にエフェソスの府主教《ミトロポリティス》に任じた[3-127]。

## [25] ヴォタニアティス、アラニアのマリアと結婚する

ヴォタニアティスは帝笏《スキプトラ ティス ヴァシリアス》を握るや、老年の入口に至ろうとしている、というよりむしろすでに

中に入っているにもかかわらず、[3-128] さらにこれまでに二度結婚していたのに、なお三度目として皇后《ヴァシリス》マリアと結婚したのである、[3-129] 確かに皇后《ヴァシリス》マリアは、ヴォタニアティスが帝権《ヴァシリア》を握ると同時に、鉄門《シディラ》の近くにあるペトリオンと呼ばれる[3-130] 修道院《モナスティリオン》に退き、そこを住処としていたのである。ところが実は、後により明確に説明されるように、ヴォタニアティスがケサルのたっての願いに従い[3-131] 彼女と結婚することを選ぶと、ケサルは彼女を呼びもどし、宮殿《ヴァシリア》に導き入れた、そしてそれから結婚式の準備が整えられた後、皇帝《ヴァシレフス》と皇后《ヴァシリス》が新郎新婦としてすでに教会の門の前に立っているとき、結婚の儀式を執り行おうとする者［司祭］はそのとき正気を取りもどし、つまり皇帝《ヴァシレフス》ドゥカス［ミハイル］、すなわち彼女の夫と、ヴォタニアティスが二度目の結婚で一緒になった妻が[3-132] 二人ともまだ生きているゆえに自分が［教会から］追放されるのではないかと怯え、そして姦通と三度目の結婚《トリガミア》を祝別すればどのような冒涜を行う結果になるかに気づき、内陣《ヴィマ》から前に進むことをためらっていた、[3-133] 他方［ケサルは］この事態を驚きの目で見て、司祭《イエレフス》を動揺させている理由を推測し、総主教《パトリアルヒス》がすべてを聞き知って行われようとしている結婚の儀式を中止させ、そして［皇帝が］再びエヴドキア[3-134] の方へ関心を移すのではないかと不安に陥った。まわりに人がいるため自分の考えを口に出したくないその者は、自分の孫のミハイル＝ドゥカス[3-135] を凝視し、眼差しで隠しておきたい考えを伝えようとしていた。この若者は司祭《イエレフス》の動きのないこと、ケサルの自分への視線に気づき、自分のしなければならないことをすばやく理解し、ただちに結婚の儀式を執り行う別の司祭《イエレフス》を用意し、しかししばらくのあいだ、その者を人の目につかない所におき、自分自身は祭壇《シシアスティリオン》に近づき、結婚の儀式の執行を回避しようとしている司祭《イエレフス》を呼び寄せる。その者はなぜ呼ばれたのかと訊ねる、相手はその者の衣服を掴み、静かにその場所から遠ざけ、別の司祭《イエレフス》に取り替える、[3-136] そしてその者が聖なる言葉を唱え終えた。そのようなことからケサルはそれ以来皇后《ヴァシリス》に気兼ねせず自由にものを言うことができたのである。

## [26] ロゴセティスのニキフォリツィスの死

ロゴセティスについては、目の前の状況と皇帝《ヴァシレフス》に絶望して、急いでヴリエニオスのもとへの逃亡をはかろうとした、そしてシリムヴリアに到着し、彼自身および皇帝《ヴァシレフス》ミハイルによってそこへ諸部隊《タクシス》と共に派遣されていたウルセリオスと会談し、そして彼と共にヴリエニオスのもとへ向かいたい意向を示した。しかし相手はその者を捕らえ、縛ったままでヴォタニアティスのもとに送りとどけた[3-137]、そしてその者はオクシアと呼ばれる島に追放され、非人道的で情け容赦のない取り調べを受けた後[3-138]、しばらくして死んだ。ミハイル＝ドゥカスの治世《ヴァシリア》の出来事はこのようにして終わった。

# 第Ⅳ巻

## ［1］ヴォタニアティス、国庫の金を使い尽くす

確かにニキフォロス＝ヴォタニアティスはこのようにして帝笏《スキプトラ ティス ヴァシリアス》を握ると、できる限り［帝都の］市民《ポリテ》の好意を自分に引き寄せることに熱心に取り組んだ、とりわけヴリエニオスに関すること[4-1]、そし彼のもとに集められた軍勢《ディナミス》を聞き知ったので、なおさらのことであった。すなわちその者が優れた将軍《ストラティイコタトス》であること、さらにきわめて気前がよく、同時にこの上なく精力的であることを知っていたからである。このゆえにそのときから市民《ポリテ》の好意を得ようとつとめ、とりわけ自分が誰よりも気前のよいことを、しかし正当な方法ではなく、示そうと躍起になって行い、実際それ［市民の好意］を得たのである。しかしそうすることでローマ人の市民生活《ポリティア》に大混乱をもたらした。というのは二つの財源があり[4-2]、ローマ人の帝国《ヴァシリア》がそこからくみとって、もっともすぐれた人々、そしてともかく国家に奉仕する人々に報酬を与えてこの上なく大きな威厳を備えることができたのであった、しかしその者はそれらを二つとも大きく開き、そこからすべての人々に無償で、またまったく潤沢に飲むことを許した。事実、最高の爵位《アクシオマタ》を、もっとも優れた人たちや兵士《ストラティオテ》たち、元老院《シングリトス ヴリ》に属する人々に、またなんらかの奉仕の行為をなした人々にではなく、求める者すべてに与えていたのである。[4-3]このことはローマ人によって官職《オフィキア》と呼ばれているものについても実施され、その結果収入の何倍もの支出がなされ、そしてそれが原因で短期間のうちに財貨が欠乏して、ついに通貨《ノミスマ》は改悪され、[4-4]皇帝《ヴァシレフス》から爵位《アクシオマタ》と官職《オフィキア》に下付

される賜金[4-5]は財貨の不足のため滞る状態となった。なぜならアジアから金庫《タミア》にもたらされる財貨の流入はアジアの全域をトルコ人が握ったため止まってしまい、ヨーロッパからのものも完全に押さえられ、これまでの蓄えはどうしようもないほどに使い尽くされ、皇帝《ヴァシリカ》の金庫《タミア》の財貨はほとんどないに等しい状態になっていたからである。すでに語られたように都市《ポリスマ》が自分に好意をもつようになるのを願って、あの者はこのように自分の気前のよさを示そうとして、自分勝手のしたい放題を行ったのである。

## [2] ストラヴォロマノスとヒロスファクティス、使節としてヴリエニオスへ派遣される

オドリシのもとで日を送っていたヴリエニオスは、皇帝《ヴァシレフス》ミハイルに関すること、その者に対する都《ポリス》での騒乱《スタシス》[4-6]を聞き知り、マケドニアとスラキアの全軍勢《ストラテヴマ》を糾合し、また同盟兵士《シムマヒ》[4-7]も迎え入れると、ビザンティオンへ向けての出発にとりかかった。そのことを知ったヴォタニアティスは、その者がそれほどの軍勢《ディナミス》を率いて都《ポリス》に近づいてくるようなこととなれば、帝権《ヴァシリア》が確立する前に陰謀によって自分が帝権から追い払われるのではないかと恐れ、まずさしあたり和睦と協定《シムヴァシス》について話し合うために使節《プレスヴィス》をその者のもとに送ることがよいと考え、[4-8]つぎに皇后《ヴァシリス》マリアの養子[4-9]になっていたアレクシオス＝コムニノスを西方のドメスティコス＝トン＝スホロン[4-10]に任命し、[反乱軍を]迎え撃つべく彼を送りだす準備にとりかかった。[ヴォタニアティスは]自身の軍勢《ストラテヴマ》を欠いていたので、ヴィシニアのニケアに居を構えるトルコ人の首領《エクサルホンデス》たちに使者を送ることにした。その者たち[首領]は二人、クトルムスの子供のマスゥルとソリマン[4-11]であり、その者たちはただちに二千を下らぬ同盟兵士《シムマヒ》を派遣することにし、またその後すぐに他の兵士を派遣する準備にとりかかった。これらの同盟兵士《シムマヒ》がまだ到着しないので、先に使節《プレスヴィス》[4-12]を出発させることがよいとされ、そこでコンスタンディノス＝ヒロスファクティス[4-13]とストラヴォロマノス[4-14]が派遣されることになった、前者は当時プロエドロスの爵位保持者で、利口でまた思慮深く、政治家としてその男を飾るあらゆる資質に恵まれており、後者はフリイアのペンダポリスの出

身で、辣腕家で精力的な男であり、その血統は……で[4-15]、また皇帝《ヴァシレフス》ニキフォロス［ヴォタニアティス］と血縁関係にあった。さてその者たちは出立し、たまたまセオドルポリスの近くで、まさに軍勢《ファランクス》を整列させることにとりかかり、徒歩で動いているヴリエニオスと出会う。なお離れた所から諸隊列《タクシス》と秩序よく整った軍勢《ファランクス》を眺めながら、その大きさと同時に隊形《タクシス》に感嘆し、それを指揮する者をほめあげていた。その者たちがもっと近づくや、各エテリア[4-16]を指揮する者たちは、彼らの到着を帝位《ヴァシリオン》を主張する者に報告することにとりかかった[4-17]。その者［ヴリエニオス］は各隊列《タクシス》にその場にとどまるよう命じ、高級将校《ロハイ》たち、マケドニア人とスラキア人の指揮官《アルホン》、[4-18]軍司令官《ストラティイ》たち、イラルヒスたち、[4-19]有力者《アルホンデス》たちを伴って本隊《ファランクス》から少し離れた場所に移動した、そこですべての者が馬から降り互いに整然と並ぶなか、その者一人は馬上にあった、その者のために白馬が用意されていたのである[4-20]。その者は武具《オプラ》ではなく、皇帝用の衣装を身につけており、その衣装をむしろその者がいっそう立派に飾り立てているように見え、それほどにその男は外見において英雄的であり、その応接ぶりは畏敬の念を起こさせるものであった。使節《プレスヴィス》たちが近づき、使節《プレスヴィス》たちにとって慣例の挨拶を行うと、最高権力者《クラトン》自身も答礼し、彼らに対して穏やかにふるまい、それから自分のもとにやって来た理由を詳しく説明するよう彼らに求めた。その者たちが和平《イリニ》と協定《スポンデ》、共同統治《キノプライア》に関して交渉するために今上皇帝《クラトン》によって派遣されたと答えると、その者は再び何を条件に協定を求めているのかをたずねる、それに対してその者たちは皇帝《ヴァシレフス》の意向を詳細に語った、その際最初に発言したのはストラヴォロマノスであった。なぜならこの者は皇帝《ヴァシレフス》の血縁者であるゆえに使節団《プレスヴィア》の長であったからである。もう一人は姻戚《キドス》関係により帝位《ヴァシリオン》を主張する者の親族であるゆえに、その者を説得するために派遣されていたのである。

## ［3］セオドルポリスでの会見

使節団《プレスヴィア》の伝言はつぎのようなものであった。今上皇帝《クラトン》の言うところはすなわち「私はずっと以前からあなたの父、[4-21]軍司令官として指揮することに長じ、スキタイに対してかずかずの戦勝記念碑《トロペア》をうち立てた男を知っており、そしてもちろん私も以前は彼と共に出陣し、諸エテリアにおいて生活を共にしたのであるが、あなたも同様にそのような父にふさわしい子供《ペス》であると信じている。それゆえに、神《セオス》が私を至上《ヴァシリオン》の座《イプソス》に導いた今、私はあなたにとって情け深い父の代わりになりたく思っている。[4-22]だからあなたは私にとっても、冷酷な息子でなく老年で衰弱している者を支えてくれる思いやりのある息子《イオス》であってほしい、そして今は帝位《ヴァシリア》に次ぐ第二の栄誉、すなわちケサルのそれを受けとってもらおう、いずれ近いうちに私の後継者《ディアドホス》としてローマ人の帝国《ヴァシリア》を受け継ぐであろう」 使節たち《プレスヴィス》がこのように詳しく語ると、その者はまったくためらうことなく――なぜなら他の誰よりも俊敏であったから――即座に答えた、協定《シムヴァシス》を望み、和平《イリニ》を歓迎し、内《ポレモス》乱《エムフィリオス》を終わらせ、皇帝《ヴァシレフス》からその栄誉を受けとる意志がある、しかし自分一人だけが和平《イリニ》からの恩恵を受けとるのではなく、自分と共にことにあたった者たち、軍司令官《ストラティイ》・兵士《ストラティオテ》・有力者《アルホンデス》もそれらを受けとることを望んでいる、彼には彼らの利益を見捨てることは神に背くに等しい所行と思われたのである。確かに自分自身の利益を求め、他人のそれを見捨てるのは自己主義の極み、あるいはむしろ不人情と言うべきであろう。［さらに言うには］ともかく、もしそれらの者たちの利益が先に確保されないのであれば、養子縁組《イオセシア》も栄誉も受けることはできない。その者が望むことは、まず皇帝《ヴァシレフス》がそれらの者たち自身に自分が約束したことを保証し、そうしてから［皇帝が］総主教《パトリアルヒス》と一緒に都《ポリス》を出て、スラキアのダモクラニアの[4-23]村《ホリオン》に建っている天軍の総帥《タクシアルヒス》ミハイルの聖堂《ナオス》に赴き、そこでケサルたちに関する養子縁組《イオセシア》の儀式が行われ、自分が慣例に従って冠《ステファノス》を戴くことである。[4-24]使節たち《プレスヴィス》がなぜ諸都《ヴァシリス》市の《トン》女王《ポレオン》に赴いてこの儀式の挙行されることを望まないのかと訊ねたのに対し、その者は、神《セオス》以外に恐れるものはないが、皇帝《ヴァシレフス》の取り巻きのほとんどを信用していないと言った。

## ［4］アレクシオス＝コムニノス、諸軍の指揮を引き受ける

これらのやりとりの後に使節《プレスヴィス》たちは引き下がり、帰還することになった。しかしたまたま出会った歩哨《スコピ》によって彼らの身がすんでのところで危険にさらされるという事態が生じたが、しかし歩哨《スコピ》の指揮官《カタルホン》の適切な判断で救われた。さてその者たちが帰還し、皇帝《ヴァシレフス》に協定《シムヴァシス》に関することを報告した後、もはや時を無駄にせず、軍勢《ストラテヴマタ》と共にドメスティコス＝トン＝スホロン［アレクシオス＝コムニノス］を送りだすことがよいと見なされた。なぜならヴリエニオスが不可能なことを要求していると思えたので、協定《シムヴァシス》は断念されることとなったからである。そこでコムニノスは、トルコ人の同盟兵士《シムマヒ》、[4-25]皇帝《ヴァシレフス》ヴォタニアティスと共に［フリイアから］やって来ていたいわゆるホマティニ、[4-26]イタリアから来たフランク人の一部、さらにいわゆる不死兵《アサナティ》と呼ばれる者たちの部隊《ファランクス》を率いて、[4-27]出発することとなった。ところでこれらのアサナティ[4-28]とはいかなる者たちであるかを述べなければならない。皇帝《ヴァシレフス》ミハイル、正確に言えば宦官《エクトミアス》でロゴセティスのニキフォロス［ニキフォリツィス］が東《ストラテヴマ》方《ティス》軍《エオアス》のすべてが、トルコ人の手中に落ち、すでに消滅してしまっているのを知って、できる限り尽力して新たに軍隊《ストラテヴマ》を再建することを思い立ち、当時四散し各地で賃金をえて働いているアシア出身の者たちを集め、彼らに鎧《ソラケス》を身につけさせ、兜《クラニ》をかぶり大きな盾《シレイ》と槍《ドラタ》を担うよう命じた。つぎに軍司令官《ストラティイ》のうちで素質と同時に技量の点でそれらの者たちの訓練に適した一人を彼らの指導者とし――その者はコンスタンディノス＝カパドクスで、皇帝《ヴァシレフス》ミハイルの血族にあたり、［皇帝の］親しい者、取り巻きの一人であった――、彼を介して彼らを訓練し、十分に軍事《ストラティオティカ》を教え込むことにした。それらの者たちがすでに確実に馬を乗りこなし、武器《オプラ》をうまく扱うことができ、外見上立派に鍛えられたと思えたとき、つぎに彼らの精神を鍛えるのがよいと思われた。そこで彼らに武装の準備をさせる際に、その者［コンスタンディノス＝カパドクス］は槍《ドラタ》から槍先《クシフィ》を取り除き、彼らを騎兵中隊《イリ》[4-29]ごとに分け、互いに向かい合う形に配置し、それから馬を全速力で駆けさせ互いに向かって突撃し、槍《ドラタ》で突き合うように彼らに命じた、そしてこのような演習においてもっとも勇敢にふ

るまった者の中から士官《プロティ》を選ぼうとした。とにかくこれらの組み討ちにおいてしばしばもっとも勇敢であると思われた者たちが不死兵《アサナティ》と名づけられたのであり、そしてまた［その者たちの属する］この［新しい］部隊《ファランクス》を構成するすべての者がアサナティと呼ばれようになったのである。

## ［5］アレクシオス＝コムニノス、カロヴリィイに陣地を設置する

アレクシオス＝コムニノスはこれらの者たち［アサナティ］と他の諸部隊を率いて出立し、ある川の近くに陣地を張った、その川については、［一般に］名前の大部分がさまざまに変わってきているので、昔どのように呼ばれていたのか私は知らないが、確かにスラキアの山々から流れ落ちて［一つになる］その川は現在のところ住民によってアルミロス[4-30]と呼ばれている。この場所には丘があり、その上にその名がカロヴリィイ[4-31]という要塞《フルリオン》が建っている。そこ［丘の近く］に陣地が張られたが、溝《タフロス》を掘ることも、防柵《ハラクス》を立てることもしなかった。なぜならその者はその場で敵の接近を待ちかまえ、できることなら相手の裏をかいて勝利をえようと考えていたからである、確かに少数の味方で、同時に勇敢で経験豊かな多数の軍司令官《ストラティイ》たちと戦うことになるに違いなかったのであり、しかもその者たちの先頭に立っているのが星々の中で光輝く太陽のようなあの帝位《ヴァシリオン》を主張する者であった。このゆえに数と兵力《ディナミス》において劣っていたドメスティコス＝トン＝スホロンは単に豪胆さによるだけでなく、策略と才気によって敵に戦術的に打ち勝つことを考えていた。そこで斥候《スコピ》を放ち、ヴリエニオス軍がキドクトス[4-32]の平野に陣地を張っていることを知ることができた。

## ［6］ヴリエニオス軍の陣立て

ヴリエニオスについては夕方その地の神なるロゴスの母の聖堂《ナオス》を詣で、しかるべきお祈りをすませた後、敵がカロヴリィイの近くで陣地を張っていることを知った――というのはアレクシオス＝コムニノスに従うトルコ

人のある者たちが夜中にヴリエニオスの軍勢《ストラテヴマ》を偵察しに出発したが、歩哨《スコピ》に出会って捕らえられ連行された後、すべてを語ってしまったのである——、そして夜明けに起き、全軍勢《ストラテヴマ》に武装することを命じ、騎兵中隊《イリ》ごとに整列させることにとりかかった。その者の陣立て《シンダクシス》はつぎのようなものであった。右翼を指揮するのは、その者の兄弟、クロパラティスのヨアニスで、すでに彼によってドメスティコス＝トン＝スホロンに任命されていた。この戦闘集団《ファランクス》はあの名高いマニアキスによってイタリアから連れてこられたフランク人[4-33]とセタリアの多数の騎兵《イピス》、それに加えていわゆるエテリエの少なからぬ部分から構成され、少なくともすべてで五千を数えた。確かに右翼はそのように構成された。左翼[4-34]を指揮するのは生活態度と思慮、戦術《ストラティイケ》にかかわる実践《メレテ》において抜きんでていたカタカロン＝タルハニオティスで、三千にのぼるマケドニア人とスラキア人からなる騎兵中隊《イリ》がこの戦闘集団《ファランクス》を構成した。本隊《ファランクス》の中央はあのヴリエニオス自身が指揮し、スラキア人とマケドニア人の貴族《アルホンディコン》のすべてとセサリア人の精鋭の騎兵隊《イポス》が配置された[4-35]。左翼から離れた地点に、前線から二スタディア[4-36]前方にスキタイの同盟軍《シムマヒコン》が配置された。その者は全軍勢《ストラテヴマ》の配置をこのように決め、同時に戦列《ファランクス》を長く伸ばし、スキタイの同盟軍の兵士たちには敵が現れ、戦闘を告げるラッパの音が鳴れば、叫び声、鬨の声をあげて敵の背後を襲うように伝えた。その者が指揮者《イエモネス》たちへ与えた指示はそのようなものであった。

## [7] アレクシオス＝コムニノス軍の陣立て

他方アレクシオス＝コムニノスは斥候《スコピ》を通じて敵軍がすでに近づいていることを知ると、一方で全軍勢《ストラテヴマ》を谷間に隠し[4-37]、他方で自身は丘に登って敵の動きを偵察することにとりかかった。その者は大軍《プリソス》を見て、整列している彼の兵士が敵に向かって突撃する前に急いで逃走してしまうのではないかと考え、彼の軍《ストラテヴマ》には敵がまったく見えなくするための、もっとも有効で同時に実に巧妙な計画を思いついた。さらにその者をとりわけひどく恐れさせたのは、皇帝《ヴァシレフス》の意向に反してこの日に戦わねばならぬことであった。なぜなら前夜に皇帝《ヴァシレフス》から彼に発送された書簡《グラマタ》が届いていたからであり、それには戦わずに、たった今トルコ人から派遣されてきた同盟兵士《シムマヒ》[4-38]の「その地への」到着を待つことを命じていた。[4-39] 敵軍がすでに戦闘にかかろうとしているので、戦わずにその場にとどまることは不可能であったし、他方、戦わずに退却することは彼には恥ずべき行為と思われた。とにかく皇帝《ヴァシレフス》を恐れて品位を損ね臆病にも退却するよりも、彼の決意は戦って勝利するか、あるいは死ぬかのどちらかであった。そこでその者は地形を調べ、一方には開けた平地、他方には丘や谷があり、これならヴリエニオスの軍勢《ファランクス》の一部が隠れて見えず、また一部は見えることが分かったので、軍《ストラトス》を武装させると、それを二つに分け、彼自身はアサナティとフランク人の指揮《イエモニア》をとり、他方、コンスタンディノス＝カタカロン[4-40]をホマティニとトルコ人の指揮者《イエモン》にし、彼らを敵のスキタイの戦闘部隊《ファランクス》に向かい合う形に配置させた。

### 〔8〕ヨアニス＝ヴリエニオスの右翼による攻撃

さてヴリエニオスの軍勢《ストラテヴマ》が小さな谷へ降りてきたとき、「アレクシオスは味方の兵士に」右翼で整列している「敵の」者たちを指し示し、彼らに向かって激しい勢いで攻撃するように命じた。確かにその者たちは待ち伏せ《エネドラ》から飛びだしたように突然に敵に襲いかかり、今にも敵を敗走に追い込もうとした、しかしそのときに彼らの指揮者《カシイエモン》のヨアニス＝ヴリエニオスは剣《アキナキス》を引き抜くと、少数の者たちと「攻撃に出て」自身は最初に攻めかかってきたアサナティの一人をうち倒し、他の者たちも彼につづいて他のアサナティをうち倒した、こうして戦闘部隊《ファランクス》の全体を立て直し、向かってくる敵を敗走させてしまった。確かにこの戦闘でアサナティのすべては全滅の状態となった。[4-41] 他方アレクシオス＝コムニノスはそのとき敵の背後にいて、自身の戦闘部隊《ファランクス》が彼の後につづいて来ているものと思いながら、勇敢に戦い、向かってくる者を打ち倒していた。しかし自身の戦闘部隊《ファランクス》が逃走に転じたのを知ると、「とどまっている」自身の部下を呼び寄せ――確かに彼のそばにはその数六名の、親しい間柄の勇敢な兵士《ストラティオテ》がいた――、大胆で無謀な計画を抱いた、すなわちヴリエニオスの背後にまわり、その者の兵士の中に紛れ込み、ゆっくりと進んで彼に近づき、彼の近くに達したなら、剣を抜いて彼を殺す。たとえ自分たちもあの者と共に倒れることになったとしても、［皇帝の命令に］従わなかった自分がその不従順のゆえに皇帝《ヴァシレフス》の裁きをうけるよりもむしろそのような運命が彼にはより望ましいと思われたのである。しかしすでに語られたセオドトス[4-42]がつぎのように言って彼にそのような決心を思いとどまらせた、すなわちそのような企ては向こう見ずの上に馬鹿げていること、今は敵軍《ストラテヴマ》から抜けだし味方のもとにもどり、彼らと一緒になった後、もしやる気があるなら、味方のうちで一緒に行動を共にすることのできる者すべてを率いてそのような危険に立ち向かえばよい。とにかく敵の右翼との戦いはそのようにして終わった。

## ［9］アレクシオス＝コムニノスの個人的偉業

他方、左翼においてカタカロン＝タルハニオティスの指揮下にあったスキタイはホマティニの姿をみると、ただちに大声をあげ鬨の声を発して彼らに襲いかかり、話すよりも早く彼らを敗走させると、彼らの追跡をやめて、隊形《タクシス》を整えて引き返しはじめた、そしてヴリエニオスの軍勢《ストラテヴマ》の後衛《ウライア》を守っていた者たちに向かって猛然と攻めかかり、すべての非戦闘従軍者《シティコン》から持ち物をはぎ取り、馬や戦利品を奪い取って、彼らの故郷《イカデ》[4-43]へ向かって立ち去りはじめた。このために各部隊《タクシス》に混乱が起こった、なぜならローマ人が輜重《トゥルドン》[4-44]と呼んでいるものにかかわっていた者たちがスキタイを恐れて各部隊に逃げ込み、［各隊の］軍旗《シミア》が入り乱れる状態となったからである、そのときアレクシオス＝コムニノスはこの状態を見てとると――事実その者はまだヴリエニオスの軍勢《ストラテヴマ》の中にとどまっていた――、兜《コリス》についている面頬《ソラキディオン》で顔面を覆うと、皇帝用の馬のうち、赤紫色の上敷きと金色の馬飾り《ファララ》で飾られた一頭を引き連れていたヴリエニオスの馬丁《イポコミィ》の一人をうち倒し[4-45]、その馬をつかまえ、さらに常に皇帝《ヴァシリス》と共に携行される両刃の剣《ロムフェエ》を奪い、こっそりと軍勢《ストラテヴマ》から抜け出て、あらゆる危険から離れると、ヴリエニオスは死んだと大声で告げる役目の伝令使《キリクス》と共にその馬を送りだすことにとりかかった。このことにより多くの者が逃走するのをやめてとどまり、逃走した者たちはもどってくることになった。確かに起こったことは、［敵を］追跡していくはずのスキタイがあのようにヴリエニオス側の者たちに対して裏切り行為にでて、もはや誰一人追跡する者はいなくなり、そのためアレクシオス＝コムニノス側の者たちはもうとっくに逃げることはせず、しかしあの者たち［スキタイ］が去っていくなか、事態がわからず途方にくれながら周辺近くを彷徨っていたということである。[4-46] そこで［アレクシオスは伝令を通じて］馬と両刃の剣《ロムフェエ》を示し、ヴリエニオスの死をはっきりと触れ回った結果[4-47]、すべての者が一つに集まりはじめたのであった。

## ［10］トルコ人援軍の突然の到着

さらに別のことが起こった、すなわち皇帝《ヴァシレフス》によって同盟軍として少なからぬトルコ人の部隊《ミラ》[4-48]が派遣され、たまたま偶然にも、戦闘が行われ［アレクシオス軍の］敗走が始まったまさにそのときに到着したのであった。その者たちは実際逃走する者たちを目にすると、ドメスティコス＝トン＝スホロンがどこにいるのか探し、その者のもとにいたると、安心するように励まし、そして敵を偵察したいと申し出たのである。そこでその者は彼らの指揮者たち《イエモネス》を連れて、そこから敵がきっとはっきりと見えるに違いないある丘に登り、その場所から敵を指し示そうとした。その者たち［トルコ人の指揮者］は、敵の軍勢《ファランクス》が混乱状態で、もはや隊列《タクシス》を整えておらず、前進することなくいわば動き回り、ばらばらになっているのをながめ――確かに［敵の］すべてはすでに勝利し敵を敗走させたかのようになんらの不安も抱いていなかった、その上ヴォタニアティスのフランク人[4-49]すべてがヴリエニオス側についてしまっていたのであるから、なおさらのことであった、そしてその者たち［フランク人］についてはすべて馬から降りると、彼らの国の習慣に従ってあの者［ニキフォロス＝ヴリエニオス］の両手の上に手を置き、忠誠の誓約《ピスティス》を行うことにとりかかり[4-50]、軍勢《ファランクス》のすべての者は行われていることを見物しようとして駆け集まってきていたのである――、このような状況を見て、トルコ人の指揮者たち《イエモネス》は丘を降りると、自分たちの軍勢《ファランクス》を三つに分け、そのうちの二つの部分を待ち伏せをするために送りだし、最後の部分には敵に向かって突撃するように命じた、なおその際、一つにまとまった戦闘隊形《ファランクス》としてでなく、いくつかの独立部隊《ロヒ》に分かれ、それぞれ離れた状態で馬を駆け、弓《トクセヴマタ》を使って敵に雨霰《あられ》と矢《ヴェリ》を射かけることであった。

## ［11］ヴリエニオス軍、隊列を立て直す

アレクシオス＝コムニノスは短い時間で可能なかぎり多数の敗走者をかき集め、彼ら［トルコ人］の後につづいた。その間にアサナティの幾人かがトルコ人より先に駆けだし、ヴリエニオスの軍勢《ストラテヴマ》の中に達し、彼らの一人が槍《ドリ》でその者［ヴリエニオス］の胸を突こうとする。しかしその者は鞘から剣《クシフォス》を引き抜くと、その槍《ドリ》に打ちつけ二つに切り離し、つぎに打ちかかってきたその相手の鎖骨を打ち、鎧《ソラクス》と一緒に肩を完全に切り落とした、[4-51]そしてその直後にトルコ人が大きな叫び声をあげながら矢《ヴェリ》を放ってきた、各隊の指揮者たち《ファランガルヘ》はその突然の事態に驚愕したが、しかし戦いに長けた者たちであったので、軍勢《ファランクス》を整えることにつとめ、彼らの兵士たち《ストラティオテ》を勇敢な武人になるよう奮い立たせ[4-52]……、短時間で許される限り［それぞれの］隊列《タクシス》を立て直すと、勇敢にトルコ人に向かって突進しはじめた。

## ［12］ヴリエニオス軍の敗走

しかしその者たち［トルコ人］は一目散に逃走することに転じ、彼らを待ち伏せ《エネドレ》の方向へ、その者たちが第一の待ち伏せ《エネドラ》の近くに達するまで引きつけようとした。相手がその近くに達するや、彼ら自身はくるりと身を転じ、そして待ち伏せ《エネドラ》の者たちもすばやく飛びだし、四方から彼らに向かって矢《トクセヴマタ》を放ち、馬と人を苦しめた。追跡してきた者たちがすでに身を転じ退却しはじめていたので、ヴリエニオスの軍勢《ストラテヴマ》のドメスティコス＝トン＝スホロン、すなわちクロパラティスのヨアニス、すでに先で語られたあの者の兄弟は全速力で救援に駆け

つけてきた。ヴリエニオス側の者たちは彼を見ると、これまで以上に勇敢にトルコ人に立ち向かった。しかし後者は再び身を転じ、追跡者を［第二の］伏兵《エネドレ》に遭遇させる所まで逃走しつづけた。待ち伏せに陥り、その者たちすべてはすでに退却に転じたが、ヴリエニオス側の多数が倒されていった。それを目にしたあの者［ニキフォロス＝ヴリエニオス］は急いで救援に駆けつけることにとりかかった。確かに出会った追跡者の多くを殺し、逃走者にはとどまるように呼びかけつづけた、しかし彼の懸命の奮闘も空しい結果に終わった。なぜならすべての者は息子[4-53]と兄弟［ヨアニス］と共に彼自身を後に残して、退却していったからである。彼ら自身は華々しく奮闘し、トルコ人の多くをうち倒す、しかし軍勢《ファランクス》のすべてが四散してしまったのを知って、彼ら自身もまた逃走にとりかかるや、トルコ人が追いすがってきた。そこでその者たちはしばしば向きを変え、彼らの突撃を押しもどし、あの者［ニキフォロス＝ヴリエニオス］の乗っていた馬が疲れ切り、もう一歩も先に進めなくなるまで、それはつづけられた。事実そうなったので彼自身は徒歩で進み、他方、兄弟と息子はしばしば反転してトルコ人を押しもどすことにつとめた。[4-54]

## ［13］ニキフォロス＝ヴリエニオス、捕らえられる

確かに追跡者がさほど多数でない間は、彼らの退却はうまく進んでいた。しかし多数が加わり、あの者［ニキフォロス＝ヴリエニオス］の馬が疲れ切り走れなくなってしまうや、敵は正面から彼らを取り囲もうとしてきた。二人［兄弟のヨアニスと息子］は激しい勢いで敵に襲いかかり、敵の二人をうち倒し、他の者たちを遠くへ追いやり、その短い時間を生かして前に進みつづけた、しかし再びトルコ人が他の多数と共に引き返してきて、彼らに向かって激しく攻め立ててきた。その者たちは再び先と同じことを行い、力を込めてトルコ人に立ち向かいつづけた。しかし彼らの奮闘はもはや先と同じ結果をもたらさず、ヨアニスはトルコ人の一人をうち倒したが、もう一人と衝突して、二人の馬はそれぞれ乗り手と共に地面に倒れた、他方、帝位《ヴァシリオン》を主張する者の息子は

敵に向かって突き進み、トルコ人の一人を倒した後、トルコ人のまっただ中に一人とどまることになり、なんども彼らに合流しようと試みたが、もはや父と一緒になることができなかった。そこでトルコ人はこの機を掴んで、これまで以上に激しくヴリエニオス［ニキフォロス］に襲いかかっていった。実際、彼らの一人は剣《クシフォス》[4-55]を引き抜き大胆にもその者に向かって突き進み、他方、その者は向きを変え、剣《クシフォス》で相手を打ち手を断ち切り、剣《アキナキス》と共に地面に転がせた。しかし他の者たちは彼を取り囲みはじめ、その者は勇敢に防戦につとめた。前面から攻めてくる者たちに立ち向かうさなか、その者は槍《ドリ》で打ち込まれる。槍《ドリ》を叩き切ることに夢中になっているとき、彼によって腕を切り落とされた最初のトルコ人が馬から飛び降り、ヴリエニオスの背中に飛び乗る[4-56]。身体をねじ曲げ、剣《アキナキス》で背に隠れた彼を突こうとするが突きさすことができなかった。ところで他のトルコ人たちは馬から降り、その者に死を望まず、身に降りかかった事態に従うよう懇願をつづけた。しかしとにかくその者は腕が疲れ果ててしまわない間、打ちかかり払いのけながら降参しようとしなかった。だがついに疲れ果て、心ならずも敵の勧告に身をゆだねて屈した、このようにしてその者は捕らえられてしまったのである[4-57]。

## [14] ヴリエニオスの兄弟と息子の逃走

さて蛮族《バルバロイ》［トルコ人］はその者を捕まえると、まずその者の捕縛を告げる伝令使《キリケス》を送りだした後、最大の敬意をその者に払ってアレクシオス＝コムニノスのもとにもどることになった。その者がどのようにして捕らえられたかは以上である。他方、彼の兄弟については、フランク人の一人がたまたまその者と出会い、徒であるのを見て自分の馬に引き上げ、アドリアヌポリスまで導いた。彼の息子もトルコ人の囲いから抜け出て、矢玉《ヴェリ》から安全なところに達し助かったのである、ところで彼らの逃走中、父はその者［息子］[4-58]に指示を与えていた、すなわちアドリアヌポリスにもどったときには、もし兄弟が助かっていなければ、祖母と母に戦闘で生き残った者を集め、つぎに彼らに皇帝《ヴァシレフス》が文字による約束《オモロイエ》で何人からも自身に属する栄誉もまた所有する財産も奪い取らないことを保証する前には、その者［皇帝］に従うことのないよう説得につとめるように伝言することであった。このこと［皇帝の保証］は、後にそのように実行された。[4-59]

## [15] ニキフォロス＝ヴリエニオスとアレクシオス＝コムニノスへの讃辞

アレクシオス＝コムニノスのもとへ連行されてきたヴリエニオスを見て、その者はその男の容姿と背丈の大きさを嘆賞した、なぜならその姿は本当に帝国支配《ティラニス》[4-60]に相応しいものであったからである。その者は自分が打ち負かした将軍《ストラティゴス》が行為において勇敢な、精神において不屈な、気骨においてすぐれていることを知って、うれしく思っていた。確かにその者［ヴリエニオス］は英雄的な精神の持ち主であった、しかし私がこのように言い書くことで自分を自慢しているのだと誰も思わないでほしい、むしろその男の業績・優雅さ・輝きについてはいかなる言葉をもってしても賞賛しきれないことを知ってほしい。実際この書物が別の意図を目標とせず、その者の業績を一つ一つ詳細に語ることを目指すなら、もう一つのイリアスを必要としたにちがいない。確かにこのような男を、八方塞がりの危機にしかるべき策を見つけだすことに巧みで、また軍勢《ファランクス》を戦闘隊形に整え、戦略によって敵に勝利することに長けていた男を、アレクシオス＝コムニノスは、まだ十分に生えそろっていない、いわば芽が出たばかりのブロンド色に輝く顎髭しかなかったが――事実、その者は……[4-61]歳であった――、あのような混戦と勇敢な働き《ストラティイキ》、そしてあのような敗走の末にうち負かしたのであった、それは大軍《ディナミス》によってでなく、忍耐と豪胆、戦術的策略《メレティ》によってであり、そしてそれによって企てが最終的にみごとに達成された、あの天上の摂理《プロニア》を協力者として仰いでのことであった。

### 〔16〕アレクシオス＝コムニノス、コンスタンティノープルに帰還する

それから彼自身は、その者を連れてコンスタンティノープルに向かって出発することになった。[4-62] なお、それに先立ち、今上皇帝《クラトン》にあの者の捕縛を告げると同時に、あの帝位《ヴァシリオン》を主張する者が身につけていた真珠と宝石のちりばめられた緋色《ココヴァフィ》のサンダルを送り届ける処置をとった。[4-63] その者〔皇帝〕はその知らせを聞いて喜び、自分にもっとも忠実でもっとも親しいスキタイあるいはミソス人に――その者の名はヴォリラスであった――プロトプロエドロスの爵位を与え、エスナルヒス[4-64]に任命してから、ヴリエニオスの受け取りに送りだし、ドメスティコス＝トン＝スホロンのコムニノスにはコンスタンティノープルに入ることを許さず、出立してアドリアヌポリスの問題[4-65]を処理した後、つぎにヴァシラキスに向かって出陣することを命じた。確かにあの者〔ヴァシラキス〕もまた、イリリコンとブルガリアの軍勢《ストラテヴマ》のすべて[4-66]が彼に従った結果、すでに有力になっていた。実にそれだけでなく、ヴァシラキスは、皇帝《ヴァシレフス》ミハイルによって彼自身と共にディラヒオンに派遣されていたすべてのヴァランギをも味方につけていた。さらにセサロニキと呼ばれるセサリアの主都《ミトロポリス》をも掌握した。[4-67] ところでコムニノスはどうかと言えば、その命令には耐えがたい思いであった、なぜなら功績に相応しい栄誉《ティメ》と報酬を皇帝《ヴァシレフス》から得られるものと考えていたからである、実際反乱《ティラニス》というより、むしろあれほど大きな軍勢《ストラテヴマ》、あのように名高い将軍《ストラティゴス》、広大な領土と諸都市からの貢税で支えられた、この上なく強大な帝国《ヴァシリア》ともいえるものをうち倒し、服従させたのである、しかしその者は実に耐えがたい思いを我慢して、命じられたことを実行することにとりかかった。

### 〔17〕ヴリエニオス、視力を奪われる。彼の仲間の大赦

ヴォリラスはヴリエニオスを受けとると、フィロパティオン[4-68]と呼ばれる場所に連れていき、そこでその者の視力を奪う、[4-69] それは、その者に打ち勝った者〔アレクシオス〕を除いてこれまで人々が手にすることのなかっ

たような男をローマ人の帝国《アルヒ》と国家《ポリティア》から奪い去る行為であった。他方、コムニノスは三日間を都《ポリス》の城門外にとどまり、自分のもとに出かけてきた親しい者と会い、そして彼らに別れを告げた後、アドリアヌポリスに向かって出立した、その際その者は、［アドリアヌポリスの］有力者《アルホンデス》の各々に、それらの各人が有する栄誉《ティミ》と、以前に明らかにそれらの所有者《デスポティス》であったすべての所領地《クティシス》を保持することを保証した赤色の皇帝の文字《ヴァシリカ グラマタ》で書かれ、金印《フリセ スフライデス》のついた赦免文書《シンフォリシス》[4-70]を皇帝《ヴァシレフス》から受けとっていた。

## [18] アレクシオス＝コムニノス、ヴァシラキスに向かって進軍する

皇帝《ヴァシレフス》は数日後ヴリエニオスを呼び寄せ、[4-71]その者の不運を憐れみ、彼の財産のすべてを返し、さらに栄誉と他の地所《クティシス》の授与[4-72]によって友好関係を取りもどした。［アドリアヌポリスの］有力者《アルホンデス》たちはしばしば彼［皇帝］のもとに呼びだされ、すでにアレクシオス＝コムニノスが当地に到着し、金印文書《フリソシマンディ グラフェ》を彼らに手渡していたので、その者たちすべては諸都市の女王《ヴァシリス トン ポレオン》へ向かうことになり、皇帝《ヴァシレフス》は彼らすべてを喜んで迎えたのである。[4-73]他方、あの者［アレクシオス］は他のすべての者を[4-74]受け入れて、皇帝《ヴァシレフス》によって命じられたことを行うためにヴァシラキスに向かって出発する。[4-75]別の者たちは先に語られたように、女子供を伴って大都《メガロポリス》に向かったのである。コムニノスはマケドニアとヴォレロンを[4-76]経てストリモン川に達し、そしてその川を渡り、ストルムビツァといわゆる黒い山《マヴロン オロス》の間の隘路《ステナ》を通り抜け、その地方の住民がヴァルダリオスと呼んでいる川のほとりに位置するある地点にいたった。ヴァルダリオス川はネア＝ミシアの[4-77]山々から流れ下り、スクゥピを通り抜け、ストルムビツァとスティピオンの[4-78]間を流れ下り、その地方の山岳地帯を二つに分けている。川はそこから少し下って、ヴェリアの地方とセサロニキの地方を分け、それらの地方を流れ下り、海に達している。[4-79]以前に川の流れは本来のそれから少し別の方向に向きを変え、以前の水路から確かに二ないし三スタディアほど離れてしまい、[4-80]その結果、最初の水路が自然の堀になってしまった。そこでアレクシオス＝コムニノスはこれら二つの間に陣

地を設置し、すべての者に食事をし、その日の残りを休息するように指示した、それは夜の間は起きているか、あるいは武具をつけたまま眠ることになるからである。

## [19] ヴァシラキス、セサロニキから出撃する

［そのような指示をしたのは］その者［アレクシオス］が持ち前の機転と、これまでの幾多の経験から敵の意図をつかみ、あの者［ヴァシラキス］は夜中に攻撃してくると思っていたからであり、そしてまさしくそのことは起こったのである。だからもちろん敵の攻撃に対してすでに準備し、斥候《スコピ》もあらゆる方面に送りだした。その者はそのように動いた。ヴァシラキスについては、コムニノス側の一人が彼のもとに脱走し、もしあの者を攻撃したいのなら、自分は幕舎《スキニ》で眠っているあの者を引き渡そうと語ったので、その者は躊躇することなくすべての者に武装するように命じ、すべての者はただちに武器《オプラ》を取りにかかった。太陽が西の地平線に落ちようとするや、その者はただちにラッパで出陣を告げ、都市《ポリス》［セサロニキ］を出立した。そこではほとんど見張りの目を逃れることのできないのでそれを回避するため、本道を捨て、リティ[4-81]と呼ばれる所を進み、住民がガリコス[4-82]と呼んでいる川に達すると、つぎにアエトス[4-83]と呼ばれる要塞《フルリオン》の近くあたりでその川を渡り、その地点にある窪地を通り抜け、平地を横切って先に進んでいった。

## [20] 戦闘準備

しかし斥候《スコピ》の目を逃れることはできなかった、その者が都市《ポリス》から離れたと同時に起こった大きな砂塵により、斥候《スコピ》は出撃と判断し、ドメスティコス＝トン＝スホロンにそれらを報告することになった。そこでその者は、すべての者に武装し、馬の用意をし、つぎに合図を待つよう命じ、そして敵の状況を知るためにつぎつぎと斥候《スコピ》を送りだした。そのときにその者の家に属する者《イコエニス》の一人、彼に忠実で、共に育てられた同年輩の者、タ

ティキオス[4-84]という名の者が姿を見せ、敵が近くにいると報告したので、［アレクシオスは］相手がヴァシラキスであることをしかと知っているのかとその者に問いただした。問いただされた者は断言し、軍勢《ファランクス》を整列させ、自分に続くように命令するその者の声を聞いたと述べ、さらに弓《トクソン》でその者に向かって矢《ヴェロス》を放ったとつけ加えたのである。そこでただちにラッパによる出撃の合図を命じ、また彼自身の陣営《パレムヴォリ》の者たちに急いでランプとロウソクに火をつけることを指示した。[4-85]

## [21] アレクシオス＝コムニノスの戦略

［アレクシオスは］自分の幕舎《スキニ》の中に彼につき従っている一人の宦官《エクトミアス》の修道士《モナホス》[4-86]を後に残し、その者は適応性があり、たいへんに器用なので母が自分の世話をさせるためによこしたのであったが、その者に夜中じゅうランプの火を消さないように指示した。他のすべての者にも同じこと、自分たちの幕舎《スキニ》で夜明けまでランプと松明の火をつけていることを命じた。そうしてからその者はすべての重装歩兵《オプリティコン》と共に陣営《パレンヴォリィ》を出て、樹木で深く覆われたある場所にとどまった。

## [22] ヴァシラキス、アレクシオス＝コムニノスの陣営を攻撃する

ヴァシラキスは敵の陣営《パレムヴォリ》近くに着くと、すでに陣営が味方の者たちによって略奪されているのを見て、自身はドメスティコスの幕舎《スキニ》の前に行き、これですべてを掌中にし、彼を見つけだし生け捕りにし連行できると思っていた。幕舎の中をすべてくまなく見回した後、修道士《モナホス》と燃えているランプしか見えないので、突然、空威張りに「あの舌足らずはどこにいるのだ」――実際あの者はR《ロー》の文字を正確に発音できていなかった[4-87]――、「やつをここへ連れだしてこい」と叫んだ。上記の修道士《モナホス》は何が起こったか知らないと誓って言い張ったので、だまされていると思い、心を怒りと同時に喜びでふるわせ、諺にあるようにニヤリ《サルドニオス》と冷笑《エロス》[4-88]を浮かべながら、部

下に幕舎《スキニ》を粉々にするように命じた。これが行われると、つぎに彼らにドメスティコスの寝台の下をかがんで覗き込み、そこに隠れていないか調べさせた。どこにもいないので、そこに置かれていた木箱をひっくり返すよう命じる始末であり、それほどに傲慢はこの者の精神の正常な働きを完全に破壊していたのである。絶望し反対の極に落ちこんだこの者は——そのときまさしく喜びは苦痛に変わっていた——しきりに腿を打ちながら、言うには「ああ！ あの舌足らずに一杯食わされた」 あの男をけなす他の欠点がなかったので、あの者のR《ロー》の発音についての些細でなんら意味のない欠陥をさまざまな言い方でくり返していた。

### [23] アレクシオス＝コムニノス、ヴァシラキスを負傷させる

突然その者は大声で叫んだ。「お歴々《アルホンデス》、陣営《パレムヴォリ》から出よう、戦いは外だ」 確かに彼の声はただ一声叫ぶだけで軍全体を揺るがすほどに遠くまで響いた。彼の兵士《ストラティオテ》たちが略奪品を運び出すことに夢中になっている最中、その者が野営地《ストラトペドン》から外に出ようとしたそのとき、勇敢なアレクシオスは本隊《ファランクス》より先に少人数で敵と戦うべく突進してきた、そして軍勢《ファランクス》の先頭にあって軍勢を戦闘隊形《タクシス》に並べている者を見て、その者がヴァシラキスと思うや、ただちに彼に向かって馬を駆け、剣《クシフォス》を抜き、槍《ドリ》を握っている相手の右手を打ちつけ、三本の指を切断し、同時に槍《ドリ》を地面に落とさせた。[4-89] この行為は敵の軍勢《ファランクス》を大きく混乱させ、敵側の者たちは互いに励まし合い逃走にとりかかった。しかし円を描いて回りながら、互いに譲り合って尻込み状態になっていた。

### [24] 暗闇の中での激しい混戦

アレクシオス麾下の一人、グゥリスという異名をもつカパドキア人がヴァシラキスを見つけて、剣《スパシ》で相手の兜《クラノス》に打ちかかる。しかし剣《スパシ》はちょうど手元近くで折れ地面に落ちたので、コムニノスは剣《クシフォス》を手から落としたその者をついうっかり咎め立てた、そこでその者は即座に柄を示し、非難の言葉をかわした。またマケド

ニア人でトルニキオスというあだ名をもつペトロスという名の者は、敵のまっただ中に飛び込んで多くの者を倒した。戦闘集団《ファランクス》は何が起こっているか知らないまま、［彼の後に］従った。確かに戦闘は闇の中で行われており、［戦闘集団の他の］多くの者には、生じている事態をしかと見てとることができなかったのである。コムニノスは敵のうちでまだ一つに固まっている集団に向かって再び突進し、向かってくる敵をうち倒し、そして再び味方のもとにもどっていく。その者［アレクシオス］自身の軍《ファランクス》に属するフランク人の一人がまさに敵の中から飛びだしてくるその者を目にし、敵の一人と考え、馬を駆って槍《ドリ》で打ちかかる、もしその者が鞍に身をしっかりと支えた騎手《イポティス》でなかったなら、［フランク人は］すんでのところでその者をうち倒してしまうところであった。その者はただちにくるりと向きを変えて、剣《クシフォス》を手にして相手［フランク人］に突進した。しかし相手は即座にその者が誰であるかを悟り、悪意からでなくむしろ知らずに攻撃したのだと言い切り、哀れな嘆願者の態度を示した。そこで勇敢なその者は相手を咎めることをやめたのである。[4-90]

## ［25］ 白昼における戦闘再開

敵がなお一部においてまとまった状態でいたので、その者［アレクシオス］は戦列《タクシス》を維持しているこの残りの部分をできる限り解体しようとして、ぐずぐずせずに速やかに自分の後を追ってくるよう命令すべく、自身の軍勢《ファランクス》に人を送った。夜中に少数の部下と共に行われた活躍はそのようなものであった。しかし陽がのぼると、ヴァシラキスの将校たちも味方の者たちを集めにかかり、できるだけ彼らを元気づけようとした。その間にあの者［ヴァシラキス］の軍勢《ファランクス》に属する者たちのうち、軍勢《ファランクス》から離れて後方で略奪に従事していた者たちは、急いで［軍勢のもとへ］走りもどろうとしていた。ドメスティコス＝トン＝スホロンのアレクシオスの軍勢《ファランクス》の一部が彼らの動きを見て向きを変えると、彼らに向かって突進し、しかし白兵戦を行う前に彼らをやすやすと敗走させ、その多くの者を生け捕って帰還した。

## ［26］ヴァシラキス、セサロニキに逃げ込む

ヴァシラキスの兄弟マヌイル[4-91]はある丘に登り、はっきりと勝利と栄光の日はヴァシラキスにありと大きく叫んで、軍勢《ファランクス》のうちでまだ隊列を保持している者たちを勇気づけようとした。［反逆者］ヴリエニオスと親しい人々の一人であったマケドニア人のヴァシリオス＝クルティキス[4-92]はこれを見ると、馬を駆って丘に駆けのぼる。先の者も剣《スパシ》を抜いて構える、この者［ヴァシリオス］は相手の兜《コリス》めがけて棍棒《ラヴドス》で打ちかかり、たちどころに相手を馬上から投げ落とし、縛ってドメスティコス＝トン＝スホロン、あの勇敢なアレクシオスのもとに連行する。それが起こった直後にコムニノスの軍勢《ファランクス》が現れ、ヴァシラキス側のまだ隊列を維持していた部分を逃走に追い込み、そこであの者［ヴァシラキス］もまた急いで都市《ポリス》［セサロニキ］に至ろうと逃走にとりかかり、他方コムニノスは追跡を始めた。当然ここで誰もみな、あの有名なアキレウスとヘクトルについて語ったホメロスの歌を持ちだすであろう、「前を逃げていくのは勇者、その者を追跡するのはよりいっそう勇敢なる者」[4-93]、確かにその者［アレクシオス］は心身ともに勇敢であったし、また確かに名門の血を引き、やがてその勇敢な行為によって栄誉の頂点《メガクレオス》へ登った。

## ［27］ヴァシラキス、捕らえられる

その者が都市《ポリス》内に閉じこもったので、アレクシオス＝コムニノスは城外に陣地を構えた後、その者を助けることを願って、その者がいかなる虐待も受けない保証を受け取って降伏し、自分に自身と都市《ポリス》を引き渡すようにと、その者に使者を送ることにした。使者として赴く者は、立派で中庸をえた人、そのすぐれた苦行であまねく知られたアトス山のクセノフォン修道院《モニ》の修道士《モナヒ》たちの長《カシグメノス》、まことにすぐれたシメオン[4-94]であった。その者はヴァシラキスに何度もくり返し服従するよう促したが、説得できなかった。それからヴァシラキスの

兵士《ストラティオテ》たちはすでにコムニノスに投降をしはじめ、市民《ポリテ》たちも都市《ポリス》を彼［アレクシオス］に引き渡したとき、あの者はまだアクロポリスを保持して頑張っており、その状態は彼の部下が無理やりあの者を捕らえ、コムニノスに引き渡すまでつづいた。そこでその者［アレクシオス］は都市《ポリス》に入り、あの者の莫大な財宝を手に入れた。それからヴァシラキスの捕縛を知らせる使者《アンゲリ》たちを皇帝《ヴァシレフス》に送った後、彼自身は数日間都市《ポリス》にとどまり、都市内の問題を処理した後、赫々たる戦果《トロペア》をかかげて帰還することになる。

## [28] ヴァシラキスの失明

ところであの者［アレクシオス］によって達成された成果が教えていることは、幸運に、とりわけ順境《エフプライエ》[4-95]に頼りすぎてはならないということであり、そしてエウリピデスのこの言葉、「一つの知恵ある計画は百の腕に勝る」は正鵠を射たものであると私には思われる、事実この言葉はまさしくあのときあの者の行為そのものによって確証を得たのである。確かに一人の人間、そしてその一つの考えが、ローマ人の将軍《ストラティギ》のうちでも大きな栄誉で飾られた、ことのほか優れた者たちと、そして彼らの途方もないほどの大軍勢《ストラテヴマ》を短期間のうちにうち倒し、明らかに崩壊していた政治組織《ポリテヴマ》と、皇帝《ヴァシレフス》［ヴォタニアティス］の諸軍《ディナミス》の衰弱しきった精神をより力のあるものに導き、高めたのである。さてヴァシラキスについては、皇帝《ヴァシレフス》から派遣された者たちはフィリピとアムフィポリス[4-96]の間でその者と出会い、コムニノスに皇帝《ヴァシレフス》からの文書《グラマタ》[4-97]を手渡した後、透き通るような泉水がわき出るある村《ホリオン》——名はフレビナ[4-98]——に彼を連れていき、その両眼を潰してしまう、それ以来その泉はヴァシラキスの小さな泉[4-99]と呼ばれている。コンスタンティノープル[4-100]にもどったコムニノスについては、皇帝《ヴァシレフス》は敬意をもってその者を迎え、セヴァストスの栄誉を授け、多くの地所《クティシス》の贈与で好意を示したのである。

## [29] イサアキオス＝コムニノス、ヴォタニアティスの寵を得る

この間に彼の兄弟のイサアキオス＝コムニノスもまたアンティオキアから帰ってきた[4-101]、そしてその者は皇帝《ヴァシレフス》の単純さと、シリア産の織物への嗜好を見定めると、しばしばそれらの織物を多量に贈り、そのため多くの地所《クティシス》を手に入れ、間もなくセヴァストスの爵位を与えられ、そこでずっといられるよう宮殿《ヴァシリア》内に住居をえるほどに皇帝《ヴァシレフス》の好意を獲得したのであった。［皇帝は］裁判《クリシス》においても、また判決においてもその者を頼りにしていた、というのはその者は真実を見いだすのに俊敏であり、判決文について明確に説明するのに長じていたからである。そこでその者は宮殿《ヴァシリア》に常にいて、皇帝《ヴァシレフス》の単純さにつけいり、完全に自分の口先にぶら下がっている状態にさせていた。

## [30] アレクシオス＝コムニノス、スキタイを追い払う

一方、アレクシオス＝コムニノスについては、自身の指揮権《アルヒ》下の地域を視察するために再び出かけることになった。アドリアヌポリス[4-102]に到着し、そこで数日間過ごした後、スキタイの民がブルガール人の土地を略奪するために万全の準備と整えていることを知り、全軍《ストラティオティコン》と、可能な限りの指揮官《イエモネス》と有力者《アルホンデス》を集め、フィリポスのポリス［フィリプポリス］に到着した[4-103]、そしてスキタイに関して彼らが出撃し、ナイソスとスクゥピの間の地域を略奪しているのを聞き知り、急遽彼らに向かって出撃することになった[4-104]。スキタイは、あの者がサルディキを通過した後、自分たちに向かって進軍してくるのを知り、戦利品を残したまま、一目散に逃走していった。その者は彼らを追い払った後、そこから再びフィリポスのポリスにもどり、その地方と諸都市《ポリス》に秩序を回復したことで、短期間にすべての者から自分への好意を手に入れた、確かにその者は気前がよいことに加え、人を引きつける魅力を持ち、すべての人々と交わる上ですこぶる愛想がよかった。その者はこれらのことをなし遂げた後、再びビザンティオンにもどることとなり、皇帝《ヴァシレフス》はことのほか喜んでその者を迎え入れるこ

ととなった。

## [31] ニキフォロス＝メリシノスの反乱

これらが起こっている間に、[4-105]すでに先で語られたように、名門出の男、姻戚関係《キドス》によりコムニノス一族の一員となっているニキフォロス＝メリシノスは——実際彼ら一族の姉妹のエヴドキアと結婚していた[4-106]——、コス島[4-107]で過ごしている間に、トルコ人の軍勢《ディナミス》とトルコ人の首長《アルホンデス》たちを自分の味方に引き入れ、緋色《ココヴァフィ》の靴《ペディラ》を履いて、アジアの[4-108]諸都市《ポリス》の周りをめぐっていた。とにかく［それらの都市の］市民《ポリテ》たちは彼ら自身と彼らの都市《ポリス》をつぎつぎとローマ人の皇帝《ヴァシレフス》としての彼にゆだねていった。しかしその者は自分の意志に反して［それらの都市を］トルコ人に引き渡さざるを得なくなり、そのためトルコ人は短期間のうちにアシア、フリイア、ガラティアのすべての都市《ポリス》を支配することになった。[4-109]とにかくその者はきわめて多数の軍勢《ストラテヴマ》を率いてヴィシニアのニケアを握り、そしてその場所からローマ人の帝国《ヴァシリア》を自分のものにすることに乗りだした。[4-110]ヴォタニアティスはそれらのことを聞き知ると、アレクシオス＝コムニノスを呼びだし、軍勢《ディナミス》を率いてハルキドンの海峡《ポルスモス》を渡り、あの者に向かって出征することを命じた。しかしその者はまったく賢明にもあの者に対する出征をことわった。事実その者は、皇帝《ヴァシレフス》の軽薄さと、彼の取り巻き連中の卑劣さと同時に妬みを考え、もしトルコ人の軍勢《ディナミス》に対して遥かに劣勢の自分が敗北を喫すれば、あの卑怯な者たちがこれを好機に、彼［メリシノス］との姻戚関係《キドス》のゆえに勝利を相手に譲ったのだと皇帝《ヴァシレフス》に中傷するのではないかと恐れていたのである。皇帝《ヴァシレフス》は懇望にもかかわらずその者を説得できなかったので、その者の毅然たる態度[4-111]にいたく感銘し、結局軍勢《ディナミス》をプロトヴェスティアリオスに引き渡すよう命じた。すなわちこの者は宦官《エクトミアス》のヨアニス、[4-112]帝権《ヴァシリア》を握る以前からその者［ヴォタニアティス］に仕えていた者で、希代の野心家、でたらめな性格の持ち主であった。

## ［32］プロトヴェスティアリオスのヨアニス、軍事指揮をとる

さてコムニノスはフリスポリスに渡ると、諸軍《ストラテヴマタ》とほとんどすべての将校《アルホンデス》を彼に引き渡すことにとりかかった。しかしこれらの者たちはこれに不満を抱き、ずっと以前から自分たちが生活を共にしてきたコムニノスを今後も「一緒にいられるよう」求めつづけた。しかしその者は先述の理由でそのような役割を引き受けることを望まなかったので、彼らの発言を抑えた。したがってその者は諸軍《ストラテヴマタ》を上述の宦官《エクトミアス》に引き渡し、つぎにその場でその者に別れの言葉を告げ、そして去ろうとしたとき、いわば若者の血気から、兵士たち《ストラティオテ》の前で別れの挨拶に騎乗して駆けることを望んだ。そこで、その者は手綱をすべてゆるめると、そのような場合に馬を駆けさせるに相応しい距離を駆け抜けて、馬をとめたのであった。そのとき宦官《エクトミアス》のヨアニスは身のほどを忘れたかのように、すべて者の面前で手綱をゆるめて自分も馬を駆けさせることにとりかかった。たちまちすべての者から大きな嘲笑がおこり、そしてその者を嘲るのに、宦官《エクトミアス》たちに向かってよく放たれる「クルゥ、クルゥ」[4-113]をその者に向かって叫びつづけた。コムニノスの周りにいる者たち［将校たち］は懸命になって彼らを抑えようとした。

## ［33］ヴィシニアにおける宦官ヨアニスの遠征

さてアレクシオスは宮殿《ヴァシリア》で過ごしている皇帝《ヴァシレフス》のもとへもどり、他方宦官《エクトミアス》はすべての軍勢《ディナミス》を率いてメリシノスに向かって進軍し[4-114]、ヴィシニアの地方を進み、ニケアから四〇スタディア以上離れたヴァシリア[4-115]と呼ばれる要塞《カステリオン》の近くに陣地を張った。このときにパレオロゴスとその従兄弟のクルティキス[4-116]はその者につぎのことを勧告した、すなわちニケアまでの地域を略奪し、そして湖畔［イズニク湖］に沿って引き返し、それからエオルイオス様の要塞《カステリオン》[4-117]を攻囲すべきである。確かに一行はそこに到着すると、ただちにそれ［要塞］を掌握した。つぎに情況がはなはだしく危険となり、協議が必要とされたので、軍《ストラトス》の高級将校《ロガデス》すべては宦官《エクトミアス》の幕舎《スキニ》

に集まり、ニケアを攻囲すべきか、あるいはドリレオンに向かって出発し、スルタノスと戦うべきかどうか検討を始めた。エオルイオス＝パレオロゴスとその従兄弟のクルティキスはニケアに対して戦いを挑むことは不利であると考え沈黙していたが、しかしそのこと［故意の沈黙］に気づいた宦官《エクトミアス》ヨアニスの側近の幾人かが彼らに対してひそひそと囁きあい、さらに他のことで彼らに非難の言葉を口にしだしたので、宦官《エクトミアス》は即座にすべての者に向かってつぎのような言葉を発した。「皇帝《ヴァシレフス》が諸軍《タグマタ》の指揮権《エクスウシア》を託したのはこの私にだ、私自身の決定することが行われねばならない」

### ［34］エオルイオス＝パレオロゴス、ニケアの包囲をやめさせようとする

パレオロゴスはニケアへの攻撃が決定され、すべての者がすでに武器《オプラ》を取りにかかったのを驚きの目で見て、軍事《ストラティオティカ》にかけては多くの経験を有する者として、起こるであろうことを予測し、彼自身とクルティキスはともども、つぎのように直言した。「私たち自身、皇帝《ヴァシレフス》があなたを諸軍《タグマタ》の司令官《イエモン》に任命したことを知らないわけではまったくない、それゆえにずっと沈黙していた。しかし今や目の前の危険を見通し、また後になって皇帝《ヴァシレフス》から私たちに向けられる怒りを恐れて、もうこれ以上黙っていることはできない。ところでつぎのことを理解して頂きたい、私たちがニケアに近づき、それを占領しようとの企てにとりかかれば、兵士《ストラティオテ》のうちでもっとも勇敢な者たちは傷つけられ、また他の者たちは殺されるであろう。なぜなら攻撃する者たちにとって、胸壁上から彼らに対して行われる戦闘は、ことのほか恐ろしいからである。その上［都市の］外にいるトルコ人たちは、この攻囲を知ってただちに私たちに向かって進撃してくるだろう。その結果私たちは、城壁上から私たちに矢を射かけてくる者、城門を開いて打って出てくる者、そして背後から私たちに襲いかかって来る者、これらに同時に対抗することは不可能で、私たちは当然急いで後退する結果となろう、そして一方ではある者たちは傷ついた味方を抱え、彼らを看護しようとしてそれぞれがしかるべき方向へ立ち去ってしまうだろうし、

他方ではある者たちは殺された仲間への深い悲しみにとらえられて、結局私たちになんの役にも立たなくなるだろう」

### ［35］宦官ヨアニス、退却を余儀なくされる

しかし、その者たちには耳の聞こえない者に向かって歌っているように思えた。なぜならあの宦官《エクトミアス》はその者たちの忠告をなんとも思わず、軍勢《ディナミス》を引き連れ、ただちにニケアに向かって進み、ついに城壁に近づくと、［都市の住民］すべてに降服するよう求めることにとりかかったからである。都市内の者たちは外からの軍勢《ディナミス》が彼らの救援にやって来ると期待し、偽りの言葉でその者をまんまと欺き、一日一日と降伏を先に延ばした。エオルイオス＝パレオロゴスはこれまでの経験から、そのような非常識な軍事行動《ストラテフシス》に我慢ならず、そしてすでに眼前に迫っている危険を考え、その者に引き返すよう忠告した。しかしその者は彼の言葉をたわごとと見なし、忍耐強さというより、なすべきことが分からず、トルコ人がすでに目の前に現れたことを知らされ、やむなく不面目に陣を撤収することになるまで、じっと返答を待ちつづける考えでいたのである。

### ［36］エオルイオス＝パレオロゴス、撤退を遂行する

タグマタルヒス[4-118]であり、経験に富み行動と意志において勇敢なエオルイオス＝パレオロゴスは、そこで再び相手［宦官］に気遣うことなく直言し、行き当たりばったりにでなく、隊形《タクシス》を組み、しかるべき秩序のもとに退却するよう忠告した。一方の者はそのように言い、他方の者は全体の指揮権《イエモニア》を彼に手渡すことになった。そこでその者は軍勢《ストラテヴマ》を諸隊列《タクシス》に編成し、罠をしかけ待ち伏せをする任務にあたらねばならない少数の兵士たちを除いて、騎兵《イピス》には隊列の両側を保護するよう強く励まし、後方に配置した重装歩兵《オプリティコン》と歩兵《ペズィコン》には歩く速度で進むよう命じ、彼自身は少数の部下と共にあるときは後衛《ウライア》の周囲を、またあるときは右翼の周囲を駆け回り——左

翼は湖に守られて安全であった――、すべてがヴァシリアの近くに達し、野営することのできる状態になるまで、自分たちの前に迫ってくるトルコ人を追い払いつづけた。

## [37] 宦官ヨアニスの狼狽

そのあたりに、わずかの入口しかないレンガの壁で囲まれた広い空き地があり、騎兵《イピス》が一団になって先にそれらの入口のところへ至ろうと駆けだしはじめたとき、後ろから追跡してきたトルコ人はその事態を見てとると、途方もなく大きな叫び声をあげて駆けだし、歩兵《ペズィ》たちに襲いかかり、あらゆる方向から彼らに矢《トクセヴマタ》を射かけることにとりかかった。その者たち［歩兵］は逃走に転じた。逃走中宦官《エヴヌホス》だけが一人取り残され、恐怖に襲われて逃げつづけることができなかった。そのときクルティキスはたまたまその者と出会ったが、彼の方を見向きもせず、パレオロゴスにもそうさせないようにした。しかしパレオロゴスは彼のところに引き返し、こう言った。「あなたが私たちをこのような状況に陥らせたのだ。こうなることを前もってあなたに忠告しなかったか」 他方の者は嘆願して言った。「私を哀れと思ってくれ、どうか私をアガリニの手にゆだねさせないでくれ」 そこでただちにその者を元気づけ、「さあ、これから私の後についてきなさい」と言った。しかしそのとき彼らに向かってトルコ人のこれまで以上の激しい攻撃が起こり、宦官《エヴヌホス》は今にも気を失うばかりとなった。そこでパレオロゴスは手綱を引いて馬首をめぐらし、彼に向かってきた敵の一人に出遭うと一撃をくわえる、その者はたちどころに死体となって地面に倒れた、それを目にした残りの敵は少し後退しはじめた。もとの場所にもどったその者は、正気を失い声の出ない状態の宦官《エヴヌホス》を見て、その頬を叩いて「恐れるな」と言った。

## [38] エオルイオス＝パレオロゴス、宦官のヨアニスを救う

トルコ人が［再び］その者たちに近づいたので、パレオロゴスは数えうる程度の騎兵《イピス》――確かにその場所は

狭かった――と共に馬首を回らし、重装歩兵《オプリティコン》には頑張るよう勇気づけ、そして彼自身は騎兵《イピス》と共にトルコ人に向かって突進した、蛮族《バルバロン》はたちどころに逃走に転じた。実際多数のトルコ人が倒れたので、残りの者はもはや［敵の］戦列《パラタクシス》に向かって戦おうとせず、離れたところにとどまっていた。そこでその者は重装歩兵《オプリティコン》には出発し、［先の空き地に］野営するように命じた。彼自身は騎兵《イピス》と共に最後部にいて、すべての者が空き地の壁を越えて野営するまでとどまった。ところでその者が勇敢に戦っているとき、兜《コリス》を外した瞬間に額に矢《ヴェロス》を受ける。しかしその痛手をまったく物ともせず、宦官《エヴヌホス》がひどく喉をからし舌を動かすことができず、身ぶりで助けを彼に必死に求めているのを目にすると、その者にはその場にとどまるよう指示し、彼の四人の従者《セラポンデス》にその者の護衛を託して、彼自身は兜《ペリケファレア》に水をいれてその者のもとに持ち帰るべく、傾斜地を降りていく。水を飲んでほど良く元気を取りもどしたその者は、彼をもう一人の神《セオス》と呼び、よく考えてのこととして、もし自分が助かることになれば今後彼を子供とするとはっきり述べ、そのことが単なる言葉でなく、自分のすべての財産に関して彼を相続人に定め、自分自身の子供のように彼のためにあらゆる努力をすることを確約した。[4-119] パレオロゴスはその者に向かって、「私としてはあなたを助けるために私のできるすべてを行った、後はあなたが自分にとってよかれと思うことをすることだ」と言った。

## ［39］パレオロゴス、イサアキオス＝コンドステファノスを助ける

そのときにイサアキオス＝コンドステファノス[4-120]という者が馬から滑り落ちるということが生じ、その者はパレオロゴスの名を叫び助けを求めた。［パレオロゴスは］人を通じてそのことを知ると、宦官《エヴヌホス》を自分の従者《セラポンデス》たちに託し、彼らの一人を連れて、コンドステファノスがいると人が言っている場所に向かい、そして遠くで叫んでいる彼に気づくと、頭を［兜で］すっかり覆い、彼を試してみようとのことで、その者がどこにいるか分からないふりをした。相手はパレオロゴスに気づくと、前よりもより以上にくり返し彼の名を叫びつづけた、［パレ

オロゴスは］そのときにトルコ人が接近してきたのを見て、これ以上いわば舞台で演技を続けてはならないと判断し、彼に近づき、別の方向に視線を向けて「コンドステファノスを見つけたのは誰か」と声をあげた。その者はいっそう大きく声をあげて彼を呼んだ。そこで彼のそばに行き、連れてきた馬に乗るように命じ、彼と共に引き返した。パレオロゴスが彼自身の従者《イケテ》たちに託して宦官《エヴヌホス》を残してきた場所に着いてから、一行の者たちは彼［宦官］を連れ、一緒になってエレヌポリス[4-121]へ下り、そしてそこから軍勢《ストラテヴマ》の残りと共に、都《ポリス》にもどることになった。

## ［40］プロトヴェスティアリオスの忘恩

ところでおそろしく狡猾なあの宦官《エヴヌホス》はすべてのことを一切忘れ、あたかも自分がパレオロゴスとクルティキスから甚だしく不名誉な仕打ちを受けたかのように、その旨をただちに皇帝《ヴァシレフス》に書き送った。二人が一緒に大都《メガロポリス》に入ったとき、クルティキスはパレオロゴスに向かってつぎのように言ったものである。「私たちは、あの宦官《エクトミアス》が私たちに対してやってみせることになるあらゆる面倒ごとを疑いもなくすぐに見ることになろう」確かにその者たちが宮殿《パラティオン》の門に着いたとき、先に中に入っていた宦官《エヴヌホス》が一人の門番にその者たちを中に入れないようにそっと指示していたので、その門番はただちに指図されたことの実行にとりかかり、パレオロゴスを追い払い、入ることを妨げたのである。とにかくそのときからあの者［宦官］は自分の受けた親切の代わりに、彼に対して悪事を企み、あらゆる手段を弄して彼の滅亡をやむことなく謀りつづけることになる。

# 付録　マンツィケルトの戦い

――ロマノス＝ディオエニス帝の最後の遠征からその死まで――

# プセロス『年代記』[1]

XVIII. 【161】 …… その者［ディオエニス］は迫り来る蛮族《ばんぞく》に対して三度目の[2]、そして最後の遠征に乗りだすことになる。というのは確かに［蛮族は］略奪を止めず、春が始まるとローマ人の土地を略奪することに乗りだし、大勢で荒らしまわっていたのである。そこでその者は以前よりいっそう多数の同盟軍《シムマヒア》と［自国の］軍勢《ディナミス》を率いて出発することになった。

XIX. 実にいつものように、すべてにおいて、民事においても軍事においてもそうするのが常であったように、何であれ、これまでの結果からなされた人の意見を取り上げることなしに、ただちに軍隊《ストラトス》を引き連れ出発しケサリア人の土地へ急いだ。そこへ到着した後、その者はさらに前進することに躊躇し、自身と他の者たちにとって帰還の理由を探そうとした。しかし彼には帰還という不名誉を背負い込むことはできず、実はそのときには敵と協定《スポンデ》を交わして彼らによる毎年の襲撃を阻止させねばならなかったのであるが、その者はあるいは破れかぶれになってか、あるいは必要以上に大胆になったのか、危険を顧みず敵に向かって前進することになったのである。敵は相手の前進を確認すると、その者をさらに奥地へ引き寄せ網の中に捕らえようと考え、騎馬で彼らの前に駆け寄り、そしてつぎに逃走するように見せかけ反転する、これを幾度もくり返すあいだに幾人かの軍司令官《ストラティイ》を捕らえ捕虜とした。

XX. このことは私は見抜いていたが、その者は知らないでいた、スルタン、すなわちペルシア人とクルド人の王《ヴァシレフス》はみずから軍隊《ストラテヴマ》と共にあり、これまでの成功の大部分はその者の手になるものであった。その者［スルタン］の真実を見抜いた者がいたとしても、［皇帝は］その者の言葉を信ぜず、［162］和平《イリニ》を望まず、最初の攻撃だけで敵の軍隊《ストラトペドン》に勝利することができると考えていた。［皇帝の］戦略上の無知により軍勢《ディナミス》は分割され、一つは彼のもとに留め置かれ、他は別の場所へ送り出された、そのときには敵に対して軍隊《ストラテヴマ》のすべてをもって立ち向かわねばならなかったのに、その者はきわめて弱小の兵力で彼らに立ち向かったのである。

XXI. この後の彼の行為を私は賞賛できないが、貶すこともできない、事実、彼自身がすべての危険を受けとめたのである。採用されるべきは両極端の折衷である。つまりその者を勇敢な男、けなげな戦士《アゴニスティス》と見なせば、頌詩《エンゴミオン》の対象となりうる。しかし軍隊《ストラテヴマ》の総司令官《プロトストラティゴス》であれば戦略上のやり方に従い、戦線から離れた場所にあって諸軍に必要な命令をあたえるべきであるのに、その者は軽率にもあえて危険を冒そうとしたことを考えれば、彼には多くの嘲笑が投げかけられるであろう。しかし私は彼の行為を是認する者たちの一人であって、非難する者たちに与しない。(3)

XXII. 確かにその者は戦士として完全武装で身を整えると、敵に向かって剣《クシフォス》を抜き払った。私自身が多くの者から聞いたように、その者は向かってくる敵の多くを倒し、また敗走させた。しかしつぎに彼に立ち向かう者たちにとってその者が誰であるかが明らかになると、その者は彼らによって完全に周りを取り囲まれ、一撃をくらい馬から転げ落ち、(4) そしてついにローマ人の皇帝《ヴァシレフス》は捕らえられ、敵陣のもとへ連れ去られ、軍隊《ストラテヴマ》も四散させられたのである。全体のうちで少ない部分は逃走し、大部分の者のうち、ある者たちは捕らえられ、他の者たちは剣《マヘラ》の餌食となった。

XXIII. ところで皇帝《ヴァシレフス》の捕囚の期間はどれほどであったのか、勝利者がその者に対してどのような対応をとったのか、これらについてはもう少し先で語ることにしよう。それからさほど日数の経たないうちに、【163】戦場から逃走した者のうちで先に逃げ帰ってきた一人が使者《アンゲロス》として恐ろしい事態を都《ポリス》へ報告することとなり、そしてその者の後に第二の、さらに第三の使者がつづいた、しかし彼らの報告は明確ではなかった、同じ事態をそれぞれが自分なりに説明したのである。実際ある者たちは皇帝《ヴァシレフス》は死んだと、他の者たちは捕らわれただけだと告げ、また別の者たちは傷つけられ地面に投げだされるのを、さらに他の者たちは縛られ敵の陣営《ストラトペドン》へ連行されるのを見たと語ったのである。そこで都《ポリス》では事件について審議されることになり、そして皇后《ヴァシリス》もどう処すべきかをたずね続けていた。とにかくすべての者にとっては、あの者については捕らわれていようが死んでいようが当面は問題にせず、彼女自身と子供たちが帝国《アルヒ》を統治することがよいと思われた。

XXIV. しかしそのときの審議の場において、ある者たちは、母は政治の問題に一切関わらないようにして、息子であり子供である者に(5)帝国《ヴァシリア》を引き渡すことを、他の者たちは再び権力《アルヒ》のすべてを彼女自身に託することを考えていた。私としてはどちらの考えにも賛成でなく、私の意見を正直に言えば、両者が協力しあうことである、すなわち一方の者は生んでくれた者に対して従順を示し、他方の者は子供と一緒になって万般を仕切ることである。確かに皇帝《ヴァシレフス》ミハイルもこれをよしと考え、そうすることに同意しようとした。しかし帝国《ヴァシリア》を自分たち自身のものとなし、自分たち自身の利益のために権力《アルヒ》を自由にしようとする者たちは、一方の者には単独支配《モナルヒア》へかきたてること、他方の者には母に逆らうよう強いることにつとめていた。

XXV. 今ここではこの若者［ミハイル］について嘆賞しないでおこう。確かにその者は帝国の問題全般について相談するのは私とだけであり、母が権力《アルヒ》から離れることを望んだときも私と相談しようとした。またその者は母に対して尊大な態度にでることも、彼女を粗末に扱うこともまったくなかった。とにかく私は何度も彼らを同じ考えへ引き寄せることにつとめ、他方その者［ミハイル］は彼女と面と向きあうことさえ［164］顔を赤らめるほどに彼女と言い争うことを避け、彼女を前にして身を引いていた。この間に、いかにすべきかがまだ定まっていないあいだに、ケサル［ヨアニス＝ドゥカス］が都《ポリス》に到着し、これは皇后《ヴァシリス》によって強く求められてのことであったが、そして私の考えに同意し、皇族による共同統治《キノプラクシア》を歓迎した。

XXVI. この嵐がまだおさまらないうちに、なんと同じ日に別の嵐が起こり、うなり声をあげた。というのは敵軍《ストラテヴマ》の総帥《アルヒゴス》はローマ人の皇帝《ヴァシレフス》が捕らわれているのを見て、その成功に有頂天にならず、幸運にまったく縮みあがり、誰もが予想もしなかったそのような勝利に対して節度を保った、そして捕らえられた者を慰め、食卓を共にし、敬意をもって遇し、彼に護衛を用意し、その者の気に入るようにその者の希望したすべての者を鎖から解き放ち自由の身にし、そして最後には彼自身をも囚人の状態から解放し、つぎに姻戚関係《キドス》の協定《シムヴォラ》を交わし、その者から誓約を伴った約束《イポスヘシス》を受けとった後、だれもが望みたいほどの立派な行列と多数の護衛をつけてその者を自身の土地へ送り返したのである(6)、しかし実にこのことが災いを引き起こす始まり、多くの惨事の原因となったのである。確かに期待もしなかったものを手にして皇帝《ヴァシレフス》は支障なく再びローマ人の帝国《ヴァシリア》を掌握できると考え、不運の後の幸運のいわばみずからの使者《アフトアンゲロス》となり、自身の手でしたためた手紙《グラマタ》で皇后《ヴァシリス》へ自分の身に降りかかった出来事を記したのである。

XXVII. ただちに混乱が宮殿内《ヴァシリア》を走りまわり、ある者たちは事態に驚嘆し、他の者たちは出来事を信じられないでいた。皇后《ヴァシリス》も狼狽し、何をなすべきかわからない状態にあった。私は［宮殿で］人々の途方にくれ混乱状態にある最中に到着したが、すべての者は【165】私に適切な対応策を告げるようにせきたてた、そしてとくに私の愛しい皇帝《ヴァシレフス》も私にすがりつき、皆と一緒になって強く求めたので、私ははっきりと言った、すなわち彼を帝国《ヴァシリア》に受け入れず、追放し、いたるところへ彼の支配《アルヒ》を拒否する命令を発するべきである。この考えは冷静沈着な人々には有益であると思われた、しかし他の人々には別の考えが良いとされたのである。

XXVIII. そのような状況下において皇帝《ヴァシレフス》ミハイルは自身の身に不安を感じ、またディオエニスの残忍な性格を懸念し、だれもが実に賢明であると言うことのできる、彼自身にとって大いに安心のできる決定を実行する。すなわち急いで母のもとから自身を切り離し、今後は自身の主人となることであり、そして彼の従兄弟たち、つまりケサルの息子たち(7)を助言者にして宮殿《アヴリ》の護衛兵《フィラケス》(8)を味方にする。この民の者たちはすべて盾を携《アスピドフォリ》行し、肩からつりさげた片刃の重い鉄製の剣《ロムフェア》を振りまわしていた。さて護衛兵はすべて一緒になって丸盾《アスピデス》を叩き、頭が許容できる限度まで大きく鬨の声を張り上げ、剣《ロムフェエ》を互いにすりあわせ、それに合わせて叫び、危険の中にあると思われた皇帝《ヴァシレヴォン》のもとへ向かい、誰もその者に触れないように一団となってその者の周りを囲みながら、宮殿《アナクトラ》の高所へ導いた。

XXIX. とにかくその者たちの活躍はそのようなものであった。皇后《ヴァシリス》のそばにいた者たち、私もたまたまその一人であったが、何が起こっているのか知らない中、わたしたちは恐ろしいことが私たち自身に迫って来ているのではないかと思い、ほとんど凍りつくばかりであった。皇后《ヴァシリス》はといえば落ち着かせるような状態ではまったくなく、頭のヴェールを取り去ると入り込めそうにない地下の穴倉へ急いだ。そしてその者はその穴倉へ入ってしまい、他方私は、どうなるのかどこへ逃れたらよいのか分からないままにその穴倉の入り口付近に立ちつくしていた。しかし皇帝《アフトクラトル》は安全な状態になると、他の誰よりもまず私のことを心配し、[166] 私を探しだす役目の者たちを、宮殿《アナクトラ》の隅々まで調べるよう送りだした。その者たちは私を見つけだすと、私を腕に抱え、思いがけない授かり物あるいはとびきり高価な供え物とみなして皇帝《アフトクラトル》のもとへ嬉々として運んだ。その者は私を一目見ると、大きな危難から解放されて深く息をするかのようであった、そして私にこれから役に立つことを計画する役目を命じたのである。

XXX. そういうわけで私は国事に専念し、都《ポリス》における混乱が一段落つけば、ある問題については処理することに、別の問題については命令を下すことに取りかかろうとしていた、そして他方別の人々は皇帝《ヴァシレフス》の母の問題に取り組んでいた。長い話を端折っていえば、彼女に対して都《ポリス》から立ち退き、その者が海のほとりに神の母《セオトコス》へ捧げて建立した女子修道院《テメニズマ》に住むことが決定されたのである。このことはただちに執行された、もっとも皇帝《ヴァシレフス》であり子供である者は、それは私自身が知っていることであり、神《セオス》を証人に立ててすべての人に断言したい、母の追放を拒絶したが、しかし状況はそのことを強く迫り、皇帝《ヴァシレフス》の意志に反駁したのである。

XXXI. そのような場合に同じようなことが起こり、また語られるのが常であるが、皇后《ヴァシリス》に関してある者たちはある仕方で、他の者たちは別の仕方で自分たちの意見を表明し、そして彼女にむけて絶え間なく言葉の矢玉が放たれ、その結果、彼女に修道女の生活を強いる第二の決定が行われ、それはただちに実行された。このようにして皇后《ヴァシリス》としての経歴は打ち切られたのである。

XXXII. ところでディオエニスについては捕囚からの解放に喜ぶことができず、帝国を手にすることができないのではないかと憤慨していた。しかしすでに彼のもとへ大きな兵士《ストラティオティキ》の集団《ファランクス》が群がり集まっていた。その者は転々と場所を移しながら、阻止する者なくまったく安全に国税の財貨を横領し、全軍《ストラトペドン》とともに、すべての人々の話題にする都市《プトリズマ》、すなわちアマシアへ到着した。

XXXIII. [167] そこでただちに皇帝《ヴァシレフス》はケサルの年下の息子［コンスタンディノス］にローマ軍《ストラトペドン》を託する。この者は行動において活動的、知力において俊敏であり、するべきことを認識することに、またそれを説明することに秀でていた。さてディオエニスが腰を据えている都市《ポリス》の近くに到着すると、その者はまず軍隊《ストラテヴマ》を集合させておき、つぎに小競り合いを幾度も試み、さらに再び陽動作戦にでて、その者を捕らえるために、あるいは都市《ポリス》から追い払うためにあらゆる方法を試みた。その者［ディオエニス］は状況が自分にとって困難なものとなってきたので、無謀にも外に出て、配下の全軍《ストラテヴマ》を彼に対して戦闘隊形に配置することにとりかかった。そこで両軍《ストラトペダ》は戦いを交えることになり、それぞれの側に多数の死者が生じる。しかしそのときわが方の軍司令官《ストラティゴス》は翼をもつ騎士《イポティス》のように敵に向かって馬を駆り、あたかも塔のごとくに敵の戦列《ファランクス》に襲いかかり、押しもどし、多数の部分に切断した。それゆえ立ち向かってくる者の一部は戦闘で倒れ、他の一部は捕らわれ、他方少数の者たちが逃げ去り、そしてディオエニスもそれらの者たちと一緒になって必死に馬を駆けさせたのである。このことは、わが方に初めて勝利への確信を生じさせた。

XXXIV. そのときからディオエニスの転落が始まる、まず彼に従う少数の者たちと共にある小さな町《ポリズマティオン》(9)に閉じこもることになる。もしある事態が生じなかったならば、その者は即刻に捕らえられていたであろう。つまりアルメニア人生まれの一人の男、(10)思慮深く、われわれに対して敵意をもつその者は、まだ皇帝《ヴァシレフス》であったときの彼から高い官職《アルヒ》を与えられたが、現在逆境にあるその者へ感恩を示すため、多数の兵士《ストラティオテ》を引き連れて彼のもとへやって来たのである、そして安心するように激励し、この上なく大きな約束をした後、一方ではわれわれの軍勢《ストラテヴマタ》との戦いを思いとどまらせ、他方ではキリキア人の土地へ導き、[168]［われわれからの］攻撃から守るためにその者をキリキアの谷の背後に隠し、そして彼のために軍隊《ストラトス》をそろえ、財貨を与え、皇帝《ヴァシレフス》の衣服を着せる、つぎにまず武具を身につけさせ、それからこの恐ろしい男はわが軍勢《ストラテヴマ》と戦う時期のくるのを待つのである。

XXXV. そこで再びわれわれにおいて討議されることになり、いかに処すべきかが検討されることになった。さてある者たちにとってはディオエニスと和平《イリニ》を結び、権力《アルヒ》の一部を譲り、それ以外は何もしないことが良いと判断され、他の者たちにとっては戦いは遂行し、今後その者に無謀な行動に乗りだす機会を一切与えるべきでないとの考えであった。とにかくまずは和平《イリニ》の交渉が行われることになり、皇帝《ヴァシレフス》からその者へ、思いやりと好意の詰まった書簡《グラマタ》が発送される。しかしその者は、何の悪事もまったく犯したことのない者に同情が寄せられたと憤慨し、自分は要求する立場にあり、帝権《ヴァシリア》を放棄することも、権力《クラトス》の限られた一部で我慢することもしないと、返答において［われわれの］考えていたこと以上に思い上がった態度を示したのである。

XXXVI. そこでこの件［和平交渉］は放棄され、皇帝《ヴァシレフス》はやむを得ずアンドロニコスへ軍勢《ストラテヴマタ》を与え、なおこのケサルの長男は驚くほどに背丈は立派で精神は自由、心は優しく、ことのほか公正な男であったが、全東方［軍］の指揮《アルヒ》を託し、ディオエニスに向けて送りだす。その者がまず最初にしようとしたことは、軍隊《ストラトペドン》を一つの同じ考えの集まりにまとめあげることであり、そのために兵士の一人一人に対してしかるべく接し、すべてに対して親しい存在であるように対応した、そしてつぎの目標は、ディオエニスに気づかれずにキリキアの隘路《ステナ》に近づき、山岳地帯のまがりくねった、まったく[169]通行困難な細道をゆっくりと通過し、そして突然に敵の前面に姿を現すことであった。わが兵士たちは考えを一つとする集団となり、そして彼の考え通りに狭く険しい断崖の道を通過したのであった。他方、皇帝《ヴァシレフス》［ミハイル］については、敵［ディオエニス］がわが軍《ストラテヴマ》によって捕まるのではないか、その際あるいは戦って倒れ、あるいは生け捕られ身体の一部を切断されるのではないかと恐ろしく不安な状態でいた。(11)

XXXVII. 確かに私はその者があの者をおもって涙を流しているのを幾度も見たことがあり、またあの者を救うためには自分の危険で支払ってもよい［と言っているのを聞いたことがある］。なぜならその者が言ったように、あの人《アンソロポス》に対して愛情を抱いており、彼とのあいだに破れることを恐れる約束事《シンシケ》が存在したからである。したがって聖職者《イエラティキ》であり、平和の心をもった男たち(12)へ友情のあふれる言葉を託し、そしてまたあらゆる種類の約束を与えることを言明し、鉄のような堅い心に従順になるよう説得する、敵にあてた手紙《グラマタ》を手渡したのである。

XXXVIII. しかしそれらの者たちが到着する前に、その者はすでに戦いに駆りたてられていて、彼自身は、彼に従う少数の側近の兵士と共にすでに前もって掌握していた要塞《フルリオン》(13)の中にとどまり、先に本書で知らされたアルメニア人のハタトゥリスに軍隊《ストラトス》のほとんどすべてを率いさせ、必ず成功するとの期待をもって、敵に向けて送りだしたのである。確かにこの者は歩兵《ペズィ》と騎兵《イピス》を引き連れ、そして有利な諸地点を先に確保すると、そのほとんどが戦闘精神にあふれ身体強健な兵士たちを戦闘隊形《ファランクス》に配置する。

XXXIX. アンドロニコスもまたその者に対して戦列を整え、戦闘態勢に入る。しかし盾を並べ、そして互いに白兵戦に突入する前に、フランク人のクリスピノス(14)【170】（その者が死んだまさにその日に私はこの文章を書いている）がすでにアンドロニコスと共にあり、その者を勇気づけ、また自分もその者によって励まされる。実にこのクリスピノスは最初はローマ人の敵として登場したが、その後は態度を変え、最初における敵対関係にあったときと同じ熱心さで忠誠の態度を示したのである。そしてその者はアンドロニコスへ自分を信頼するよう求め、そして敵の騎兵《イピス》への突撃を告げると、自身の配下の者たちを率い、手綱をゆるめて馬を疾駆させ、そして敵のまっただなかへ襲いかかり、彼らの戦列《ファランクス》を分断した後、わずかのあいだ立ち向かい、その者に抵抗した後に背を向けたのを目で確認すると、彼に従う少数の者たちとともに逃走者の後を追って駆け、そのとき多くの者を殺害し、それ以上を生け捕りにした。

XL. ディオエニスの軍隊《ファランクス》は粉砕され四散し、他方アンドロニコスは戦勝記念碑をかかげる者《トロペオフォロス》としてクリスピノスと共に彼のために用意された幕舎《スキニ》へ帰還する。それから一人の騎兵《イペフス》が敵の一人を連れて軍司令官《ストラティゴス》のもとへやってくる。その者はアルメニア人のハタトゥリスであった。［軍司令官を前にして］その者の語るところによれば、逃走中に馬から転げ落ちて溝にはまり、茂みの中へ入りこんだ。追跡者の一人が見つけ殺そうとしたが、その者が涙を流すのを見ると、衣服を脱がせ裸にして茂みの中に残して去った。つぎに別の者が再びその裸の男を見つけ殺そうとしたとき、その者を前にしてつぎのように言ったのである。「まあ待て、私を助けてこの軍司令官《ストラティゴス》[15]（その名を告げた）のもとへ連れていけば、あなたの右手を贈物でいっぱいにしてくれるだろう」アンドロニコスはここで語っている者が誰であるかに気づくと、これ［ハタトゥリスの捕縛］を第二の幸運と見なし、そして勇敢な軍司令官《ストラティゴス》に相応しいように衣服を着せ身なりを整えさせた後、その男を縄をうたずに監視下においた。

XLI. [171] 確かにディオエニスは自分の周りにいる者たちを頼りにすることはまったくできなかったが、ペルシアの同盟軍《シムマヒア》[16]がただちに彼のもとに到着することに期待をかけていた。だから彼のもとにいる人々を元気づけ、期待は必ず実現すると請け合った。しかしその者が信頼していた者たち、そして要塞《フルリオン》の鍵を手渡していた者たち、それらの者たちによって、あっけなく早々と捕らえられてしまった。というのはこれらの者たちはわが軍司令官《ストラティゴス》と協定を結び、危害を受けないとの誓約《ピスティス》を取りつけた後、城門を開き、わが兵士たちに入城を許し、ディオエニスが寝起きしていた建物にまで導いたのである。その者は、すでに望みを断念し捕虜のように手を縛られ、異様であわれむべき様子で立っていた、そして自分を捕らえた者たちになすがままにさせた、ただちに修道士の粗衣を身にまとい、頭の被り物を取り除き、誰であれそれを行おうとする者に頭髪を切ることをゆだねた[17]。だから生活《メタセシス》の《トゥ》変更《ヴィウ》［にかかわる儀式］は、たまたまそこに居合わせた人々によって間に合わせに行われ、そしてそれからその者たち［兵士たち］は彼を要塞《フルリオン》から連れだし、考えられる限りの過度な喜びようでその者をアンドロニコスのもとへ連行する。しかしその者は彼に対して威張るようなふるまいはまったくせず、彼の不幸を憐れみ、右手をとって自身の幕舎《スキニ》へ導き、すばらしい食卓をともにしたのであった。

XLII　とにかくここまではわれわれの物語は大きな障害なく進み、読者に平坦な王《ヴァシリキ》の《イ》道《オドス》を歩ませた、確かにこれは聖書《セオロイカ》にある言葉《リマタ》である[18]。しかしここから話をさらに先に進め、起きてはならなかったことを語ることには大いにためらわれる、しかしほとんど同じことを少し変えて言えば、それはまったくその通りに起こらねばならなかったことである[19]。つまり一方では敬愛の情から、並びに恐ろしい事態は避けねばならないという自然の道理からそれは起こってはならなかったが、しかし他方では国事の状況と将来における事態の急変を考えると起こらねばならなかったのである。確かに皇帝《ヴァシレフス》に好意を抱いている側近たちは、ディオエニスについてその者が何か画策して、再び皇帝《ヴァシレフス》にとって面倒の原因になるのではないかと恐れ、その計画をその者（皇帝）にはすっかり隠して、そのとき【172】［ディオエニスに対して］生殺与奪の権を握っていたある人物[20]に、書面《グラマタ》を通じて彼の両眼を潰すことを命じたのである。

XLIII もちろん行われたことは皇帝《ヴァシレフス》の知るところではなかった。私はへつらってそう言っているのではない、神よご承知あれ、これはまったく正しい、それゆえに後になって知ったとき、その者は以前あの者［ディオエニス］が囚人として拷問を受ける際に流したよりもより多くの涙を流し、この行為を非難し、また彼の不幸を歎きもしていた。なおディオエニスの捕縛が皇帝《ヴァシレフス》へ知らされたときも、小躍りしてみせることも、あるいは側近の者たちの前で他の喜びの態度を示すこともなかったのである。世間の多くの人々からの非難を気遣うことがなければ、その後長いあいだ悲しみに沈んだ様子をつづけていたであろう。さてその者は両眼を潰された後、その者がプロティと呼ばれる島に建設した修道院《プロンティスティリオン》へ運ばれ、そこでしばらく生き、四年弱の皇帝《ヴァシリオス》としての統治《アルヒ》の後に死去した、他方ミハイルは帝国《アルヒ》を完全に手中にしたのである。

# アタリアティス『歴史』(21)

## ロマノス＝ディオエニスの出陣、行軍中に不吉なことが次々に起こる(22)

[142] ……その者［皇帝］は女王の都《ヴァシレヴゥサ》で冬を過ごし、兵士《ストラティオテ》の名簿《カタロゴス》の作成を行った(23)。そして[143]春がこっそりと顔をだすとすぐ、教会において異端者《エレティキ》を正教徒《オルソドクシ》から引き離し、異説を抱く者《エテロドクシ》たちを呪詛するのが習わしであった。まさに周知の正教勝利の主日《イメラ オルソドクシアス》(24)に海を渡り、慣例に従ってイリアの宮殿《パラティア》(25)へ急いだ、なおその者は、その前日に元老院《ヴリ》の高貴な人たちに一年間の贈物、いわゆる年金《ロガ》を与えていた。

その者がハルキドン海峡《ポルスモス》を渡っているとき、まったく白くなく、大部分が真っ黒に見える一羽の鳩がどこからか飛んできて、皇帝《ヴァシレフス》を乗せている船《ナフス》に近づき、ついにはその者自身のもとにきて、彼の両手の中にとどまった。そこでその者は、そのときには慣例に反して(26)都《ポリス》の宮殿《アナクトラ》にとどまっていた皇后《ヴァシリス》へその鳩を届けた。このことは、これから起こるであろうことを予告するしると見なされ、しかし、それを解釈しようとする人々に同一の意見をもたらさず、ある者たちは何か良いこと、他の者たちは何かおもしろくないことの前兆と考えていた。ところで皇后《ヴァシリス》はどうかといえば、皇帝に不信の思いを抱き、出発のときも同行せず、いわば夫婦のあいだで起こりがちな、なんらかの感情のもつれから諍いが生じていたけれども、結局夫への愛しい想いで和らげられ、翌日、海を渡ってその者のもとへ赴いた、そして数日間とどまり、告別の辞と儀式を厳かに行った後、宮殿《アナクトラ》への帰還を告げ、そして東に向かっていくその者を通常のやり方で見送った。

[144] さてそのときに皇帝《ヴァシレフス》の渡った先は、通常とは違って少し変わった停泊地であった。確かに皇帝《ヴァシレフス》が錨を降ろしたところは皇帝《ヴァシリイ》のための建物《ドミ》のあるピレ(27)でも、また皇帝の護衛隊《ヴァシリキドリフォリア》あるいは指揮官《イパティア》たちを受け入れることのできる田園地であるネオンコミ(28)でもなく、エレノポリスへの上陸の合図が皇帝によってなされていたのである、そこに皇帝《ヴァシリオス》の幕舎《スキニ》の設営が前もって決められ、すでに建設が始められていた、なおこのエレノポリスは語呂合わせから遊び心のある人々によって哀れを誘うポリス《エレイノポリス》と呼ばれた。そしてこのことも、すなわち皇帝《ヴァシレフス》がイリアからエレノポリスへ、上陸地を東へ移したことも、ものごとを詳しく調べる人々にとってはよい前兆のように思えなかったのである。というのは確かに、皇帝《ヴァシリオス》の幕舎《スキニ》が建てられていたとき、それを支える支柱の木材が砕けて、突然それを倒壊させてしまった、もしそのときに皇帝《ヴァシレフス》が中におれば事態はその土地の名称に相応しい［哀れな］こととなったであろうから。しかし当世の人々のいつもの愚鈍さと不誠実、信じるべきを信じようとしないこと、当然の結論への無関心、これらによって、この件についても黙ったままにしておくもの、横から余計な口を挟むものでないものとして、問題にされなかったのである。(29)

とにかく皇帝《ヴァシレフス》は前進をつづけ、東にむかってさらに遠くまで進み、今回は彼の周りのすべての者に対して以前にもまして警戒につとめながら、ついにいわゆるアナトリキの地域《エパルヒア》にまでやってきた。さてその者は、小麦が実り川がそばを流れる平地に野営することをやめ、[145] 自身の野営地を険しい岩ばかりの場所に設けた、その際自分は屋根のある小さな建物で満足し、幕舎を建てて宿泊することを避けた。そのときに、確かにこれまでのものと比べて小さくはない災いが不運の前兆として起こった。すなわちどこからか火が運ばれ、大きな音と共に燃え上がり、皇帝《ヴァシレフス》が宿舎としていた建物を食い荒らしはじめた。多くの者が走り集まり、火を消しとめようとしたが、皇帝の持ち物のほんのわずかしか救いだすことはできなかった。もちろん馬のうちでもっともすばらしい皇帝《ヴァシレフス》の馬、それにもっとも貴重な武具、そして馬具や馬車は、同時に火の餌食となり飲み込まれてしまった。辛うじて若干の物が火勢から免れることができた。他の馬とラバは半焼け状態で何の役にも立たないものとして軍隊《ストラティア》の中を歩いていたが、ただ皇帝の持ち物に降りかかった禍として、そしてすべての点で表象的な結末をしめすものとして目立った存在であった。

## サンガリオス川を渡りセオドシウポリスに至る

後になってこれらの出来事の意味は完全に明らかにされる。さて皇帝《ヴァシレフス》はいわゆるゾムポスと言われる橋[30]でサンガリオス川を渡り、残っている兵士《ディナミス》[31]たちを集めはじめた。なぜなら軍隊《ストラティア》に属する者たちは、すでに語られた蛮族《バルバロイ》（軍）の増強によって、丘、洞穴、避難所、岩屋などに逃げ込み四散してしまっていたからである。その者は集めた者のうちで自分の望みにかなった者だけを［兵隊名簿に］登録し、[146] 多数の者を後方へ送り返した後、上機嫌で前進をつづけた、その間に幾度も軍隊《ストラトス》から離れて自分の別荘に行き、［供の者たちに］自身の財産を誇示し、豪華に作られた建物を用意した。だから軍隊《ストラトス》がアリスと呼ばれる川を渡ったとき、彼自身はそれと一緒に渡らず、彼の命令で建設された新しい要塞《フルリオン》に行き、そこにとどまり数日間を過ごした。それから彼自身も川を渡り、ハルシアノンの地方《エパルヒア》[32]に入り、その地にある彼自身の所領地において、軍隊《ストラトス》との別行動を解消した。そしてそのときから［軍隊と］分かれることはなく、そして軍全体にはケサリアに入ることを許さず、冷たい《クリア》泉《ピイ》[33]と呼ばれる地点まで進み、そこで野営した。なぜならその場所は役に立つあらゆるものと、透き通った、そして美味で冷たい水があり、豊かな牧草と共に深くおおわれた樹木が生い茂り、またたやすく木材を集めることができ、あらゆる種類のバラとユリが繁茂している、また彼ら自身の面前には人を導きあげる緩やかな高さの丘が都合良く位置しており、そしてその場所は、さまざまの機能を有しているゆえに、まさしく地方都市《アスティコミ》または田園都市《アグロポリス》と言っていいほどのものとして知られている。皇帝《ヴァシレフス》がそこで数日間宿営したあいだに、兵士たち《ストラティオテ》、とくに外国人傭兵《ミストフォリコン》によってその地方が容赦なく略奪され、すべての穀物が季節はずれに切りとられ、家畜の群れによって運び去られたことを知り、激しく心を痛め、[147] 以前はサヴロマテ[34]として知られていたが、今はネミツィ(35)と呼ばれる者の何人かにとくに激しい怒りを表した、しかしネミツィは傲慢と怒りに燃え立ち、蛮族《バルバリキ》特有の狂気から、仲間への復讐に向こう見ずにも立ち上がり、昼食時に馬に飛び乗り、皇帝《ヴァシレフス》の幕舎《スキニ》と皇帝《ヴァシレフス》自身を攻撃しようと申し合わせた。彼らによる攻撃の計画が知られ、野営地《ストラトペドン》内に混乱の叫び声が起こった、そして事態が速やかに伝えられると、皇帝《ヴァシレフス》は戦列を整え、戦いの準備を行い、そして馬に乗り、戦闘にのぞむときのように軍勢《ストラティア》を集結させ、そのように見事に隊列を組んで平地へ達することで、これらの客人《イディオクセニ》(36)たちをびっくり仰天《ホラ》(37)させた。そこで彼らを協定に従う者《イポスポンディ》となし、彼らには昨日までの［皇帝に］身近な護衛《ソマトフィラキア》の地位からどん尻《エスハティ》の位置にまわした、なおそのような行為におよんだ彼らに課された処罰はただそれだけであった。

つぎにそこからセヴァスティアの方向へ道をとり、急いでイヴィリア人の地に到着すべく出立することになった、セヴァスティアにおいて街道は二つに分かれ、共にコロニアの地域《セマ》に通じる二つの街道のうち、左手を行くことを選んで進んだが、そこで皇帝《ヴァシレフス》は多数の亡骸《なきがら》の横たわる光景に出くわした。確かにその地で昨年、クロパラティスのマヌイル＝コムニノス率いるローマ人とトルコ人のあいだで戦いが行われ、［148］そのときローマ軍《ストラトペドン》が敗れたのであった(38)。そこに野営した兵士たちにとって、それもまた不吉な光景に思えた。

目前の道を日に日をついでつき進み、セオドシウポリスに到着した、この都市は以前は見捨てられ、人の住まない状態であった。なぜならこの都市の近くの、優れた位置にあるように見えたアルツィの都市《ポリティア》に人々が家屋を移し、その都市がペルシアやインド、そして他のアジアの地が産するあるゆる商品を多量に扱う、とても大きな地方都市《ホロポリス》となったからであり、しかし他方ごく最近に再建され、私はセオドシウポリスのことを言っているのだが、思いがけなくトルコ人を隣人とすることになったため、堀と城壁で防備が固められた、それはその前にアルツィの都市《ポリティア》が彼ら［トルコ人］の襲撃を受け(39)、都市は住民すべての殺戮と占領を被ったからである。皇帝《ヴァシレフス》はその地で少なからぬ日数を過ごした後、これから無人の、異教徒《エスニ》たちによって踏みつぶされた土地を進んでいくことになることから、すべての者に二ヵ月間の糧食を支給することを、伝令使を通じて知らせた。

### ディオエニス、軍隊を分割し、多数の軍勢をフリアトへ送る

すべての者が命じられたことを念入りに行った後、皇帝《ヴァシレフス》は傭兵《ミストフォリコン》のうちスキタイをフリアトへ攻撃と略奪のために送りだし、このことは以前も行われたことであったが、そしてつづいてさらにフランク人と呼ばれるエルマニ(40)をも彼らの指導者《イゲメノス》、腕っ節の強い、名をルセリオスという男と共に送りだした。他方その後でその者［皇帝］は残りの遠征軍《ストラティア》を伴って【149】進軍を始めたが、先に派遣した者たちと合流してフリアトを攻撃する考えはなかった。そうでなく昨年にペルシア人の首長《アルヒゴス》（私は彼らの言葉でスルタノスと呼ばれていることを知っている）が先んじてマンツィケルトと呼ばれるローマ人の都市《ポリス》を掌握し、ディリミテと共に多数のトルコ人からなる守備兵《フィラケス》を配置していたことから、皇帝《ヴァシレフス》はむしろこの都市《アスティ》に向かって進み、そして都市を救出し、ローマ人の支配のもとに復帰させ、それからつぎに敵を、すなわちそこから遠くないところに位置するフリアトを攻撃することを決定したのであった。

ところで［皇帝は］マンツィケルトにおける敵の守備兵を、自分の攻撃に対抗することができないものと侮り、そこで軍隊《ストラトス》から別の大きな部分《ミラ》を切り離し、その指揮権《ストラティイア》を名の知られた一人、マイストロスのヨシフ＝トラハニオティスに託し、なおその上に少なからざる歩兵《ペズィ》の密集部隊《スティフォス》をも与えた。その者に託された軍隊《ストラティオティコン》は精鋭で、負けることを知らない者たち、白兵戦やその他の戦闘において真っ先に危険を冒し、先頭に立って戦う兵士からなっており、また数においても皇帝《ヴァシレフス》のもとにいる者たちよりはるかに優っていた。というのはこれまでの戦闘において、皇帝《ヴァシレフス》と行を共にしたローマ人たちには、一般にアライオン(41)と呼ばれる彼の護衛部隊《ミラ》があらゆる危険をおかして戦闘を戦い抜かねばならないというほどの困難な事態は生じなかったからである。結局他の者たちが勝利を先どりすることになり、皇帝《ヴァシレフス》に同行する【150】諸部隊《ロヒ》は戦闘行為の外にとどまってい

て、とにかく戦闘および白兵戦を忘れてしまっている状態にあった。

さて前述のように、トラハニオティスは精鋭兵士を受けとると、そこを出立しフリアトに通じる街道を進んだ、それは先に派遣されたスキタイとフランク人を救援するためであり（なぜなら敵が一万もの多数の軍勢で彼らを攻撃しようとしていることが報告されていたからである）、同時に都市《アスティ》の周囲の作物を確保するためであった、そうすれば作物がフリアトの住民によって先に奪いとられ集められて、後から皇帝《ヴァシレフス》がその地にやってきて都市《アスティ》の包囲をつづけることになるときに、軍隊《ストラトス》に［食糧の］欠乏を引き起こさせることはないだろう。確かにそうなれば二重の戦い、つまり敵からの攻撃と飢えがこれらの者たちに押し寄せることになるだろう。確かに皇帝《ヴァシレフス》はこのことをよくよく考えて軍隊《ストラトス》を分割したのであった、すなわち速やかにマンツィケルトを従わせ、このことは達成されたが、そして短期間のうちに自身の意に沿う状態に整え、そうしてから［フリアトの］彼自身の味方の者たちのもとへもどろう、もし予期せぬ形で自分たちが戦闘をしなければならない事態となれば、急使《タヒドロミ》を送って、遠くに離れているのではない［フリアトの］味方を呼び寄せよう、皇帝はそのように考えていたのである。また斥候《スコピ》たちから、スルタノスが急いでペルシアに向かっているとの情報が、その者［皇帝］に報告されていた。[42] この理由からも彼による軍隊《ストラトス》の分割は理解しがたいことでもなかったし、また将軍《ストラティイコン》として払わなければならない思慮から外れた考えでもなかった、しかし運命《ペプロメニ》といおうか、あるいはむしろ人智のおよぶところでない神《シオス》の計画《ロゴス》が[43]、いわば出口を逆方向に定めなかったならばである、つまり[151] 進軍が終わり、軍隊が その場所から撤退し、その同じ日に軍隊《ストラトス》の他の部分との合流が行われる前に、スルタノスは軍使による戦いの通告なしに突然現れ、機先を制し勝利をえることになり、その結果達成されると思われたことは阻止されてしまったのである。[44] しかし多くの者は分割の理由を知らず、するべきでないときに軍隊《ストラトス》の分割を行ったとしてその者を非難するが、私たちの能力では知り得ない原因について心し、思いを致すことをしない。

## ディオエニスの軍勢、マンツィケルトを奪還する

〔話をもどして〕皇帝《ヴァシレフス》はマンツィケルトの近くに達した後、[45] 陣営《パレムヴォリ》をすべての荷物と共に城壁の近くに設置し、いつものやり方に従って防御柵《ハラクス》を建てるように指示し、自身は軍隊《ストラトス》の選り抜きを連れ、どのような方法で城壁に対する攻撃を容易に行い、どこへ攻城具《エレポリス》を運ぶかについて検討しながら都市《アスティ》の周りをまわった。それら〔攻城具〕はあらゆる種類の、とても大きな木材で作られ、すでに用意されており、千を下らぬ車で運ばれることになる。さらに軍隊《ストラトス》用の羊と牛の無数の群が追い立てられてきた。〔城壁〕内の敵は鬨の声をあげ、抜き身の剣《クシフィ》を振りかざし、遠くから矢で攻撃してきたが、皇帝《ヴァシレフス》は丸盾《アスピス》を携えて騎馬で城壁を一巡した後、陣営《パレムヴォリ》にもどった。

他方アルメニア人の歩兵《ペズィ》たちは、アクロポリスの外の城壁に対して攻撃に乗りだし、何回もの攻撃を加えた後、[152] 太陽が西に沈もうとするとき、鬨の声だけで城壁を奪いとる。皇帝《ヴァシレフス》がその成果を喜んだそのときに敵側の使節《プレスヴィス》たちが到着し、彼らへの情けと彼ら自身の財産の保証を求め、そのような約束《オモロイエ》のもとで皇帝《ヴァシレフス》に都市《ポリス》を引き渡すことを約束した。その者はそれに同意し、贈物を与えて使節《プレスヴィス》たちを厚くもてなした後、ただちに要塞都市《カストロン》を受けとる者を送りだした。しかし、中にいる者たちは、夜中に敵方の者から何かよからぬことが行われるのではないかと恐れ、そのような遅い時刻に守備隊《フルラ》を中に入れることを拒んだので、その者たち〔都市内の〕は不実を働き、協定《スポンデ》について偽りを言ったと判断された。それゆえに皇帝《ヴァシレフス》は、速やかに戦いの合図のラッパを吹かせ、全軍を率いて陣地《パレムヴォリ》から出撃し、城壁に近づいた。これに驚愕したトルコ人は弁明にとりかかり、再び彼ら自身の救済のいっそう大きな保証を願い、そしてそれらを受けとると、彼ら自身の荷物をもって都市《ポリス》から出て、皇帝《ヴァシレフス》に跪いて屈服の意を示す、しかしそのとき、彼らのすべては素手ではなく剣を手にしており、大勢が完全武装していない皇帝《ヴァシレフス》に近づいたのである。このときに私自身その場に居合わせたが、殺人を事とする、無謀と狂気と同居しているような男たちのまっただなかで、鎧も着けずに一緒にいる皇帝《ヴァシレフス》の

単純さ《アプロティス》(46)はまったく容認できなかった。

またそのとき、皇帝《ヴァシレフス》の正義への熱意を示すものと思われるが、しかし処罰において度を越し、義にかなったものと思えない別の事件が起こった。すなわち兵士《ストラティオテ》の一人が [153] トルコ人の小さなロバを盗んだとして告発され、縛られて皇帝《ヴァシレフス》の前に引きだされ、おかした罪を越える罰が決定されたのである。すなわち刑罰は財貨によるのでなく、鼻の切除と定められた。その男は大いに助けを乞い、自分の持ち物すべてを手放し、また執り成しとしてあまねく讃えられる女主人《デスピナ》、ヴラヘルネの神の母《テオトコス》(47)の、あまねく崇められるイコンの名を唱えたが、これ［イコン］は出征する敬虔な皇帝《ヴァシリス》たちと共に、無敵の武器《オプロン》として携行されるのが習わしであったものの、皇帝《ヴァシレフス》の心には憐れみの情は現れず、聖なるイコン《イコニズマ》の不可侵性への畏怖も感じられなかった。その者自身［皇帝］とすべての者が見ている前で、またイコンそのものも高く掲げられたところで、その哀れな者は大声を発し、深くため息を吐くと、鼻を切りとられた。私自身、そのとき、いつかきっと神《シオス》の大きな怒りが私たちに下されるだろうと感じとった。

多数のローマ人を［トルコ人の代わりに］都市《アスティ》に入れ、軍司令官《ストラティゴス》を任命してから、［皇帝は］勝ちどきや歓声、勝利の絶叫をあげさせ、大いに気どって陣地《パレムヴォリ》に帰還した。翌日、その者は文書による取り決め《シンシマタ》と、住民の拠出金で要塞《フルリオン》の防備を固め、そしてただちにフリアトに駆けつけようとの考えであったが、敵がどこからか現れて、略奪に出かけた兵士《ストラティオテ》の従者《イピレテ》たちを攻撃し、さらに加えて彼らを混乱状態に陥れ、苦しめているとの知らせが届きはじめた。次々と知らせが届き、皇帝《ヴァシレフス》は [154] スルタノスの一人の将校《イエモン》が少数の軍勢《ディナミス》で、散開しているローマ人の従者《イピレテ》たちに突然襲いかかり、激しく苦しめていることに気づき、彼らを撃退するためにマイストロスのニキフォロス＝ヴリエニオスを十分な軍勢《ディナミス》をつけて送りだした。その者は先頭に立って小競り合いを行い、また騎馬戦にのぞんだが、敵に対して完全な成果をあげることができなかった（なぜなら敵味方は互いに少数の集団でぶつかり合ったためである）。そのようなどっちつかずの不安定な展開の中で、トルコ人が離れた距離から矢を射かけ、そのため多くのローマ人が傷つき、また倒れる者もあったので（確かにそのときのトルコ人は私たちの経験した他の者よりも強壮であり、より大胆に戦い、接近して攻めかかる相手に立ち向かってくる）、ついに前述の軍司令官《ストラティゴス》は恐怖に駆られ、皇帝《ヴァシレフス》から別の軍勢《ディナミス》を求めた。しかしその者［皇帝］は彼を臆病と判断し（なぜなら事態を正確に知っていなかった）、［そのときは］求めには一切応えず、他方で集会《エクリシア》を召集した後、［兵士たちを前に］慣例に反して戦闘について一席ぶち、その際激しい言葉を使いさえした。その間において、一人の司祭《イエレフス》はこれから読み上げられる福音書《エヴァンゲリオン》の箇所を告げた。それを聞いて、ある人たちは、彼［司祭］によってこれから語られることが、迫り来る事態にかかわるものであろうことを心に刻んだ。しかし私自身も彼らのうちの一人であったので、私がそのことをくり返して言う必要はないであろう。その他は省略するが、福音書《エヴァンゲリオン》にはつぎの言葉が見られる。「もし人々が私を迫害したなら、あなた方をも迫害するだろう。もしその者たちが私の言葉を守ったなら、あなた方の言葉をも守るであろう。その者たちはそれらすべてをあなた方に行うであろう、[155] 私を使わしたものが誰であるかを知らないゆえに。しかし、あなた方を殺す者すべてが神《セオス》に仕えているのだと思うときが来る(48)」確かにこのことを前もって知らされた私たちはただちに不安を感じ、そして暗示して言われたことが確かであると判断していたのである(49)。

他方、戦闘が激しさをましてきたので、皇帝《ヴァシレフス》はマイストロスにしてセオドシウポリスの軍事長官《カテパノ》のヴァシラキスをもその地方出身の兵士《ストラティオテ》を与えて共々送りだした、他の者［兵士］たちはトラハニオティスと共にフリアトにいたからである。そういうわけでその者はヴリエニオスに合流し、［ヴァシラキス］自身もしばらくの間小競り合いに加わっていた。しかし兵士《ストラティオテ》たちが彼（ヴァシラキス）の後に従うことに同意したので、彼自身は先頭に立って戦うことを公言すると、ただちに突撃し、敵が背を向けると追跡にとりかかった。ヴリエニオスは軍勢の大部分《プリッス》と共に彼の後に従ったが、しかしつぎに、ヴァシラキスの知らないうちに、彼の周囲の者たちに手綱を引いて止まるように合図を送り、その者［ヴァシラキス］と彼を信頼する者たちだけに、遠くまで激しく突き進ませるままにした。［ヴァシラキスが］敵の防柵《ハラクス》で守られた陣地に達したとき、彼の馬が矢を射られ、その者は地面に降り立った、しかし武具《オプラ》の重さに苦しめられた。敵は彼の周りに群がり集まり、生きたまま捕らえることになる。

## トルコ人の突然の出現と夜中におけるローマ人の陣地への攻撃

この知らせが皇帝《ヴァシレフス》と軍隊《ストラトス》に達すると、ローマ人は臆病心とこれからの危険の予想に襲われた。なにしろ負傷者が担架で運び込まれ、[156] 受けた傷の苦痛でうめいていたからであった。そこで皇帝《ヴァシレフス》は、生じた事態を確かめるため、そして戦いという事態になればそれに立ち向かうため、残りの軍勢《プリソス》を伴って陣地から出ていくことを強いられた。［皇帝は］夕方になるまで、ある高い丘の上にとどまっていたが、彼に敵対する者を見いださなかったので（なぜなら卑劣さと大きな着想力が同居しているようなトルコ人は、術策《ミハネ》と鉄面皮《スストレ》の狡猾さ《アピンゴニズメネ》(50)を使って常に事をうまくなし遂げてしまう）、まさに太陽が地平線に沈もうとするときに陣営《パレムヴォリ》にもどった。しかしそのときこれらのトルコ人は機械装置《ミハニ》(51)に乗って現れたかのように群がり集まり、陣地《パレムヴォリ》の外にいたスキタイと商いをする者たち(52)に激しく襲いかかり、聞きとれない遠吠えを発し、弓《トクソン》で矢《ヴォレ》を射かけ、騎馬で旋回しながら、その者たちを少なからぬ恐怖と危険に陥れた。だから攻撃を受けた者たちは防御柵《ハラクス》の陣地の中へ逃げ込むことを強いられた。敵の攻撃から逃れようとして群れをなして殺到し、互いに他を押しのけて入ろうとしたので、中にいるものにこの上なく大きな混乱を生じさせた、なぜなら敵が一緒に突入し、陣地《パレムヴォリ》全体がすべての軍用行李《アポスケヴィ》と一緒に占領されると思ったのである。確かに月のない闇夜であり、逃げる者と追いかける者の区別ができず、誰が敵側の者であるのか判断がつかなかった。確かにスキタイ傭兵《ミストフォリコン》(53)はすべてにおいてトルコ人と似ており、そのときの状況を不明確なものにしていたのである。まさにそのときには、途方もなく大きな恐怖、不吉な発言、[157] さまざまに入り交じった聞きとれない叫び声、物をうち鳴らす不分明な騒音、それらすべてが混乱と危険と混じり合い、そのような状態の中に人々は置かれていた。そして誰であれ、すべての者はそのような場面を目にするよりは死ぬことを願っていた。そのような事態を目にしなかったことは僥倖と思われ、また目撃しなかった者たちは幸運者として祝福された。

ローマ人たちがそのとき、そのようなひどい状態に置かれていたけれども、敵は防御柵《ハラクス》の陣地の中に入っていくことができなかった、これらの者もそのときの状況が危険であると用心した(54)、つまり常《キネ》識《エンニエ》(55)の命ずることに従ったのであった。しかしその者たちは急いで立ち帰ることはせず、夜中じゅう、陣地の外を疾駆し、周囲を駆けまわって耳を聾する音をローマ人の陣地《パレンヴォリ》に鳴り響かせ、矢《トクサ》と攪乱戦術で攻撃し、いたるところから騒音を発し、彼らを恐怖に陥れたので、すべての者は目を開き、眠ることなく夜を過ごしたのである。両刃の剣《ロムフェア》が今にも抜かれんばかりに、危険が目前に明らかにあるようなときに、一体誰が眠りに落ちることができただろうか。

## マンツィケルトの戦い前日

翌日になってもなお敵は騎乗し、［相手を］戦いに駆りたてることを止めず、さらに［陣地の］近くを流れる川(56)を掌握し、ローマ人を何とか飢えに陥らせようとつとめた。その日、タミス(57)という名の者を指揮者《エクサルホス》とするスキタイの一部隊《ミラ》が裏切り、敵方に合流した。まさにこの事態はローマ人をこの上ない不安な状態に投げ込んだ、[158] なぜならこの民の残りの者たちに対しても疑いはじめたからである、というのは敵とよく似ていることから、彼らと通じ合い、きっと一緒になって立ち向かってくるのではないかと思われたのである。しかし歩兵《ペズィ》たちの一部が弓《トクサ》をもって出撃し、トルコ人の多くを殺害し、彼らを陣地《パレムヴォリ》から遠くへ引き下がらせた。

そこで皇帝《ヴァシレフス》は、敵に対して戦列を真っ正面に据えての白兵戦で、ただちに戦いの勝敗を決しようと望んだ、しかしフリアトに向かっていった兵士たち《ストラティオテ》［の帰還］を待ち、この戦いを延期することにした、なぜならそれらの者たちは少なからぬ軍勢《プリソス》であり、常に怯むことなく敵と組み討ちして戦うことに慣れ、さらに戦《ピリヒオス》いの舞《オルヒシス》(58)いにおいてこの上なく鍛えられた者たちであったからである。しかし結局彼らの救援を断念し、(59)なぜなら、なにかやむを得ぬ厳しい事態が彼らの帰還を阻止したのだと思い、翌日に彼のもとにいる者たちと共に敢然と敵と戦おうと決心した。しかしながらそれでも彼にはまだ、明日にはあの者たちが遅れてやってくるのではないだろうかとの希望があった。なぜならその者［皇帝］はつぎの事実を知らないでいたからである、つまり彼らの軍司令官《ストラティゴス》［ヨシフ＝トラハニオティス］が皇帝《ヴァシレフス》自身に向かってスルタノスの進軍してきたのを知るや、麾下のすべての者を引き連れ、あさましくもメソポタミアを経てローマ人の土地に逃げ込んだのであった、実に情けないあの者は自分の主人《デスポティス》のことも、当然の義務をもまったく意に介さなかったのである。

さて皇帝《ヴァシレフス》は予定の計画に従って明日における戦いの準備をした後、なお皇帝《ヴァシレフス》の幕舎《スキニ》にとどまり身辺整理に取りかかっていたとき、私自身、スキタイへの疑惑を取り去ろうと考え、[159]彼らに誓言《オルコス》させて間違いない存在にすることを皇帝《ヴァシレフス》に勧めた。もちろん［皇帝は］その計画を受けいれ、即刻私をその作業の実施にあたらせた。だから私は、皇帝《ヴァシレフス》およびローマ人に対する誠実《ピスティス》を確かに揺るぎないものとして守ることを彼らの父祖伝来《パトリオン》の習慣に従って彼らに誓わせ、そうして彼らを協定《スポンデ》を確実に遵守する者にしたのであり、確かに意図したことにおいて失敗することはまったくなかった。なぜなら彼らのうちで、まさに戦闘の最中においてさえ敵方に走る者は誰もいなかったのである。

### スルタノス、使節を送り和平を提案

それらのことが行われ、そして兵士《ストラティオテ》たちが武装して隊列《タクシス》ごとに、また独立部隊《ロコス》ごとに馬に乗ろうとしていたときに、スルタノスから両者間の和平《イリニ》を交渉する任務を帯びた使節《プレスヴィス》たちが到着した。(60)皇帝《ヴァシレフス》は彼らを受けいれ、使節《プレスヴィス》に対する慣習に従って彼らに言葉をかけたが、他方必ずしも彼らを特別の好意をもって迎え入れたわけ

ではなかった。しかし［皇帝は和平について］とにかく同意の意志のあることを伝えた後、それを見せることで、その者たちがスルタノスから受けとった返答をもって自分のもとに安全にもどってくることができるように、彼らに崇め敬われるしるし《シミオン》[61]を手渡したのである。事実そのとき、［皇帝は］思いがけない知らせ［和平提案］に得意になり、スルタノスは現在の陣地《パレムヴォリ》の場所から移動し遠く離れたところに野営し、皇帝《ヴァシレフス》自身は以前にトルコ人の軍勢《ディナミス》がいた場所に防柵《カラクス》の陣地を設置し、それから［スルタノスは］協定《シンヴァシス》を結びに彼のもとにやって来るように、彼ら［使節］に申し渡していたのである。[160] この種のことを詳しく調べる者たちが推測するように、［皇帝は］知らずにあの勝利に寄与するしるし《シミオン》を手渡したことによって敵方に勝利を譲ってしまった。確かにそのようなしるし《シムヴォロン》は、戦闘を目前にして、自身の手から敵方の手に移されるべきではなかったのである。

ここから私たちの叙述は、不運の深刻さとあまりにも大きな恥辱、さらにローマ人の身に降りかかった、もっとも厳しい悲惨さのゆえに、私たちには聞くに堪えないものとなる。

## マンツィケルトの戦い[62]

さて皇帝《ヴァシレフス》の側近のある者たちが、和平《イリニ》［の提案］を偽りであり、仲良くすることを願ってではなく、むしろ欺こうとしているものとして、彼にそれを拒否するよう説得にとりかかるのは、使節《プレスヴィス》たちがまだ［スルタノスのもとから］出発もせず、また出発が延期されてもいなかったときである。つまりその者たちの言うには、スルタノスは現在、手元に十分大きな軍勢《ディナミス》がなく恐れを抱き、そして彼の後から進軍してくる者たちを待っている状況であり、軍勢《ディナミス》のうち遅れてくる部分を確保するために和平《イリニ》を口実に時間を稼ごうとしている。このように語られ、皇帝《ヴァシレフス》を戦争へと駆りたてる。

一方でトルコ人は彼ら自身のあいだで和平《イリニ》について細かく検討しているあいだに、他方で皇帝《ヴァシレフス》は戦いの合図のラッパを吹かせ、思いもよらないことに、戦いを命じた。その知らせが敵のもとへ届き、彼らを驚愕させた。しかしとにかく彼ら自身も完全武装し、戦闘の役に立たない多数《プリソス》の者を後方に退け、つづいて彼ら自身は戦いに臨む態勢を示してみせようとしていた。しかし[161]ローマ人の諸部隊《ファランゲス》が戦列を組み、秩序よく戦闘に臨む態勢で一つにまとまっているのを目にすると、彼らのうちの大部分は逃走への衝動にとらえられた。そしてその者たちは後方へ引き下がることにとりかかる一方、皇帝《ヴァシレフス》は全軍を率いて彼らの後を追いはじめ、それは夕方になるまで続いた。[63] 皇帝《ヴァシレフス》はこのときまで、抵抗してくる者にも、またおくれじと武器を取って攻撃してくる者にも遭遇しなかったことから、他方陣地《パレンヴォリ》に戦闘集団《パラタクシス》を残しておくほど十分多数《プリソス》の軍勢を持っていなかったゆえに、そこが兵士《ストラティオテ》と徒歩の守備兵《ペゾフィラケス》のいない状態であることに気づき、またすでに説明されたように、[64] 大多数の者がすでに疲れ切っていたので、これ以上追跡すべきでないと判断した、つまりトルコ人が一方で待ち伏せ《ロホス》を配置した後、他方で守り手のいない陣地を攻撃するといけないからでもあり、また同時にこれ以上追跡をつづければ帰還に際して夜となり、そのときにトルコ人が逃走から反転し、離れた距離からを矢を射かけてくることになるかもしれないと考えたのである。これらの理由から［皇帝は］皇帝旗《ヴァシリキシメア》を反転させ、[65]（陣地への）帰還を知らせるよう命令する。しかし離れたところにいる部隊《ファランゲス》に属する兵士《ストラティオテ》たちは皇帝旗《ヴァシリキシメア》の方向転換を見て、皇帝《ヴァシレフス》が敗北をきっしたのだと思った。［しかし実際は］多くの人が言明しているように、彼［皇帝］を攻撃する機会をうかがっている者たちの一人、すなわち皇帝《ヴァシレフス》の義理の息子《プロゴノス》ミハイルの従兄弟《エクサデルフォス》[66]は以前からその者に対して陰謀を企てており、彼みずからがそのような流言を兵士《ストラティオテ》たちのあいだにまき散らしたのであり、そしてその者は急いで配下の者たちを引き連れ（なぜなら皇帝《ヴァシレフス》の心根の良さ《カロカガシア》[67]から少なからぬ人数がその者にゆだねられていた）、[162] 陣地《パレムヴォリ》に向かって逃走した。近くにいた諸部隊《ロヒ》も彼を見ならい、つぎつぎと戦わずに逃走することにとりかかり、そしてその他の者も彼らに従った。まったく的はずれの、逃走という思いもよらない事態を知って皇帝《ヴァシレフス》は、そのような場合に普通取られるやり方で味方の兵士を逃走から呼びもどそうとして、彼を取り巻く者たちと共にその場に立ち止まった。しかし誰も聞きしたがおうとしなかった。他方、敵方で丘の上にいた者たちは、このローマ人の大失態を目にするや、ただちにその事態をスルタノスに告げ、方向転換して攻撃にでるようにせき立てる。事実［スルタノスは］ただちに反転し、突然に皇帝《ヴァシレフス》に向かって攻撃が始まる。他方［皇帝は］周囲の者たちに敵に屈することも、また臆病なふるまいにおよぶこともないように命じ、長時間にわたって勇敢に防戦した。

他方、逃走してきた者たちが防柵《ハラクス》の陣地の外に群がり溢れでている状況の中、不分明な叫び声が入り交じってあらゆる方角から起こり、また人々が周りをやみくもに駆けまわっていたが、何ひとつ重要なことは報告されなかった、実際ある者たちは、皇帝《ヴァシレフス》とそのそばにとどまった者たちが激しく防戦につとめ、蛮族《バルバロイ》を撃退したと言い、またある者たちは［皇帝は］殺された、あるいは捕縛されたと告げ、さらに他の者たちはそれぞれ別のことを次々と述べ立て、一方の勝利をあるいは他方の勝利を明言し、ついには［皇帝の］そばにいたカパドキア人[68]の多くも部隊《ミラ》単位で、彼をおいてその場から立ち去りはじめたとまで告げられた。私自身は逃走してくる人々の前に立ちふさがり、敗北から立ち直らせようとして、多くの者を引き留めたことについては、他の人たちに語らせよう。そしてその後、皇帝の騎兵《ヴァシリキイピス》の多くが【163】自分たちの馬に乗って立ちもどってきて、何が起こったのかを訊ねられると、皇帝《ヴァシレフス》については見なかったと答えた。そのときには地震のような動揺、悲嘆と苦悩、なだめがたい恐れが人々のあいだに生じていた、そして砂塵が空高く舞い上がると、ついにトルコ人が四方から私たちを取り囲んだ。それゆえに私たち一人一人はできる限り決然と、あるいは迅速に、あるいは全力で、逃走に訴えてみずからの命を守ろうとした。しかし敵は背後から追いかけ、私たちのある者を殺し、またある者を生け捕りにし、他の者を［馬の蹄で］踏みつけにした。それはあまりにも苦しい出来事であり、あらゆる慟哭と悲嘆の声を越えるものであった。皇帝軍《ストラトペドン ヴァシリコン》全体が、野蛮で冷酷な蛮族《バルバロイ》によって逃走と敗北に追いやられ、皇帝《ヴァシレフス》が援助のない状態で蛮族の武器《バルバリカオプラ》の的にされ、皇帝の《ヴァシリイ》、将校の《イエモニケ》、兵士の幕舎《ストラティオティケスキネ》がそのような男たちによって奪いとられようとしている事態[69]、そしてまた、ローマ人の支配下にあるすべてが、ことごとく破壊されるのを見定め、帝国《ヴァシリア》そのものが一瞬のうちに崩壊しようとするのを悟ること、実際これらのこと以上に嘆かわしいものが一体あるだろうか。

## ディオエニス捕らえられ、スルタノスの前に連行される

［軍隊の］残りの多数《プリッス》についてはそのような状態であった。他方皇帝《ヴァシレフス》はどうかといえば、敵はその者を完全に包囲したが、ただちに処理することはできなかった。なぜならその者は戦士《ストラティオティス》として戦いの経験を積み重ね、多くの危険を切り抜けてきたゆえに、襲いかかる敵兵を激しく撃退し、多くの者を殺害しつづけた、しかしついに手を刀《ファスガノン》で傷つけられ、彼の馬が矢《ヴェリ》を射られる、それでも徒歩で戦いをつづけた。しかしながら日没ころ疲れ切り、ああ、なんたる不幸、ついに身をゆだね、捕らえられてしまったのである。[164] そしてその夜を、［皇帝は］多くの者たちと同じように恥ずべき状態で、そして激しい苦痛を覚えながら地面を床にして過ごした、実際さまざまな自責の念と、眼に浮かぶ腹立たしい事態から生じる無数の、耐えがたい波を四方から受けて押しつぶされる状態であった。翌朝に皇帝《ヴァシレフス》の捕縛がスルタノスに知らされたとき、その者は皇帝《ヴァシレフス》の敗北につづいてその者自身が捕らえられ、戦争捕虜、自分の自由にできるものとして彼を手に入れたことは真に大きな、想像を遥かに超える成果と思いながら、無上の喜びと同時に疑念が彼の心をとらえた。だからトルコ人たちは勝利の達成を人間的に《アンソロピノス》[70]、また分別をもって受けとり、そのような成功を得た場合、常に見られるように度を外して自慢することもなく、その成果を自分たち自身の力によるものともせず、彼ら自身の力を超えた、より大きな成果を得たと考え、すべてを神《セオス》に帰したのである。

それゆえに、質素な一介の兵士《ストラティオティキ》の服装《アベホニ》の皇帝《ヴァシレフス》が目の前に連れだされたときでさえ、スルタノスは再び疑心にとらわれ、その者についての証を求めようとした。しかし他の者たち［捕虜］[71]、そして以前に彼のもとへ送られた使節《プレスヴィス》たちによって、目の前にいる者がローマ人の皇帝《ヴァシレフス》であることを確信させられるや[72]、ただちに彼

自身も立ち上がり、その者を抱きしめ、つぎのように言った、「皇帝《ヴァシレフス》よ、ご案じなさるな、私たちすべての前で安んじられ、身体上の危険は一切あなたに関係なく、あなたの卓越した地位に相応しく敬われるだろう。実際幸運な現状から、予期せぬ不幸な事態に陥ることについて、思いをいたさぬ者は愚かである」

## 両者間における和平条約の締結と皇帝の釈放

それから［スルタノスは］[165] 彼に相応しい幕舎《スキニ》と従者《セラピア》を特別に用意するよう命じ、そして即刻、彼を宴席に招き、一緒に会食する者とさせ、その際別の場所に彼を座らせるのではなく、彼の卓越した地位から自分のそばに座らせ、そのようにして権威において自分と等しい者とさせたのである。そのように［スルタノスは］日に二度彼に会って話し合い、人の世の有為転変にかかわる多くの激励の話を通じて彼を慰めようとし、八日間にわたって彼と一緒になって談話と塩《アレス》(73)を分かち合ったのであり、その間には彼に対して一言すら侮辱の言葉を発せず、あるいは彼の軍隊《ストラティア》の進撃に関して、そう思えるいくつかの過ちを、ただ思い出させることもしなかった、というのは他の多くの場合におけるように、神《セオス》の裁定はこのときにも正しく、どちらの側にも偏らない確かなものであったと思われたからである。なぜなら他の者たちだけでなく、囚われの皇帝《ヴァシレフス》自身も、［スルタノスは］敵を愛せよとの法《ノモス》をもっていないが、そのもって生まれた、すぐれた性向から、無意識のうちに神の法《シオスノモス》を実行しているからには、彼が勝利するのは当然であるとの意見であったからである。事実、すべてを見通す［神の］眼は、傲慢な人にではなく、慎ましく思いやりのある人に勝利を手渡される、なぜなら神のような《シオス》パウロス［の言葉］にしたがって言えば、「神《セオス》には人を偏り見ることがない」からである(74)。二人の会談のある日、スルタノスが皇帝《ヴァシレフス》に「もしあなた自身が私を捕らえたとしたなら、どのようにふるまったか」と訊ねると、その者は正直に、へつらうことなく、「あなたの身体を叩きに叩いて、死にいたらせることを承知あれ」と告げた。それに対して［スルタノスが］応えて言うには、「しかし、私としてはあなたのような厳しく [166] 残酷な仕打ちはとらないだろう」

両者はすでに示された日数までこのようにして過ごし、そしてその間に協定《スポンデ》と和平の条約《シンシケ》を結び、それからまた、彼ら自身の子供たちの縁組み《キドス》を取り交わし、(75) 皇帝《ヴァシレフス》が一回限り《モニ》の、しかし大きな《デクシオシス》贈物《アドラ》(76)を彼にすることに同意した後、互いに別れた、そのときスルタノスは、その者が求めただけのすべてのローマ人を引き渡し、また彼自身の家来から選んだ使者を供に加えさせると、何度も彼を抱擁し、しかるべき別れの作法をもって彼自身の帝国《ヴァシリア》に去らせたのである。(77)

## ディオエニス、帰国の途につく

［逃走した］ローマ人の多くは、われ先にと急いでマンツィケルトの要塞《カストロン》に逃げ込み、そこを掌握しようとした。しかし皇帝《ヴァシレフス》がもどって来ると、それらの者たちはそこを見捨て、夜中に他の街道から逃げだした。彼らのある者たちは敵と遭遇し、恐ろしい危険に身をさらす結果となった。しかし他の者は、自分たちの故郷に無事に帰り着いた。皇帝《ヴァシレフス》はトルコ人の衣服を身につけたままセオドシウポリスにたどり着き、熱烈な歓迎を受け、そこで数日間滞在した、その間に手の治療を受け、身体を休ませ、元気を回復し、またローマ人の衣服に着替え、これから先、ローマ人の領土を進むことを考えて、その地で手に入る他の物資を調達した。そしてそれから皇帝《ヴァシリキ》の衣服をまとい、立派な行列を仕立ててその地を出発し、イヴィリアの村々《コメ》を通過していった、その間に戦闘から逃げだした兵士《ストラティオテ》のうち、ごく少数の者を見いだし、それらの者をも、彼と共に解放された者たちと一緒にした。なお他の多くの兵士たちは［167］その地方の諸村《コメ》と諸都市《ポリス》から集められた者たちであり、またスルタノスによって彼に提供された使者《プレスヴィス》たちも同行していた。

## アタリアティスの一行、トラペズスから海路で帰国の途につく

確かにこの知らせをみずから聞いた私たちも、すでにそのときにはトラペズスに到着していたが（なぜなら海路をとることを考えて、私たちはその地に運ばれていたからである）、その事態を考えられないこと、信用できないことと思い、それゆえ引き返さずに、土地の住民から十分多数の船《プリアリア》を雇って海路を急いでいたのである。ところで元老《シングリトス》院《ヴリ》の主だった人々のうちで、皇帝の《ヴァシリキ》宮殿《アヴリ》に出入りする者の何人かが私たちと一緒にいた、その者たちは私たちと一緒に、思いもよらぬことにあの危険を切り抜けてきたのであった。しかし他の者たちは、あの戦闘のときに、また逃走中に殺戮されたが、それらの者たちの中には、思慮と知識において抜きんでた人、オ＝エピ＝トン＝デイセオン[78]の役職にあったあのレオン、そしてマイストロスにして主席《プロトス》書記官《アシクリティス》[79]のエフストラティオス＝ヒロスファクティスが含まれていた[80]。プロトヴェスティス[81]のヴァシリオス＝マレシス[82]は捕らえられた者たちの一人であった、この者は皇帝《ヴァシレフス》へのもっとも近しい側近の一人で、ロゴセティス＝トン＝イダトン[83]の役職にあり、また思慮と経験において多くの者に優っていた。

ところで、ここまでのところ私たちの説明は、たとえ不快で悲しむべきものがあったとしても、混乱なく、いわば叫び声にさらされず、なめらかに進められてきた。しかしこれから続いて起こった、耐えがたい多数の事実を、一つ一つ順を追って詳細に語ることができる者がいるだろうか。確かに眼前に現れた事態は私たちにとって単に不快であるだけでなく、【168】起こった事態の暗澹たる悲痛さゆえに甚だしく近づきがたいものである。

### 帝都における政変、皇后エヴドキアの失脚とミハイル七世の単独支配

さて皇帝《ヴァシレフス》は東から西に向かって進み、コロニアにまで達した。しかしメリソペトリオン（この要塞《カストロン》はある丘の上に建っていた）に到着したとき、驚くべきことが彼に報告されはじめた。というのは、彼の顧問官で筆《プロタ》頭軍《ティ》司令官職《ストラティイア》にしてプロエドロスのパウロスは、皇帝《ヴァシレフス》がペルシア人に向かって進軍する途中において、そ

の者をエデサのカテパノ管区《カテパニキオン》から呼び寄せたことがあり、［捕囚から帰還の途中に］セオドシウポリスにおいて、［セオドシウポリスの］ドゥクスが皇帝《ヴァシレフス》と共に囚われの身となったので、当市の統治《アルキ》を代行しているその者を見いだし、その者が全面的に自分に協力するものと信じていたが、女王の都《ヴァシリス》で起こったこと、および皇后《アヴグスタ》の意図を知ると、夜のあいだに逃亡を図り、女王の都《ヴァシリス》にたどり着いたのであった。(84)

なぜなら［皇后は］皇帝《ヴァシレフス》を迎え入れることを断念し、彼女の最初の夫で皇帝《ヴァシレフス》であった者［コンスタンディノス十世ドゥカス］の兄弟、ケサルのヨアニスをその者の二人の息子と共に呼びだすとともに、その一人アンドロニコスは遠征軍《ストラティア》から逃亡して（帝都に）帰還したばかりであったが、他方ではあらゆる地方《エパルヒア》へ、決してディオエニスのもとへ出迎えに行ってはならないことを、彼に対して皇帝として服従し崇めひれ伏してならないことを命ずる布告《ドグマタ》を発送した。(85) しかしケサルが二人の息子と共に女王の都《ヴァシリス》に来て、宮殿《パラティオン》に到着すると、夫の廃位と追放の彼女の意図は、彼女自身に向けられることになる。まさしくそのために、その者たちは一方ではドゥカス［コンスタンディノス十世］とのあいだでもうけた彼女の長子を、【169】フリソトリクリノスの(86)帝《ヴァシリオス》座《スロノス》に座らせ、突然に皇帝《アフトクラトル》にしてデスポティスと宣言し、(87)その者に単独の帝権《モナルホスアルヒ》を託する。そして他方ではデスピナ(88)にして彼の母から有無を言わさずに権力を奪い、つぎに彼女を船《プリオン》に乗せ、市民《ポリテ》がその形状からステノン(89)と呼んでいる海峡［ヴォスポロス］の東岸に追放するにいたる、(90)つまりその者たちは、彼女に黒衣をまとい、髪の毛を切ることを指示し、尼僧たちの生活を押しつけてから、彼女をその者自身によって建設された、ピペルディスと呼ばれる修道院《フロンディスティリオン》(91)に閉じこめたのであった。

### コンスタンディノス＝ドゥカス、ディオエニス討伐軍司令官に任命される

さてアルメニアキの地方にまで進んだディオエニスは、そこで自分に関すること、すなわち自身の廃位が市民《ポリテ》においても宮殿《アナクトラ》においてもすでに公然と宣言されていることを確信し、ドキアと呼ばれる要塞《フルリオン》を掌握し

て、そこに陣をかまえた。他方ケサルと、今しがた帝笏《スキプトラ》を託された彼の甥は、女王の都《ヴァシレヴウサ》における問題を彼らによって計画された通りに完全に処理し、また一方では元老《シングリトス》院《ヴリ》の者たちを味方にするために、まず最初に彼らには栄誉を与え、他方ではアゴラの者たち［市民］には、その者［ミハイル］が神《セオス》の決定《プシフォス》により父の帝権《ヴァシリア》を自身に取りもどしたことを告げる慣例の演説を行い、慈善の心に富んだ約束で彼らを希望で満たした後、ディオエニスに対して遠征軍《ストラティア》を送りだす計画を立てた。その者たちは、ケサルの息子の一人、名をコンスタンディノスという、プロトプロエドロスの爵位をもつ者を遠征軍総《ストラティゴス》司令官《アフトクラトル》に任命し、たまたまそのとき［帝都に］居合わせた兵士たち《ストラティオテ》を彼に託し、速やかに[170]女王の都《ヴァシレヴウサ》から送りだす。その者は、諸地方から他の兵士を集め、彼らを皇帝《ヴァシリカ》の文書《グラマタ》でもって自身の支配下に置き、これで大きな軍勢《ディナミス》を率いることになったと考え、［ディオエニスの立てこもる］ドキアの避難所近くに防柵《ハラクス》の陣地を設営した。しかしフランク人の大多数(92)がディオエニス側につき、そしてそのことでその者［ディオエニス］は大きな力を得たと思っていた。

そのときから小規模な戦いが各所で行われた。しかし勝敗を左右するような重要な戦いはなんら行われなかった、両軍の兵士《ストラティオテ》は互いに戦い、しかしそれぞれは再び相手の兵士から離れた［自分たちの陣地にもどっていった］(93)からである。皇帝《ヴァシレフス》［ディオエニス］は伝言と書簡で多くのカパドキア人を呼び寄せた、そのとき彼らを指揮していたのはプロエドロスのセオドロス＝アリアティス(94)で、軍事において傑出した一族に属し、容姿は見る者を嘆賞させ、背丈の大きさは多くの者に優り、多くの遠征において軍事上の有能さを示した者であったが、それゆえディオエニスは敵より大いに優勢であると思い、急いでドキアから出発し、まさしく自身の生国であるカパドキア人の地に向かって進むことになった。しかしコンスタンティノープルにおいて帝権《ヴァシリア》を握る者(95)の側の者たちは、その夜に思いもかけず援軍を受けとり、敵より甚だしく劣ることのない力を手に入れたと判断した。なぜならフランク人のあのクリスピノスが味方として女王の都《ヴァシリス》から他の［仲間の］者たちと共に派遣され、彼らのもとに到着したからである、この者については、以前ディオエニスは反逆《アポスタシア》のゆえに軍隊《ストラティア》から引き離し、アヴィドスに追放したが、その後に【171】対立皇帝として立った《アンティヴァシレヴィン》ミハイルが、その者を流刑の身から呼びもどし、恩典と栄誉を与え、自身に奉仕するよう励ましたのであった。確かにこの者は行動においてもっとも敏腕で、そしてこれまでの自身のさまざまな勇敢な行為によって、自身の卓越さを示すことで、他の誰よりも勇敢であると思われており、まさにこれから戦闘が展開しようとするときに到着したことで、彼の存在は兵士《ストラティオテ》たちに戦闘への熱意を大いに吹き込むことになったのである。確かにこれらのゆえに、ディオエニスがドキアから出発したとき、皇帝《ヴァシレフス》［ミハイル］側の者たちもまた軍旗《シメエ》を高々と掲げながら姿を現した。しかしそのとき、アリアティスは彼らを見くびり、兵士《ストラティオテ》の多くを糾合すると、彼らに対して戦いをしかけた。相手の者たちは激しく抵抗した、そしてなによりもクリスピノスが来ており、その者が父祖の言葉で［敵側の］フランク人に話しかけていると吹聴されたので、アリアティス側の者たちは算を乱し、一目散に逃走に移った(96)。彼らのうち、ある者たちは投槍《アコンディア》で殺され、他方、彼自身［アリアティス］は捕らえられ、両眼を抉られた、実際幕舎《スキニ》に用いられる鉄材でひどい苦痛を受けて視力を失った。この事態は、その者が著名な一族の出であり、並はずれて勇敢な者であったので、兵士《ストラティオテ》たちに大きな悲しみを引き起こした。

## ディオエニス、カパドキアへ、そしてキリキアに引き下がる

ディオエニスはその知らせに、ことのほか悲しんだ、しかし残りの多数の軍勢《プリソス》を率いて、急いでカパドキア人の地に入り込んだ。そして守りに強固な丘に位置するティロピオンと呼ばれる要塞《フルリオン》に行き、そこであらゆる方面に、自分を【172】援助しにくるよう兵士《ストラティオテ》たちに呼びかけながら、ことの成り行きを見守っていた。大《メガリ》アンティオキアのカテパノで、名をハタトゥリオスと呼ばれる、アルメニア出身の者が、ビュザスの都市［ビザンティオン］を治める者によって呼び寄せられると、その者はディオエニスに戦いを挑むよう命じられ、騎兵《イピス》と歩兵《ペズィ》からなる大軍勢《ディナミス》を率いてティロピオンに到着した、しかし一方でディオエニスをその不運のゆえに憐れみ、

同時に以前、彼によってアンティオキアの統治を託されたことから、彼に感謝の意を表明し、彼に与することに同意し、その者の支持者となった、そして皇帝《ヴァシレフス》［ミハイル］によって、ディオエニスとの戦闘において彼に協力するよう命じられていた兵士《ストラティオテ》の一部を、彼らの馬と他の軍用行李《スケヴィイ》を奪った後、何も持たせずにそこから追いだした。つぎにしばらくそこで時を過ごした後、その者は皇帝《ヴァシレフス》とその兵士《ストラティオテ》と共にキリキア人の土地に向かって出発した、それは一方でその地で越冬し（なぜなら秋は終わろうとしていた）、同時に他方で安全に他の軍勢《ディナミス》を集めながら、また定められた期間の後にスルタノスから派遣されることになっている兵士を得るためであった。

## ディオエニスの無策とアンドロニコス＝ドゥカスの出陣

しかしその者たちは知らずに、きわめてまずい方策を選び、彼ら自身にとってすこぶる厳しい結果となることを企ててしまった。あの者［コンスタンディノス＝ドゥカス］がまずアリアティスとの会戦でディオエニス軍を敗走させ、女王《ヴァシリス》の都に引き返した後、彼［コンスタンディノス］の軍隊《ストラティオティコン》のすべては冬が近づいたので方々に散ってしまった、だからあのような大軍《プリソス》を有しているディオエニスの側近たちにとってつぎのことは容易なことであった、まずローマ人の領土へ[173]進撃し、すなわちピシディア、イサヴリア、リカオニア自体へ、さらにパフラゴニア人の土地とオノリアスにまで突入し、そしてそれらすべてを大軍《プリソス》でもって制圧し、自身の支配下に置き、つぎにはヴィシニアへ進入し、ビュザスの都市の者たちに彼［ディオエニス］に立ち向かう兵士《ストラティオテ》を集め、名実ともにその名に値する戦いを、彼に対して起こすあらゆる可能性を奪うことである。というのは西方の兵士《ストラティオテ》たちは、彼［ディオエニス］に対する不実な行為をきっぱりと拒否していたのである、つまり彼に立ち向かっていく者に決して加担しないことが、彼らによって誓約されていたのである。しかしその者［ディオエニス］はそのときには正しく考えをめぐらさず、途方もなく大きく、ひどい苦痛を受ける惨事に陥ったのである。その者は、タヴロス山脈の通行困難な隘路のあるキリキア人の土地に入り込んだ後、自身をそこに閉じこめたかのようにいかなる動きもせずにその土地にとどまっていた、そのために彼に立ち向かう者たちに、容易に兵士《ストラティオテ》を召集し、軍《ポレミコス》隊《カタロゴス》を組織する機会を与えたのである。

確かにケサルのもう一人の息子、プロエドロスのアンドロニコスがドメスティコス＝ティス＝アナトリス(97)に任命され派遣されたのである、その者は兵士《ストラティオテ》に糧食などを与え、短期間で彼らすべての心を自分に引きつけ、そのようにしてすべての兵士を戦いに向けての態勢にまとめあげた、なおその際、クリスピノスが彼に手を貸した。このように諸軍勢《ディナミス》を完全な編成体《シンダクシス》に組織した後、その者はキリキア人の土地に入りこむべくディオエニスに向かって前進を始め(98)、そしてポダンドンと呼ばれ、普通よく使われる隘路《クリスラ》(99)を通過し、タルソス人の都市《ポリス》が近くに位置するイサヴリア人の土地を経て [174] その地［キリキア］に進入した。キリキアの背後を壁のように立ちはだかっている山々の山峡《アフヘネス》は峨峨として険しく、あまりにも狭く、踏破することがたいへん難儀であったので、軍隊《ストラトス》にとって接近は尋常なものでなく、まったく困難なものとしていた。それゆえ、もしディオエニス側の者たちが尾根を掌握していたなら、そしてとりわけ徒歩で登って遠くから矢を射かけたなら、アンドロニコスの軍隊《ストラトペドン》はそのため先に進むことができず、むしろこの上ない恐怖が兵士《ストラティオテ》たちにのしかかり、逃走するしかなかったであろう。しかしこのことは見捨てて顧みられず、結局ディオエニスにとって事態は危険なものとなった。というのはアンドロニコスの率いる軍隊《ストラトス》が平地に降り立った後、ハタトゥリオスが彼らに迫り、戦いを始めたからである。しかしローマ人の軍勢《ディナミス》は数においても勇気においても優っていたので、戦闘は長時間にわたってつづかず、ハタトゥリオスはついに落馬し、徒《かち》の状態で捕らえられた、そして武器を取り上げられ、起こった不運とこれらからの受難への不安で嘆き悲しみながら、軍事指揮者である者［アンドロニコス］の前に立った。他方その他の者たちは一緒になってディオエニスが滞在していたアダナの要塞《カストロン》に逃げ込んだので、つづいてこの都市《ポリス》に対する厳しい攻囲《ポリオルキア》が始まった。確かにこの都市を攻囲したアンドロニコスのローマ人は、内部の者たちを必要物資の欠乏で大きな不安に陥れた。

## 協定の成立とディオエニスの投降

そこでついに両者は互いに協定《スポンディ》について話し合い、ディオエニスが帝権《ヴァシリア》を放棄し、同時に髪を切り、［175］残りの生涯を修道士たちと共に送ることで一致した。[100] ことは成り、それからしばらくして、その者は黒衣に身をつつみ、自分の身に降りかかったことを嘆くのをやめて[101] その要塞《カストロン》から出てきたそのとき、多くの人々は、ものごとの不安定さ、ことが突然に、ほんの些細なことから逆転することに思いを致して、目の前の光景に激しい、抑えることのできない恐れと憐れみを感じていた。確かにその者たちすべては、かつて幾度も彼に従って遠征を行い、彼の護衛兵部隊《タクシス ドリフォロン》を構成し、そして彼の権力《クラトス》を祝福されたものとして歓呼し、彼の近くいることを最大の願いと考えていた、そして最近彼と共にシリアから出発し、威風堂々とアダナに入城し、あたかも奴隷のように彼に仕えたのであった。それゆえに彼らは以前の幸運と目の前の不幸を、自分たちが一方の極からまったく反対の極へ陥ってしまったことをとくと考えながら、まったく意気消沈し、いかになすべきか途方にくれているように見えた。

軍司令官《ストラティゴス》が帰還を告げると、軍隊《ストラティア》は故郷への道を進みはじめた、他方ディオエニスも修道士《モナディコン》の衣服をまとい見栄えのしない駄獣の背に乗せられ、かつて皇帝の護衛隊《ヴァシリキドリフォリア》を引き連れ［住民から］神に等しい存在として仰ぎ見られたあの村々《コメ》や地域を通って運ばれていったのである。コティアイオンまで身体の苦痛に苦しみながら進んだ後（なぜならその者は腸を患っていたからであり、それは彼の敵によってその者に投入された毒人参の液が原因であると［176］言われていた）、彼を運んできた者たちによって、彼に対して行われるべきことを命ずる皇帝《ヴァシレフス》からの命令書《プロスタクシス》がとどくまで、そこに引き止められた。ところで本当に数日後に、すでにそのように痛ましく不幸な状態にあるその者に対して、その者の両眼をただちに潰せと命ずる、もっとも冷酷でこの上なく恥知らずの判決《アポファシス》が来てしまったのである。

## ディオエニス、両眼を潰される

おお、皇帝《ヴァシレフス》よ、あなたはどうして同意するのか、そしてまたあなたの側にいる者たちは、どうしてそのような涜神の計画を用意したのか。なにも不正をおかさなかった者、安らかに宮殿《ヴァシリア》にとどまり、兵士《ストラティオティキ》の労苦と恐怖を免れることができたのに、むしろ反対にローマ人の繁栄のために自身の生命をかけ、屈強な軍勢《シンタグマ》を率いて戦闘に長けた民に立ち向かった男、その者の両眼をどうして。確かに敵でさえその者の卓越を敬い、真心から彼を抱擁し、兄弟に対するように言葉と塩《アレス》(102)を分かち合った、そして囚われ人であるその者を自分と同じ座につけ、名医が痛みを鎮める薬物を与えるように、いわば慰めの薬を、悲しみに打ちのめされているその者に与えたのである、事実そのような人間であることを示し、そしてそれほどの思慮と寛容の大きさを示して見せたので、スルタノスは審判者である神《セオス》によって正しく勝利を得るものとして判定されたのである。皇帝《ヴァシレフス》よ、どうしてあなたは命じるのか。神から《セオセン》授けられた光と視力を奪われる者、その者は一体誰であるのか。その者は法においても[177]事実においてもあなたに対して父としてふるまった者、帝位《ヴァシリア》を投げだし、それをあなたに引き渡し、緋色《ポルフィリス》の衣服を捨て襤褸《ぼろ》をまとい、修道士《モニリス》の生活を始め、世俗のすべての望みに別れを告げた者、病んで疲れ切り、むしろ痛みを鎮めるもの、看護と慰安を必要とする者、すべてを断念し、無力で、酷い目にあっている者、傷ついたアシ(103)そのものであり、眼と顔とを雨のような涙でいっぱいにして憔悴しきっている者である。このような、これほどまでの許して欲しいとの大きな嘆願をもってしても、それらは修道士の姿《アンゲリコンスヒマ》があなたの眼前に無言のままで訴えているだけ、さらにより大きな力をもっているのに、その僧服も、あの者の子供たち(104)、つまりあなたの兄弟《アデルフィ》があなたと分け合った母の乳首をも敬おうとせず、あなたが怒りに、また狂気と飽くことなき貪欲に駆られて支配することへの衝動に、秤の錘《おも》りのほとんどをかけようとするのであれば、いつかきっとあなたもティタンそしてクロノスの姿[105]をしているのを見られるであろうし、また［あの者と］同じ禍の運命と向かい合うことになろう。[106]

以上は余談として、痛ましい惨事のゆえに、悲劇の科白の一部におけるように語られた。[107]［さて話をもどして］その最悪の、涜神の命令がとどき、再び生命にかかわる第二の不安や恐れ、混乱が、すでにそのようなみじめな状態にあるその者を情け容赦もなくとらえた。だから嘆願のために、その場に居合わせていた高位聖職者《アルヒエリス》の足下に身を投げだし、［178］激しく耐えがたい苦しみの中で、彼らのできうる限りの力で助けの手をさしのべるように激しく求めつづけた。なぜならその場にはハルキドン・イラクリア・コロニアの者たち［府主教］が居合わせていたからである、その者たちは彼と共に協定《スポンデ》にかかわった。その者は彼らの誓約《オルキ》と神の怒り《エク トゥ シウ ネメシス》を彼らに思い起こさせようとした。しかしその者たちはたとえその者を助けたいと思ったとしても力がなかった、情け知らずで残忍な男たちは彼を奪いとり、屠殺される羊のように引き連れていったのである。その者たちは彼をある要塞《カストロン》に閉じ込めたが、その間においてその者はすべての者に向かって幾度もふり返り、背後にいる高位聖職者《アルヒエリス》たちによる執りなしに心を致し、それを最後の最後まで祈りつづけていたのである。男たちはその者をある部屋に入れ、彼の両眼の処置をそれらについて経験のない、あるユダヤ人に一任する。男たちはその者に四方から枷をかけ、多くの者に丸盾《アスピス》をつかって胸と腹部を押さえさせてから、そこにあのユダヤ人を導き入れる、そしてその者は極端に激痛を伴う、残酷なやり方で鉄片を彼の両眼に差し入れかき回した、［丸盾の］下からあの者は大声をあげ、牛のようにうなり声をあげていた、しかし彼を憐れむ者は［その場には］だれもいなかった。しかしこの苦痛は一回だけで終わらなかった、拷問は、神の殺害者《セオクトノス》である民の子孫が三度にわたってその者の眼に鉄片を差し込み、地面に横たわるその者が自分の眼球が完全に潰され、[108]視力がまったく失われたことを誓言するまでつづいたのである。それからその者は眼を血だらけにした状態で起き上がったが、そのいたましく憐れむべき光景は見る者に抑えがたい慟哭を引き起こした、その者はすでに病でくたくたになっていたので、まさに半死半生の状態であった、そのときには［179］すでにすべてを断念していた、なぜなら皇帝としての輝かしい地位、天にとどいた名声、そしてなによりもローマ人のために発揮した勇敢な武功の報酬としてその者が手にしたのはそのようなものであったからである。

## ディオエニスの死

それからその者は貧弱な駄獣に乗せられ、あたかも腐った死体が引かれていくように、プロポンディスまで運ばれていった、一方では両眼が完全に潰されており、他方では頭と顔が腫れあがり、ウジ虫が落ちるのが見られる状態であった。その者は、すでに死の匂いを放っていたけれども、なお痛みに苦しみながらも数日間過ごした後に死去する[109]、ところでその者が土にもどったのは、そこにその者によって建てられていた新しい修道院《フロンディスティリオン》のあるプロティ島の峰においてであり[110]、そして一方ではそこに先の皇后《ヴァシリス》で妻のエヴドキア、今上皇帝《クラトン》の母によってとても立派に埋葬され（なぜなら［エヴドキアは］息子にその島に行くことを願い出て、彼のために葬儀を丁重に執り行ったからである）、他方ではそこに後世の人々にとって、あのヨブの不幸の物語をしのぐ追憶のしるしを残すことになった[111]。しかし後世のすべての人々にとってその者の最も嘆賞すべき、もっとも高邁な話が残っている、つまりそれほど大きな試練と無比の不幸にあっても、その者が罵りの言葉あるいは卑屈な言葉をひと言も発せず、そして彼の言葉によれば、修道士生活《アスキシス》のこの上なく苦しい道を歩み終えて彼自身の創造者の意にかなうようにと、悲惨な状態にありながら残された時間を神に感謝しながら生きつづけたことである。

『続 スキリツィス』(112)

[142] ……兵士名簿《カタロゴス トン ストラティオン》を作成したのち、春がこっそりと顔をだすと、［皇帝は］ただちに海を渡り、正教勝利の主日《イメラ ティス オルトドクシアス》にイリアの宮殿《パラティア》に赴いた、なおその日の前日には軍隊《ストラトス》と元老院《シングリトス》に年ごとの年金《ロガ》を支給した、その際すべて金貨《フリシオン》でなく、不足分は絹織物《シリカ イファスマタ》によって補充した。ところでその者が海を渡っているとき、すべて白でなく大部分は黒に見える一羽の鳩がどこからか飛んできて、皇帝《ヴァシレフス》を乗せている三段櫂船《トリイリス》の周りを飛び、最後にはその者自身のもとに止まり、その者の両手に取り込まれた。そしてその者は、女性の気弱さかまたは上品ぶってか、習慣に反して宮殿《アナクトラ》にとどまっていた皇后《ヴァシリス》へそれを送り届けた。ところでその鳩はそれをつかまえた者自身にも、また送られた者にもすこぶる良い結果を示すしるし《シムヴォロン》と思われた。そこで［皇后は］突然気弱な態度から一転し、考えを変え、別れの挨拶を述べ遠征に向かう皇帝《ヴァシレフス》を見送るために彼のもとにやって来た。

皇帝《ヴァシレフス》はそこ［イリアの宮殿のある海岸］から出帆し、ネアコミにでも、イパティアの領地《ホリア》あるいは皇帝の《ヴァシリカ》それでもなく、その地の住民が実に無粋に憐れむべき都市《エレイノポリス》の名で呼んでいるエレノポリスに錨を降ろした、とにかくこの処置は良くない前触れと思われた。そしてまたひどい事態が生じたのである。なぜなら皇帝の幕舎《ヴァシリキスキニ》を一つに結び合わせている大きな木柱が壊れ、突然幕舎全体を倒壊させてしまったのである。それにもかかわらず、いわば人々の愚鈍さと悪癖から、これらの一つに対してさえ、外見上の証拠の点から当てにならない、不可解なものとして注視されることはなかった(113)、またその者にとっても必要ごとに常に妨げられ、それらが自分の身に降りかかることになることに気づかされなかったのである。それゆえ皇帝《ヴァシレフス》は前進をつづけ、さらに東へと進み、すべての者に対してことのほか警戒しながらアナトリキの地方《エパルキア》にまで突き進んだ。[143] 当然ながら自分の身に降りかかってきたこれまでの一連の合図《シミア》に気づいて、［皇帝は］幕舎《スキニ》にでもまた平地にでもなく、丘の上の小さな家の中に宿営することにした。しかしそのとき、不幸を知らせる前兆《イオニズマ》として、あるきわめて大きなことが生じたのである。すなわち、どこからか火が運ばれてきて、皇帝《ヴァシレフス》が宿舎としていた建物を食い荒らし、その中の馬と皇帝の衣服も一緒に焼き尽くされ、また残りのたいへん貴重な馬具類も短期間のうちに火の犠牲となってしまった。陣地《ストラトペドン》内ではっきりと見てとれる、半焼け状態の馬は嘆かわしい光景として目立っていた。

これらのことはサンガリオス川のほとりで起こったが、ズムボスと呼ばれる橋でその川を渡ったのち、［皇帝は］蛮族《バルバロイ》の攻撃によって四散させられていた自身の諸軍勢《ディナミス》を集めることにとりかかった(114)。それらのうちで自分の意にかなった者たちを軍隊に登録し、残りの兵士《ストラティオテ》と将校《ロハイ》を後方へ送り返した、先に起こった敗北において真っ先に逃亡したそれらの兵士《ストラティオテ》や将校《ロハイ》を予備隊の役割を担う者として同行させることに、その者自身が危惧を抱いていたのである。確かにそのこと［疑いの念］はすべての者に向けられたらよかったのだが。神の決定《シオスオロス》を免れることも、またすでに混ぜ合わされたブドウ酒をもとにもどすこともできないことだが、その者には当座は安全にいっているように思えた。ニキフォロス＝ヴォタニアティスや疑わしいような者たちを追い払ったが、やがてこの先で物語がはっきりさせるように、奸計と悪意に満ちた者たちを同行させて進んだのである。彼自身はやがて自分の身に降りかかる不幸に気づくことなくそのように前進し、そして［軍隊は］アリスと呼ばれる川を渡った、もっとも彼自身だけはそこに彼に相応しい建物がある、最近建設した要塞《フルリオン》に残り、滞在した。その後、その者も川を渡った後、彼自身の所領《クティシス》において別行動を解消した。それからケサリアへの道を避け、冷たい《クリア》泉《ピイ》と呼ばれるところへ行った。なぜなら、その場所は役に立つすべての物に満ち、軍隊《ストラトス》の受けいれに適し、さまざまの機能を有するゆえに、地方都市《アスティコミ》ないし田園都市《アグロポリス》として知られている。さて、［そのとき］その田園が兵士たち《ストラティオテ》によって土地を荒らされ、略奪を受けたので、【144】［皇帝は］ネミツィ部隊《タグマ》の幾人かにとくに厳しい態度でのぞんだ。しかし［ネミツィは］激怒して反抗に走ろうとする。そのことが知らされると、皇帝《ヴァシレフス》は馬に乗り軍　隊《ストラティオティコン》を集合させ、それらの傭　兵《イディオクセニ》をびっくり仰天させてから、再び彼らを協定《イポスポンディ》に従う者とした、その際彼らへの処罰は、昨日まで［皇帝の］身近にあって身辺護衛《ソマトフィラキア》をする役目からもっとも目立たないところへ配置転換させることだけにとどめた。

それから［皇帝は］急いでイヴィリアの地に達しようと、セヴァスティアに向かって出発する、クロパラティスのマヌイル＝コムニノスに同行して、倒れた者たちの死骸を眼にすることになったのはそのときである。それからは時間をかけてゆっくりと進み、セオドシウポリスに到着する、ここは以前は見捨てられていたが、アルツェ(115)が包囲攻撃されたときから再建され、防備を固められた。さてその地で、これから無人の、荒廃した土地を進むことになるので、兵士一人一人に二ヵ月分の糧食を受けとるように伝令を通じて知らされ、すべての者が指示されたことを行った後、［皇帝は］ウズィの傭　兵《ミストフォリコン》と、勇敢で戦いに長けた男、ルセリオスと共にフランク人を侵略の目的でフリアトに向けて送りだす。まずこのことがなされた。それからその者［皇帝］はマンツィケルトに向かって突き進み、そこに到着した、ここはローマ人の都市《ロマイキポリス》であったが、以前にスルタノス(116)によって占領され、トルコ人が中に居を占めていた。［皇帝は］彼らを少数ゆえに侮り、少なからぬ別の部隊《ミラ》を軍隊《ストラトス》から切り離し、マイストロスのヨシフ＝トラハニオティスに託し、そしてさらにその上に無視できないほどの歩兵《ペズィ》の密集隊《スティフォス》、とくに好戦的で戦闘において常に先んじて危険を冒し、先頭に立って戦う騎兵《イポテ》の選抜隊を与えた。［これらの軍勢を率いて］トラハニオティスは、ウズィとフランク人、すべての傭　兵《ミストフォリコン》を援助すべくフリアトに向かって出立する。なぜなら皇　帝《ヴァシレフス》は、一万の［敵の］大軍勢《プリソス》が彼らに向かって進軍していることを聞かされていたからである。皇帝《ヴァシレフス》が軍隊《ストラトス》を分割したのは、自身が速やかにマンツィケルトを力ずくで従わせ——これは成就された——、それからフリアトにいる者たちに合流する、もしなんらかの急を要する事態が生じれば、[145] 諸軍勢《ストラテヴマタ》が近く[のフリアト]で露営しているので速やかに彼らを呼び寄せよう——なぜならスルタノスが彼に向かって急いでいることを聞かされていた——との考えからであった。そうなるのが運命であったということを除けば、実際、軍勢《ストラテヴマタ》の分割は理解しがたいことでも、将軍として当然とるべき行動から逸脱したものでもなかった。すなわち、[すでに定められていたことというより]むしろ神《シオス》の怒り《ホロス》が、あるいは私たちにはまったく分からない理由が出口を逆の方向に向け、つまり、[皇帝が]進軍を終わらせ、その日のうちに諸軍勢《ストラテヴマタ》の一つへの結合《エノシス》を行おうとしたときに、スルタノスを軍使による通告なしに突然にトルコ人の陣頭指揮に立たせ、実現されると思われたこと[ローマ諸軍の結合]を阻止させたのである。[117] なぜなら、[118] トルコ人が[皇帝の]到着に驚き恐れ、そこで保証を求め、それを得た後、皇帝《ヴァシレフス》は[トルコ人から]マンツィケルトを受けとったが、そのときその地で、トルコ人のロバを盗んだある一人のローマ人が仲裁の執り成しに神の母《セオトコス》とキリスト、すべての聖者の名を唱えたが、皇帝《ヴァシレフス》が彼ら[マンツィケルトのトルコ人]に対して行った誓いの遵守のために、その者の鼻がそぎ落とされるということが起こったからである。[119]

さてそれらのことが皇帝《ヴァシレフス》によって命じられていた間に、略奪に出かけたローマ人兵士《ストラティオテ》たちに、トルコ人の集団が襲う。皇帝《ヴァシレフス》はスルタノスの一人の将校《イエモン》がいかほどかの軍勢《ディナミス》を率いてやって来て、皇帝《ヴァシリコス》軍《ストラトス》の散開している兵士たちを烈しく苦しめていると考え、マイストロスのニキフォロス＝ヴリエニオスを十分な軍勢《ディナミス》と共に彼らに向けて送りだした、その者は彼らと戦い、屈服することはなかったが、しかし彼の部下の多くが傷つき、また少なからぬ者たちが倒れた、以前から知っている者たちと比べてこれら[の敵]はいっそう強いと思われた——なぜなら相手は接近戦用の武器を使ってとても勇敢にぶちあたり、敵対したのである。それゆえに[ヴリエニオスは]恐れで浮き足立ち、皇帝《ヴァシレフス》から軍勢《ディナミス》を求めようとした。しかし[皇帝は]彼が臆病であると判断し——なぜなら事実を理解していなかった——、集会《エクリシア》を開き、戦いについて演説をぶち、その間に激しい言葉を放った。そのときに一人の司祭《イエレフス》が立って福音書《エヴァンゲリオン》の一節について声をあげて語った。(120) その他は無視するが、福音書《エヴァンゲリオン》にはこうあった、「もし人々がわたしを迫害したのであれば、あなた方をも迫害するだろう。もし人々がわたしの言葉を守ったのであれば、あなた方の言葉をも守るだろう」、そのときには「「あなた方を殺す者が皆、自分は」神《セオス》に仕えているのだと考えるだろう」それに賛意を表したきわめて聡明な人たちはその予言を確かなものと思った。[146] 他方戦闘が激しくなっていたので、皇帝《ヴァシレフス》はつづいて、マイストロスでセオドシウポリスのドゥクスであるニキフォロス＝ヴァシラキオスをその地出身の兵士《ストラティオテ》と共に送りだした。実際「ヴァシラキオスは」ヴリエニオスに加勢し、しばらくのあいだ小競り合いにかかわったが、戦闘は両者相譲らず、優劣のつかない状態であった。しかし兵士《ストラティオテ》たちは軍司令官《ストラティイ》たちの後に従っていくことに同意したので、彼自身「ヴァシラキオス」はすべての者の先頭に立って戦うことを約束し、ただちに進撃を開始し、敵が背を向けると追跡にのりだした。しかしヴリエニオスが彼の配下の者たちに守り手としてとどまるようにけしかけたので、一人突き進むヴァシラキオスは取られた対応を知らないでいた。敵の防柵《ハラクス》の陣地に達し、そのとき馬が矢で射抜かれ、その者は地面に降り立った、しかし武具《オプラ》の重みに苦しめられた。敵は彼の周りに群がり集まり、ついに彼を生け捕りし、縛ってスルタノスのもとに引き立てる。その者はスルタノスに身をゆだねた、しかしその者のかたわらに立った姿はすでに奴隷となった者のそれでも、また連行された捕虜のそれでもなかった。スルタノスも彼に対して奴隷に対するようにもまた捕虜に対するようにもふるまわず、絶えず自分のそばに来させ、皇帝《ヴァシレフス》のことについて訊ね、また自身の力を誇示し、「その者を」恐れと狼狽に投げ入れようとした。その者は、あらゆる点で「彼の言うことに」同意し、彼のことを誉めあげながら同時にローマ人の皇帝《ヴァシレフス》に立ち向かうことは無駄であると忠告した。その者については以上である。

一方皇帝《ヴァシレフス》は生じた事態を調べるため、余儀なく残りの軍勢を連れて「陣地から」出かけることとなった。夕方まである丘の上にとどまっていたが、敵対する者を見いださなかったので、陣地《パレムヴォリ》に引き返した。しかしトルコ人はただちに［陣地の］周りに群がり集まり、弓矢を射かけながら周りを馬で駆けめぐり、防柵《ハラクス》の陣地の中へ突入しようとうかがい、軍隊《ストラティア》に少なからぬ恐怖を引き起こさせた。ことは月のない夜に起こった、よそ者と仲間、逃げる者と追いかける者の区別は不可能であった。一晩じゅう、［トルコ人は］意味のとれない吼え声を陣地《ストラトペドン》の周りに鳴り響かせ、そのためすべての者は眼を開き一睡もせずに夜を過ごした。早朝に［147］なって、スキタイのタミスという者――そのように呼ばれ、トルニキオス＝コテルツィスの指揮下に置かれていた――を指揮者《エクサルコス》とするウズィの一集団《ミラ》が敵方に合流した。このことは、残りの同じ民をも敵と疑うローマ人を少なからぬ不安に陥れた。しかし歩兵《ペズィ》たちの一部が［陣地から］出ていき、遠くから射る弓矢《ヴェリ》と接近して戦う防御用の武器《オプラ》を使いトルコ人の多くを殺し、また［他の者たちを］うまく陣地《パレムヴォリ》から遠くへ離れさせた。他方皇帝《ヴァシレフス》はフリアトに急使《タヒドロミ》を送り、その地にいる司令官《イエモネス》たちを彼らの配下の軍勢《ディナミス》ともども呼びもどそうとした、それはただちに接近《アンヘマホス》戦《ポレモス》でことを決着しようとの考えからであり、そのため彼らからの援助を待つことで空しく時を過ごすことになった。確かにその者たちは他に優って戦い《ピリヒオス》の舞い《オルヒシス》(121)を十分に身につけていたからである。しかし何か障害が生じたのだろうと推測して彼らからの援助を断念した、その者は翌日に彼の手元にいる者たちと共に戦い抜こうと決心した。その者はつまり、つぎのことを知っていなかったのである、トラハニオティスはスルタノスの出発と皇帝《ヴァシレフス》に向かっての進軍を知ると、皇帝《ヴァシレフス》と共に戦おうと張り切っているルセリオスをも共に行動するよう説得した後、自分の配下の者たちすべてを引き連れ、下劣にもメソポタミアを経由してローマ人の土地に逃げ込んだ、その卑劣な男は主人《デスポティス》のことも当然なすべきこともまったく眼中になかったのである。とにかく皇帝《ヴァシレフス》はすでに決められたことに従って明日における戦いの準備を行った後、そしてまた一緒にいるスキタイ、すなわちウズィへの不安を解消しようと彼らの作法の慣例的誓い《オルコス》によって彼ら［の忠誠］を確実なものにしてから、皇帝の幕舎《ヴァシリアスキニ》の中で自分の持ち物の整理を始めた。

それらのことが行われ、そして兵士《ストラティオテ》が武装して隊列《タクシス》ごとに、独立部隊《ロホス》ごとに各自の馬にまたがっていた間に、スルタノスから両者間の和平を交渉する役目を負った使節《プレスヴィス》が到着した。[122] 皇帝《ヴァシレフス》は彼らを受けいれ、使節《プレスヴィス》に関する慣例に従って彼らと言葉を交わしたが、他方必ずしも彼らを好意的に受け入れたわけではなかった。それでもとにかく［皇帝は和平に］同意する意向のあることを伝え、そしてそのときに [148] ［皇帝の要求に対して］スルタノスから聞き知ることになろう、返答を手にしたそれらの者たち［使節］が、それを見せて安全に自分のもとに引き返すことができるように、十字架《スタヴロス》[123]を彼らに手渡したのであった。というのはつまり［皇帝は］思いがけない提案に得意となり、スルタノスは自身の陣地《パレムヴォリ》から離れ、もっと遠くに野営するよう、他方皇帝《ヴァシレフス》は前にスルタノスのいたその場所に防柵《ハラクス》の陣地を設営し、そしてそのときに［スルタノスが］取り決め《シムヴィヴァシス》を結ぶために彼のもとへ来るよう［使節に］言い渡していたのである。しかしこの種のことを細かく論ずる者たちが推測しているように、［皇帝は］知らずにその傲慢さから、勝利に大いに役立つしるし《シムヴォロン》、すなわち十字架《スタヴロス》を彼［スルタノス］に送り届けたことによって、勝利を敵方に渡してしまう結果となったのである。さて皇帝《ヴァシレフス》の最も親しい幾人かが和平《イリニ》［の提案］を偽りのもの、和することを望んでのことでなく、むしろ事を欺こうとするものであるとして拒否するように彼を説得しているときには――なぜならその者たちはスルタノスが言うに値する軍勢《ディナミス》をそのとき手元に持っていないゆえに恐れ、遅れてやって来る兵士たちを待ち、和平《イリニ》を口実に時を稼ごうとしていると判断していたからである――、いまだ使節《プレスヴィス》たちは［スルタノスのもとから］出発もせず、また延期の状態になってもいなかった。実際一方でスルタノスの側近の者たちは、使節《プレスヴィス》たちが帰還した後、彼ら自身それぞれ向かい合って和平《イリニ》に関することを話し合い、和平（案を）完全に仕上げようと取り組んでおり、しかし他方では皇帝《ヴァシレフス》は軍使で戦いを相手に告げることなしに戦いの合図のラッパを吹かせ、思いもよらぬことに戦闘への熱意をかき立てた。その知らせが届き、敵を驚愕させた。しかしとにかく彼ら自身も完全武装し、［戦闘の］役に立たない多数の者を後方に退け、それから彼ら自身は戦いに臨む態勢を示してみせた。しかしローマ人の諸部隊《ファランゲス》が戦闘に臨む態勢を整えて秩序よく一つにまとまっているのを目にすると、大多数の者は逃走への衝動にとらえられた。そしてその者たちは後退しはじめ、他方皇帝《ヴァシレフス》は全軍を率いて彼らの後を追っていくことになり、それは夕方になるまで続いた。しかし皇帝《ヴァシレフス》は、立ち向かってくる者にも武器を取って攻撃して来る者にも遭遇せず、他方【149】陣地《パレムヴォリ》に戦闘集団《パラタクシス》を残しておくほど十分多数の軍勢《プリソス》を持っていなかったゆえに、そこが兵士《ストラティオテ》と徒歩《ペゾ》の守備兵《フィラケス》を奪われた状態であることに気づき、――また、すでに説明されたように［夕方になるまで追跡を続けたため］、諸隊《タグマタ》がすでに疲れ切っていたので――、これ以上追跡すべきでないと判断した、すなわちトルコ人が守り手のない陣地を攻撃するといけないからであり、また同時にこれ以上追跡を続ければ夜となり、そのときにトルコ人が逃走から一転して向きを変え、離れた距離から矢を射かけてくることになるかもしれないからであった。これらの理由から［皇帝は］皇帝《ヴァシリキ》旗《シメア》を反転させ、帰還する旨を伝えた。しかし離れたところにいる諸部隊《ファランゲス》の兵士《ストラティオテ》たちは軍旗《シメエ》が急いで引き返しているのを見て、皇帝《ヴァシリキ》の敗北を告げているのではないかと疑った。だが実のところは、むしろ彼［皇帝］に対して攻撃の機会を窺っている者たちの一人、すなわちケサル［ヨアニス＝ドゥカス］の息子で、皇帝《ヴァシリス》[124]たちの従兄弟であるアンドロニコスが以前から陰謀をめぐらしていて、彼自身がみずからそのような流言をこっそりとまき、そして急いで配下の兵士《ストラティオテ》たちを引き連れ、陣地《パレンヴォリ》に逃げ込んだのである。他の者たちも彼にならい、戦わずにわれ先につぎつぎと逃走に転じた。他方皇帝《ヴァシレフス》は思いもかけない事態を見てその場にとどまり、通常行うように味方の者たちの逃走を止めにかかった。しかし誰も聞きしたがおうとしなかった。他方敵のうちで丘の上に立っていた者たちはこの思いもよらないローマ人の失態を見るやいなや急いでスルタノスに目撃したことを報告し、逃走してすでに自分の宿営地から遠くに来てしまっている彼［スルタノス］に旋回して反撃にでるようせき立てる。事実［スルタノスは］ただちに引き返し、戦闘が突然に皇帝《ヴァシレフス》に向かって打ち出される。［皇帝は］周囲の者たちに敵に屈することなく、また臆病なふるまいを取らず、勇敢な戦士《アンドレス》であることを示すように命じ、長時間にわたって勇敢に防戦につとめた。

その間に逃走してきて防柵《ハラクス》の陣地に入ることができずにいる者たちから確かな情報は聞き取れなかった、その者たちはそれぞれ別々のことを、すなわちある者たちは敗走を、またある者たちは勝利を告げ、また意味のない、判然としないことを言いたて、ついには［皇帝のそばにいた］カパドキア人の多くの者たち自身も、仲間集団ごとに、また地区集団ごとに彼［皇帝］のもとから立ち去りはじめたとまで報告された。【150】また皇帝《ヴァシリキ》の馬丁《イポコミ》[125]の多くも彼らの馬と共にもどってきた、そして［皇帝を見たかの問いに］自分たちは皇帝《ヴァシレフス》を見なかったと断言した。いわば地震のような大きな動揺、悲嘆、宥めがたい恐れが生じていた、そしてつぎにトルコ人があらゆる方向から続々と集まってきた。だから、各々はできる限りの力でみずから助かるようにつとめた。しかし追跡してくる敵は、ある者は殺し、また生け捕りにし、他の者は［馬蹄で］踏みつけようとした。それはあまりにも痛ましい事態であり、あらゆる慟哭、悲嘆の声を越えるものであった。

他方皇帝《ヴァシレフス》はどうかといえば、敵は完全にその者を取り囲んだが、ただちにやすやすと処理できず、実際、兵士のこと、戦闘のことに通暁し、多くの危険を切り抜けてきた者であるからには、激しく防戦につとめ、多くの敵を倒した、しかしついに刀で手を打たれ、馬が投槍で射倒された、しかしすぐに立ち上がり抗戦をつづけた。しかし日没《エスペラ》ころには疲れ果て――ああ、なんたる不幸――名高いローマ人の皇帝《ヴァシレフス》はたやすく捕らえられ捕虜となる。その夜多くの者たちと同じように地面を床にし、苦しみをもたらす無数の［無念の］波に洗われながら、体面もなく苦しい思いで夜を過ごした。

翌日になって皇帝《ヴァシレフス》の捕縛もスルタノスに知らされると、あのようなまことに大きな軍隊《ストラトス》への勝利の後に、さらに皇帝《ヴァシレフス》自身をも捕らえ手中にできたのだから、確かに偉大な、途方もなく大きな出来事であると思いながら、彼の心をとらえたのは無上の喜びと同時に疑念であった。そのような喜びにもかかわらず、生じたことと勝利を人間的観点《アンソロピノス》[126]から、また謙虚に考え、生じた幸運をむしろ身が縮むほどの畏敬の念をもって、よき魂の証左として受け取り、またあふれんばかりの気高さで心にとめ、自身の力を越えたより大きな成果をなしたとしてすべてを神《セオス》に帰していた。それゆえスルタノスのアクサン(127)の前に質素な、一介の兵士《ストラティオティキ》の服装でローマ人の皇帝《ヴァシレフス》が連れ出されたとき、その者はまだ疑いがとれない状態で、彼についての証を求めた。使節《プレスヴィス》たちによって、そして彼［ディオエニス］の足下に身を投げ、痛々しく悲しげに大声をあげたヴァシラキオス(128)によって確信させられると、その者はただちにすごい勢いで王座から跳び上がり、[151] 直立の姿勢をとった。［ディオエニスは］慣例により［スルタノスの］足下に据えられていたけれども、［スルタノスは］歩み出て、その者を立ち上がらせ、両手で抱きしめ、つぎのように言った、「皇帝《ヴァシレフス》よ、心配なさるな、なによりもまず希望をもつように、身体上の危険は一切あなたに関係なく、あなたの卓越した地位に相応しく敬われるだろう。なぜなら突然の逆風から生じる、予測できぬ運命について考え、考慮しない者は愚かであると私には思える」それから［スルタノスは］彼に相応しい幕舎《スキニ》と従者《セラピア》を与えるよう命じ、そして即刻、彼を同じ宴席に列し会食する者にした、そのとき少し離れたところに彼を座らせるのではなく、彼の卓越した地位の命ずるところから自分と席を同じくする者、権威において自分と等しい者とさせた。［スルタノスは］日に二度彼にあって話し合い、いろいろと励ましの言葉で元気を回復させようとし、八日間にわたって彼と一緒になって談話と塩《アレス》(129)を分かち合ったのであり、その間、彼の軍隊《ストラティア》の出撃に関して過ちと思われるいくつかについて思い出させることはしたが、彼に対してほんの些細な言葉でもってすら侮辱することはなかった。これらの会談のある日、スルタノスが皇帝《ヴァシレフス》に「もしあなたが私を虜にしていたなら、どのようにふるまったか」と訊ねると、皇帝《ヴァシレフス》は正直に、へつらうことなく「あなたの身体を叩きに叩いて、死にいたらせたであろうことを承知あれ」と答えた。スルタノスがそれに対して言うのには、「しかし私としてはあなたのような厳しく残酷な仕打ちはとらないだろう。ただわたしは、あなた方のキリストがあなた方に平和と罪の赦しの法を与え、おごり高ぶる者に対して立ち向かい、謙遜な者に恩恵を与えることを聞き知っている」それから［両者は］協定《スポンデ》と恒久平和《イリニケシンシケ》の条約を取り交わし、彼らの子供たちの縁組《キドス》みを行い、そして最初からそうであったそれぞれの領域《エピクラティア》の権利を確定した後(130)、互いにつぎのことに同意しあった、すなわち友好的に交わること、トルコ人の誰であれ二度とローマ人の領域《エピクラティア》を略奪しないこと、ローマ人の領域から連れていかれたすべての者、つまりすべての囚人と、なによりもまずローマ人の主だった、えり抜かれた者が帰還することであった、そしてそのときさらに加えて皇帝《ヴァシレフス》はスルタノスに大きな《デクシオシス》贈物《アドラ》[131]を約束した。【152】［ところで］[132]当時オ＝エピ＝トン＝デイセオン[133]の役職にあったレオンとマイストロスにして主席書記官《プロトアシクリティス》[134]のエフストラティオス＝ヒロスファクティスは殺され、そしてまたプロトヴェスティアリオス[135]のヴァシリオス＝マレシスは捕らえられた。このようにしてこれらのことが行われ、同意がなされた後、スルタノスは皇帝《ヴァシレフス》をつよく抱擁し、敬意を込めた別れの挨拶を送り、さらに自身の家来を使節《プレスヴィス》として供に加えて、去らせたのであった。

　マンツィケルトは、ローマ人によって掌握されていた。しかし皇帝《ヴァシレフス》が解放されてもどってきたので、そこにいた者たちはそこを捨て、夜じゅう他の街道を経て逃亡した、しかしそのとき敵と遭遇し、身を危険にさらすことになった。皇帝《ヴァシレフス》はスルタノスのトルコ風の衣服をまとってセオドシウポリスに到着した、そして［住民から］熱烈に迎え入れられた。その者はそこで数日間を過ごし、その間に手の治療を行い、元気をとりもどし、そして再びできるだけ立派なローマ人の衣服に取りかえるなどした。そしてそこを出発し、イヴィリアの村々《コメ》を通過していった。スルタノスからの使節《プレスヴィス》たちも彼に同行していた。さらに前進をつづけ、コロニアにまで至った。そしてメリソペトリオンに到着したとき、エデサのカテパノであったプロエドロスのパウロスはコンスタンティノープルで起こった陰謀をいち早く知り、彼を見捨てて夜中にそこに向かって逃げ去った。というのはケサルのヨアニスとその息子たち、および元老院《シングリトス》のうちで彼らと同じ考えに立つ者たちすべては、一方で皇后《ヴァシリス》をその者によって建設された、ピペルディオンと呼ばれる修道院《フロンディスティリオン》へ、本人にその気がないのを欺いて追放し、他方でミハイルを単独《モナルホス》皇帝《アフトクラトル》と宣言し、帰還してくる者を皇帝《ヴァシレフス》として迎え入れることも、皇帝《ヴァシレフス》と呼ぶことも禁ずる命令をいたるところへ送った。しかし［ディオエニスの］完全追放を真っ先に正式に表明したのは、自身が自分の書物の一つで自慢しているように、(136) 哲学者の長《イパトス トン フィロソフォン》であるプセロスであった。人の言うところでは、皇后《ヴァシリス》自身も同じ考えで、帰還してくるディオエニスを迎え入れなかった。ディオエニスはきわめて素早くそのことを悟り、そしてすべてが一緒になって自分を廃位したことを確信すると、ドキアと呼ばれる要塞《フルリオン》を掌握し、そこに陣を張った。他方ケサルは、帝国《ヴァシリア》の問題を自身にとって良いと思われたようにこの上なく見事に取りしきり、[153] ディオエニスに対しては、自分の息子のうち年下の、プロエドロスのコンスタンディノスを大軍勢《ディナミス》と共に送りだす。そしてその者はドキアに拠る彼と向かい合ったが、戦闘をとても恐れていた。他方ディオエニスは自身がコンスタンディノスより優勢であると悟ると、そこを出発してカパドキアに向かう。その間に多数のフランク人が、そしてまたクリスピノス自身も仲間の者たちと共にコンスタンディノスのもとにやって来た、その者は、以前ディオエニスが引き返す途中でアヴィドスに追放した者であった。(137) そこでその者［ディオエニス］は、勇敢で名の知られ、その背丈の大きさと姿形においてすばらしいプロエドロスのセオドロス＝アリアティスを彼らに向けて送りだす。コンスタンディノス側の者たちが烈しく立ち向かったので、アリアティス側は打ち負かされ、そして彼自身も捕らえられ、幕舎用の鉄材でその両眼を潰される。その出来事にたいへん悲しんだディオエニスは、いたるところから兵士《ストラティオティコン》を集めようとして、カパドキアへ急いで入った。

　その地で彼自身は、ティロピオン――ここはまことに堅固で険峻な場所にある要塞《フルリオン》であった――にとどまり続けた。そこでコンスタンディノスは対ディオエニス戦の協力者《シムマホス》としてアンティオキアのドゥクスであるハタトゥリオスを呼び寄せたが、期待通りにはいかなかった。なぜならその者はディオエニス側に立ったからである。［ハタトゥリオスは］その者を擁してキリキアに至る、そしてそこでスルタノスからの援助を待ちながら彼のために忠実に仕え、同時にキリキアがすこぶる暖かいことを確信してそこで冬を過ごしながら、再び軍隊《ストラトス》を集めることに尽力した。他方コンスタンディノスは、ディオエニスが［ハタトゥリオスと共にキリキアへ］引き下がった後、ビザンティオンに帰還した。

そしてつぎにその者に代わってプロエドロスのアンドロニコス、すなわちケサルの［年上の］息子がディオエニスに向けて送り出される。その者は兵士《ストラティオテ》へ手当を分配した後、ポダンドンの隘路《クリスラ》を経てキリキアに至る、そこでハタトゥリオスは彼と遭遇し、その者はしばらくのあいだ戦ったが、アンドロニコスの手勢によって殺害されてしまう。他の者たちはディオエニスがとどまっていたアダナに逃げ込んだが、アンドロニコスは都市《ポリス》を攻囲した。結局ディオエニスが帝位《ヴァシリア》を放棄し、髪を切って私人として暮らすという条件で協定《シンシケ》が成った後、その者は【154】自身の運命を嘆くのをやめ、黒衣を身にまとって要塞《カストロン》から姿を現す。

アンドロニコスはただちに帰還することに思いをいたし、黒衣をまとうディオエニスを彼の後に従わせる、その者はかつては神々のごとき《イソセオス》ものとして知られていたあの村々や土地〈をみすぼらしい駄獣に乗せられ運ばれていくことになる。その者はコティアイオンまで苦しみながら旅を続けた後——なぜなら謀によって前もって飲まされた毒人参で生じた腸の異変から病気になっていた——、彼に対してなされるべきことが皇帝《ヴァシレフス》によって決定されるまで、そこに引き止められることになった。ところで本当に、数日後、無法な行為により不幸な状態にあるその者のもとに彼の両眼を潰すべしと定められた判決《アポファシス》が来てしまった。憐れみの言葉をかけるべく派遣されていた主教《アルヒエレフス》たちが彼に助けの手をまったく差しのべようとしないまま、ただちに彼の両眼はえぐり取られたのである。その者たちは、ハルキドンの人とイラクリアの人、コロニアのセオフィロスであり、そのとき［ディオエニスは］彼らに自分たちの行った誓い《オルキ》(138)と神の怒り《エクトゥシウネメシス》を思い出させようとした。その者たちはたとえ助けたいと思ったとしても、しかし残忍で冷酷な男たちが彼を奪い取り、情け容赦なく、無慈悲にも彼の両眼をえぐりだすことに対して無力であり、なにもできない状態であった。その者は、両眼はえぐり取られ、頭と顔は腫れあがり、顔はウジ虫が一杯たかり、悪臭を放っている状態で、腐敗した死体のようにみすぼらしい駄獣に乗せられプロポンディスまで運ばれ、たいへん苦しみ、すでに死の匂いをさせながら数日間生きたのち、その者はプロティ島で生命を終え、土に帰ったのである、そこにはその者が最近に修道院《フロンディスティリオン》を建てており、妻であり皇后《ヴァシリス》のエヴドキアによってたいそう立派に埋葬され、人の聞き知ることを超える試練と不運の記念を残すことになった。それほどの、そのように大きな禍をうけながらも、その者は不敬な、あるいは恥知らずな言葉を発することもなく、身に降りかかった事態を進んで堪えしのび、〔神に〕感謝しつつ残された時を過ごしたのである。人の言うところによれば、彼に対してなされたことは、【155】皇帝ミハイルの関知するところではなく、密かに隠密裡に行われたのであり、その者自身が後に誓いを立てて断言していたようにケサルの命によるものであった。この皇帝はまた主都ナジアンゾスの正式の主教《エピスコピ》[139]となった。捕囚の身になるまで三年と八ヵ月のあいだ皇帝として統治した。

# ゾナラス『歴史要約』(140)

[695] ……春が輝きはじめると、〔皇帝は〕皇帝用《アフトクラトリキ》の三段櫂船《トリイリス》に乗りこんだ。海を渡っているとき、見たところ真っ黒ではないが、ほとんど黒に近い一羽の鳩が舞い降りてきて、[696] 彼の三段櫂船《トリイリス》の周りを飛び、その者が両手でつかまえるまで、彼のそばで羽ばたきをし離れなかった。〔皇帝は〕それを皇后《ヴァシリサ》に送った、その鳩についてはそれを捕らえた者にも、送られた者にも凶兆とは見なされなかった。しかし、皇帝の幕舎《ヴァシリオススキニ》の中央に据えられ幕舎を支えている木柱が偶然にも壊れ、幕舎が倒れてしまった。このことは、不吉なしるし《シムヴォロン》と見なされた。しかしながら、それは皇帝《ヴァシレフス》の意気込みをいささかも損なうことはなく、いつもとは違って警戒しながらもアナトリキの地方《セマ》まで前進を続けた。

しかし〔皇帝が〕どこかの家で宿泊していたとき、どこからか火が運ばれ、家を焼き尽くし、皇帝の持ち物《ヴァシリカ》の馬、馬具類や乗り物を半焼けの状態にしてしまい、この事態も不吉な前兆と思われた。〔皇帝は〕その場所から別のところに向かって進み、アリス川を渡った後、ケサリアへの道を避け、いわゆる冷たい泉《クリアピイ》に向かい、そこで防柵の陣営《ハラクス》を張った、〔皇帝が〕不法行為のゆえにネミツィの一部に対して激しく怒って見せたのはそのときであった。彼らの部隊《タグマ》が反抗の行動に出たので、〔皇帝〕自身ただちに騎馬の人となり、軍隊《ストラティオティコン》を引きだし、反抗した者たちを仰天させ、ただちに彼らを [697] 自身の盟友《シムマヒコン》とさせた。

それから〔皇帝は〕セオドソポリスに向かって出発し、そしてそこでこれから無人の地を進むことになるので［兵士］各々に二ヵ月分の糧食を受けとるように指示した後、遠征軍《ストラテヴマ》を分割し、まず一部隊《ミラ》をルセリオス（この男はラテン人で戦闘にたいへん長けていた）に与え、彼をフリアトに送りだした。さらに別の者にマンズィキエルトを攻囲するよう命じ、その者に別の一部隊《ミラ》を割りあてた。そして皇帝《ヴァシレフス》自身は残りの者たちと共に、それらは十分に力ある者たちではなかったが、後に残った。とにかくマンズィキエルトは協定《オモロイア》により皇帝《ヴァシレフス》に引き渡された、トルコ人たちが怯み、保証を要求しそこから退いたのである。しかし、必要物資を集めに出かけた兵士たち《ストラティオテ》に、敵は突然に襲いかかった。そのことを知った皇帝《ヴァシレフス》はマイストロスのニキフォロス＝ヴリエニオスを相応の軍勢《シンタグマ》とともに彼らに向けて送りだした、その者はトルコ人を攻撃し、しかし配下の軍勢《ディナミス》の疲れているのを見て、人を送り援軍を求めようとした。しかし皇帝《ヴァシレフス》は敵の軍勢《ディナミス》を正確に理解せず、ヴリエニオスの小心と判断し、その者に怒りをあらわにした。そのときに司祭《イエレフス》が[698]福音書《エヴァンゲリオン》を朗読して、つぎの言葉を発するということが起こった。「もしその者たちがわたしを追撃したなら、あなた方をも追撃するであろう」［皇帝は］それでもとにかくマイストロスのニキフォロス＝ヴァシラキオスをも兵士《ストラティオテ》の集団《ミラ》と共に送りだした、その者たちはヴリエニオスに合流し、しばらくの間、戦闘は両者相ゆずらずの状態であった。つぎにヴァシラキオスが先頭に立ち彼に従う者たちと共に突撃すると、敵は背を向けた、その者は追跡に乗りだす、ヴリエニオスは配下の者たちと共に追跡には加わらなかった。他方［ヴァシラキオスは］敵の防柵《ハラクス》の陣地にまで達したとき、彼の馬が傷つけられ、そこで馬からおり、しかし武具《オプラ》の重さのため思うように動けず、敵に取り囲まれ生け捕られ、スルタンのもとに連行される。しかし、その者は奴隷のようにへつらわなかったし、またスルタンもその者を捕虜に対するようにあつかわず、たびたびその男を呼び寄せ、皇帝《ヴァシレフス》について問い訊ね、また自分自身の軍勢《ディナミス》を誇示していた。他方その者はスルタンの言うことには同意し嘆賞したが、皇帝《ヴァシレフス》との合戦においては［スルタンの軍勢が］役立たないことは確かであると言った。他方皇帝《ヴァシレフス》は何が起こったかを調べるため、残りの軍勢を率いて防柵《ハラクス》の陣地から出て、夕方になるまで丘の上にとどまっていた、そしてそれから［陣地に］もどった。しかしその直後にトルコ人が［現れ］、[699] 陣地《ストラトペドン》を取り巻き、そしてその周りを騎馬で駆けまわりながら矢《ヴェリ》を射かけ、意味の不明の言葉をわめき、遠吠えして軍隊《ストラティア》の周囲に鳴り響かせた。とにかくそのようにしてその夜は過ぎた。夜明けに、ウズィの一部の軍勢《シンダグマ》が敵方へ脱走した。そしてこのことはまだ残っている大勢のウズィも疑わしい存在と思わせた。

皇帝《ヴァシレフス》はすばやくフリアトに人をやり、その地の軍勢《ストラテヴマタ》を呼びもどそうとした。しかしもどってこなかったので（なぜならタルハニオティスは、この者は軍司令官《ストラタルキ》たちの一人であったが、スルタンの到着を知ると、ルセリオスをも説得し、彼らの指揮下の軍勢《ディナミス》と共に逃走を企て、ローマ人の領土内へ行ってしまった）、そこでディオエニスは、明日、彼のもとにいる者たちで戦い抜こうと決心した、そして［翌日］早朝に戦いの準備をしていた。その間に、スルタンの使節《プレスヴィス》たちが和平《イリニ》を話し合うべく到着したのである。皇帝《ヴァシレフス》は必ずしも好意をもって使節《プレスヴィス》を迎え入れるというわけではなかったが、しかしもちろん彼らと言葉を交わし、彼らの主君《キリオス》のもとへもどり、つぎのように伝えるよう申し渡した、すなわち「もし協定《シムヴァシス》について話し合う意志があるのであれば、[700] 今、野営している場所から離れ、どこかもっと遠くのところに陣地を移せ、その後に現在蛮族《バルバロイ》の陣地《パレムヴォリ》があるところに自分がローマ人《ロマイキ》の軍隊《ストラティア》の防柵《ハラクス》の陣地を設定しよう」これらのことを使節《プレスヴィス》たちに高慢な態度で告げた後、速やかに帰還するよう命じた。さてその者たちは皇帝《ヴァシレフス》の言葉をスルタンに報告し、そしてその者［スルタン］は側近の者たちと共に和平《イリニ》の条項《シンシケ》について相談を始めた。他方皇帝《ヴァシレフス》は過度に思い上がり、スルタンは十分強力な軍勢《ディナミス》が現在手元にないため怯えており、それゆえに戦いを先に延ばし、その間に新たな軍勢《ディナミス》を確保するために和平《イリニ》を求めていると語る幾人かの親しい側近によって納得させられ、使節《プレスヴィス》の再来を待つことも、また何か他の問題に心を配ることもせず、ラッパを手に戦い告げる合図を響かせるように命令した。そのまったく予期せぬ事態が蛮族《バルバロイ》の間に伝えられ、そこで彼らも戦いにそなえることに取りかかる、しかし彼らに向かって押し寄せてくるローマ人を攻撃せず、敵に背を向けて逃げるのでもなく、もちろん戦うのでもなく、ただ後退していくだけであった。すでに日が暮れ夕方となったころ、皇帝《ヴァシレフス》は陣地《ストラトペドン》の守りが十分でないことを考え、【701】敵がそこを略奪しにくるのではないかと恐れ、戦いを中止し、防柵《ハラクス》の陣地にもどろうと判断した。そこで皇帝《ヴァシリキ》旗《シメア》の向きを変えさせ、［皇帝］自身はもどりはじめ、同時に軍隊《ストラティア》にそうするよう合図を送った。確かに彼の近くにいる者たちは命じられたことに整然と従っていた。しかし離れたところの戦列《パラタクシス》に属していた者たちすべては［皇帝旗の］反転を皇帝《ヴァシレフス》の敗走と思ったのである、しかし実はケサルの息子アンドロニコスが諸戦列《ファランゲス》にそのうわさ［皇帝の敗走］を伝えさせたのである。なぜなら、ケサルと彼の息子たちは常々から皇帝《ヴァシレフス》の動きを窺い、密かに罠をはっていたのである。それゆえにアンドロニコスは彼の指揮下の者たちを伴って（なぜならその者は重要な兵士《ストラティオテ》の集団《ミラ》を指揮していた）、大急ぎで防柵《ハラクス》の陣地に駆けもどっていった。(141)この事態は残りの者たちをも逃走に向かわせた、彼らの無秩序に引き返していくのを見ていた皇帝《ヴァシレフス》は、立ち去っていく彼らにとどまるよう命令しつづけた。しかしすべては馬耳東風で、逃走を止めようとしなかった。他方［敵は］思いもよらない逃走という事態をローマ人の失態および神の激怒《ミニマ シオン》と見るや、ただちに皇帝《ヴァシレフス》に向かって攻め寄せてきた。その者と周りの者たちは迎え撃ち、しばらくのあいだ烈しく抵抗していた、そしてある者たちは倒れ、他の者たちは捕らえられ、皇帝《ヴァシレフス》は蛮族《バルバロイ》に完全に包囲されてしまった。しかし、すぐには屈しなかった。【702】多くの敵を打ちすえ、殺すなかで、その者も手を傷つけられ、やがて疲労困憊し、もはや攻め寄せる敵を撃退することも、すでに彼の馬が矢《ヴェリ》で倒されていたので逃走することもできず、ついにローマ人の皇帝《ヴァシレフス》は蛮族《バルバロイ》によって捕らえられ、捕虜として連れ去られてしまった。

　皇帝《ヴァシレフス》の捕縛がスルタンに知らされる、それはもっともなことだが、その者に喜びを生じさせた、しかしもちろんその者をおごり高ぶらせるようには駆りたてなかった。その者はアクサンと呼ばれ、その者の正義と慎み深さに関する多くの物語が流布している。だからその者は、あまりに大きな幸運のゆえに皇帝《ヴァシレフス》の捕縛を信じられないでいた。彼によって派遣された使節《プレスヴィス》たちが彼を見わけ、ヴァシラキス［ヴァシラキオス］がその場に来てその者を見て、悲しみの声をあげ彼の足下に身を投げだすまでは、実際、［スルタンは］彼を見ても、初めはその［皇帝の捕縛という］事態を確かなものとして受けとらなかった。しかしそのときにはその者は霊感を与えられたかのように王座《スロノス》から跳び上がり、慣例通りに地面に据えられているその者のもとへ歩み寄り、その者を立ち上がらせ両手でしっかりと包み、「皇帝《ヴァシレフス》よ、悲しまれないように、なぜならこのようなことは人間にはしばしば起こることだ。私はあなたを囚われ人としてでなく、皇帝《ヴァシレフス》として扱うだろう」と言ったのである。ただちにその者に幕舎《スキニ》と［703］皇帝の従者《ヴァシリオスセラピア》を特別に用意し、自身と同じ王座につけて食事を一緒にし、捕虜のうちでその者が求めたすべてを解放し、このようにその者と数日にわたって一緒に語り、共に暮らし、考えられないほどに大切に遇し、それから恒久平和《イリニ》についての協定《シンシケ》を定め、子供たちに関して姻戚《キドス》関係の約束をした後、誰も考えおよばなかったほどの護衛《ドリフォリア》と栄誉を与え、ディオエニスに立ち去ることを許したのであった。蛮族風《バルバリコス》に装って（なぜならスルタンが自身の上着を彼に与えていた）セオドソポリスにもどった後、その者はその地にとどまって手の治療をつづけ、そして立派なローマ風の衣服に取りかえることにした。つぎにそこから帰国すべく、スルタンの使節《プレスヴィス》たちを引き連れ前進することになった。

　このようにしてその者は帰還の途につく一方、他方で彼の捕らえられたことが宮殿《ヴァシリア》に伝えられると、宮殿内の人々は意見を異にした。なぜならある人々は皇后《ヴァシリサ》に今後も権力《エクスシア》を与えようとし、またある人々は彼女の息子のうちの年長者［ミハイル］にすべてを委ねることに賛同し、さらにある人々は母とその［年上の］息子に共同統治《キノプラクシア》にあずからせようとした。

　しかしそうこうしている間にディオエニスが捕らわれの身から解放されたことが報告される。実際［704］自分の身に降りかかったことを知らせる、自身の手で認められたその者の手紙《エピストリ》が持ち込まれるのである。このことはてんやわんやの騒ぎを引き起こし、いかに対処すべきか、すべての人は困惑の状態に陥った。確かにケサルのヨアニスとその息子たちはすでに語られたようにディオエニスを憎んでおり、この機をとらえ、自分たちと同じ考えにあった元老院《シングリトス》の議員のかなりの数を――これらの者たちを先導したのが自身もまたディオエニスに敵意を抱いていたきわめて高名なプセロスであったが――味方にすると、一方で皇后《ヴァシリサ》エヴドキアを、彼女自身によってプロポンディスの海のほとりに建立された修道院《モニ》へ追放し、他方でミハイルを皇帝《アフトクラトル》と宣言した。つぎにもどってくるディオエニスを迎え入れることも、また皇帝の地位《ヴァシリキティミ》にある者として敬うこともしてはならないと命ずる皇帝書簡《ヴァシリアグラマタ》をあらゆるところに発送する。この計画の張本人は、その者自身が自分の著作の中で言っているように、プセロスであった。ディオエニスはドキア（これは要塞《フルリオン》である）に達したときにこのことを知り、そこでそのそばに宿営した。

　ケサルも自分の息子のうち年下の、プロエドロスのコンスタンディノスを軍勢《ディナミス》と共にディオエニスに向けて送りだした。他方ディオエニスはカパドキアに到着した。[705] クリスピノス（この者はフランク人）が仲間の者たちと共にコンスタンディノスに合流したので、ディオエニスはセオドロス＝アリアティスを彼らに向けて送りだした。その者は彼らと戦い、しかし敗れて捕らえられた後、両眼を潰された。この事態はディオエニスをたいへん悲しませた。しかしティロピオン（これは要害堅固な要塞《フルリオン》である）にいるとき、アンティオキアのドゥクス（この者はアルメニア人のハタトゥリオスであった）が多勢の兵士《ストラティオテ》を率いて彼のもとにやってくる。この者はディオエニスを引き受けキリキアに連れていき、そこでスルタンからの救援を待ち続け、彼自身も軍勢《ストラテヴマ》を集めることにとりかかった。つぎにケサルの子供の年上の、プロエドロスのアンドロニコスが再び彼らに向けて送り出され、その者はキリキアに至ると、ハタトゥリオスと戦いを交える、ハタトゥリオスは殺され、彼の部下たちは一緒になって、ディオエニスが滞在していたアダナに逃げ込んだ。アンドロニコスは都市《ポリス》を包囲した後、攻撃に取りかかった。そして結局、ディオエニスは、協定《シンシケ》に従って身柄を引き渡すこととなった。協定《シンシケ》

の内容は、その者は帝位《ヴァシリア》を捨て、髪を切って私人として暮らすことであった。確かにそれら［協定］に関して、

706 不愉快な扱いを一切受けないとの誓い《プリロフォリア》による確約《エノルコス》を彼に与える役目の主教《アルヒエリス》たちも、今上皇帝《ヴァシレヴォン》から送られたのであった。そこでディオエニスは彼らを信じて、黒衣をまとって［城塞から］姿を現し、アンドロニコスに自身の身柄をあずける。その者［アンドロニコス］は彼の身柄を受けとり帰還することになり、コティアイオンに到着すると、ディオエニスが謀によって彼に投与されたある毒薬を飲んで病気になっているので、その者［アンドロニコス］は［ディオエニスに対して］なすべきことが彼に命じられるまでそこで待機することになった。さてそこへ、罪のない者から光を奪いとることを命ずる皇帝の決定《ヴァシリオスプシフォス》が送られてきたのである。そしてただちに彼の両眼は摘出される、その場に居合わせた主教《アルヒエリス》たちはその男の不運にたいそう驚いたが、しかしそれを撤回するために何ひとつ口を出そうとしなかった。彼の両眼はもっとも残酷な方法でえぐり取られ、そして必要な手当ても何ひとつなされなかったので、やがて頭は腫れあがり、傷口は多数の蛆《ウジ》をわかせ、彼の周りの空気は腐敗から悪臭を漂わせていた。確かにそのようなひどい状態でその者は、その地の高所に彼によって修道院《セムニオン》が建てられていたプロティと呼ばれる島に連れていかれる。それからしばらくそこで生きた後、皇后《ヴァシリス》のエヴドキアからたいへん手厚く立派に葬られ、その島の土にもどる、それは三年と八ヵ月皇帝として統治した後のことであった。

707 この男について行われたことすべては、皇帝《アフトクラトル》ミハイルは一切知らず、ケサルの指示によるものであると言われている。なぜなら皇帝《ヴァシレフス》は性格においてあまりにも軽薄でだらしなく、国事《プラグマタ》と一般大衆の処理において不器用で、帝国《ヴァシリア》の管理に関して大いに欠けるところがあった。だから、その者のおじのケサルは彼の単純さを馬鹿にし、ディオエニスに憤りを感じているところから、彼に対するすべての企みを狡猾に調合して作りあげたのであった。

# 解題

## 『歴史』執筆の経緯と各巻の概要

軍人で歴史家のニキフォロス＝ヴリエニオス（一一三七／三八年没）は、義父でありローマ人の皇帝であるアレクシオス一世コムニノス（在位一〇八一～一一一八）の歴史を書くに至った経緯とその意図するところを彼自身の著書『歴史』の序文で、皇后イリニ＝ドゥケナに向かって次のように語っている。

「まことに賢明な心と考えをお持ちのお方よ、あなたは偉大なアレクシオスの事績を集めて書くことを私に命ぜられたが、それは私たちの知っているすべてのうちでもっとも重要な仕事である、実にその者はローマ人の国家が衰え、地に倒れ、今にも消えてしまうように思われた、危急存亡の折りにローマ人の舵取りを引き受け、ついに国家を立ち直らせ、栄光の頂点に引き上げた。その者は深慮と勇気をもってつぎつぎと業績を連ね、数えきれないほどの戦勝記念碑をローマ人のためにうち立てたのである。……それゆえその者の業績を集めて書くことは大変骨の折れる仕事で、私の力量をこえるものであり、もしヘラクレスのような力がわずかの労苦で最高の栄誉を受けとれると説得して、私をその仕事に力ずくで向かわせなかったならば、私は辞退していたであろう。……私の意図するところは歴史《イストリア》を書くことでも、その者の頌詩《エンゴミオン》を編むことでもなく――実際、それにはトゥキュディデスのような才能やデモステネスのような格調高い雄弁の才がふさわしい――、将来その者のことについてそれらを書こうとする者たちに何らかの出発点を提供しようと、この著述に取りかかったのである。確かにそれゆえに、私の書物の名には歴史の材料《イリ イストリアス》が適当だろう」[1]

ニキフォロスにアレクシオス帝の歴史を書くことを命じたのは同帝の后イリニ＝ドゥケナ（一一三八年二月没）であったが、彼の仕事は未完におわった。この間の事情は、彼の妻、アンナ＝コムニニの父の歴史あるいは伝記『アレクシアス』に詳しい。

「彼はローマ人の皇帝ディオエニスから始め、主題とする時代に筆を進めようとした」、「しかしながらその計画は実現されなかった」、「叙述を皇帝ニキフォロス＝ヴォタニアティスの時代まで進めた後、この時点で書くことを止めてしまった。状況がもはやその後の展開を綴ることを許さなかったのである」それでも彼は可能なかぎり「急いで書き上げ、未完のままの作品を国境の地から私たちのもとに持ち帰ってきた、しかし、ああ！悲しいかな、同時に死病を伴ってのことであった」この時期、彼は「私の弟、皇帝のヨアニスがさまざまな蛮族に向かって出陣し、つぎにシリア人（フランク人）に対して進軍し、アンティオキアの都市をその権限下においたこれらの遠征に従っていたのである」彼は「恐ろしい病気に苦しめられていたけれども、事実、シリア人とキリキア人に向かって遠征に乗りだしたのである」しかしそれから「病んだ彼（の身体）はシリアの地からキリキア人に（引き渡され）、キリキア人からパンフィリア人へ、パンフィリア人からリディア人に、そしてリディアからヴィシニアへ、ヴィシニアから諸都市の女王へ、私たちのもとへ送り返されてきたのであった、その時にはすでに多くの苦痛により内蔵は腫れあがっていた。……彼の突然の死は私の魂そのものにまで達し、私のもっとも深いところを傷つけた」[2]（引用文中、丸カッコ内は筆者註。訳文は一部略記し改めている。以下同）

アレクシオス一世の長子、皇帝ヨアニス＝コムニノスのキリキア・シリア遠征は一一三七〜三八年の二年に渡るものであったが、[3]上記のアンナの記述からニキフォロス＝ヴリエニオスはその途中で病態が悪化し、シリアの地からコンスタンティノープルに送り返され、その後間もなく死亡したと思われる。アンナは死亡時期についてはっきり述べていないが、P. Gautier はニキフォロスの死を一一三八年としている。[4]

さて、著書の題名と序文の最初の三節は失われており、残された第4～第10節は作者不詳のある宮廷人によるもので、ニキフォロスの筆になるのは第11節のみである。[5] Gautier によれば、第10節までの序文は「死を前にして彼（アレクシオス一世）は息子ヨアニスに帝笏を委ねた」（序文［10］）の記事から同帝の死（一一一八年）後に書かれたものであろうとし、その回想は、アレクシオスの反逆を弁護するという明らかに傾向的立場からゆがめらたものであると仮定しても、あまりにも不明瞭であり、しばしば不正確である。おそらくそれはニキフォロスの前に書かれたか、あるいはとにかく匿名氏は彼の『歴史』を知らなかった。それを読んでおれば、多数の、そしてひどい誤りは防げたであろう。[6]

第Ⅰ巻の主題は、ロマノス＝ディオエニス帝（在位一〇六八～一〇七一）に関すること、とくに一〇七一年八月、ヴァン湖の北、マンツィケルトで行われたローマ帝国軍とセルジュク＝トルコ軍の戦いの経緯と、ローマ軍の壊滅的敗北とディオエニス帝自身の捕囚後における帝都の大混乱、ディオエニス帝の生死の不明のまま、先の皇帝のコンスタンディノス十世ドゥカスの長子ミハイルの皇帝即位（ミハイル七世、在位一〇七一～七八）、マンツィケルトの戦いの勝利者アルプ＝アルスランによって解放されたディオエニス帝の巻き返し、しかしミハイル七世によって派遣された帝国軍による捕縛と視力剥奪の体刑と死に関するものである。しかし、これらに先立ち、マヌイル＝コムニノス（アレクシオス帝の祖父）の幼い二人の息子、すなわち長子イサアキオスと次子ヨアニス（アレクシオス帝の父）の教育、二人の経歴と結婚、イサアキオスの皇帝即位、病に陥った皇帝から弟ヨアニスへの帝位譲渡の申し出、しかしヨアニスの強い辞退により、帝位がコンスタンディノス＝ドゥカス（在位一〇五九～六七）に移る次第、そしてヨアニス＝コムニノスの子供たち、五人の男子（後のアレクシオス帝は第三子）と三人の女子について簡単に触れられる。そしてロマノス＝ディオエニスのトルコ人に対する出陣の記述に入る前に、トルコ人の起源と、彼らがローマ帝国と境を接するに至った経緯が幾分詳しく語られる。

第Ⅱ巻において顎髭がまだ十分生えていない若いアレクシオスの軍歴が開始される。ミハイル七世によってトルコ人との戦いの総司令官として小アジアに派遣された兄イサアキオスに同行するのである。この時、イサアキオスの指揮するローマ軍にノルマンディー出身のフランク人ウルセリオス（Roussel de Bailleul）がいた。やがてこの者はイサアキオスのローマ軍から離脱するが、第Ⅱ巻の主要な物語は小アジアにおけるこのウルセリオスの反逆（一〇七五年）とその討伐軍の総司令官に任命された弱冠十八歳[7]のアレクシオスの勇気と知略による活躍である。

第Ⅲ巻において舞台は東方から西方へ移る。新たに即位したミハイル七世は「数限りない不安に苦しめられていた。スキタイ人（トルコ系の遊牧の民パツィナキ、ロシア年代記ではペチェネグ）がスラキア（トラキア）とマケドニアを荒らし、スラヴの民がローマ人のくびきを取り除いてブルガール人の土地を荒らし、略奪していた。事実、スクゥピ（スコピエ）とナイソス（ニシュ）は包囲され、またシルミオン（ベオグラードの西）そのもの、サヴィアス（サヴァ）川の地方、ヴィディニ（ヴィディン）までのイストロス（ダニューブ）川の諸都市は被害を受け続けた。さらに彼方ではホロヴァティ（クロアティア人）やディオクリス（今日のモンテネグロのスラヴ人）がイリリコン（アドリア海東岸地域）を荒らしていた」（[1]）。非常な恐怖に陥ったミハイル帝は軍事経験、知力、徳においてすべての者に優る人物を共同統治者として迎えようとする。そこで帝都に呼び出されたのがアドリアヌポリス（エディルネ）出身のニキフォロス＝ヴリエニオスであった[8]。しかし皇帝は元老院議員で血族の一人の進言で考えを変え、呼び出したニキフォロスをまずブルガリアのドゥクス、つづいてディラヒオン（アルバニアのドゥラス）のドゥクスに任命して、それぞれの任地に派遣する。第Ⅲ巻の前半はこのニキフォロス＝ヴリエニオスの反逆にいたる経緯と反逆（一〇七七年十一月トライアヌポリスにおいて皇帝としての歓呼を受ける）に多くの頁がさかれ、その間にアレクシオス＝コムニノスと、ミハイル七世の叔父ケサル（最高の爵位）のヨアニス＝ドゥカスの孫娘、イリニとの婚約、帝都におけるニキフォロスの弟ヨアニス＝ヴリエニオスとニキフォロス＝

ヴァシラキスとの帝位奪取の密約、帝都の城壁下に迫った弟ヨアニス率いるヴリエニオスの反乱軍に対するアレクシオスの活躍とイリニとの結婚の話が挟まれる。

第Ⅲ巻の後半はニキフォロスの反乱とほとんど時を同じくして起こったアナトリコン＝セマのストラティゴス、ニキフォロス＝ヴォタニアティスの反乱が語られる。結局、帝都の元老院議員や多数の聖職者を味方につけたこの者がニキフォロス＝ヴリエニオスをだしぬいて、帝位を握る（一〇七八年四月）。この間、宮殿に呼び出されたアレクシオスは帝都内の騒乱を鎮圧すべく、「斧を担いだ皇帝の護衛隊」を軍司令官ともども派遣すべきと適切な手段を皇帝ミハイルに進言するが、皇帝は耳をかそうとしない。それでも行動にでるよう強く迫るアレクシオスに対して、自分は以前から退位を考えていた、それほど言うなら弟のコンスタンディオスを皇帝にするよう促す。結局、ミハイル帝は退位し、修道士の衣を身につける。他方、帝位を引き継ぐようにとのアレクシオスの訴えを拒否したコンスタンディオスはその者にヴォタニアティスと会わせるように懇願する。二人はその時まだコンスタンティノープル対岸のフリスポリス（ウスキュダル）にとどまっていたヴォタニアティスのもとに向かう。ヴォタニアティスとの会見でアレクシオスはコンスタンディオスへの慈悲と父のような心遣いを求め、自分については「最後までミハイル帝に信義を守ってきたように、以後あなたへの揺るぎない信義を守るであろう」と述べ、その場から立ち去る。この巻の最後の二節（［25］［26］）は帝位についたニキフォロス＝ヴォタニアティス（在位一〇七八～八一）の三度目の結婚、すなわち前帝ミハイル七世の皇后、アラニアのマリアとの結婚、ミハイル帝の有力な側近、宦官で悪名高いロゴセティスのニキフォリツィスの失脚と死にあてられる。

第Ⅳ巻の冒頭で、ローマ人の市民生活に大混乱を引き起こした、ヴォタニアティス帝の極端なほどの放漫財政が語られる。自分が誰よりも気前のよいことを示そうとして、誰彼なしに求める者すべてに爵位と官職を与えたのである。これは依然として反逆をつづけるニキフォロス＝ヴリエニオスを意識して市民の好意を自分に引きつけようとするためであった。［2］から［18］節にわたって、セオドルポリス（コンスタンティノープル西およそ七〇キロ）での皇帝の使節と反逆者ニキフォロスとの和平交渉（一〇七八年四／五月）、その不調後におけるアレクシオスとこの者の対決とこの者の最終的勝利、敗者ニキフォロスのその後が語られる。決戦はマルマラ海の北岸にそれぞれ位置するイラクリアとシリムヴリアの間で行われた。戦闘の描写はさすが軍人ニキフォロスによるもので、生彩に富み、臨場感に満ちている。著者はこの戦闘におけるアレクシオスの個人的偉業を讃えているが、敗色濃いアレクシオス軍を救い、勝利に導いたのは、味方の兵士の敗走中に到着した少なからぬトルコ人同盟軍の部隊であった。奮戦中、ついに力つき捕らえられたニキフォロス＝ヴリエニオスはアレクシオスのもとに連行され、つづいて捕虜を受け取りにきた皇帝の使者ヴォリラスに引き渡される。この者は帝都の城壁近く、フィロパティオンと呼ばれる場所でニキフォロスの両眼を潰す。しかし、皇帝はニキフォロスの不運を憐れみ、彼の財産のすべてを返し、さらに栄誉と贈物を与えて友好関係を取りもどす。［この者は目潰しの体刑にもかかわらずその後も長く生き、アレクシオス帝に仕え、対スキタイ（パツィナキ）遠征（一〇八七年）では有益な進言をしている］(9)。

勝利者アレクシオスはコンスタンティノープルへの凱旋入城を許されず、城外に三日間とどまり親族や友人の訪問を受けた後、まず戦後処理のためアドリアヌポリスへ、次にイリリコンとブルガリアの軍勢すべてを従えて新たに立ち上がった反逆者ニキフォロス＝ヴァシラキス征討のため、ストリモン（ストルマ）川に向かって軍を進め、その川を渡ってヴァルダリオス（バルダル、アクシオス）川の手前で陣を敷く（一〇七八年六／七月）。［18］から［28］節はこのヴァシラキス問題にあてられる。アレクシオスの策略により窮地に陥ったヴァシラキスはセサロニキに逃げ込み、都市内のアクロポリスに立てこもる、しかし彼の兵士は投降し、市民は都市をアレクシオスに明け渡すにおよんで、ついにヴァシラキスの兵士は彼の身柄を引き渡したのであった。この者もまた、捕虜の受け渡しに皇帝よりつかわされた者たちによって両眼を潰された。コンスタンティノープルに戻ったアレクシオスは皇帝から敬意をもって迎えられ、セヴァストスの爵位を受け、多くの領地を贈与された。アレクシオスは休む間もなく、自身の指揮下にある地域を視察するため、アドリアヌポリスに出かける。その地でスキタイ人（パツィナキ）の不穏な動きの情報を得て、軍勢を率いてフィリプポリス（プロブディフ）に出かけ、更にサルディキ（ソフィア）の先にまで進軍する。他方、アレクシオスの出撃を知ったスキタイ人は戦利品を残したまま、イストロスの彼方に逃走する。フィリプポリスに戻ったアレクシオスはその地と他の諸都市に秩序を回復して、ビザンティオンに帰還する。

［31］から最後の［40］節は、小アジアにおけるニキフォロス＝メリシノスの反逆（一〇八〇年）について語られるが、その説明の途中で第Ⅳ巻は終わる。皇帝ヴォタニアティスはアレクシオスを呼び出し、ハルキドン（カルキドン）の海峡を渡り、反逆者に向かって進軍するよう求めるが、メリシノスが姻戚関係によりコムニノス家につらなることから（アレクシオスの姉妹エヴドキアの夫であった）、出陣要請を強く辞退した。アレクシオスに代わって討伐軍の指揮権を託されたのは宦官のヨアニスであった。しかし、ヨアニスは軍事に豊富な経験をもつエオルイオス＝パレオロゴスの適切な進言を無視して、無謀にもトルコ人によるニケア攻撃を行い、惨憺たる敗北を蒙って、コンスタンティノープルに逃げ帰ることになる。メリシノス問題[10]は結局、自身の反逆を成功させたアレクシオスによって解決されるが（一〇八一年四月）、ニキフォロスの筆はそこまで進めることができなかったのである。

以上に見たように、ニキフォロス＝ヴリエニオスが書き進めることのできた範囲は、主としてロマノス＝ディオエニスがトルコ遠征に出陣した一〇七一年から、メリシノスの反逆が勃発する一〇八〇年までのわずか十年間にすぎない。アレクシオス帝の歴史を目指した彼の意図はまったく達せられなかったのである。しかし、短い期間とはいえ、彼の『歴史』は、中世ローマ帝国史上きわめて込み入ったこの時期の主要なオリジナル史料をなし[11]、ディオエニス帝以降はとくに詳細で、多くの興味深く、有益な情報を提供する良くできた作品である。[12] とくにマンツィケルトの戦いに関する記述は貴重である。この戦いを記する史料は多数のアラブ語によるものなど多岐にわたるが、同時代の主たるギリシア語史料は皇帝ディオエニスの高官で、実際にディオエニスの最後の遠征に従軍した歴史家ミハイル＝アタリアティスの『歴史』とニキフォロスの『歴史』である。かつてイスラム史家C. Cahenは「ギリシア語史料のうち、最良の情報は間違いなくヴリエニオスのそれである」と述べたが、[13] 今日では「もっとも役に立つ情報」は戦いの現場に居あわせ、また皇帝の顧問官でもあったアタリアティスのそれであるとされる。[14] とにかくアタリアティスは戦闘について「もっとも詳細の情報を提供する」。[15] しかしニキフォロスの『歴史』はアタリアティスには見られないローマ軍の陣立てなどの貴重な記事があり、アタリアティスにつぐ重要性は失っていない。[16]

### セルジュク＝トルコの小アジア進出——マンツィケルトの戦い前夜まで[17]

セルジュク＝トルコはトゥルクメンあるいはオグズと呼ばれた遊牧トルコ人の一派で、一〇〇〇年以前、族長セルジュクの時、キルギス草原からトランスオクシアナ（アム＝ダリア以北のオアシス定住地帯）のブハラ近郊に移り住み、そこでイスラム教スンニ派を受け入れる。当時、トランスオクシアナをめぐってサーマーン朝（イラン系イスラム王朝）とカラハン朝（トルコ系イスラム王朝）とが対立し、さらに南方のアフガニスタンのガズナによるトルコ系イスラムのガズナ朝もこの地に触手を伸ばそうとしており、セルジュク＝トルコはこれら既存の大勢力の中にあってそれぞれ同盟あるいは敵対の複雑な関係を取り結ぶことになる。とにかく、彼らはこれらの勢力にとって多数で御しがたい好戦的な集団であった。

ガズナ朝はスルタン、マフムード（ニキフォロスの筆ではムゥフゥメト）（在位九九八〜一〇三〇）の時、全盛期を迎え、西はイスファハン（イラン中部）から東はブハラとラホール（パキスタン中東部）にまたがる広大な帝国を築いた。当時、セルジュク族はガズナ朝の支配下にあったが、一〇三〇年、先のマフムードが死ぬと、新スルタン、マスウード（在位一〇三〇～一〇四一）（ニキフォロスは間違ってこのマスウードもムゥフゥメト、すなわちマフムードとしている）にホラーサーン（イラン北東部）を彼らの土地として領有することを嘆願した。しかしマスウードはそれを拒否したばかりか、これを口実にセルジュク族を攻撃した。ここに両者の衝突が起こり、セルジュク族は一〇三八年ガズナ朝の軍隊を撃破し、ホラーサーンを握った。同年五月、ニシャプール（ホラーサーンの首府）に入ったセルジュクの孫の一人、トゥグリル＝ベク（ニキフォロスの記すところではタングロリピクス）の名が「大スルタン《スルタン・アル・ムアザム》」の称号とともにフトバ（金曜日正午の集団礼拝に際して行われる説教）で唱えられた。ここに新しいセルジュク＝トルコ国家（大セルジュク朝とも呼ばれ、一一九四年まで続く）が組織され、またトルコ民族の伝統に従って、セルジュク一門の族長たちに領土が分配された。バクダードのカリフの使節がニシャプールに派遣され、セルジュク＝トルコの勝利が言祝《ことほ》がれる。カリフはトゥグリル＝ベクがホラーサーンの支配者、すべてのトゥルクメンの指導者であることを認めたのである。

この後まもなく、すなわち一〇四〇年五月、ガズナ朝との最終的な決戦が行われる。セルジュク＝トルコは、ガズナ朝スルタン、マフムードの後継者マスウードの率いる五万におよぶ騎兵と歩兵、それに三百の戦象からなる軍勢（ニキフォロスによれば五万の軍と塔をのせた百頭の象）をメルブ（ホラーサーン）近郊、ダンダンカンの要塞を前にしての戦いにおいて撃破した。この戦いの勝利により、セルジュク＝トルコは長年にわたるガズナ朝支配から完全に脱し、ホラーサーンおよびホラズムを握ることとなった。そして、これ以降、セルジュク一族の面々による征服活動が多方面に向かって展開されることになる。

当時、イラン系シーア派のブワイフ朝（九三二～一〇六二）のスルタンの権威は衰え、バクダードはブワイフ朝の軍事指揮官アル＝バサシリ（ニキフォロスの書くピサシリオス）に握られていた。エジプトのファーティマ朝から支援を受けていたこのアル＝バサシリとの対立が原因で、アッバース朝カリフ、カーイムからの救援要請を受けたトゥグリル＝ベクはバクダードに向かい、一〇五五年一月十七日、入城を果たす。すでに、ブワイフ朝スルタン、マリク＝アッラヒームはトゥグリル＝ベクに恭順の意を表していたが、しかし翌日、シーア派が加わった大暴動が発生すると、トゥグリル＝ベクは暴動を鎮圧すると同時に、マリク＝アッラヒームを捕らえ投獄した。その結果、百二十年続いたシーア派のイラク支配は終わった。アッバース朝カリフから「東西の王（マリク）」の称号を受けたトゥグリル＝ベクおよびその後継者は、これ以降、アッバース朝カリフの保護者として、スンニ派イスラム世界の盾の役割を担うことになる。

さて、セルジュク＝トルコおよび半独立の遊牧トゥルクメン諸集団がコーカサス地方および小アジアのローマ帝国諸州を脅かし始めるのは、一〇五五年以前にさかのぼる。

すでにヴァシリオス二世の治世（九七六〜一〇二五）末期に、略奪を目的にしたトゥルクメンの集団がアルメニアに現れている。ヴァシリオス二世がアルメニアの併合に乗りだすのは帝国東部をトルコ人から守るためであった。ヴァシリオス二世の企ては、一〇四五年、コンスタンディノス九世モノマホスによりアルメニアとその首都アニが帝国に併合されたことにより完成された。しかしモノマホス帝は、一〇四七年に起こった国内の反乱と、さらにバルカン半島におけるパツィナキ（ペチェネグ）の南下のため、アルメニアの帝国軍のほとんどをヨーロッパ側に引き上げさせたのである（事実、一〇五〇年、コンスタンディノス＝モノマホス帝により五万と数えられるイベリア・メソポタミア軍が解体される）。帝国のこの状況をついて、トルコ人によるアルメニアへの侵略がいっそう頻繁に行われることになる。

トゥグリル＝ベクがみずから小アジアの遠征に乗りだしたのは一〇五四年の一回だけで（その時、ヴァン湖周辺を荒らし、しかしマンツィケルトの要塞は落とすことなく帰還している）、遠征は通常、従兄弟たちによって行われた。一〇四七年、彼らはセオドシウポリス（ヴァン湖西北、エルズルム）の前で帝国軍に敗れたが、翌年からは帝国の同盟国グルジア（現在、カスピ海と黒海の間に位置する共和国）の攻撃に集中する。そして一〇五一年には、アルメニアの首都アニの西、カルスを略奪し、一〇五六年と翌年にもアルメニアに姿を現す。一〇五七年、トルコ軍は帝国の都市メリティニ（マラティヤ）を包囲し、さらに小アジアの中心都市、セヴァスティア（シワス）にまで迫った。

一〇六三年トゥグリル＝ベクを継いだ甥のアルプ＝アルスラン（在位一〇六三〜七二年）は、スンニ派イスラム世界の最大の敵、エジプトのファーティマ朝征服を最大の目標に掲げるが、ローマ帝国とファーティマ朝との起こりうる同盟に不安を感じ、まず西北辺のアルメニアを征服して背後を固めようとする。

これより少し前、ローマ帝国では小アジアの軍事貴族イサアキオス＝コムニノスが帝位につき（一〇五七年）、その意欲的な統治の間、東方の国境はトルコ人からよく守られた。しかしすでに述べたように、イサアキオス＝コムニノスはその短い治世の後失脚し、コンスタンディノス＝モノマホスの軍隊削減政策の後継者がコンスタンディノス十世ドゥカスとして帝位につく。

一〇六五年、アルプ＝アルスランは辺境防御を強化し、同時にアゼルバイジャン（カスピ海の西南、ダブリーズが中心都市）の臣下たちと辺境地域のトゥルクメンへの支配を固めるという二重の意図をもって、アルメニア遠征にとりかかる。遠征軍の一部は彼の息子で後継者に指定されていたマリク＝シャーが率い、有名なイラン人宰相（ワジール）に補佐され、アラクシス川流域の障害物を除去する。他方、スルタン自身の率いる軍はアニ北方の山岳地帯の諸要塞を占領し、グルジアの国境地帯にまでいたる。両軍はアニを前にして合流し、ついにアルメニアの首都アニを陥落させる。しかしアルプ＝アルスランはローマ帝国の征服はもちろん、小アジアの占領も考えていなかった。帝国にとって由々しき事態は、この年から正規軍とは別のトゥルクメン諸集団による小アジアへの侵略がいっそう激しくなったことである。エデサの強固な要塞都市は毎年攻撃される。一〇六六年には、彼らはアマヌス山地（北シリア）の峠道を占拠し、翌年にはカパドキアの主都ケサリアを包囲した。次の冬にはメリティニとセヴァスティアにおいて帝国軍を撃破する。さらにつづく数年において、彼らは帝国の奥深くまで侵入、一〇六八年にはネオケサリアとアモリオン、一〇六九年にはイコニオン、さらに一〇七〇年にはその西のホナイにまでいたるのである。

コンスタンディノス十世ドゥカスの死（一〇六七年五月）で、権力は彼の妻エヴドキア＝マクレンヴォリティサの手に移り、彼女は若い息子たち、ミハイル、アンドロニコス、コンスタンディオスの摂政となるが、実際の政治の舵は帝国の著名な学者で政治家のミハイル＝プセロスと、前帝の兄弟であるケサルのヨアニス＝ドゥカスの手に握られていた。しかし東方国境における一連の惨禍は否応でも強力な軍事政権の成立を緊急のものとさせ、時の総主教ヨアニス＝クシフィリノスはプセロスの友人であったが、時勢の要請を受けいれ、結局、プセロスとケサルのヨアニスの反対にもかかわらず、エヴドキアが将軍ロマノス＝ディオエニスと結婚することに同意する。一〇六八年一月一日帝位についたロマノス帝はカパドキアの有力な軍事貴族で、バルカン半島でのパツィナキとの戦いで名をあげた老練な指揮官であった[18]。彼はただちにセルジュク＝トルコに立ち向かい、一〇六八年と一〇六九年の二度にわたる遠征において一定の成果をあげる。

ロマノス＝ディオエニスはヴァシリオス二世以来初めて、その努力を軍隊に集中させた皇帝であった。ロマノスは将軍たちと相談し、迅速に西方の中央軍（タグマタ）、パツィナキ、ウズィその他の傭兵を集め、オプシキオン（小アジア西北部）とアナトリコン＝セマ（小アジア中部）に導いた。そこでまた、できる限り小アジアの地方兵を召集することを始めた。兵士は長年にわたって放置されてきたため、地方兵士の名簿は不完全なものであり、地方兵士は戦闘の経験がなく、その装備はひどく悪い状態であった。しかし十分な遠征手当を支給し奮起させ、たたき込み、かなり大きな軍勢に仕上げた。一〇六八年夏、トルコ人の諸集団が帝国領シリアを略奪している最中、皇帝は増強した諸軍を率い、シリアの平地を見下ろす山岳地帯に導いた。皇帝の進軍に対して、トルコ人は彼の軍勢を避け、より北方のネオケサリアを包囲した。これに対して皇帝は分遣隊を送りだし、テフリキ（カパドキア）の近くでトルコ人の一部を撃破した。その秋、背後を護るべく軍勢をメリティニに送りだすと共に、自身は本隊を率いてシリアへ進軍した。これらの軍事行動はトルコ人がアモリオンに進み、そこを包囲することを阻止できなかったものの、しかし帝国の国境要塞アルタフを回復し、トルコ人の握る辺境都市メンベトを占領した。

一〇六九年の初め、皇帝はアルメニアの諸セマを護るべく、ノルマン人の傭兵を彼らの指導者ロベール＝クリスピン（ニキフォロスによればクリスピノス）の指揮のもとにその地に送った後、自身はコンスタンティノープルへ帰還した。クリスピンは給金に不満を抱き、収税吏たちから略奪し、そのとき彼に向けられた軍勢を打ち破った。クリスピンはその後降服し解雇されたが、彼の兵士たちは、春（一〇六九年）、ロマノス帝が軍隊を率いて到着するまでユーフラテス上流地方の略奪をつづけた。皇帝はアルメニア人将校フィラレトス＝ヴラハミオスを、ユーフラテス前線を守護するために大軍勢と共にその地に残し、自身はトルコ人の国境要塞フリアト（フレアト）を攻撃すべく、さらに東に進んだ。トルコ人はフィラレトスの軍勢を攻撃、撃破し、ユーフラテス川を西に向かって越える。ロマノスはひき返さなければならなかった。しかし皇帝は彼らに追いつくことができず、敵はアルメニア人諸隊が彼らの帰還を狙って待ち伏せる前に、アナトリコン＝セマのイコニオンに達し、そこを包囲した。一方スルタンはフリアトに向かい合ったマンツィケルトを奪う。ロマノス帝は結局トルコ人のアルメニアあるいはアナトリアへの進出を阻止できずに、帝都に帰還した。

一〇七〇年までに事態の重大さは明らかになった。しかしこの年、皇帝自身は出陣することができなかった。(19) 代わってマヌイル＝コムニノスが東方軍の総司令官としてトルコ人の侵入を阻止すべくハルティキの地に赴く（『歴史』第I巻［11］）。将軍たち（マイストロスのヨシフ＝タルハニオティス、西方のドメスティコスのニキフォロス＝ヴリエニオス）、皇帝の顧問官、歴史家のミハイル＝アタリアティスははっきりと、荒廃したアルメニアの諸地方を放棄し、アナトリア（帝国領小アジア）の防衛に集中することを望んでいた。ロマノス帝は同意しなかった。彼はアルプ＝アルスランに休戦と、一〇六八年に掌握したメンベトと前年（一〇六九年）に奪われたマンツィケルトとの交換を申し込んだ。しかしながら、交渉中に、スルタンへの反逆を期するトルコ人フリソスクロスがセヴァスティアの近くで前記のマヌイル＝コムニノスを捕らえるということが起こる。しかしフリソスクロスは後者に説得され、後者に従って皇帝のもとへ逃走する。ロマノス帝がフリソスクロスの引き渡しを拒否した時、スルタンは報復処置としてトルコ人軍司令官アフシンにスラケシオンの地（小アジア南西部）にまで侵略し、ホナイを包囲させた。

皇帝は、トルコ人に対する大勝利によってこそ、トルコ人と国内の政敵を同時に威圧し最終的勝利をえようと決心する。一〇七一年春、ロマノス帝はおよそ十万におよぶ中央軍《タグマタ》・地方軍《テマタ》・傭兵軍の大軍を集め、トルコ人の握るマンツィケルトとフリアトを奪還し、アルメニアを防衛すべく出発することになる。

## 反逆の系譜――歴史家ニキフォロス＝ヴリエニオス

ニキフォロスの『歴史』では、第Ⅲ巻から第Ⅳ巻にわたって反逆者ニキフォロス＝ヴリエニオスについて詳細に語られ、アレクシオスと並べてこの敗軍の将に最大限の賞賛の辞が贈られている。歴史家ニキフォロス＝ヴリエニオスはこの反逆者の同名の息子なのか？

まず『アレクシアス』から次の二ヵ所を引用することから始めよう。一つは一〇八七年のアレクシオス一世のパツィナキ遠征の時、エモス（バルカン）山脈の南麓（ディアムヴォリスとゴロエの中間あたり）でローマ軍が滞在していた時のこと、ニキフォロス＝ヴリエニオスの皇帝に対する進言につづいて、アンナがこの者について述べる箇所である。「この者は反逆の結果両眼を失ったが、実際、非常に思慮深く、戦略と戦術に関してもっとも詳しい助言者として評判であった。……（この者がアレクシオス＝コムニノスによって捕らえられ、両眼を失った次第について）その詳細を知りたい読者は名高いケサルの著作を参照されたい。アレクシオスがすでにローマ帝国の帝笏を握っていた時期、その者の婿となったこのケサルは、実際、今話しているヴリエニオスの子孫（アポゴノス）であった」（『アレクシアス』第VII巻2［5］［6］）。もう一ヵ所はアレクシオス一世のコマニ遠征（一〇九四年）にかかわる場面、コマニ（パツィナキと同系の遊牧の民）がアドリアヌポリスに向かっているのを知った皇帝（この時、黒海西岸のアンヒアロスにいた）がアドリアヌポリス出身の主だった面々を集め指示するくだりで、その中に「かつて帝位を握ろうとしたあのヴリエニオスの息子（イオス ios）、ニキフォロスがいた、その者もまた権力を強く求めて、目を潰された」（『アレクシアス』第X巻2［7］）と語られる。

さて、先の二つの引用文に三人のヴリエニオスが登場する。二人は共に反逆を起こして目を潰された父子、もう一人は「名高いケサル」、言うまでもなく歴史家ニキフォロス＝ヴリエニオスである。最初に目を潰された者の名をニキフォロスと呼んでいるある史料（後述）を信じれば、これら三名は同名であり、また三人すべては奇しくも反逆にかかわった。先の二人はみずから反逆を企て、失敗し両眼を潰され、最後の歴史家ニキフォロスは妻アンナ＝コムニニの弟ヨアニス二世に対する謀反（一一一九年）に巻き込まれようとした。この話は最後に触れることにする。

さて、問題は先のアポゴノスである。[20] B. Leib の仏訳と E.R.A. Sewter の英訳ではそれぞれ fils と son となっている。もう一人の英訳者 E.A.S. Dawes は descendant の語を与えている。[21] もし息子とするならば、これら三人は祖父・父・子の関係となる。しかし、この問題の検討に入る前に、一番最初のヴリエニオスの反逆の次第に触れておこう。この者についてはニキフォロスの『歴史』は伝えていないし、アンナも上記の一ヵ所で「かつて帝位を握ろうとしたあのヴリエニオス」と一言触れているにすぎない。この者について語る史料はケドリノス、アタリアティス、ゾナラスである。以下、少し長くなるが、P. Gautier の記するところを摘要する。[22]

一〇五〇年、皇帝コンスタンディノス＝モノマホスはスラキア／トラキアへのパツィナキの頻繁な侵入を終わらせるべく、二万の傭兵軍を集め、その指揮権をパトリキオスのヴリエニオスに託す。この遠征は大成果を収め、そのため二年間（一〇五一～五二年）にわたって蛮族の侵入は生じなかった。一〇五四年、モノマホス帝はオリエントのトルコ人と戦うべく、ヴリエニオスをマケドニア人召集兵の先頭に立たせて送りだす。しかし皇帝の死去（一〇五五年一月十一日）の知らせで将軍ヴリエニオスは全軍を率いてフリスポリスに撤退した。しかし命令なしに行われたこの行動は反逆と解釈され、権力を握ったばかりのセオドラはパトリキオスのヴリエニオスの財産を没収し、追放に処した。この失寵は短期間で、一〇五六年八月二十七日皇帝に即位したミハイル六世は将軍を呼び戻し、カパドキアの統治を委ねた。さらにその後、皇帝はヴリエニオスをトルコ人の侵入を抑える使命と共にマケドニア人の諸部隊の総司令官に任命した。ヴリエニオスはこの機会をとらえてセオドラによって没収された財産の返還を皇帝に求める。しかしミハイル帝はそれに同意せず、頓着なく彼を送りだす。将軍は怒りを飲み込み、復讐する機会を待つ。それは次の年に現れた。一〇五七年の復活祭のころ、彼は小アジアの軍事指導者たちから彼らによって企てられていた反逆に加わるよう誘われる。彼はただちに同意した。その後、おそらく一〇五七年六月、彼の同僚たちと共にオリエントに向かって出発する。それにはパトリキオスのヨアニス＝オプサラスも加わっていた。一行がアナトリコン＝セマに到着した時、兵士の給料を管理していたそのオプサラスがヴリエニオスの時ならぬ兵士への大盤振る舞いに抗議したので、ヴリエニオスはその者を逮捕させた。同行していたパトリキオスのルカンティスという将軍がそのことを聞き知り、ヴリエニオスの行動から謀反の疑いを抱き、多数の兵士を伴って現れ、ヴリエニオスを逮捕する。そこでオプサラスはただちに彼の両眼を潰し、鎖につないで皇帝のもとに送りとどけたのであった。

このヴリエニオスについてアタリアティスとゾナラスはその名を記さず、ただケドリノス（スキリッィス）のみが、それも一度だけ、「パトリキオスのニキフォロス＝ヴリエニオス」と呼んでいる。[23] この者はそのような体刑後もしばらく生きていたように思える。なぜなら、一〇七八年の前半、彼の妻アンナがクロパラティサの爵位を持っていることが知られるからである。この事は両眼を潰された時点でパトリキオスであった者がその後クロパラティスに昇進したことを当然意味する。Gautier はこの昇進はおそらく、この一件の直後、一〇五七年九月一日、小アジアの軍事指導者や兵士に支持されて皇帝に即位したイサアキオス＝コムニノスによるものであろうとしている。

本題に入ろう。『アレクシアス』において、一〇七七／七八年の反逆者ニキフォロス＝ヴリエニオスの息子が一度登場する。それはアレクシオスの策略に陥って敗走する場面で（一〇七八年四／五月）、その時、ニキフォロスの両側にあって彼を援護したのが兄弟（ヨアニス）と息子（イオス）であった。その時の彼ら二人の奮戦は敵方の賞賛を受けるほどに英雄的であった（『アレクシアス』第I巻6［5］）。ここではアポゴノスではなく、まぎれもなく「息子・子供」を意味するイオスが使われていることに留意しておこう。ところで、もしこの息子がアンナの将来の夫であったのであれば、ここの記述はあまりに簡単すぎる。英雄的な活躍をした将来の夫である、回想の一言があってしかるべきのところで、彼女が常に歴史家ニキフォロスを引き合いに出すとき使う形容語「ケサル」あるいは「私のケサル」も付されていない。当然、歴史家ニキフォロスはこの敗走の場面をより詳細に描写している。味方の兵士はすべて「彼自身（ニキフォロス＝ヴリエニオス）と息子（イオス）と兄弟（ヨアニス）を後に残して退却に取りかかっていた……」（第Ⅳ巻［12］）。つづく［13］と［14］節で彼ら三人の奮戦、ついに力尽きたニキフォロスの捕縛、互いに離れ離れになりながらも兄弟ヨアニスと息子（イオス）は虎口を脱してアドリアヌポリスにたどり着く次第が語られる。著者はこの息子が自分であることはおろか、アンナと同様に一度もその者の名を告げない。

ニキフォロス＝ヴリエニオスの『歴史』には、先述の敗走より少し以前の時点（一〇七八年）、反逆者ニキフォロスの反乱軍がトライアヌポリス（エヴロス［マリツィア］川の河口近くの都市）のそばに野営していた時に、ある偶然から生じたニキフォロスの息子の活躍を述べるくだりで、「ニキフォロスの息子（イオス）であるパトリキオスのヴリエニオスはやっと少年期（ペディキイリキア）を出たばかりの、血気盛んで勇敢な若者（ミラキオン）であった」と語られる（第Ⅲ巻［9］）。ミラキオンは *DGF* によれば 'jeune garçon vers l'âge de 14 ans, de 14 à 21 ans' とあり、Gautier は訳注において十六〜十八歳としている。[24] 計算上十八を取り上げ、前後二年ほどの幅をもって考えればいいだろう。

さて一〇七八年の時点で十八歳とすれば、一〇九七年には歴史家ニキフォロスとアンナ＝コムニニは結婚していたので[25]、その時、夫は三十七歳、妻は十五歳である。この年齢の違いは大きすぎるように思える。アンナの父、アレクシオス一世（当時四十歳）とほぼ同世代である。一一一六年、アレクシオス帝のトルコ人に対する最後の遠征の時、帝国軍の右翼を指揮していたケサルのニキフォロスについてアンナは興味深い指摘をしている。ケサルは困難な事態に陥った後衛の救援に駆けつけようと勇んだが、しかし自分の「未熟さあるいは若さ（アピリアあるいはネオティス）」を曝してはならないと考え、隊列の維持につとめた（『アレクシアス』第XV巻5［3］）。先の仮定では、ケサルは当時五十六歳ほどであり、Gautierが指摘するように、これは未熟さあるいは若さを云々する歳ではないであろう[26]。さらに、アンナは「私のケサル」の死を「予期せぬ（早すぎる）死anelpistos thanatos」と言っているが（『アレクシアス』序文4［2］）、一一三七／八年の死亡時では七十七／八歳となる。

以上の疑問や矛盾は、先のアポゴノスを息子とせず、孫と解せば、すべて解消する。アポゴノスの第一義は子孫であり、したがって孫とも子供とも解釈されうる。G. Bucklerはアンナはアポゴノス（descendant）とこれに対するプロゴノス（ancêtre）の用語をそれぞれ息子と父の意味で使っていると指摘しているが[27]、Gautierはプロドロモス（十二世紀の宮廷詩人）がプロゴノスを祖父の意味で使っている例を挙げている[28]。より重要なのはアポゴノスがもう一度現れる『アレクシアス』（第XV巻4［2］）における記事である。一一一六年の最後のトルコ遠征の時、アレクシオス帝はヴァルダスという者を呼び出し、トルコ人に向けて送りだすが、この者は「かつて名を馳せ」、アモリオンの周辺の町々を領していた「ヴルツィスのアポゴノスであった」と記される。この有名なヴルツィスは十世紀後半に活躍し九九六年ころに死んだミハイル＝ヴルツィスと思われるので[29]、ヴァルダスはその者の息子ではありえず、子孫としなければならない[30]。

しかしながら、歴史家ニキフォロスを反逆者ニキフォロスの孫とするには大きな障壁が一つ残っている。アレクシオス一世と同時代人で消息通のゾナラスが、はっきりとアンナの夫のケサルはニキフォロス＝ヴリエニオスの息子（イオス）であると述べているのである。[31] 該当の箇所は νυμφίον ἕτερον ἐπ᾿ αὐτῇ εἰσῳκίσατο τὸν μείζω τὸν υἱὸν Νικηφόρου τοῦ Βρυεννίου である。しかしながら、Gautier によれば、この大きな困難は見かけ上にすぎないかもしれない。校訂本のテキストではなく、もっとも良い写本の一つ（E=Monacesnsis 325）においては、属格の Νικηφόρου ではなく、対格の Νικηφόρον となっており、これは筆写において最後の二つの属格 τοῦ Βρυεννίου に引きずられた結果であるらしい。Νικηφόρον と訂正して読めば、「彼（アレクシオス一世）は彼女（娘）にもう一人の夫、ヴリエニオスの（息子たちのうち）長男、ニキフォロスを与えた」となる。このニキフォロスは疑いなく歴史家であり、ヴリエニオス（パトリキオス）は反逆者ニキフォロス＝ヴリエニオスの息子である。なお、「もう一人の夫」という表現はアンナの婚約者、緋の産室生まれのコンスタンディノス＝ドゥカスが一〇九五年ころに死んでいたからである。

この訂正が正しいとすれば、主要な困難は自ずと解消するし、また当時の命名の原則にも背くことにならないと、Gautier は言う。その原則に従えば、長男は父の名でなく、状況に従って父方あるいは母方の祖父の名を受け継ぐ。コムニノス家に例を取れば、ヨアニス＝コムニノスの長男（アレクシオスの兄）マヌイルは祖父の名であり、アレクシオス一世の長男、ヨアニス二世の名はやはり祖父のそれであるし、ケサルとアンナの長男アレクシオスは母方の祖父のそれである。一〇五七年の反逆者の祖父、一〇七七／七八年の反逆者の父、息子のケサルの同名の例以外に、この時期、この原則違反のはっきりした例は見いだされない。[32] だから、先の祖父・父・息子が同名というのはありそうにない。ニキフォロスを挿入とみなす上記註（23）の指摘はこの原則によってもいっそう強められるだろう。

Gautier は有力な反証が現れるまでは、歴史家ニキフォロスを失明のニキフォロスの息子でなく、パトリキオスのヴリエニオスの息子とする。さらに、このヴリエニオスの名は伝わっていないが、歴史家ニキフォロスの長男が母方の祖父の名でアレクシオス、次男がヨアニスと呼ばれているところから、この者の名はヨアニスであった可能性があるとしている。[33]

Gautier によれば、一〇七八年、アドリアヌポリスに逃げ帰ったこのパトリキオスのヴリエニオス（歴史家ニキフォロスの父）は当時すでに結婚していたと思われる。それは次の事実から導かれる。反逆者ニキフォロス＝ヴリエニオスの弟であるクロパラティスのヨアニス＝ヴリエニオスの息子とエレニ＝タルハニオティサとの結婚が一〇七七年末に挙行されたが、それは当初皇帝ヴォタニアティスに忠誠の態度を保持していたアドリアヌポリスのドゥクス、マジストロスのカタカロン＝タルハニオティス、つまり先述のエレニの兄弟と反逆者のヴリエニオス一族との同盟を強固なものとするためであった（『歴史』第Ⅲ巻［7］）。この目的のためならば、弟の息子より、反逆者自身の息子をエレニと結婚させた方がより自然であり、いっそう政略的であったろう。そうしなかった理由は、おそらく若いパトリキオスのヴリエニオスがすでに結婚していたからであろう。そこで、Gautier はこのパトリキオスの息子、将来のケサル（アンナの夫）は一〇八〇年ころに誕生していただろうと推定する。[34] そうすれば、アンナ＝コムニニとの年齢差は三歳ほどであり、一一一六年当時は三十七歳ころ、戦闘において「未熟さあるいは若さ」を曝したくないと感じてもそれほどおかしくなく、五十八歳ころの死は惜しまれる年齢であろう。

アンナ＝コムニニによれば、父アレクシオスは最後のトルコ遠征（一一一六年秋）から帰還後一年と半年の後に病に陥り、それから六ヵ月も過ぎないうちに致命的な状態となり、一一一八年八月十五日に死去した（『アレクシアス』第XV巻11［13］～［21］）。だから、重体となったのは一一一八年一月あるいは二月からであろう。[35] アレクシオス帝はすでに自分で起きあがれなくなっていた時、大宮殿からこの宮殿の北、アクロポリスの東斜面に位置するマンガナの宮殿に移されていた。さて、死の直前の場面に次のような記述がある。「帝位の継承者（ヨアニス）は密かに自分の部屋に引き下がっていた。そして皇帝の（絶望的な）状態を確かめると、その者はあたふたと外出し、急いで大宮殿に向かった。都市《ポリス》はその時……（テキスト欠損、以下同じ）……動揺していたが、しかし全体的なものでなかった……。その時、皇后は嘆きながら、こう言い放った。『すべてを、そう、帝冠《ディアデマ》と帝位《ヴァシリア》、権威《エクスシア》、すべての権力《クラトス》、帝座《ソロニ》、支配権《アルヘ》を捨てましょう』」（『アレクシアス』第XV巻11［17］）。一般読者には何を言っているのか、理解に苦しむところである。実は、アレクシオス帝が重体に陥る前から、姉と弟の間で激しい権力闘争が始まっていたのである。アンナはこのことも、また弟ヨアニスが聖ソフィア寺院で戴冠され、大宮殿を掌握して権力の座を確保した後、ヨアニス暗殺の陰謀を組織したことも一切語らない。ただその間の事情をわずかにかいま見せるのが上記の短い引用箇所だけである。幸い、アンナの陰謀と結果について二人の歴史家による証言が残されている。一人はすでに紹介したゾナラス、もう一人は第四回十字軍の帝都占領と略奪に立ち合ったニキタス＝ホニアティスである。以下、F. Chalandon の研究[36]によりながら、ヴリエニオスにかかわるところは、このホニアティス『歴史』の英訳から直接引用して、ことの次第を述べることにする。

皇帝の共治帝であった許婚のコンスタンディノス＝ドゥカスの死後、ニキフォロス＝ヴリエニオスと結婚したアンナは、夫ニキフォロスを皇帝に据えることで父を継承する希望を断念せずにいた。アンナは母と兄弟のアンドロニコスを味方にすることに成功。とくに皇后イリニは娘を積極的に支持し、機会あるごとに病床にある夫に向かって自身の息子を中傷し、浮薄な性格、品行のないものとなじり、ヴリエニオスの美点を誉めたたえ、ヨアニスの帝位継承を取り消すよう迫る。しかし、アレクシオスはヨアニスの継承の考えを変えようとしない。

ヨアニスは母娘たちの策謀に気づく。兄弟のイサアキオスに助けられて、彼は密かに味方の集団をつくり、元老院と民衆を引きつけようとする。しかし、これは容易なものでなかった。ヨアニスは厳重に監視され、その行動は母の密偵によって探られていた。

父の命の危ないのを知らされて、ヨアニスは母と姉の知らないうちに、うまく父と話し合う機会をもつ。危篤の病人の部屋を出るとき、若い皇子の指には皇帝の帝璽付指輪がはめられていた。術策を弄して手に入れたのか、あるいはアレクシオスから受けとったのか？ Chalandon はゾナラスとホニアティスの記事から、皇帝自身が自分の指輪を外し、それを息子に手渡したことは大いにあり得ることのように思える、と述べている。時を逸せずヨアニスは馬に乗り、十分多数の兵からなる集団に守られてマンガナ宮殿の門を潜る。大宮殿に近づく、しかしヴァランギの護衛兵は誰も中に入れようとしない。そこでヨアニスは総主教にアレクシオスの死を伝え、ただちに戴冠されるよう聖ソフィア寺院に人を送る。このことには障害なく、戴冠の儀式が即座に実行された。ヨアニスの一行は大宮殿にとって返し、皇帝が生存中は誰一人中に入ることを許さないヴァランギに、ヨアニスは誓いを立てて父が死んだことを断言する。城門は開かれ、一行は中に入った後、門は閉められる。戴冠され、大宮殿を掌握したヨアニスは今やいっそう落ち着いて、ことの成り行きを見守る立場にたった。Chalandon は、ヨアニスの大胆ですばやい一連の行動、その時示した気力と決断によって正当な後継者の地位を守ることができたと言う。しかし、この成功はニキフォロス＝ヴリエニオスの出方如何にかかっていたようにも思える。事実、大宮殿の中で、ヨアニスと支持者たちは不安な思いでヴリエニオスとその支持者の動きをうかがっていたのである。マンガナの宮殿を抜け出したヨアニスの行動を知った「皇后イリニは息子を呼び寄せ、行動を思いとどまらせようとした。事態を完全に掌握したヨアニスは、母の言葉になんの注意も示さなかった。そこで彼女はヴリエニオスに自分の支持のもと帝位を握るよう駆りたてた。しかしヴリエニオスは行動を起こさなかった」（Choniates / Magoulias, *Annals*, p.6）。

ヨアニスは戴冠式の直後、自分の命を狙う試みを恐れて、母の要請にもかかわらず、クリストス＝フィラントロポスの修道院（帝都の北の地域）に葬られた父の葬儀に加わることを拒んだだけでなく、数日間、大宮殿の中に閉じこもり敢えて外に出ようとしなかった。その恐れは現実化する。戴冠式から数ヵ月も過ぎないうちに、陰謀が組織される。ヨアニス殺害の新しい企てを立てたのはアンナ＝コムニニであった。「ヨアニスの近親者たちは陰謀を仕組んだ。悪事を働く者たちの群れがヴリエニオスの周りに集まり、……（中略）……姻戚関係で皇帝と結びついていた者たちの中でもっとも傑出していたので、ケサルに皇帝権力を渡そうとした。馬を走らせるのに大変適し、陸の城壁の諸門から遠くない所、フィロパティオンで皇帝が宿営していた時を狙い、彼らはすでに以前に（フィロパティオンの宮殿の）門番にたっぷりと賄賂を与えていたので、おそらく人殺しの武器を手にして手早く夜襲をかけることができたであろう。しかし、ヴリエニオスのいつもの物ぐさと無気力が帝位を獲得しようとの試みを邪魔し、盟約を無視し、同志の熱意を消し、じっとして動かない状態を強いることがなかったならばであった」（Choniates / Magoulias, *Annals*, p.8）。

翌朝、犯行におよぼうとした者たちはおそらくフィロパティオンの宮殿に入ることができたものの出られない状態でいるのを発見され、逮捕された。彼らは目を潰されることも、手足を損なわれることもなかった。皇帝ヨアニスは謀反人の財産の没収を宣言するにとどめ、しかも少し後にはアンナ＝コムニニも含めて謀反人の大部分を許し、彼らの財産を返してやったのである。

母イリニはアンナが仕組んだ第二の陰謀にはかかわらなかった。しかし、宮廷人として宮殿にとどまることはできなかったであろう。皇后は夫の生存中にみずから建設させたケハリトメニ女子修道院（先述のクリストス＝フィラントロポスの修道院と壁一つで隣接）付属の建物に娘たちと共に引退した。母イリニ以上にアンナの怒りと悔しさは計り知れないものであったに違いない。実はこれが彼女に『アレクシアス』を書かせたのであったが、しかし、ここはアンナについて語る場所ではない。ただ、おそらく夫のケサルの死後、彼女はケハリトメニ女子修道院にとどまり、ここで夫の未完のアレクシオス帝の歴史にとりかかることを書き添えておこう。

ニキフォロス＝ヴリエニオスは妻の失寵に連座しなかった。彼はこれまで通り宮廷にとどまり、皇帝の遠征の期間中は彼の後に従った。ケサルがアンナの企てに立ち上がらなかったのは、「物ぐさと無気力」によるものであったのだろうか？ Chalandon もこの者はどちらかというと無気力な性格で、結局のところあまり野心をもっておらず、犯行を決断することができなかったと述べている。(37) しかし、これらの評価は『アレクシアス』における、アンナの度の過ぎた賞賛の言葉でなく、個々の具体的な活動記事で得られる印象からかなり離れているように思える。一〇九七年四月、十字軍兵士の攻撃に対してコンスタンティノープルの城壁を守備するよう皇帝に命じられた時の若いニキフォロスの勇敢な活躍（『アレクシアス』第Ⅹ巻9［6］－［9］）、一一〇八年九月、ボエモン（ロベール＝ギスカールの息子）との戦いの最終段階でついにあのノルマン人を説得し、皇帝の条件の大部分に同意させ和平に署名させることに成功した当時のパンイペルセヴァストスのニキフォロスの気力と雄弁（『アレクシアス』第ⅩⅢ巻11［2］）、一一一四／五年、フィリプポリスの異端マニ教徒の改宗において、その時一緒にいたニケアとフィリプポリスの、聖俗両方の学問に精通した二人の主教をしのぐ学識と聖書研究の成果をもってアレクシオス帝の協力者としてつとめた彼の役割（『アレクシアス』第ⅩⅣ巻8［9］）、すでに語った一一一六年のトルコ遠征の時の軍人としての慎重な行動などである。また、ニキフォロスは一一一八年皇帝アレクシオスが病に倒れたとき、宮廷人から確実な後継者として見なされ、その才能を高く評価されていた行政官・法律家であった。(38) 私にはニキフォロス＝ヴリエニオスの、陰謀に対する一見無気力・無関心なふるまいは実は彼の強い意志によったものであるように思える。そしてこれには曾祖父と祖父の反逆の記憶が作用していたかもしれない。

（相野洋三）

## 註

（1）序文［11］。

（2）『アレクシアス』（相野）、序文3［2］〜4［2］（3〜5頁）。

（3）*Nicéphore Bryennios, Histoire*, pp.27-28. Treadgold, *History*, pp.633-634.

（4）*Nicéphore Bryennios, Histoire*, pp.28-29.

（5）このことは、J. Seger, *Byzantinische Historiker des zehnten und elften Jahrhunderts. I. Nikephoros Bryennios. Eine philologisch-historische Untersuchung*, Münich, 1888, pp.59-82において、常識はずれの内容の序文といわゆる物語部分（本文）との間に見られる根本的な相違を浮き彫りにしており、言語学上および文体上の詳細な分析によって立証されている（Gautier, *Nicéphore Bryennios, Histoire*, p.47）。なお、Gautierの使った写本については本文の訳註を参照。

（6）*Nicéphore Bryennios, Histoire*, pp.47-48.

（7）アレクシオスの年齢はアンナ＝コムニニに従う。ペルシア人（トルコ人）に対する皇帝ディオエニスの遠征（一〇七一年）に従軍することを切望した「この者（アレクシオス）は当時十四歳であった」（『アレクシアス』（相野）、第I巻1［1］（7頁）。*Alexiade*, I, p.9; *Alexias*, I, 1, 1）。他方、F. Chalandonは、Zonarasの「一一一八年の死亡時、アレクシオス帝は七十歳であった」（Zonaras, *Epitomae historiarum*, p.764）の記事を採用する。これに従えば、一〇七一年当時、アレクシオスは二十三歳である。Chalandonは死の場合の方が人に正確に知られる機会がより多いとしている（Chalandon, *Alexis Comnène*, pp.23-24）。しかし、この場合は、他ならぬ娘の証言をとりたい。ニキフォロスによれば、一〇七三年、兄イサアキオスに従ってトルコ人との戦いに向かうアレクシオスは「顎髭が十分に生えそろってはいなかった」（第II巻［3］）と述べている。アンナに従えば、この時、アレクシオスは十六、七歳であり、記述内容に添う。また、G. Bucklerは、従軍を強く望むアレクシオスに、皇帝が長男のマヌイルを失ったばかりの彼の母を思い、出征を許さなかったくだりで、アンナがその者を指し示す言葉ネアニスコスとミラキオン（『アレクシアス』（相野）、第I巻1［1］（7頁））を取り上げ、当時二十代の若者に適用するにはグロテスクであろうと言っている（*DGF* によれば前者の意味は de jeune homme、後者は jeune garçon vers l'âge de 14 ans, de 14 à 21ans）。さらに、Buckler は「アレクシオスはおそらくまるまる七十年間あるいはそれに非常に近い間生き、三十七年と四ヵ月と数日統治して死んだ」と Zonaras を引用し、統治期間の精確な算出ときわめて対照的な生涯年数についての断定的でない言い回しから、Zonaras はアレクシオスの統治期間については確信していたが、生涯年数についてはそうではなかったのではないかと、疑問を呈している。そして、うち続く極度の忍耐と努力を伴う苦難の厳しい統治の後であって見れば、実際は八年も若かったが（アンナに従えば）、七十歳ほどに見えたのももっともであると言っている（Buckler, *Anna Comnena*, p.264）。Gautier はアンナの証言だけを取り上げている（*Nicéphore Bryennios, Histoire*, p.104, n.2, p.146, n.4）。

（8）『歴史』の著者と同名のこのニキフォロス＝ヴリエニオスに関して、以前、学者の間で歴史家ニキフォロスの父とする説があったが、そうでなく祖父とする説が有力であるように思える。G. Ostrogorsky, *History of the Byzantine State* の改訂版（New Jersey, 1969）では同じ英訳版（Oxford, 1956）の son を訂正して granson となっているし、Choniates／Magoulias, *Annals*, p.372, n.11 にはディラヒオンのドゥクスの孫とあり、Treadgold, *History* でも、「おそらく」の但し書きがついているが孫としている。*PBW* では Nikephoros 62（一〇七七年の反逆者）は歴史家ニキフォロス＝ヴリエニオスの祖父としている。

（9）『アレクシアス』（相野）、第VII巻2［3］（221頁）。

（10）第I巻の訳註35を参照。

（11）S. Runciman, *A History of the Crusades*, 1, London, 1951, p.65, n.2.

（12）Chalandon, *Alexis Comnène*, vii.

（13）Cahen, *Campagne de Manzikert*, p.642.

（14）"Malazgird", in *EI*, new edition, VI, 1991, pp.242-244.

（15）Cheynet, *Mantzikert*, pp.418-419.

（16）Vryonis, *Decline of Medieval Hellenism*, pp.96-104.

（17）この項全体は以下の文献によった。

Cahen, *Campagne de Manzikert*; Cahen, *Première pénétration turque*; Kafesoğlu, *A History of the Seljuks; A Cultural Atlas of the Turkish World, the Seljuk Period*, 1, Istanbul, 1997.

（18）ロマノス＝ディオエニスの軍歴、皇帝選出の背景、彼を遠征へかき立てた動機などについては、根津由喜夫『ビザンツ貴族と皇帝政権』の第5章「ロマノス四世ディオゲネスの「敵」――マンツィケルトへの道――」に詳しい。

（19）皇帝は首都にとどまり、官僚たち bureaucrats とドゥカス一族の動静から目を離すことができなかったのである（Vryonis, *Decline of Medieval Hellenism*, p.96）。プセロスによれば、ロマノスは以前からケサル（ヨアニス＝ドゥカス）の動きを疑い、これまで幾度もなんとかして彼を捕らえ死に至らしめようと考えてきたが、当面は彼と息子たちに忠誠の誓いを行わせることで満足していた。ロマノスが蛮族に対して三度目の、最後の遠征の乗り出したのは、「以前からケサルに対して抱いていた計画を実行に移すしかるべき口実のないのを知った上でのことであった」（Psellos, *Chronographie*, p.161）。

（20）apogonos の意味は'born or descended from'（*GEL*）、'qui descend de, descedant'（*DGF*）。

（21）Sewter の Index では Nicephorus Bryennius が grand-father of the Caesar として示されているが、訳文では son となっている（p.44, p.219）。

（22）*Nicéphore Bryennios*, *Histoire*, pp.14-16.

（23）Scylitzes-Cedrenus, p.601. Gautier はこの個人名は（ケドリノス？の）挿入――軽率に一〇七七／八年の同名の反逆者と同一人とみなして――あるいは写字生の書き間違いよるものだろうとしている（*Nicéphore Bryennios*, *Histoire*, p.14, n.3）。

（24）*Nicéphore Bryennios*, *Histoire*, p.228, n.2. なお Introduction においてはもう少し幅を拡げて十六歳から二十歳までのギャルソンとしている（*ibid.*, p.21）。

（25）*Nicéphore Bryennios, Histoire*, p.24. なお、当時結婚の最低年齢は思春期で、女子は十二歳、男子は十四歳。通常、夫は妻より年上であった（*ODB*, p.1305）。
（26）*Nicéphore Bryennios, Histoire*, pp.25-26.
（27）Buckler, *Anna Comnena*, p.492.
（28）*Nicéphore Bryennios, Histoire*, p.22, n.1.
（29）*ODB*, p.318.
（30）Gautier はここは「より一般的な子孫の意味であるように思える」としているが（*Nicéphore Bryennios, Histoire*, p.22）、断定してもいいように思う。
（31）Zonaras, *Epitomae historiarum*, p.738.
（32）*Nicéphore Bryennios, Histoire*, p.23.
（33）*Nicéphore Bryennios, Histoire*, p.23.
（34）*Nicéphore Bryennios, Histoire*, p.24.
（35）Chalandon, *Alexis Comnène* I, p.275, n.1. 2.
（36）Chalandon, *Jean II Comnène*, pp.13-31. なお以下の論文においてもアンナの陰謀について簡潔に紹介されている。B. Hill, Actions Speak Louder Than Words : Anna Komnene's Attempted Usurpation, in T. Gouma-Peterson, ed., *Anna Komnene and Her Times*, New York, 2000, pp.45-62 : pp.47-49. ホニアティスのテキストは Choniates, Historia、英訳は Choniates / Magoulias, Annals を参照。
（37）Chalandon, *Jean II Comnène*, p.8.
（38）*Nicéphore Bryennios, Histoire*, p.26.

# 訳者あとがき

ニキフォロス＝ヴリエニオスの『歴史』を一通り訳し終えたのは、Leib版 *Alexiade* のギリシア語テキストにとりかかる少し前、定年退職して数年のころ（二〇〇四年）である。このことは『アレクシアス』（悠書館、初版二〇一九年）の「訳者あとがき」でふれているので、ここではまず最初に訳者の判断でマンツィケルトの戦いについて四人のギリシア人歴史家の記事を「付録」としてとりあげた経緯を述べておこう。解題「各巻の概要」の最後に書いているように、現在、ロマノス＝ディオエニス帝の最後のトルコ遠征に軍隊《クリティス》付き判事《トゥストラトペドゥ》として従い、ローマ軍の潰走につづいて起こるトルコ人のローマ軍陣地への襲撃と追撃、その渦中自身も生死の境を体験したアタリアティスの『歴史』がマンツィケルトの戦いについて「もっとも詳細な情報を提供する」ものとされている。これは、ニキフォロスの『歴史』の記事（第I巻［16］～［25］）との比較・検討においてぜひ取り上げねばならないと思った。幸いにも、二十年以上前にセサロニキの書店でもとめた *Μιχαὴλ Ἀτταλειάτης, Ἱστορία*, Ἀθήνα, 1997（Bonn版のテキストとI. D. Polemisの現代ギリシア語の対訳からなる）が私の書棚で眠っていた。私には難解ないくつもの文章に苦しんだが、現代ギリシア語の対訳を参照しながら、とにかくディオエニスの最後のトルコ遠征のはじまりからローマ軍の全体的潰走にいたるくだりまで読み進めた（英訳 *The History, Michael Attaleiates* の出版は二〇一二年）。確かに記述はきわめて詳細で具体的、ニキフォロスの『歴史』には見られないいくつもの記事、また文字どおり驚きの記事が綴られている。勢いを得て、スルタンのアルプ＝アルスランにより解放されたディオエニスと、彼の復帰の阻止をはかるコンスタンティノープルの反ディオエニス派――その中心人物がミハイル七世ドゥカスの叔父、ケサルのヨアニス＝ドゥカス、政治家でもある歴史家のプセロスはドゥカス家の側に立ちディオエニス追放に大いに動いた――との対立による内乱発生から、ディオエニスの敗北、視力剥奪、そして死にいたるまでを読み通した。眼球損壊の凄惨な場面には痛ましさ以上の、一種戦慄をおぼえた。

ニキフォロス＝ヴリエニオスは妻アンナ＝コムニニを介して上記のケサルのヨアニス＝ドゥカス（母方におけるアンナの曾祖父で『アレクシアス』における重要人物の一人、アンナの母イリニとアレクシオスを結びつける）とのつながりから、ローマ軍の後衛の指揮を担っていた、ケサルの長子アンドロニコス＝ドゥカスの背信行為については沈黙しており――ローマ軍の総崩れの主因はアンドロニコスにあるように思われる――、またディオエニスは投降に際して征討軍司令官、上記のアンドロニコスと協定を結ぶが、修道士として余生を送るとの一条の入ったこの協定も不問にふしている。ディオエニス解放の知らせを受けたコンスタンティノープルの宮廷における動きについてはその渦中の中心人物のひとりプセロスの『年代記』に詳しく、特に反ディオエニス派、ミハイル七世の新政権の動向を知るために『年代記』はかかせないであろう（アタリアティスは帝都における反ディオエニスの動きには通じていなかったようである）。ニキフォロスも、ディオエニス解放の知らせで動揺する宮廷の描写について多くをプセロスの筆に従っている。

ゾナラスそして『続スキリツィス』はアタリアティスの書き直しと見なされているが、アタリアティスにない、短いが重要な記事がみられる。たとえば、マンツィケルトの戦い当日の事件の流れについて、それぞれ最重要史料であるアタリアティスとニキフォロスには混乱が見られるが、ゾナラスにはその日の出来事の流れを正確に復元することを許す貴重な記述が存在する（「付録」訳註60参照）。

私は一般読者には、ニキフォロス『歴史』第Ⅰ巻のマンツィケルトの戦いのくだり（［16］～［25］）を読まれた後、つづいてプセロスの『年代記』とアタリアティスの『歴史』を、後者は少々長いが、繙かれることを勧めたい。権力闘争の冷酷さ・無慈悲さを直接史料から痛感されると同時に、この権力闘争から引きおこされる事態——小アジアのイスラム化のはじまり——について、闘争の当事者たち、ヨアニス＝ドゥカスにもディオエニスにもなにも見えていなかったことについて、読者それぞれさまざまに思いを馳せられることであろう。

アンナ＝コムニニは『アレクシアス』の序文において、ニキフォロスは病をえ、結局父の歴史を完成することができず、そのため「史書《シングラフィ》の体裁に損傷を招き、読者から楽しみを奪う結果となった」と書いている。確かにニキフォロスの記述は未完成であり、コムニノス一族による反乱の直前、一〇八〇年の時点で突然、唐突に終わる。帝都における十字軍士に対する青年ニキフォロスの活躍、第二次ノルマン戦争最後の段階におけるヴァイムンドス（ロベール＝ギスカールの息子ボエモン）とのやりとり、ヨアニス二世のアンティオキア遠征に従軍した壮年期のニキフォロスの働きなど、彼の筆に期待したいところは多数にのぼる。アレクシオス帝のみまかった一一一八年八月十五日の夜、アレクシオスの死の床の周りで演じられたと思われるコムニノス一族内における帝位継承を巡っての確執・対立において、さらに翌年春におけるアンナ＝コムニニが首謀者と見なされるヨアニス二世暗殺計画とその実行（失敗に終わる）において、ニキフォロスの立ち位置はいかなるものであったのであろうか。これは読者がぜひニキフォロス自身の口から聞きたかったところであろう。

日本の読書界では未完の『歴史』の出版などはもとよりあり得ないものと考えていた。『歴史』の記事は『アレクシアス』の訳註で取り上げているが、訳文そのものは二十年近く眠っていたことになる。思わぬ風が『史学雑誌』第一二九編第十二号（二〇二〇年十二月）に掲載された村田光司氏（現筑波大学助教）の『アレクシアス』の新刊紹介の記事から起こった。そこには「訳者はあとがきで、アンナの夫ニキフォロス＝ヴリエニオスの『歴史』も訳されたと述べておられるが、ぜひこちらもまとまった形で発表していただければと願う」とある。この紹介記事は悠書館からコピーして送られてきたが、その数日後、悠書館店主の長岡正博氏から『歴史』出版の伺いの電話をいただいたのである。この紹介記事には『アレクシアス』の訳文そのものに踏み込んだ初めての言及があり、一例として不適切な箇所一点の指摘をいただいた（第Ⅵ巻7章4節の「小石を投げる」について）。このことに関しても、出版の扉をたたいていただいたことにくわえて、衷心より感謝し深くお礼を申し上げたい。

眠っていた原稿を読み直す過程で、訳註の点検にどうしても目を通したい文献があった。「ビザンツ皇帝発布の勅書勅令を年代順に、その内容の要約とともに列挙したデルガーの畢生の大事業」（渡辺金一『ビザンツ社会経済史研究』岩波書店、昭和四十三年、五三九頁）と評されるF. Dölger, *Regesten der Kaiserurkunden des oströmischen Reiches*, München, 1924-1965の改訂版、Teil 2. Regesten von 1025 - 1204, bearb. von Peter Wirth, München, 1995である。私は以前に大阪市立大学で改訂版におけるアレクシオス一世治世の部分をコピーしていただいていた。今回必要とするのは、ディオエニス治世の部分である。しかしコロナ禍で学外者には大学の図書館が利用できない。コロナはそのうちに終息するだろうと思っていたが、二〇二一年の半ばを過ぎても収まらない。関西学院大教授の中谷功治氏の助言で、大阪市大教授の草生久嗣氏に直接お願いすることにしたが、お願いしたその日に承諾のEメール、つづいて要請した部分のコピーが早々に送られてきた。最後になったが、草生氏のご厚情に感謝し、深くお礼を申し上げたい。

病院の病床で、組版の校正を行っている間に店主長岡氏の逝去の知らせをうけた。『アレクシアス』においてはギリシア文字と多数のルビの使用を、本書が第一級の史料でもあるとのことで許してくださった。今回もこれを踏襲している。ここに長岡氏のご冥福をつつしんで祈りたい。

相野洋三

二〇二二年十一月八日

# 相野洋三先生の逝去を悼む

中谷功治

随分昔のことと記憶している。兵庫県で世界史の教員をしている後輩から、「職場の同僚がギリシア語を読んでるんですよ」、という驚きの言葉を同窓会の機会に聞くことがあった。彼の勤務校などから、この人物は相野洋三先生であろうと直観した。

現在、私の手元に「総主教ニコラオス＝ミスティコス（十世紀）のアラブ支配者宛3書簡」（『稲園紀要』第十一号、一九九二年十月）が遺されている。三つの書簡の翻訳が中心となっているものの、テキストの紹介やその宛先、さらに最後に戦争捕虜にかかわる本史料へのコメント、そして詳細な注記が付された立派な作品である。研究室の後輩が目撃したギリシア語のテキストがここでの書簡であるのかどうかはわからないが、高校の教諭としての多忙な時間の合間に、先生が地道に翻訳作業を進められていたことが推察される。

二〇〇二年に私が関西学院大学に着任してからは、西洋史学研究室の研究会やその懇親会で相野先生に親しく接する機会を得ることになった。ただし、どうしたことか、ビザンツ史に関連する学術的な話を話題にすることはあまりなかった。ただ、その後、退職された先生からは同人誌『雑記帳』に掲載された旅行記「中世地

中海歴史の旅 Ⅱ・4」（二〇〇二年）や「歴史紀行「アンナ＝コムニニの世界を行く」に向けて」（二〇〇五年）が送られてきた。先生が座卓の学究の人であるだけでなく、かつて歴史が展開された世界をくまなく歩く旅人でもあることを知らされた。この頃に公刊された著書である『モレアの夢――中世地中海世界とフランク人征服者たち――』（二〇〇三年）や『続モレアの夢――アテネからイスタンブル・近郊へ――』（二〇〇四年、ともに碧天舎）も歴史紀行文として書かれたものであった。

その後も先生の旅は続く。同じく旅行記である「シリストラのローマ兵――ブルガリア寸描」（二〇〇六年八～九月）は、友人たちとのシチリア島や南イタリアの旅行の後の二十六日間、アルバニア・（北）マケドニア・ブルガリアを旅した記録が綴られている。この旅程も先の「アンナ＝コムニニの世界を行く」を継続するものであった。さらに「バルカン半島の旅（二〇〇九年夏から秋）」という旅行記も頂戴した。

同じ二〇〇九年からは別の同人誌『草あそび』が送られてきた。そこでは「身辺雑記」と称してアンナ＝コムニニの『アレクシアス』の翻訳文やその作業での問題点などが各号で綴られている（四号では、「エグナティア街道を行く」という友人たちとの二週間ほどの旅行記もある）。二〇一七年頃には『アレクシアス』の翻訳は一段落して、出版に向けての作業に移ったようで、翌年の『草あそび』第十九号からはアレクシオス一世の同時代人の歴史家であるゾナラスの『歴史要約』の最終巻の関連箇所の翻訳と解題・註釈を執筆された（二〇一九年まで）。新型コロナウイルスが蔓延した二〇二〇年以降も『草あそび』は送られてきて、そこではディラヒオンの戦いやマンツィケルトの戦いについての検討がなされた（二十三号、二〇二〇年六月および二十五号、二〇二一年六月）。そしてアレクシオス一世の死去にかかわる「一一八五年八月十五日の夕から深更――いったい何が起こったのか」という考察が届いたのが二〇二一年十一月（第二十六号）となる。

私の手元にある最後の『草あそび』は第二十七号（二〇二二年六月三十日付）である。そこでの相野先生の文章の題目は「最後の課題（Ⅰ）ミハイル＝プセロスの『年代記』」とある。その冒頭には、「残された時間がどれほどあるかわからないが、今年の二月、ミハイル＝プセロスの『年代記』を最初から訳してみようと思い立ち、さっそくE.Renauld校訂のテキストをA４判の用紙に行間を通常より広く設定して、まず全七巻中の最初の四巻まで印刷した」と記されている。添えられた手紙には「先日、二年数ヵ月ぶりに関学を訪れました。対面授業が行われているようで、また学生会館に通じる道には学生さんが溢れていました。日常に戻っているようですね」とあった。

二〇二三年正月は年賀状が届かなかったが、先生がご病気であることなど何も知らないまま、年末になって突然に訃報が届くことになった。大著であるプセロスの『年代記』の翻訳を思い立たれたとあるように、まだまだやり残した仕事もあったことを思うと本当に残念でならない。しかも、今回の翻訳書の刊行を見ることなく旅立たれてしまった。いくら旅行好きとはいえ、先生、その旅はもう少し後に取っておいてほしかったです、との思いを強く感じる次第である。ご冥福をお祈りいたします。

（関西学院大学教授）

二〇二四年九月二日

# ニキフォロス＝ヴリエニオス『歴史』テクストに関する補遺

村田光司

この「補遺」では、ヴリエニオス『歴史』の本文（テクスト）にまつわる問題に限定して、訳者の相野氏が依拠したゴーティエ版（一九七五年）以降の研究状況を紹介する。(1) 訳者が訳註（序文０‐１）で紹介しているように、ヴリエニオス『歴史』のテクスト伝承は幾つもの問題を抱えている。『歴史』の（ほぼ）全体を伝える写本は一点しか知られておらず、一六六一年にイエズス会士ピエール＝プシーヌ（一六〇九～一六八六年）がそれを元に最初の版を出版したあと、行方不明となってしまった。(2) プシーヌは元の写本にあったギリシア語の綴りを時として注記せず修正していると推測され、そのため『歴史』のテクストに見られる明らかな間違いや独自表記が元の写本に由来するのか、それともプシーヌの修正ないし転写ミス（さらには刊本の組版時のミス）に由来するのか判断することが困難となった。そのため、これ以降の研究はすべてプシーヌの転写に基づきつつ、修正案を提示していくこととなる。本訳書が底本としたポール＝ゴーティエの一九七五年の版は、それ以前の研究を総括しつつ多くの優れたテクストの修正を行った決定版であり、現在でも信頼のおける校訂版である。

ゴーティエ版刊行後の一九八九年に、ゴーティエを含む先行研究が見逃していた『歴史』の断片を含む写本がA＝ファイエによって紹介された。この断片は『歴史』第Ⅰ巻［7－11］の、テュルク系集団の進出を伝える文章を含んでおり、これまで写本同士の比較ができなかったヴリエニオス『歴史』テクストの信頼性を確かめるための貴重な材料である。プシーヌおよびゴーティエの校訂版とこの断片の比較によって、ゴーティエの修正案の正しさがいくつも確認された一方で、一部の単語については、彼の修正を退けるべき可能性が示唆された(3)。その後二〇〇二年には、『歴史』本文の六十弱の箇所についてA＝カンビュリスがゴーティエ版への訂正や別案を提案している。彼は、例えば『歴史』第Ⅲ巻［18］末尾でゴーティエが欠文ありとしている箇所をそのまま読むべきとし、一方で『歴史』第Ⅳ巻［8］のアサナティの全滅に関わる箇所では、ゴーティエが想定していない欠文の可能性を主張する。内容に大きな修正を迫るものは多くないが、ギリシア語テクストを精読する際には参照すべきだろう(4)。

本書の訳註でも指摘されているように、ヴリエニオスの『歴史』は部分的にスキリツィス『歴史通観』とプセロス『年代記』を利用したことがわかっている(5)。それ以外にヴリエニオスが依拠した資料はまだ良くわかっていないが、近年では、ドゥカス家、特にケサルのヨアニス＝ドゥカスに好意的な性格を持った、未知の歴史叙述を彼が利用した可能性が議論されている(6)。

ヴリエニオス『歴史』には、訳者が利用できたグレゴワールとゴーティエのフランス語訳の他に、二〇二四年現在までにロシア語訳（一八五八年）、ポーランド語訳（一九七四年）、現代ギリシア語訳（一九九六年）、トルコ語訳（二〇〇八年）、スペイン語訳（二〇一二年）、イタリア語訳（二〇一九年）が出版されており、幅広い読者を得ていることがわかる(7)。また英語訳の刊行がリヴァプール大学出版局の『Translated Texts for Byzantinists』シリーズから予告されている。

最後に、訳者が解説した主要関連史料について付言しておく。アタリアティス『歴史』については、二〇一一年にE＝ツォラキスが新たな校訂テクストを『Corpus Fontium Historiae Byzantinae』シリーズの一冊として出版した。[8] ケドリノス『歴史概要』についてはL＝タルターリャが二〇一六年に新たな校訂テクストを出版している。[9]『続スキリツィス』については二〇二〇年に英語訳が出版され、参照が容易になった。[10]

（筑波大学助教）

**註**

（1）ヴリエニオス本人とその作品全体に関する近年の文献として、W. Treadgold, *The Middle Byzantine Historians*, Basingstoke, 2013, pp.344-354; L. Neville, *Guide to Byzantine Historical Writing*, Cambridge, 2018, pp.169-173が入手しやすく便利である。

（2）*Nicephori Caesaris Bryennii Commentarii de Rebus Byzantinis*, ed. P. Possini［Poussines］, Parisii, 1661. 行方不明となった写本は、その発見場所であるトゥールーズの名前をとってTolosanusと呼ばれる。

（3）A. Failler, Le texte de l'histoire de Nicéphore Bryennios à la lumière d'un nouveau fragment, *Revue des études Byzantines*, 47(1989), pp.239-250: 例として *Nicephore Bryennios, Histoire*, p. $93^{32}$: γυναικείας; p.$99^{5}$: **πρέσβεσιν** といった単語。この写本は15世紀中葉に筆写されたと考えられ、現在ヴェネツィアに保管されている（Biblioteca Nazionale Marciana, gr. Z. 509）。

（4）A. Kambylis, ΕΠΙΡΡΑΓΟΛΟΓΗΜΑΤΑ: Textkritisches zum Geschichtswerk des Nikephoros Bryennios, in *Χρυσαῖ Πύλαι: Essays presented to Ihor Ševčenko on his eightieth birthday*, ed. P. Schreiner and O. Strakhof (*Palaeoslavica*, X/2002, no.1), Cambridge, MA, 2002, pp.199-214[= A. Kambylis, *Graeca – Byzantina – Neograeca: Schriften zur griechischen Sprache und Literatur*, hrsg. F. Kolovou und G. Prinzing, Berlin-Boston, 2020, pp.433-449].

（5）例えば訳註1-46で指摘される『歴史』第Ⅰ巻［7-10］とスキリツィスの類似や、訳註1-140で指摘される『歴史』第

I巻［19］とプセロスとの類似。

（6）L. Neville, A History of the Caesar John Doukas in Nikephoros Bryennios, *Material for History?*, *Byzantine and Modern Greek Studies*, 32（2008）, pp.168-188; V. Stanković, Nikephoros Bryennios, Anna Komnene and Konstantios Doukas: A Story About Different Perspectives, *Byzantinische Zeitschrift*, 100（2007）, pp.169-175. Treadgold, *The Middle Byzantine Historians*, p.350 はこうした議論に否定的な立場をとる。

（7）В. Н. Карпова, *Исторические записки Никифора Вриенния*（976-1087）, Санкт-Петербург, 1858; Nikefor Bryennios, *Materiały historyczne*, z języka greckiego przeł. wstępem i komentarzem opatrzył O. Jurewicz, Wrocław, 1974; Νικηφόρος Βρυέννιος, *Ὕλη Ιστορίας*, εἰσαγωγὴ-σχόλια Δ. Τσουγκαράκης, μετάφραση Δ. Τσουκλίδου, Αθήνα, 1996; Nicephorus Bryennius, *Tarihin özü*, çev. B. Umar, İstanbul, 2008; Nicéforo Brienio, *Materia de Historia*, estudio preliminar, traducción, notas y comentarios de M.S. Baldrich López, Granada, 2012; G. Agnello, *Materiali per una storia: opera di un raffinato gentiluomo al servizio dell'Impero bizantino*, Palermo, 2019.

（8）*Michaelis Attaliatae Historia*, ed. E. Th. Tsolakis（Corpus Fontium Historiae Byzantinae, 50）, Athenae, 2011.

（9）*Georgii Cedreni Historiarum Compendium*, edizione critica a cura di L. Tartaglia, 2 vols., Roma, 2016. ただし、この校訂版ではスキリツィスから引き写した部分である九世紀初頭以降の叙述は省略されている。

（10）*Byzantium in the Time of Troubles: The Continuation of the Chronicle of John Skylitzes*（*1057-1079*）, introduction, translation, and notes by E. McGeer, prosopographical index and glossary of terms by J. W. Nesbitt, Leiden-Boston, 2020. 近年の研究の多くは、『続スキリツィス』の作者が『歴史通観』を著したヨアニス＝スキリツィスその人であると主張している（cf. 同書 pp.5-13）。

**著訳者紹介**

**ニキフォロス＝ヴリエニオス**：（1080 頃？～ 1137/38 年）アドリアヌポリスの有力な軍人貴族の出で、ビザンツ皇帝アレクシオス１世コムニノス（在位 1081 ～ 1118 年）の息女アンナ＝コムニニ（1083 ～ 1154/55 年頃）と結婚し、皇帝の娘婿として外交・行政・軍事に手腕を発揮する。皇后イリニや妻アンナからアレクシオス１世の後継として即位を期待されるも野心的な行動をとらず、アンナの弟ヨアニスが帝位に就くとそれに仕えた。義母イリニの依頼によりアレクシオス１世の事績を伝える歴史書（本書）を執筆する。

**相野洋三**（あいの・ようぞう）：1941 年、神戸市生まれ。関西学院大学大学院文学研究科博士課程（西洋史学）単位取得後退学、2002 年兵庫県立高校を退職後、「ビザンツ帝国海軍組織の研究」により博士学位（歴史学）取得。著書に『モレアの夢ー中世地中海世界とフランク人征服者たち』（碧天舎、2003 年）、『続モレアの夢ーアテネからイスタンブル・近郊』（同、2004 年）。訳書にアンナ＝コムニニ『アレクシアス』（悠書館、2019 年）。2023 年 11 月 16 日永眠。

＊書名は、一般的に使用される『歴史』を採用し、「イストリア」と振り仮名を付けました。もう一つの書名ともいえる序文中の「イリ・イストリアス（歴史の材料）」はギリシア語のみ記載しました。

# ὝΛΗ ἹΣΤΟΡΊΑΣ

Νικηφόρος Βρυέννιος

# 歴史《イストリア》


2024 年 12 月 2 日　初版発行

著　者　ニキフォロス＝ヴリエニオス
訳　者　相野洋三
装　幀　山田英春
発行所　悠書館

〒 113-0033　東京都文京区本郷 3-37-3-303
TEL 03-3812-6504　FAX 03-3812-7504
URL https://www.yushokan.co.jp/
印刷・製本：シナノ印刷





ISBN978-4-86582-050-8
定価はカバーに表示してあります

# 索引

ニキフォロス＝ヴリエニオスの『歴史』の項目は P. Gautier の基準（固有名詞・民事軍事（含称号・爵位・官職など）・教会・血縁親族関係の用語）のうち血縁親族関係を除き（一部は含む）、他方宮殿や要塞などの建造物、摂理など観念的用語やその他の言葉を恣意的にひろった。解題・付録・訳註等の項目も含めている。単語の小書き文字（ィ、ェなど）は原則的に略した。

《凡例》『歴史』本文：ローマ数字が巻、アラビア数字が節（ex. Ⅲ 10)。「付録」：本文中［　］内の頁番号（ex. プセ 168)。訳註：『歴史』は巻 - 註番号（ex. 3-10)、付録は（　）付き註番号（ex. (10))。「;」は同じ区分内の番号を表す（ex. 0-1;2 は註 0-1 と 0-2 のこと)。「生涯」と解題は頁番号を省略した。略称はプセ（プセロス）、アタ（アタリアティス）、続ス（続スキリツィス）、ゾナ（ゾナラス）、生涯（ニキフォロス＝ヴリエニオスの生涯と作品）。

## ア


**アヴァランディス家** ᾿Αβαλλάνται［血筋上ブルガリアのマリアに関係］Ⅲ 6
**アヴィドス** Ἄβυδος［ダーダネルス海峡の南の入口近くの都市］アタ 170, 続ス 153, 1-154；172
**アヴグスタ** Αὐγούστα［皇后］（エヴドキア）アタ 168
**アヴリ** αὐλή［宮殿］アタ 167
**アヴリタニ** Ἀβριτανοί［不明（ヴリエニオス『歴史』Ⅰ 7, 1-51 参照)］
**アエトス** Ἀετός［セサロニキ近くのある要塞］Ⅳ 19
**アエミリウス（エミリオス）** Αἰμύλιος［古代ローマの将軍］Ⅱ 3, 2-11
**アガリニ** Ἀγαρηνοί［(Hagar アガルから）アラブ人・サラセン人］Ⅰ 8, Ⅳ 37, 1-48
**アガル** Ἀγαρ［Hagar、アラブ人の先祖イシュマエルの母（旧約聖書)］Ⅰ 7, 1-48
**アキナキス** ἀκινάκης［短い両刃の剣］I14, Ⅳ 8；13, 4-55
**アキレウス** Ἀχιλλεύς［ホメロスの英雄］Ⅳ 26
**アクシア** ἀξία［地位・職］序 9, 1-16
**アクシオマ** ἀξίωμα（アクシオマタ ἀξιώματα）［爵位］Ⅳ 1
**アクサン** Ἄξαν［アルプ＝アルスラン］続ス 150, ゾナ 702
**アクロポリス** ἀκρόπολις［都市内の要塞・砦］Ⅱ 29, Ⅳ 27, アタ 151, 2-123・(コンスタンティノープルの）解題
**アグロポリス** ἀγρόπολις［田園都市］アタ 146, 続ス 143
**アケストル** ἀκέστωρ（アケストレス ἀκέστρες）［医師（コンスタンディノス＝ドゥカスの)］Ⅱ 17
**アゴニスティス** ἀγωνιστής［戦士（ロマノス＝ディオエニス)］プセ 162
**アゴラ** ἀγορά［広場］アタ 169, 3-112
**アコンディオン** ἀκόντιον（アコンディア ἀκόντια）［投槍］アタ 171
**アサナトス** Ἀθάνατος（アサナティ Ἀθάνατοι）［不死兵（ミハイル 7 世治世に再建された部隊の兵士)］Ⅳ 4；5；7；8；11, 4-27；28；41
**アザラス** Ἀζαλάς［ニケア近くの山］Ⅰ 12, 3-101
**アサン** Ἀσάν［コフォスのあだ名をもつトルコ人軍司令官］Ⅰ 10, 1-77~79 →コフォス
**アシア** Ἀσία［小アジア西部の地域］Ⅱ 14, Ⅳ 4；31, 2-48, 4-108

**アシア出身者** Ἀσιανός（Ἀσιανοί）［小アジア西部の住民］Ⅳ 4, 2-48
**アジア** Ἀσία［小アジア］序 4, Ⅱ 2；3；14, Ⅳ 1・［東洋］アタ 148
**アジアの** Ἀσιᾶτις［地］Ⅱ 3, アタ 148
**アシラス** Athyras（アシラ Athyra）［帝都近くに位置するマルマラ海北岸の城砦］0-22, 3-82
**アスキシス** ἄσκησις［修道士生活］アタ 179
**アスティ** ἄστυ（τό）［都市］Ⅱ 8, アタ 149；150；153
**アスティコミ** ἀστυκώμη［地方都市］アタ 146, 続ス 143
**アスパハン** Ἀσπαχᾶν［イスファハン Isfahan（イラン中部の都市）］Ⅰ 9, 1-62
**アスピス** ἀσπίς（アスピデス ἀσπίδες）［丸盾］Ⅰ 20, プセ 165, アタ 151；178
**アスピドフォリ** ἀσπιδοφόροι［盾を持つ者（宮殿の護衛兵）］プセ 165
**アゼルバイジャン** Azerbaidzhan［コーカサス山脈南東部の地域（ダブリーズが中心都市）］1-105
**アソス（アトス）山** Ἄθως（カルキディケ半島の）Ⅳ 27, 4-94
**アダナ** Ἄδανα［キリキアの都市（タヴロス山脈の南側、キリキア平原の中央に位置する）］アタ 174；175, 続ス 153, ゾナ 705
**アタリアティス（ミハイル）**［11 世紀の歴史家、ロマノス＝ディオエニス帝の遠征に同行］アタ 167, 解題
**アデルフォス** ἀδελφός［兄弟・弟］0-8
**アッシリア人**［の土地］Ἀσσύριοι Ⅰ 7
**アッバース朝** ʿAbbās（750~1258）解題
**アツラ** Ἀτζούλα［ニケア近くの地名］Ⅲ 16, 3-101
**アドリアノス家** Ἀδδιανοί Ⅰ 2
**アドリアノス＝コムニノス** Ἀδριανὸς ὁ Κομνηνός［ヨアニス＝コムニノスの第 4 子（アレクシオスの弟）］Ⅰ 2；6, 1-42, 3-42
**アドリアヌポリス** Ἀδριανούολίς［スラキアの都市（現エディルネ Edirne）］生涯, 序 8, Ⅲ 5；7；8；10, Ⅳ 14；16~18；30, 0-22~24, 2-115, 3-4；46；47；57；68；83, 4-34；73；102；103
**アナクトロン** ἀνάκτορον（アナクトラ ἀνάκτορα）［宮殿］Ⅰ 4；20；22, プセ 165；166, アタ 142；169
**アナトリコン＝セマ** Anatolic theme［小アジアの西南部］序 4, 0-4, 3-86；94, 4-105,（31）
**アナトリキ** Ἀνατολικοί［アナトリコン＝セマの住民］序 4, 0-4
**アナトリキの地域** ἐπαρχία τῶν Ἀνατολικῶν［小アジア中部の地域］アタ 144
**アナトリキの地方** θέμα τῶν Ἀρμενιακῶν［小アジア中部の地域］続ス 144, ゾナ 696
**アナリシス** ἀνάρρησις［（皇帝）歓呼］序 8
**アニ** Ani［アルメニアの首都］解題
**アニル** ἀνήρ（アンドレス ἄνδρες）［男］Ⅲ 4・［戦士］続ス 149
**アネルピストス＝サナトス** ἀνέλπιστος θάνατος［早すぎる死（歴史家ニキフォロス＝ヴリエニオスの）］解題
**アフガニスタン** Afghanistan 解題
**アフシン** Afshin/Afsîn［アルプ＝アルスランによって帝国領へ派遣されたトルコ人軍司令官］解題, 1-87
**アフトアンゲロス** αὐτάγγελος［自らの知らせを運ぶ者（ロマノス＝ディオエニス）］Ⅰ 19, プセ 164
**アフトクラトル** αὐτοκράτωρ［皇帝］ヴァシリオス２世 Ⅰ 7・ロマノス４世 Ⅰ 16・ミハイル 7

世 Ⅰ 20, プセ 165；166, アタ 169, 続ス 152, ゾナ 704；707, 1-16；80；81；151
**アフトクラトリキ＝トリイリス** αὐτοκρτορικὴ τριήρης［皇帝用三段櫂船］ゾナ 695
**アフトクラトル＝ストラティゴス** αὐτοκράτωρ στρατήγος［遠征軍総司令官］→ストラティゴス＝アフトクラトル
**アフヘネス** αὔχενες［山峡（キリキアの）］アタ 174
**アプロティス** ἁπλότης［単純さ（ディオエニス帝の）］アタ 152
**アポ＝ヴァルヴィドン** ἀπὸ βαλβίδων［スタートから］3-61
**アポゴノス** ἀπόγονος/apogonos［子孫など］解題
**アポスケヴィ** ἀποσκευή［軍用行李］アタ 156
**アポスタシア** ἀποστασία（アポスタシエ ἀποστασίαι）［反逆］ニキフォロス＝ヴリエニオスとヴァシラキスの 序7・ウルセリオスの Ⅱ 4・ヴリエニオス兄弟の Ⅲ 5；7・ヴォタニアティスの Ⅲ 17・クリスピノスの アタ 170・コムニノス一族の 0-11
**アポスタシス** ἀπόστασις［反逆］Ⅱ 4
**アポスタティス** ἀποστάτης（アポスタテ ἀποστάται）［謀反人］ニキフォロス＝ヴリエニオスとヴァシラキス、ヴォタニアティスの 序7・フリソスクロス Ⅰ 11
**アポファシス** ἀπόφασις［判決（皇帝の）］アタ 176, 続ス 154
**アマシア** Ἀμάσεια［小アジア中北部の都市］Ⅰ 21, Ⅱ 19~24, プセ 166, 1-153
**アマシアの** Ἀμασειανός Ⅱ 23
**アマヌス** Amanus 山地［北シリア、イスケンデルン Iskenderun 湾に並行して走る山脈)］解題
**アミラス** ἀμυράς［アミール amīr、セルジューク朝時代にはスルタンに従う軍事指揮官］Ⅱ 21；22, 1-56；66, 2-87
**アムダリア** Amu Darya 川（アラル Aral 海に注ぐ）1-47；50
**アムフィポリス** Ἀμφίπολις［ギリシア北部の都市］Ⅳ 28, 4-96
**アモリオン** Amorion / Amorium［小アジア中部の都市、アンカラの西南およそ 179km］解題, 2-23；46
**アライオン** ἀλλάγιον（τό）［皇帝の護衛隊］アタ 149,（41）
**アラヴァティス** Ἀραβάτης［アラン人の傭兵］Ⅱ 12；13, 2-33；38
**アラブ人** Ἄραβες / Ἀραβίοι ＜ Ἄραψ Ⅰ 7；9；10, 1-17；36；48；49；61
**アラクシス** Ἄραξις 川［シルダリア（中央アジア）］Ⅰ 7；9, 解題, 1-55
**アラクシス** Ἄραξις 川［トルコ・アルメニア・イランおよびアゼルバイジャンの各国を流れる全長 1,072km の川］
**アラニア** Ἀλανία［黒海とカスピ海の間に位置する地域］Ⅱ 1；19, 解題
**アラン人** Ἀλανός（Ἀλανοί）［イラン系遊牧民］Ⅱ 12；13；19；20, 2-1；33；35；37；38；79
**アリアティス** →セオドロス＝アリアティス
**アリス** Ἅλυς 川［小アジア中部のハリス Halys 川、今日のクズルイルマク Kizilirmak］ゾナ 696, 1-95
**アリポス修道院** Ἀλύος［ヴィシニアの修道院］Ⅰ 12, 1-90
**アルイロス** Ἀργυρός［アレクシオス 1 世時代の資産家］Ⅲ 6, 3-39
**アルタフ** Artach［アンティオキアの東に位置する帝国の国境要塞］解題
**アルツィ** Ἄρτζη（アルツェ Ἄρτζε）［ユーフラテス上流地域の都市（テオドシウポリスの北）］アタ 148, 続ス 144,（115）
**アルトゥフ** Ἀρτούχ［トルコ人首長］Ⅱ 17；18, 2-63

**アルヒ** ἀρχή（アルヘ ἀρχαί）［権力］ローマ人の 序 8, Ⅰ 4；18・［帝国］ペルシア人の Ⅰ 7；10・ロマノス 4 世の Ⅰ 19・ローマ人の Ⅲ 4, Ⅳ 17, プセ 163・［帝権］Ⅲ 2・［官職］プセ 167・［指揮権（遠征軍総司令官の）］Ⅱ 20・［統治］プセ 165；172
**アルヒエレフス** ἀρχιερεύς（アルヒエリス ἀρχιερεῖς）［主教・高位聖職者］続ス 154, ゾナ 706
**アルヒゴス** ἀρχηγός［支配者］ミディアの Ⅰ 7・アラブ人の Ⅰ 10・ペルシア・トルコ人の Ⅰ 19・［指揮者］謀の・ヴリエニオス反乱の Ⅲ 4・ヴォリリオス Ⅲ 22・［敵軍の統帥］プセ 164・［首長］ペルシア人の アタ 149
**アルホメニ** ἀρχόμενοι（οἱ）［支配される人民（イリリス人とブルガール人）］Ⅰ 3
**アルホン** ἄρχων（アルホンデス ἀρχόντες）Ⅰ 16・［王］アラニアの Ⅱ 19・［首長］トルコ人の Ⅳ 31・［有力者］都市の Ⅱ 22；28, Ⅲ 8；10；11；16・アドリアヌポリスの Ⅳ 3；17；18；30・［支配者］バビロンの・ミディアの Ⅰ 10・［指導者］Ⅲ 19・［指揮官］マケドニア人とスラキア人の Ⅳ 2・［将校］Ⅳ 32
**アルホン＝トン＝ティス＝ディセオス＝ストラテヴマトン** ἄρχων τῶν τῆς δύσεως στρατευμάτων［西方の諸軍の指揮官］（ヨアニス＝コムニノス、アレクシオスの父）Ⅰ 3
**アルホンディコン** ἀρχοντικόν（τό）［貴族（集合名詞）］（スラキア人とマケドニア人の）Ⅳ 6
**アル＝バサシリ** al-Basāsīrī［ブワイフ朝の軍司令官］解題
**アルプ＝アルスラン** Alp Arslan［セルジューク＝トルコのスルタン（在位 1063~72）］Ⅰ 11；13；14；17；19, 解題 , 1-83；86；87；96；105；124；132；149；175, 2-87, 3-102,（16, 42, 77, 127）
**アルミロス** Ἀλμυρός 川［プロポンディスに流れ込むスラキアの川］Ⅳ 5, 4-30
**アルメニア** Ἀρμενία［ヴァン湖を中心とする地方］Ⅰ 14；21, アタ 172
　**アルメニアキの地方** θέμα τῶν Ἀρμενιακῶν［アルメニアコン＝セマ（主都アマシア）］アタ 169
　**アルメニアコン**［＝セマ］Ἀρμενιακόν［θέμα］［小アジア中部の地域］Ⅰ 11, Ⅱ 22, 2-77
　**アルメニア人** Ἀρμένιος Ⅰ 23, プセ 170, アタ 151, ゾナ 705
**アルルイス** ἀλουργίς［緋色の衣服］イサアキオス帝 Ⅰ 5・ロマノス帝 Ⅰ 25・ヴリエニオス Ⅲ 10
**『アレクシアス』**生涯 , 解題 , 0-8；11；14~16；21~24；26；27；30, 1-1；16；34；35；37；40~43；89；92；93；122；148, 2-9；13；14；39；76；78；80；82；86；89；91~95；101；103；105；111；114；121；126, 3-6；27；32；46；64；65；67；73；101, 4-7；9；13；14；25；33；36；37；40；42；43；47；50；51；54；56；57；62；69；79；84；86；87；89；90；100；102；105；110；115；117；120,（26, 34, 35, 91, 99, 106）
**アレクシオス＝コムニノス** Ἀλέξιος ὁ Κομνηνός［ローマ皇帝アレクシオス 1 世（在位 1081~1118）］生涯 , 序 5~10, Ⅰ 2；6；12, Ⅱ 3~13；19~28, Ⅲ 1；6；13；19~23, Ⅳ 2；4~11；14~28；30~33, 解題 , 0-9；10；11；13；15；24~26；28~31, 1-16；34；35；40；41；43；129, 2-9；14；19；20；22；23；28；31；33；39；80~83；87；99~101；103~105；107, 3-37；39；42；43；69；82；91；120, 4-13；25；27；49；61；62；69；75；76；79；81；84；89；94；99；100；120,（26）
**アレクシオス＝ハロン** Ἀλέξιος ὁ Χάρων［アレクシオスの母アンナ＝ダラシニの父］Ⅰ 2
**アレクサンドロス大王** Ἀλέξανδρος［古代マケドニア王国の王］Ⅱ 27
**アレス** ἅλες ＜ ἅλς［塩］アタ 165；176, 続ス 151,（73）
**アレッポ** Aleppo［シリアの都市、アンティオキアの東］1-96；105
**アレティ** ἀρετί［才能（若いアレクシオスの）］Ⅱ 3
**アンキラ（アンカラ）** Ἄγκυρα［小アジア中部の都市］Ⅱ 7~9, 2-4,（30）

**アンゲリコン＝スヒマ** ἀγγελικὸν σχῆμα）［修道士の衣服］ I 5, アタ 177
**アンゲロス** ἄγγελος（アンゲリ ἄγγελοι）［使者・伝令］ I 14；18, Ⅳ 27, プセ 163；164
**アンソロポス** ἄνθρωπος［人（ロマノス＝ディオエニス）］プセ 169
**アンティヴァシレヴイン** ἀντιβασιλεύειν［対立皇帝として立つ（ミハイル）］アタ 171
**アンティオキア** Ἀντιόχεια［北シリアの都市］ I 23, Ⅱ 28；29, Ⅲ 16, Ⅳ 29, アタ 172, 続ス 153, ゾナ 705, 解題 , 1-36~38；157；161, 2-4；113；114；119；121；124；126, 3-108；112
　**アンティオキア人の町** ἡ τῶν Ἀντιοχέων Ⅱ 28
　**アンティオキアの人々** Ἀντιοχεῖς Ⅱ 29
**アンティストラティゴス** ἀντιστράτηγος［迎え撃つ将軍（若いアレクシオス）］序 7
**アンドロニコス＝ドゥカス** Ἀνδρόνικος Δούκας ①［コンスタンディノス 10 世の息子］ I 18・②［ケサルのヨアニス＝ドゥカスの息子］ I 16；20；23~25, Ⅱ 2；14~17, Ⅲ 1；6, アタ 173~175, 0-31, 1-131；137；167；174；176, 2-58,（7 , 66）
**アンナ＝クロパラティサ** Ἄννα κουροπαλάτισσα / Anne curopalatissa ①反逆者（1057 年）パトリキオスのヴリエニオスの妻 Ⅲ 7, Ⅳ 14, 3-49, 解題 , 4-21；58・②→アンナ＝ダラシニ
**アンナ＝コムニニ** Ἄννα ἡ Κομνηνή［アレクシオス帝の長女］生涯 , 序 8, 解題
**アンナ＝ダラシニ** Ἄννα ἡ Δαλασσηνή［アレクシオス＝ハロンの娘、ヨアニス＝コムニノスの妻、アレクシオス 1 世の母］ I 2；4~6；12；22, Ⅱ 1, Ⅲ 6, 1-13；164
**アンナ＝ドゥケナ** Ἄννα ἡ Δούκαινα［アレクシオスの妻イリニの妹］3-91
**アンヒアロス** Anchialos［黒海西岸の都市］解題
**アンヘマホス＝ポレモス** ἀγχεμάχος πολέμος［接近戦］続ス 147

## イ

**イアクス** οἴαξ（イアケス οἴακες）［舵柄］ I 4
**イアトロス** ἰατρός（イアトリ ἰατροί）［医者］ Ⅱ 28, Ⅲ 1
**イヴァン＝ヴラディスラフ** Ivan Vladislav［ブルガリアの支配者サムイルの甥］3-32
**イヴィ** ἥβηὶ［思春期］1-6；40
**イヴィリア** Ἰβηρία（ローマ帝国領のセマとして）［テオドシウポリス・カルス・アニを含んだ地域］1-73；153
**イヴィリア** Iberia（ジョージア Georgia）［現カフカス地方西部の共和国］1-73
　**イヴィリア人** Ἴβηρ（ Ἴβηρες）Ⅱ 1, アタ 147, 1-73, 2-79
　**イヴィリアの** Ἰβηρικός / ιφβηρικός アタ 166, 続ス 144；152, 1-73；78；153, 3-39
**イエモニア** ἡγεμονία［舵取り］序 11・［主権・国家］I 1・［指揮］Ⅳ 7・［指揮権］Ⅳ 36
**イエモニケ** ἡγεμονικαί［指揮官の（幕舎）］アタ 163
**イエモン** ἡγεμών（イエモネス ἡγεμῶνες）［指揮者］Ⅳ 7；10；30・［司令官］Ⅳ 34, 続ス 147・［将校］続ス 145
**イエラティキ** ἱερατικοί［聖職身分の（男たち）］プセ 169
**イエリア** Ἰερία［ハルキドンの南、宮殿のある場所］1-88,（25）
**イエレフス** ἱερεύς［司祭］Ⅲ 25, アタ 154, 続ス 145, ゾナ 697
**イ＝エン＝テリ** οἱ ἐν τέλει［役人・高官］ Ⅱ 28；29, Ⅲ 2；10；18；19, 2-122
**イオス** υἱός /ios［息子］Ⅳ 3, 解題
**イオセシア** υἱοθεσία［養子縁組］Ⅳ 3

**イオニズマ** οἰώνισμα［前兆（ディオエニス帝の運命に関する］続ス 143
**イカデ** οἴκαδε［故郷へ（スキタイの)］4-43
**イグメノス** ἡγούμενος（ὁ）［指導者（フランク人ルセリオス)］アタ 148
**イケティコン** οἰκετικόν［奴隷］Ⅲ 19
**イケティス** οἰκέτης（イケテ οἰκενται）［家来・従者］Ⅳ 39
**イコエニス** οἰκογενής（イコエニス οἰκογενεῖς）［同じ家に生まれた者（アレクシオスの家に生まれたタティキオス)］Ⅳ 20
**イコニウム** Iconium →イコニオン
**イコニオン** Iconion［小アジア中南部の都市、現コンヤ Konya］解題 , 1-101, 2-12；15；16, 3-112
**イコニズマ** εἰκόνισμα［聖母マリアの肖像］アタ 153
**イコン** εἰκών［像（キリストの・神の母の)］Ⅰ 22, アタ 153,（24）
**イサアキオス＝コムニノス** Ἰσαάκιος ὁ Κομνηνός ①［アレクシオスの伯父、ローマ皇帝イサアキオス 1 世（在位 1057～1059)］生涯 , 序 5, Ⅰ 1~5, 解題 , 0-10；19, 1-1；15；24；29, 2-14, 3-39,（34）・②［アレクシオスの次兄］Ⅰ 6, Ⅱ 1；3~5；7~9；11；12；28；29, Ⅳ 29, 解題 , 0-11；15, 1-16；41, 2-14；18；25；31；39；104；124；125・③［アレクシオスの三男］解題
**イサアキオス＝コンドステファノス** Ἰσαάκιος ὁ Κοντοστεὰνος［アレクシオス帝治下における高位の軍人］Ⅳ 39, 4-120
**イサヴリア** Ἰσαυρία［小アジア南東部の地域名］アタ 173
　**イサヴリア人** Ἰσαυροί アタ 173
**イストリア** ἱστορία（イストリエ ἱστορίαι）［歴史・歴史書］序 11, Ⅰ 3, Ⅲ 2, 解題
**イストロス** Ἴστρος 川［ダニューブ Danube］Ⅲ 1, 解題
**イスファハン** Isfahan / Esfahān［イラン中部の都市］解題 , 1-62
**イソセオス** ἰσόθεος（τό）［神々のごときもの（ロマノス＝ディオエニス)］続ス 154
**イタリア** Ἰταλία Ⅰ 2, Ⅲ 3, Ⅳ 4, 4-66
**イディオクセノス** ἰδιόξενος（イディオクセニ ἰδιόξενοι）［傭兵］続ス 144・［客人］アタ 147
**イデロス** ὕδερος［水腫（アンドロニコス＝ドゥカスの病)］Ⅲ 1
**イパティア** ὑπατεία［イパトス（コンスル）の地位・指揮官］アタ 144, 続ス 142
**イパトス＝トン＝フィロソフォン** ὕπατος τῶν φιλοσόφων［哲学者の長］続ス 152
**イピレティス** ὑπηρέτης（イピレテ ὑπηρέται）［召使い・従者］アタ 153；154
**イペフス** ἱππεύς（イピス ἱππεῖς）［騎兵］Ⅰ17；24, Ⅳ 6；36；38, プセ 170, アタ 162；172,（125）
**イポコモス** ἱπποκόμος（イポコミイ ἱπποκόμοι）［馬丁・騎兵］Ⅳ 9, 続ス 150
**イポシマシア** ὑποσημασία［署名（この語は ὑποσημαίνω（sign, subscribe［*PGL*］）の派生語と思われる。*MLD* には採用されている)］序 8
**イポス** ἵππος（イピ ἵπποι）［騎兵・騎兵隊］Ⅰ 17, Ⅱ 18, Ⅳ 6
**イポスヘシス** ὑποσχέσεις［約束（ロマノス 4 世とスルタンのアルプ＝アルスランの)］プセ 164
**イポスポンドス** ὑπόσπονδος（イポスポンディ ὑπόσπονδοι, イポスポンダ ὑπόσπονδα（τά)）［協定に従う者・存在］序 11, Ⅲ 3, アタ 147
**イポティス** ἱππότης（イポテ ἱππόται）［騎士］Ⅳ 24, プセ 167, 続ス 144
**イポ＝ティス＝アノセン＝デクシアス** ὑπὸ τῆς ἄνωθεν δεξίας［天上からの右手（神の右手）に］Ⅱ 5
**イムヴライル** Ἰμβραήλ / Ibraïl［ガズナ朝のマフムードの父］Ⅰ 7
**イメラ＝ティス＝オルソドクシアス** ἡ ἡμέρα τῆς ὀρθοδόξίας［正教勝利の主日］アタ 142

**イメラ** ἡμέρα **とイリオス** ἥλιος［日と太陽（マンツィケルトの戦いの日）］Ⅰ 16
**イラク** Iraq　解題 , 1-78
**イラクリア** Ἡράκλεια［黒海南岸の都市、現エレーリ Ergli（黒海の）］Ⅱ 26 ; 27, 1-180, (106)
**イラクリア** Heraclea［マルマラ海北岸の都市、ペリントス Perinthos（現マルマラエレールシ Marmaraereglisi）］アタ 178, 続ス 154, 解題 , 1-176 3-69 ; 84 ; 126 ; 137, 4-30 ; 32, (12)
**イラルヒス** ἰλάρχης（イラルヘ ἰλάρχαι）［300 名の騎兵隊の指揮官］Ⅳ 2, 解題
**イリ** ἴλη（イレ ἴλαι）［騎兵中隊］Ⅳ 4 ; 6, 4-29
**イリア** Ἡρία［ハルキドンの南、宮殿のある場所］アタ 142 ; 144, 続ス 142
**イリアス** Ἰλιάς［ホメロスの叙事詩］生涯 , Ⅳ 15, 2-106, 4-93
**イリ＝イストリアス** Ὕλη ἱστορίας［歴史の材料（ニキフォロス＝ヴリエニオスがアレクシオス帝についての自分の著作に相応しいと思った書名）］序 11, 解題
**イリニ** εἰρήνη［和平］Ⅰ 22, Ⅲ 6 ; 13, Ⅳ 3, プセ 168, アタ 159 ; 160, 続ス 148, ゾナ 700
**イリニ** Εἰρήνη（アラニアの）［アラン人の支配者の娘、アラニアのマリアの従姉妹、アレクシオスの兄イサアキオスの妻］Ⅱ 1, 2-2 ; 115
**イリニ＝ドゥケナ** Εἰρήνη ἡ Δούκαινα［アレクシオス 1 世の妻］生涯 , Ⅲ 6 ; 13, 解題 , 0-31 ; 36, 2-115, 3-31 ; 36 ; 37 ; 41 ; 43 ; 91, (26)
**イリリコン** Ἰλλυρικόν (τό)［イリリコン（ディラヒオンを主都とするアドリア海沿岸地域）］Ⅲ 3, Ⅳ 16, 3-10 ; 17 ; 25, 解題
**イリリス（イリリア）** Ἰλλυρίς［バルカン半島西部の地域名］Ⅲ 3 ; 4, 3-17 ; 25
　**イリリス（イリリア）人** Ἰλλυριός（Ἰλλυριοί）Ⅰ 3, Ⅲ 8
**インド** Ἰνδική（ἡ）Ⅰ 7, アタ 148, 1-52
　**インド人** Ἰνδοί　Ⅰ 7

## ウ

**ヴァグラト** Bagrat［イヴィリアの支配者］3-39
**ヴァシラキオス** Βασιλάκιος　→ヴァシラキス
**ヴァシラキオン** Basilakion［今日カヴァラ北西 5km 近くにこの名をもつ村がある］4-99
**ヴァシラキス** Βασιλάκης
　①ニキフォロス Νικηφόρος［反逆者の将軍］・②マヌイル Μανουήλ［ニキフォロス＝ヴァシラキスの兄弟］
**ヴァシリア** βασίλεια（τά）［宮殿］序 5, Ⅰ 19, Ⅲ 21 ; 22, Ⅳ 29・［大きな屋敷］Ⅱ 16
**ヴァシリア** βασιλεία［帝国］序 4~6 ; 9 ; 10, Ⅰ 4~7 ; 22, Ⅱ 16 ; 21, Ⅲ 15 ; 16, Ⅳ 1, プセ 163 ; 164, アタ 163 ; 166, 続ス 152, ゾナ 707・［皇帝］序 8・［帝権］序 5 ; 8~10, Ⅰ 5 ; 18 ; 20, Ⅲ 8 ; 25, Ⅳ 2 ; 31, プセ 168, アタ 170 ; 174・［治世］Ⅰ 4, Ⅲ 26・［最高権力・帝位（ローマ人の）］Ⅰ 3, Ⅲ 2, Ⅳ 3, アタ 177, 続ス 153, 解題・［帝国（ペルシア人の）］Ⅰ 10 ; 11
**ヴァシリア** Βασιλεία［ニケア近辺のある要塞名］Ⅳ 33 ; 36, 4-115
**ヴァシリオス（2 世）** Βασίλειος［ローマ人の皇帝（在位 976~1025）］生涯 , Ⅰ 1 ; 7 ; 10, 解題 , 1-1
**ヴァシリオス（1 世）**［ローマ皇帝（在位 867~886）］ 1-17
**ヴァシリオス** βασίλειος［皇帝の］
　**ヴァシリア＝グラマタ** βασίλεια γράμματα［皇帝文書］ゾナ 704

**ヴァシリア＝スキプトラ** βασίλεια σκῆπτρα（スキプトラ＝ティス＝ヴァシリアス）［帝笏］序 5；6；10, Ⅰ 3, Ⅳ 1
**ヴァシリイ＝ドミ** βασίλειοι δόμοι［皇帝のための建物］アタ 144
**ヴァシリオス＝アルヒ** βασίλειος ἀρχή［皇帝としての統治］序 9, プセ 172
**ヴァシリオス＝スキニ** βασίλειος σκηνή［皇帝の幕舎］Ⅰ 17, アタ 144, 続ス 142；147, ゾナ 696
**ヴァシリオス＝セラピア** βασίλειος θεραπεία［皇帝の召使い］ゾナ 703
**ヴァシリオス＝スロノス** βασίλειος θρόνος［皇帝の座］序 5, アタ 169
**ヴァシリオス＝ドロモン** βασίλειος δρόμων［皇帝用のドロモン船］Ⅲ 23
**ヴァシリオス＝プシフォス** βασίλειος ψῆφος［皇帝の決定］ゾナ 706
**ヴァシリオス＝ペリオピ** βασίλειος περιωπή［帝位］Ⅰ 3
**ヴァシリオン＝イプソス** βασίλειον ὕψος［至上の座（皇帝の座）］Ⅳ 3
**ヴァシリオス＝クルティキス** Βασίλειος ὁ Κουρτίκης［エオルイオス＝パレオロゴスの従兄弟、ヨアニキオス］ Ⅲ 9, Ⅳ 26;33;34;37;40;118, 3-65, 4-92;116
**ヴァシリオス＝マレシス** Βασίλειος ὁ Μαλέσης［ディオエニス帝の軍人、マンツィケルトの戦いの時に捕虜となる］アタ 167, 続ス 152, 2-51；59；72,（82, 132）
**ヴァシリコス** βασιλικός［皇帝の］Ⅰ 20, 続ス 142；145, ゾナ 696
**ヴァシリカ＝グラマタ** βασιλικὰ γράματτα［皇帝の書簡・文字］Ⅱ 28, Ⅲ 2, Ⅳ 17, アタ 170
**ヴァシリカ＝タミア**［皇帝の金庫］Ⅳ 1
**ヴァシリカ＝パラシマタ**［皇帝の標章］Ⅰ 17
**ヴァシリキ＝アヴリ**［皇帝の宮殿］アタ 167
**ヴァシリキ＝アルヒ**［皇帝権］ Ⅲ 2
**ヴァシリキ＝イピス**［皇帝の騎兵］アタ 162,（125）
**ヴァシリキ＝イポコミ**［皇帝の馬丁］続ス 150
**ヴァシリキ＝イ＝オドス** βασιλικὴ ἡ ὁδός［王道・王の道］Ⅰ 5, プセ 171
**ヴァシリキ＝シメア**［皇帝旗］アタ 161, 続ス 149, ゾナ 701
**ヴァシリキ＝スキニ**［皇帝の幕舎］アタ 147；158, 続ス 142；147
**ヴァシリキ＝ティミ** τιμή［皇帝の地位］ゾナ 704
**ヴァシリキ＝ドリフォリア**［皇帝の護衛隊］アタ 144；175
**ヴァシリケ＝エテリエ**［皇帝の護衛部隊］Ⅰ 2
**ヴァシリコン＝テニオマ**［皇帝のリボン］Ⅰ 5
**ヴァシリコン＝ドロモニオン** →ドロモニオン
**ヴァシリサ** βασίλισσα［皇后］ゾナ 696；703；704
**ヴァシリス** Βασιλίς［皇后］エヴドキア Ⅰ 18~20, プセ 163~166, アタ 143；153；170, 続ス 142；152；154・アラニアのマリア Ⅰ 24, Ⅲ 25, Ⅳ 2
**ヴァシリス** Βασιλὶς［πόλις］［女王の都（コンスタンティノープル）］Ⅰ 18, Ⅱ 13；24；27；28, Ⅲ 2, アタ 142；168；170
**ヴァシリス＝トン＝ポレオン** βασιλίς τῶν πόλεων［諸都市の女王（コンスタンティノープル）］序 7, Ⅰ 12, Ⅱ 8；9；16~18；28, Ⅳ 3；8；18
**ヴァシリオン** βασιλειῶν ＜ βασιλειάω［帝位を望む・帝位を主張する者］Ⅳ 2
**ヴァシレヴウサ** Βασιλευούσα［πολίς］［女王の都（帝都）（コンスタンティノープル）］アタ 142；169；170

**ヴァシレヴオン** βασιλεύων（ὁ）［今上皇帝］ プセ 165, ゾナ 706
**ヴァシレフス** Βασιλεύς（ヴァシリス βασιλεῖς）［皇帝（ローマ人の）］
①不特定・一般的な意味 Ⅰ 10, Ⅱ 26, プセ 162；164・②ニキフォロス 2 世フォカス（在位 963~969）Ⅰ 10・③ヨアニス 1 世ツィミスキス（在位 969~976）Ⅰ 10・④ヴァシリオス 2 世（在位 963~1025）Ⅰ 7；10・⑤コンスタンディノス 9 世モノマホス（在位 1042~55）・⑥ミハイル 6 世（在位 1056~57）生涯・⑦イサアキオス 1 世コムニノス（在位 1057~59）序 5, Ⅰ 3~5, Ⅱ 8；28, Ⅳ 29・⑧コンスタンディノス 10 世ドゥカス（在位 1059~67）アタ 168・⑨ロマノス 4 世ディオエニス（在位 1068~71）Ⅰ 7；10~19；21；24；25, Ⅱ 1；29, Ⅲ 1, プセ 162；164；167；168, アタ 143~156；158~168；170・⑩ミハイル 7 世ドゥカス（在位 1071~78）序 7, Ⅰ 20~23；25, Ⅱ 1~3；14；17~20；22~24；27；28, Ⅲ 1~4；6~8；18；20；24~26, Ⅳ 2；4；16, プセ 163；165~169；171；172, アタ 171；172, ゾナ 707・⑪ニキフォロス 3 世ヴォタニアティス（在位 1078~81）序 6；7, Ⅲ 22；23；25；26, Ⅳ 1~3；8；10；14；16；18；28~31；33；34；40・⑫アレクシオス 1 世コムニノス（在位 1081~1118）序 9；10・⑬ケサルのヨアニス＝ドゥカス、皇帝に宣言される Ⅱ 17・⑭ミハイル 7 世は自身の兄弟コンスタンディオスを皇帝に推薦する Ⅲ 21・⑮ニキフォロス＝ヴリエニオス、皇帝に宣言される Ⅲ 9；10・⑯ニキフォロス＝メリシノス、アシアの諸都市から皇帝とされる Ⅳ 31
**ヴァシレフス** Βασιλεύς［皇帝］ブルガール人のサムイル Ⅰ 2, Ⅲ 6・（ペルシアの）王（タングロリピクス）Ⅰ 9・ペルシア人とクルド人の王（スルタンのアルプ＝アルスラン）プセ 161］
**ヴァシレフス＝ヴァシレオン** Βασιλεὺς Βασιλέων［諸王の王（タングロリピクス）］Ⅰ 9
**ヴァスケノン** βασκαίνων（ὁ）＜ βασκαίνω［嫉むもの］Ⅰ 22
**ヴァスプラカン** Βαασπρακάν［ヴァン湖の東側の地域］Ⅰ 10, 1-70；73；78
**ヴァタナ** Βάτανα［ヴァン湖南岸のある場所］Ⅰ 13
**ヴァタツィス家** les Vatatzès 3-49
**ヴァランギ** Βάραγγοι（οἱ）［スカンディナヴィアなど北方出身の傭兵］Ⅰ 20, Ⅱ 14, Ⅳ 16, 解題, 2-48, 3-28；57, 4-66,（8）
**ヴァルダス** Bardas［アレクシオス帝時代の軍人（ミハイル＝ヴルツィスの子孫）］解題
**ヴァルダス＝スクリロス** Βάρδας ὁ Σκληρός［ヴァシリオス 2 世治下の反逆者］Ⅰ 1
**ヴァルダリオス** Βαρδάριος 川［バルカン半島の大きな川（バルダル Vaddar・アクシオス Axios）］Ⅳ 18, 4-78
**ヴァン** Van 湖（トルコ東南部）解題, 1-69；71；74；78；97；103,（21）
**ヴィシニア** Βιθυνία［小アジア西北部の地域名］Ⅰ 12；18, Ⅱ 2；14；16, Ⅲ 16, Ⅳ 2；31；33, アタ 173, 解題, 2-77；109, 3-106,（26~28）
**ヴィシニアの** Βιθυνός Ⅰ 12, Ⅱ 14；16, Ⅲ 16, Ⅳ 2；31；33, 解題, 2-77；109,（26~28）
**ヴィシニアの山岳地帯** τὰ Βιθυνῶν ὄρη Ⅱ 14
**ヴィシニアのミトロポリス** ἡ Βιθυνῶν μητόρολῖς（ニケア）Ⅰ 12
**ヴィディニ** Βυδίνη［ブルガリア北西部都市、現ビディン Vidin］Ⅲ 1, 解題
**ヴィマ** βῆμα［聖職者］Ⅲ 16；18・［内陣］Ⅲ 25
**ヴェスタルヒス** Βεστάρχης［皇帝の衣服係の長］Ⅰ 14, 3-5
**ヴェリア** Βερροία［北ギリシアの都市（セサロニキの西南西約 62km）］Ⅳ 18
**ヴェロス** βέλος［矢］Ⅰ 1・［投槍］Ⅱ 13, Ⅳ 20；38・［矢玉］Ⅱ 15・［ヴェリ（矢）］Ⅱ 5；10；11, Ⅳ 11

**ヴォスポロス** Βόσπορος［黒海とアゾフ海間（クリミア半島）の海峡］Ⅰ 7, アタ 169, 1-148, 3-77；78,（91）
**ヴォタニアティス** →ニキフォロス＝ヴォタニアティス
**ヴォリラス** Βορίλας（ヴォリリオス Βορίλλιος）［ヴォタニアティス帝のお気に入り］Ⅳ 16；17, 解題・ヴォリリオス 序 6, Ⅲ 22, 0-4
**ヴォレロン** Βολερόν［ロドピ山脈の南の地域］Ⅳ 18, 4-76
**ウズィ** Οὔζοι［バルカン半島の民族］続ス 144；147, ゾナ 699, 解題 , 1-115；117,（34, 52, 53, 57, 60）
**ウライン** οὐραγεῖν ＜ οὐραγέω［後衛につく・後衛を指揮する］Ⅰ 16, Ⅱ 14,（141）
**ヴラヘルネ** Βλαχέρναι［コンスタンティノープルの地区名（東北隅）］Ⅲ 12；18；21, アタ 153, 1-20, 3-74；76；86；114；118；125,（47）
**ヴリエニオス** Βρυέννιος
ヴリエニオス家（一族）Βρυέννιοι　生涯 , Ⅲ 7, 解題
→①ニキフォロス 1［1057 年反乱者（ミハイル 6 世治下）］・②ニキフォロス 2［1077 年反乱者（ヴォタニアティス帝治下）］・③ヨアニス 1［1077 年反逆者の弟］・④ヨアニス 2［1077 年反乱者の息子］・⑤ ヨアニス 1 の息子 Ⅲ 7, 解題・⑥ ニキフォロス 3［1077 年反逆者の孫、アンナの夫で歴史家］
**ヴリ** βουλή［元老院］Ⅲ 2；16；18, Ⅳ 1, アタ 143；167；169
**ウルセリオス** Οὐρσέλιος（ルセリオス Ῥουσέλιος）［ノルマン人傭兵隊長（ルセル＝ド＝バイユール Roussel de Bailleul）］Ⅱ 4；14；16~24；27；28, Ⅲ 1；26, アタ 148, 続ス 144；147, ゾナ 697；699, 解題 , 1-41；107；118；172, 2-13~16；44；48~51；59；63；70；75；77；81；82；95；96；98；107；111, 3-82；84；126；137,（40, 58, 82）
**ヴルツィオス家** Βούρτζιοι Ⅲ 15, 1-36

## エ

**エヴァンゲリオン** εὐαγγέλιον, Εὐαγγέλιον［福音書］アタ 154, 続ス 145, ゾナ 698
**エヴァンゲリスモス** Évangélismos（εὐαγγελισμός）［お告げの祝日（1078 年 3 月 25 日）］3-111
**エヴドキア＝コムニニ** Εὐδοκία ἡ Κομνηνή［アレクシオスの姉妹］Ⅰ 6, Ⅳ 31, 解題 , 1-31
**エヴドキア＝マクレンヴォリティサ** Εὐδοκία ἡ Μακρεμβολῖτισσα［コンスタンディノス 10 世ドゥカスおよびロマノス 4 世ディオエニスの皇后］Ⅰ 6；18~20, プセ 163~166, アタ 143；168；169, 続ス 142；152；154, ゾナ 696；704；706, 解題 , 3-14；129；134
**エウリピデス** Εὐριπίδης［古代ギリシアの悲劇詩人］Ⅳ 28
**エヴヌホス** εὐνοῦχος［宦官］Ⅳ 37~40
**エヴロス** Evros［マリツァ Maritsa）川（ブルガリアのリラ Rila 山脈に源を発し、エーゲ海に注ぐ大きな川］解題 , 3-4
**エオルイオス様の要塞** τὸ τοῦ κυροῦ Γεωργίου καστέλλιον［小アジアの要塞］Ⅳ 33
**エオルイオス＝パレオロゴス** Γεώργιος ὁ Παλαιολόγος［帝国の重要な軍人、アレクシオスの義兄弟］Ⅲ 15, Ⅳ 33~40, 解題 , 2-78, 3-65；91~93, 4-116
**エオルイオス＝マニアキス** →マニアキス
**エカテリナ** Αἰκατερίνα［ブルガール人の皇帝の親族、イサアキオス＝コムニノスの妻］Ⅰ 2, 1-11；24

**エキセン** ἐκεῖθεν［彼方（ダニューブの）］Ⅲ 1
**エクサルホス** ἔξαρχος［指揮者］Ⅲ 12, アタ 157
**エクサルホン** ἐξάρχων（エクサルホンデス ἐξάρχοντες）［（ニケアのトルコ人の）首領］Ⅳ 2
**エクスシア** ἐξουσία［権力・支配権・権限・指揮権］Ⅰ 10；11, ゾナ 703
**エクスシアゾン** ἐξουσίαζων［支配者（アラニアの）］Ⅱ 1
**エクストラティア** ἐκστρατεία［遠征・出征］Ⅰ 8；14；23
**エクトミアス** ἐκτομίας（エクトミエ ἐκτομίαι）［宦官］Ⅰ 17, Ⅱ 1；16；17, Ⅲ 4, Ⅳ 21；31~33；35；37；38；40
**エグナティア**街道 Via Egnatia［アドラリア海東岸からコンスタンティノープルにいたるバルカン半島の横断道路］4-96
**エク＝プロティス** ἐκ πρώτης［スタートから（アリストファネスの言葉はアポ＝ヴァルヴィドン ἀπὸ βαλβίδων, *Wasps*）］Ⅲ 9, 3-61
**エクリシア** ἐκκλησία［集会・教会］Ⅰ 13, Ⅱ 22, Ⅲ 10, アタ 154, 続ス 145
**エジプト** Αἴγυπτος　Ⅰ 7, 解題
**エスハティ＝ホラ** ἐσχάτη χώρα［どん尻の位置］アタ 147
**枝の主日の祭日** fête des Rameaux　4-5
**エデサ** Ἔδεσσα［メソポタミアの都市］アタ 168, 続ス 152, 解題 , 1-102；105；153, (84)
**エテリア** ἑταιρεία（エテリエ ἑταιρεῖαι）［外国人兵で構成された皇帝護衛部隊］Ⅱ 4, Ⅳ 2；3；6, 1-121, 3-126
　**エテロス** ἑταῖρος（エテリ ἑταῖροι）［エテリアの兵］Ⅱ 12, 1-121
**エテロドクシ** ἑτεροδόξοι（οἱ）［異説を抱く者］アタ 143
**エスナルヒス** ἐθνάρχης［外国人部隊の指揮者］Ⅳ 16, 4-64
**エスノス** ἔθνος（エスニ ἔθνη）［民・異教徒］アタ 148
**エネドラ** ἐνέρδα（エネドレ ἐνέρδαι）［待ち伏せ］Ⅱ 24, Ⅳ 8；12, 2-85・［伏兵］Ⅰ 17・［罠］Ⅱ 20, 1-126；130
**エノシス** ἕνωσις［（諸軍勢の）一つへの結合］続ス 145
**エパナスタシス** ἐπανάστασις［反乱］（ヴォタニアティスの）Ⅲ 15
**エパルヒア** ἐπαρχία（エパルヒエ ἐπαρχίαι）［地方の統治・地方］Ⅰ 2, アタ 144；146；168, 1-8
**エピクラティア** ἐπικράτεια［支配領域］Ⅰ 7, 続ス 151
**エピスコピ** ἐπισκόή［主教職］続ス 155
**エピストリ** ἐπιστολή（エピストレ ἐπιστολαι）［書簡］Ⅲ 5, ゾナ 704
**エフフィミア** εὐφημία（エフフィミエ εὐφημίαι）［賞賛・賞賛の呼びかけ・歓呼］Ⅲ 9
**エフェソス** Ἔφεσος［小アジア西部の都市］Ⅲ 24, 2-48
**エフスタシオス＝カパドキス** Εὐστάθιος ὁ Καπαδόκης［ヨアニス７世のお気に入り］Ⅲ 4
**エフストラティオス＝ヒロスファクティス** Εὐστρατιος ὁ Χοιροσφάκτης［マイストロスにして主席書記官、マンツィケルトの戦い後の逃走中に殺害される］Ⅳ 2, アタ 167, 続ス 152, (80)
**エフヌン**（εὔνουν）（τό）［支持者（皇后エヴドキアの）］Ⅰ 19
**エフマロトス** αἰχμάλωτος（エフマロティ αιφχμάλωτοι）［捕虜］Ⅲ 14
**エミリアノス** Αἰμυλιανός［アンティオキアの総主教］Ⅱ 28；71, Ⅲ 16；18, 2-116, 3-112
**エモス** Αἶμος 山脈［バルカン Balkan 山脈（スターラ＝プラニナ Stara Planina）］Ⅲ 14
**エラス**　2-4　→ヘラス
**エリスラ＝ペディラ** ἐρυθρὰ πέδιλα［赤色のサンダル］3-59
**エルジジャス** Erdjijas 山［ケサリアの南 25km に位置する標高 3916m の山］2-24

**エルマニ** Γερμανοί［アルプスの北の住民］アタ 148, (40)
**エルマノス** Γερμανός［ヴォタニアティス帝のお気に入り］序 6, 0-15 ; 16
**エレティコス** αἱρετικός（エレティキ αἱρετικοί）［異端者］アタ 143
**エレニ** Hélène［ロマノス 3 世アルイロスの兄弟ヴァシリオスの娘、イヴィリアの女性支配者マリアの息子ヴァグラト Bagrat と結婚］3-39
**エレニ＝タルハニオティサ** Ἑλένη ἡ Ταρχανειώτισσα［カタカロン＝タルハニオティスの姉妹］Ⅲ 7, 解題 , 3-49, 4-34
**エレヌポリス** Ἑλενούπολις（エレイノポリス（憐れむべき都市）Ἐλεεινόπολις ／エレノポリス Ἑλενόπολις）［マルマラ海南岸の都市］Ⅳ 39, アタ 144, 続ス 142, 3-117, (28)
**エレポリス** ἑλέπολις（エレポリス ἑλεπόλεις）［攻城具］アタ 151
**エンゴミオン** ἐγκώμιον［頌詩］序 11, 解題 , プセ 162
**エンホス** ἔγχος［槍］Ⅰ 1

## オ

**オ＝エピ＝トン＝デイセオン** ὁ ἐπὶ τῶν δεήσεων［皇帝への嘆願に関わる役人］続ス 152
**オクシア** Ὀξεία［プリンギプス諸島の一つ（プロティ）］Ⅲ 26, 解題
**オグズ** Oghuz［遊牧のトルコ人］解題 , 1-47
**オケアノス** ὠκεανός［大地を取り巻く大洋］Ⅰ 20
**オタルイア** ὠταλγία［耳痛（アレクシオスの長兄マヌイルの病）］Ⅰ 12
**オドリシ** Ὀδρυσοί ／ Ὀδρύσαι［古代における最も有力なスラキアの住民、オドリシの土地はアドリアヌポリス］Ⅲ 2 ; 5, Ⅳ 2
**オノラトス** Ὀνωρᾶτος［コンスタンティノープルの対岸のある場所（アジア側）］Ⅰ 4
**オノリアス** Ὀνωριάς［黒海南岸の地域］アタ 173
**オフィキオン** ὀφφίκιον（オフィキア ὀφφίκια）［官職］Ⅱ 2
**オプシキオン** Opsikion「小アジア西北部の地方」解題
**オプリティコン** ὁπλιτικόν（τό）［重装歩兵］Ⅳ 21 ; 36 ; 38
**オフリド** Ohrid［現マケドニア共和国の湖および西北岸の町］4-66
**オプロン** ὅπλον（オプラ ὅπλα）［武具・武器 以下多数］序 10, Ⅰ 1, Ⅱ 10, Ⅳ 2 ; 4 ; 19, アタ 163, 続ス 147, ゾナ 698
**オボロス** ὀβολός［少額貨幣の単位］Ⅰ 22
**オモロイア** ὁμολογία（オモロイエ ὁμολογίαι）［協定・約束］ゾナ 697
**オリオン** ὅριον（τό）（オリア ὅρια）［領土］Ⅱ 8
**オルコス** ὅρκος（オルキ ὅρκοι）［誓約］続ス 147
**オルソドクシ** ὀρθόδοξοι（οἱ）［正教徒］アタ 143, (24)
**オルファノス** Ὀρφανός［名高い真珠の名称］Ⅰ 17
**オレスティアス** Ὀρεστιάς［アドリアヌポリス］Ⅲ 5, 0-23

## カ

**カイアファス** Καιάφας［ユダヤの大祭司カヤパ］Ⅰ 22
**カーイム** al-Qā'īm［アッバース朝カリフ（在位 1031~75）］解題

**ガヴァドニア** Γαβαδονία［小アジア東南部の平野、カパドキアの町］Ⅱ 6；7, 2-24
**カヴァラ** Kavala i［シリアにある城塞］4-76；96；98；99　→フリストポリス
**カヴァリ** Kavaroi（カヴィリ人 Κάβειρος（Κάβειροι））［中央アジアの住民］Ⅰ 9, 1-61
**カシイェモン** καθηγεμών［指揮者（ヨアニス＝ヴリエニオス）］Ⅳ 8, 解題
**カシグメノス** καθηγούμενος［（修道士たちの）長］Ⅳ 27
**カスタモン** Κασταμών［黒海南岸の都市、現カスタモヌ Kastamonu］Ⅱ 26, 1-153, 2-101
**カステリオン** καστέλλιον［要塞］Ⅳ 33
**カストロン** κάστρον［要塞］アタ 166；168；174；175；178, 続ス 154・［要塞都市］アタ 152
**ガズナ朝** Ghazna［アフガニスタンのガズナによるトルコ系イスラム王朝（977~1186）］解題，1-50；52；59
**カスピ海** Caspian Sea　解題
**カタカロン＝タルハニオティス** Κατακαλὼν ὁ Ταρχανιώτης［アドリアヌポリスのカテパノ］Ⅱ 28, Ⅲ 7, Ⅳ 6；9, 解題，2-115, 3-57, 4-18
**カタルホン** κατάρχων［指揮官］Ⅱ 17, Ⅲ 14, Ⅳ 4・［支配者］Ⅲ 16
**カタロゴス** κατάλογος［（兵士）名簿］アタ 142；173, 続ス 142
**カタロゴス＝トン＝ストラティオトン** κατάλογος τῶν στρατιωτῶν［兵士名簿］続ス 142
**カテパニキオン** κατεπανίκιον［カテパノ管区］アタ 168
**カテパノ** κατεπάνω［軍司令官］アタ 155；172, 続ス 152, 1-153, 3-5；47, 4-34,（84）
**カパドキア** Καππαδοκία［小アジア東部の地域］Ⅰ 13；16, Ⅱ 3；5, Ⅳ 24, アタ 170；171, 続ス 149；153, ゾナ 704, 解題，1-152；156,（68）
　**カパドキア人** Καππαδόκης（Καππαδόκαι）Ⅰ 13；16, Ⅱ 3~5, Ⅳ 24, アタ 170, 続ス 149
**ガラティア** Γαλατία［小アジア中部の地域］Ⅰ 7, Ⅱ 8；14, Ⅳ 31, 2-23
　**ガラティア人** Γαλάτης（Γαλάται）［ガラティアの住民］Ⅰ 7, Ⅱ 8
**カラハン朝** Qara Khān［トルコ系イスラム王朝（840~1212）］解題
**カリヴリ** Kalivri　解題　→アルミロス
**ガリコス** Γαλικός 川［北ギリシアの川］Ⅳ 19
**カリフ**［ムスリム全体の最高権威者］解題，1-65；124
**カルヴェシス** Καρβέσης［アラブ人支配者］Ⅰ 10
**カルヴォニティス砂漠** Καρβωνῖτις［イランの砂漠］Ⅰ 8
**カルス** Kars［アルメニアの都市］解題
**カロヴリィイ** Καλοβρύη［スラキアの村・要塞］Ⅳ 5
**カロカガシア** καλοκαγαθία［心根の良さ（ディオエニス帝の）］アタ 161,（67）

**キ**

**キズィコス** Cyzicus［マルマラ海南岸の町］0-22, 3-84, 4-110
**キドクトス** Κήδκτος［スラキアの平野］Ⅳ 5, 4-32
**キドス** κῆδος［姻戚関係・結婚縁組み］Ⅰ 19, Ⅱ 1；3, Ⅲ 6, Ⅳ 2；31, アタ 166, 続ス 151, ゾナ 703
**キナ** κοινά（τὰ）［国事・公的業務］Ⅱ 29
**キナ＝プラグマタ** κοινὰ πραγμάτα（τὰ）［国事］Ⅰ 4
**キネ＝エンニエ** κοιναὶ ἔννοιαι［常識（マンツィケルト近くのローマ人の陣地に突入することに危険を感じたトルコ人の当然の考え）］アタ 157,（55）

**キノノス** κοινωνός［同僚（皇帝の）］Ⅲ 2, 3-15
**キノプライア** κοινοπραγία［共同統治］Ⅰ 18, Ⅳ 2, 1-138
**キノプラクシア** κοινοπραξία［同上（*SGL*）］プセ 164, ゾナ 703, 1-138
**キプセラ** Kypsella［スラキアの町、現イプサラ Ipsala］3-46
**キリオス** Κύριος［主（神）］Ⅱ 17
**キリオス** κύριος（キリイ κύριοι）［主君］序 6, ゾナ 699・［主人］序 10・［指揮官（軍の）］Ⅰ 17
**キリキア** Κιλικία［小アジア南東部］Ⅰ 21；23, プセ 168, アタ 172；174, 続ス 153, ゾナ 705, 解題 , 1-161；169, 2-114, (99)
　**キリキア人** Κιλιξ（Κίλικες）Ⅰ 21, プセ 168, アタ 172；173, 解題
**キリクス** κῆρυξ（キリケス κήρυκες）［触れ役・伝令使］Ⅰ 22, Ⅳ 9；14
**キリスト教徒** χριστιανός Ⅱ 20；29, (77)
**キル＝エオルイオス** κῦρ Γεώργιος［イズニク湖北岸にあった要塞の名称］Ⅳ 33
**キルギス** Kirghiz 草原［ユーラシア＝ステップの一部］解題

## ク

**グゥリス** Γουλῆς［アレクシオスの兵士の名］Ⅳ 24
**クシフォス** ξίφος（クシフィ ξίφη）［剣・槍先］Ⅱ 14；15, Ⅲ 9, Ⅳ 11；13；23；24, プセ 162, アタ 151, 4-55
**グズ** Ghuzz 解題 8, 1-47 →オグズ
**クセノフォン修道院** μονή του Ξενοφῶντος［アトス山の修道院の一つ］Ⅳ 27
**クツォミティス** Κουτζομίτης［反逆者ニキフォロス＝ヴリエニオスの息子の友］Ⅲ 9, 3-64
**クティシス** κτῆσις（クティシス κτήσεις）［財産・所領地・地所］Ⅳ 17；18；28；29, 続ス 143
**クトルムス** Κουτλουμοῦς［セルジュク族の指導者の一人（クタルムシュ Qutalmish）］Ⅰ 10, Ⅲ 16, Ⅳ 2, 1-68
**クラトス** κράτος［権力］プセ 168
**クラトン** κρατῶν（ὁ）（クラトンデス κράτοντες）［今上皇帝・最高権力者・支配者］Ⅰ 11；22, Ⅱ 21, Ⅲ 6；10；11；13；15；16；18~22, Ⅳ 3；16
**クラノス** κράνος（クラニ κράνοι）［兜］Ⅳ 4；24
**グラフィ** γραφή（グラフェ γραφαι）［著述・文書］Ⅲ 10；18；21, Ⅳ 18
**グラマ** γράμμα（グラマタ γράμματα）［文書・書簡・書面］Ⅰ 14；19；25, Ⅱ 28, Ⅲ 2；5；19；21；23, Ⅳ 7；17, プセ 164；168；169, アタ 170
**クリア＝ピイ** Κρύα πηγή［冷たい泉（カルシアノン地方の田園都市の名）］続ス 143, ゾナ 696, 1-95
**クリシス** κρίσις（クリシス κρίσεις）［裁判・裁定］Ⅰ 5 , Ⅳ 29
**クリストス＝フィラントロポス** Christ Philanthropos の修道院（コンスタンティノープルの）解題 22；23
**クリスピノス** Κρισπῖνος［フランク人傭兵隊長（クリスピン）の名］Ⅰ 24；25, Ⅱ 4, プセ 169；170, アタ 170；171；173, 続ス 153, ゾナ 705, 解題 , 1-154；172, 2-13；14, (14, 137)
**クリスラ** κλεισοῦρα［山間の隘路］アタ 173, 1-169, (99)
**クリロス** κλῆρος［聖職者］Ⅲ 24
**クリロノミア** κληρονομία［相続権・相続財産］序 8；10

**クリロノモス** κληρονόμος［後継者・相続人］序 5
**グルジア** Gruziya［コーカサス山脈の南西の地方、現ジョージア Georgia 国の所在地］解題 , 1-86, 2-1
**グルジア人** Georgians 2-79
**クルティキス** →ヴァシリオス＝クルティキス
**クルド人** Κούρτοι / Κούρδοι［クルディスタンに住むイラン系の山岳民族］プセ 161
**クロアティア** Croatie 3-9
**クロアティア人** 解題 →ホロヴァティ
**クロノスの** κρονικός［姿］（クロノスはギリシア神話の神々の一つ）アタ 177, (105)
**クロパラティサ** κουροπαλάτισσα［クロパラティスの爵位保有者の妻の呼び名］アンナ＝ダラシニ Ⅱ 1・1057 年反逆のヴリエニオスの妻 Ⅲ 7, 解題 , 4-21 ; 58・ヨアニス＝ヴリエニオス（弟）の妻 解題
**クロパラティス** κουροπαλάτης［爵位］一般的な意味 1-16・ヨアニス＝コムニノス（アレクシオスの父）Ⅰ 3 ; 6 ; Ⅲ 11, Ⅳ 6 ; 12・マヌイル＝コムニノス（アレクシオスの兄）Ⅰ 11 ; 12, アタ 147, 続ス 144, 1-80・ミハイル 7 世からウルセリオスの提案 2-59・ヴォタニアティス 3-85・1057 年反乱のヴリエニオス 4-21

## ケ

**ケハリトメニ** Κεχαριτωμένη［女子修道院（皇后イリニがコンスタンティノープルに建設した修道院－ケハリトメニは「恩寵に満ちた者」の意）］解題
**ケサリア** Καισάρεια［小アジア東部の都市（カイセリ Kaiseri）］Ⅱ 3, 続ス 143, ゾナ 696, 解題 , 1-95, 2-17 ; 23 ; 24, (33)
　**ケサリア人の土地** ἡ Καισαρέων（χώρα）プセ 161
**ケサル** καῖσαρ［爵位（爵位については『歴史』第 1 巻註 17 参照）］
一般的な意味 Ⅲ 2, Ⅳ 3, 1-16 ; 35, 4-8 ; 24・ヨアニス＝ドゥカス 1・ニキフォロス＝ヴリエニオス 3
**ケドリノス** Cedrenus［12 世紀の歴史家］解題
**ゲラ** γέρα［報酬］Ⅲ 4
**ケルジニ** Keltzèné /Κελτζηνή［トルコ東部の都市、現エルジンジャン Erzeincan］1-94
**ケルト人** Κελτός（Κελτοί9）［西方人（ラテン人）］Ⅱ 4 ; 14 ; 16, 2-48, 4-27

## コ

**コーカサス地方** Caucasus / Kavkaz 解題
**コーカサス山脈** Καυκάσια ὄρα Ⅰ 7, 2-79
**ココヴァフィ＝ペディラ** κοκκοβαφῆ πέδιλα［緋色のサンダル（靴）］ニキフォロス 2 Ⅲ 10, Ⅳ 16・メリシノス Ⅳ 31
**コス** Κῶς［小アジア西南岸近くの島］Ⅳ 31
**コスマス** Κοσμᾶς［コンスタンティノープルの総主教（在位 1075~81）］Ⅲ 24, 3-75 ; 112
**コスミディオン** Κοσμίδιον［長城の外のヴラヘルナエ地区名］Ⅲ 12, 3-75
**コティアイオン** Κοτυάειον［小アジア西部の都市名（現在のキュタフヤ Kutahya）］Ⅲ 16, アタ

175, 続ス 154, ゾナ 706, 1-180 ; 183, 3-102
**コフォス** Κωφόэς［セルジュク＝トルコの将軍アサンのあだ名］I 10
**コマニ** Κόμανος, Κόμανοι［バルカン半島の遊牧民（クマン）］解題, 3-46, 4-103
**コミ** κώμη（コメ κῶμαι）［村］Ⅱ 14, Ⅲ 10, アタ 166 ; 167 ; 175, 続ス 152
**コムニニ** Κομνηνή →①マリア［ヨアニス＝コムニノスの長女（アレクシオスの姉妹）、ミハイル＝タロニティスと結婚］・②エヴドキア［同次女、ニキフォロス＝メリシノスと結婚］・③セオドラ［同三女、コンスタンディノス＝ディオエニスと結婚］・④アンナ［アレクシオス1世の長女、ニキフォロス＝ヴリエニオス3と結婚］
**コムニノス** Κομνηνός
コムニノス家（一族）τὸ Κομνηνικὸν γένος, οἱ Κομνηνοί, Κομνηνικὴ φυλή 生涯, 序 9 ; 10, I 1 ; 22 ; 23, Ⅱ 1, Ⅲ 6, Ⅳ 31, 解題, 0-11 ; 14, 2-76, 4-84
→①マヌイル1［アレクシオスの祖父］・②イサアキオス1［アレクシオスの伯父、皇帝（在位 1057~59）］・③ヨアニス1［アレクシオスの父］・④マヌイル2［アレクシオスの長兄］・⑤イサアキオス2［アレクシオスの次兄］・⑥アレクシオス［ローマ皇帝（在位 1081~1118）］・⑦アドリアノス［アレクシオスの弟］・⑧ニキフォロス［アレクシオスの弟］・⑨ヨアニス2［アレクシオスの長男、ヨアニス2世（在位 1118~43）］・⑩ヨアニス3［アレクシオスの甥］
**コモポリス** κωμόπολις（コモポリス κωμοπόλεις）［町］I 11, Ⅱ 3 ; 22
**コリス** κόρυς［兜］Ⅳ 9 ; 26 ; 38
**ゴロエ** Goloe［バルカン山脈の南麓の町］解題
**コロニア** Κολωνεία［小アジア北東部の都市（現シェンビンカラヒサル Sebinkarahisar）（エルズルム Erzurum の西およそ 244km）］アタ 147 ; 168 ; 178, 続ス 152 ; 154, 1-153 ; 176, (12)
**コンスタンディオス＝ドゥカス** Κωνστάντιος ὁ Δούκας［ミハイル7世の弟］序 5 6 ; 8, I 6 ; 18, Ⅲ 6 ; 13 ; 21~23, 0-6 ; 8 ; 12 ; 25 ; 26 ; 28 ; 35, 3-41 ; 120 ; 121
**コンスタンティヌス大帝** Κωνσταντῖνος ὁ Μέγας 序 9, 1-16
**コンスタンディノス** Κωνσταντῖνος（ドルンガリオス δρουγγάριος の）［総主教キルラリオスの甥］Ⅲ 2, 3-14
**コンスタンディノス9世モノマホス** Constantinos Monomachos［ローマ皇帝（在位 1042~55）］解題, 1-72, 2-4
**コンスタンディノス＝カタカロン** Κωνσταντῖνος ὁ Κατακαλών［アレクシオスに仕えた軍人］Ⅳ 7, 4-26 ; 40
**コンスタンディノス＝カパドクス** Κωνσταντῖνος ὁ Κάπάδοξ［ミハイル7世の血族］Ⅳ 4
**コンスタンディノス＝ディオエニス** Κωνσταντῖνος ὁ Διογένης［ロマノス4世の息子］I 6, Ⅱ 29, 1-37, 2-125 ; 126
**コンスタンディノス＝ドゥカス** Κωνσταντῖνος ὁ Δούκας ①［ローマ皇帝コンスタンディノス10世（在位 1059~67）］序 8, I 5 ; 6, アタ 168, 解題, 0-19 ; 20, 1-23 ; 31 ; 42 ; 172, 2-4, 3-129・②［ケサルのヨアニス＝ドゥカスの長男］I 20 ; 21 ; 23, Ⅱ 2 ; 17, Ⅲ 1, アタ 169 ; 172, 0-10 ; 19 ; 29, 1-23 ; 154 ; 158 ; 161, 3-1, (7)・③［ミハイル7世の息子、ロベール＝ギスカールの娘、つづいてアンナ＝コムニニの許嫁となる］序 8 ; 10, 解題, 0-8 ; 26 ; 34, 3-114 ; 131
**コンスタンディノス＝ヒロスファクティス** Κωνσταντῖνος ὁ Χοιροσφάκτης［ヴリエニオスへのヴォタニアティス帝の使節の一人、ドイツ王ハインリヒ4世への使節］Ⅳ 2, 4-13
**コンスタンディノス＝リフディアス** Κωνσταντῖνος ὁ Λειχουδίας［モノマホス帝の主席大臣］I

10, 1-72
**コンスタンティノープル** Κωνσταντινούπολις　生涯 , 序 9, II 22 ; 28, III 8 ; 11 ; 18 ; 23, IV 16 ; 28, アタ 170, 続ス 152, 解題 , 0-6 ; 11 ; 13 ; 21 ; 22, 1-5 ; 17 ; 136 ; 149, 2-4 ; 39 ; 58 ; 59 ; 72 ; 76 ; 98 ; 107 ; 109 ; 120, 3-69 ; 71 ; 81 ; 94 ; 110 ; 112 ; 114 ; 118 ; 120 ; 127 ; 130, 4-105, (47, 84, 85, 106)
**コンドステファノス家** Κοντοστέφανοι［血筋上ブルガリアのマリアに関係する一族］III 6

**サ**
**サヴァ** Sava　→サヴィアス
**サヴィアス** Σαβίας［ダニューブ川の支流（サヴァ川 Sava)］III 1, 解題 , 3-17
**サヴマトルギ＝アナルギリ** θαυματουργοὶ ἀνάργυροι［語意は奇跡を起こす医師たち（コスマス Cosmas とダミアヌス Damianus －共に聖人、シチリアの医師、ディオクレティアヌス帝の時代に殉教)］III 12
**サヴロマテ** Σαυρομάται［ハンガリア人］アタ 147, (34)
**サコス** σάκος［大きな盾］I 6
**サーマーン** Sāmān 朝［イラン系イスラム王朝（875~999)］解題
**サムイル＝アルシアノス** Samuel Alousianus［ロマノス 4 世の帝国軍に使えるブルガール人の指揮官］(14)
**サムイル** Σαμουήλ［ブルガール人の皇帝（在位 972~1014)］I 2, III 6, 1-11 ; 17, 3-32
**サラセン人** Σαρακηνοί　I 7 ; 8 ; 9 ; 10, 1-48 ; 58 ; 142
**サラフス** Sarakhs［ニシャプールの東北に位置する場所］1-59 ; 62
**サルディキ** Σαρδική［ブルガリアの都市（ソフィア Sofia)］IV 30, 解題
**サルドニオス＝エロス** Σαρδόνιος γέλως［冷笑（ヴァシラキスの)］IV 22, 4-88
**サンガリオス**（サンガリス Σαγγάρης）川［小アジア西部の川］II 9 ; 14 ; 16 ; 18, III 16, アタ 145, 続ス 143, 1-94, 2-26 ; 44 ; 46
　**サンガリオス川周辺の** Παρασαγγάριος　II 16

**シ**
**シィ＝ヴァシリア** σὴ βασιλειά［皇帝陛下］III 22 ; 23
**シオス** θεῖος（τό）［神］アタ 153
**シオス** θεῖος［神のような・神の］III 4, アタ 165, 続ス 145
　**シオス＝オロス** θεῖος ὅρος［神の決定］続ス 143
　**シオス＝ロゴス** θεῖος λόγος［神の計画］アタ 150, (43)
**シシアスティリオン** θυσιαστήριον［祭壇］III 25
**シチリア** Σικελία　III 3, 2-14
**シティコン** θητικόν（τό）［召使い・身分の低い従者・非戦闘従軍者］II 10, III 12, IV 9
**シディラ** Σιδηρά［鉄門(コンスタンティノープルのペトリオン女子修道院のあった場所)］III 25
**シネドリオン** συνέδριον［法院］I 22
**シノドス** σύνοδος［教会会議］III 19
**シミオン** σημεῖον（シミア σημεῖα）［しるし］アタ 160, 続ス 143・［軍旗］IV 9
**シムヴォロン** σύμβολον［しるし］アタ 160, 続ス 142, ゾナ 696

**シメア** σημαία（シメエ σημαίαι）［軍旗］アタ 161, 続ス 149
**シメオン** Συμεών［聖山アトスのクセノフォン修道院院長］Ⅳ 27, 4-94
**シメオン** Symeon［ブルガリアの皇帝《ツァーリ》（在位 893~927）］1-17
**シャイザル** Shaizar［北シリアの都市］1-135
**諸王の王** Malik al-Mulūk［大セルジュク朝の支配者の称号］Ⅰ 9, 1-65
**シラ** θήρα［狩猟］Ⅰ 1；4, Ⅱ 2；3
**シリア** Συρία　生涯 , Ⅰ 14, Ⅱ 29, Ⅳ 29, アタ 175, 解題 , 1-101；135, 2-24；87
**シリカ＝イファスマタ** σηρικὰ ὑφάσματα［絹織物］続ス 142
**シリムヴリア** Σηλυμβρία［マルマラ海北岸の都市（現シリウリ Silivri）］Ⅲ 26, 解題 , 3-69；82, 4-30~32
**シルミオン** Σίρμιον［サヴィアス河畔の都市（シルミウム Sirmium）］Ⅲ 1, 解題
**シレオス** θυρεός（シレイ θυρεοί）［大きな盾］Ⅰ 1, Ⅳ 4
**シムヴァシス** σύμβασις（シムヴァシス συμβάσεις）［和解・和睦］Ⅰ 1, Ⅱ 3・［協定］Ⅲ 14, Ⅳ 2~4, ゾナ 699
**シムヴィヴァシス** συμβίβασις（συμβιβάσεις）［取り決め］続ス 148
**シムヴォロン** σύμβολον（シムヴォラ σύμβολα）［取り決め・印・前兆］Ⅰ 19, Ⅱ 28, プセ 164, 2-110
**シムマヒア** ξυμμαχία / συμμαχία）［同盟軍］Ⅰ 7；13
**シムマヒコン** συμμαχικόν［同盟軍（ペルシアからの）・（スキタイの）・盟友］Ⅰ 25, Ⅳ 6, ゾナ 697
**シムマホス** σύμμαχος / ξύμμαχος（シムマヒ σύμμαχοι / ξύμμαχοι）［同盟兵士・協力者］Ⅰ 7, Ⅳ 2；4, 続ス 153, 4-25
**シングリトス** σύγκλητος［元老院］Ⅰ 22, 続ス 142
**シングリトス＝ヴリ** σύγκλητος βουλή［元老院］Ⅲ 2；16；18, Ⅳ 1, アタ 167；169
**シンダクシス** σύνταξις［陣立て・編成］Ⅳ 6
**シンタグマ** σύνταγμα［軍勢 ］Ⅳ 6, アタ 176, ゾナ 697
**シンシキ** συνθήκη（シンシケ συνθῆκαι）［条約］アタ 166, ゾナ 700・［協定］続ス 153, ゾナ 703；705
**シンシマ** σύνθημα（シンシマタ συνθήματα）［合図・取り決め］アタ 153
**シンフォリシス** συγχωρήσεις［赦免文書（皇帝の）］Ⅳ 17

## ス

**スゥデェイ** Soudi（聖シメオン）港［アンティオキアの外港］2-119
**スキシス** Σκύθης（スキタイ Σκύθαι）［バルカン半島の民族 ］Ⅱ 3, Ⅲ 1；4；11；14, Ⅳ 3；6；7；9；16；30, アタ 148；150；156~158, 続ス 147, 解題 , 1-115, 3-83, 4-43, (34, 52, 53, 60)
**スキニ** σκηνή（スキネ σκηναί）［幕舎］Ⅰ 24, Ⅱ 6, Ⅳ 19；21；22, プセ 170, アタ 147；158；163；171, 続ス 143, ゾナ 702・［礼拝堂］Ⅰ 20
**スキピオ** Σκηπίων［古代ローマの軍人スキピオ＝アエミィアヌス］Ⅱ 3, 2-11
**スキプトラ** σκῆπτρα［τῆς βασιλείας］［帝笏］序 5；6；8；10, Ⅰ 1；3；6, Ⅱ 17, Ⅲ 21 25, Ⅳ 1, アタ 169
**スクゥピ** Σκοῦποι［マケドニアの都市（スコピエ Skopje)］Ⅲ 1, Ⅳ 18；30, 解題 , 3-7

**スクタリ** Scutari［イスタンブルの対岸、アジア側に位置する。ユスキュダル Üsküdar］3-86
**スコピエ** Skopje［マケドニア共和国の首都］→スクゥピ
**スコポス** σκοπός（スコピ σκοποί）［歩哨・斥候］Ⅳ 4；5；7；20, アタ 150
**スストレ＝アピンゴニズメネ** συστολαὶ ἀπηγκώνισμεναι［鉄面皮の狡猾さ］アタ 156
**スタヴロス** σταυρός［十字架］続ス 148
**スタシアティス** στασιατής（スタシアテ στασιαταί）［内紛を煽動する者・暴徒］Ⅱ 29
**スタシス** στάσις（スタシス στάσεις）［騒乱・内紛］Ⅳ 2, 4-6
**スタディオン** στάδιον（スタディア σταδία）［距離の単位］Ⅳ 6；18；33, 4-36；115
**スティピオン** Στύπιον［ストルムビツァ（ストルミツァ）の西北およそ 50km に位置する町、シュティプ Chtip / Štip］Ⅳ 18, 4-78
**スティフォス** στῖφος［密集隊］アタ 149, 続ス 144
**ステナ** στενά（τά）［隘路］Ⅰ 23, Ⅱ 18, Ⅳ 18, プセ 168
**ステノパ** στενωπά（τά）［隘路］Ⅱ 13
**ステノポス** στενωπόϖς（ステノピ στενωποί）［隘路］Ⅱ 10；26, Ⅲ 16
**ステノン** Στενόν（τό）［ヴォスポロス海峡（στενός は「狭い」の意）］Ⅰ 20, Ⅲ 12, アタ 169, 3-77, (89)
**ステファノス** στέφανος［冠（ケサルの）］Ⅳ 3, 4-23
**ステファノス＝リフディアス** Στέφανος ὁ Λειχουδίας［コンスタンディノス＝リフディアスの息子］Ⅰ 10, 1-73
**ストゥディオス** Στούδιος 修道院［コンスタンティノープル郊外の著名な修道院］Ⅰ 1；5, 1-5, 3-114；125
**ストラヴォロマノス** Στραβορωμανός［ヴリエニオスへのヴォタニアティス帝の使節］Ⅳ 2, 3-89；138, 4-14
**ストラタルヒス** στρατάρχης（στρατάρχαι ストラタルヘ）［指揮・軍司令官］序 8, Ⅲ 14
**ストラティア** στρατεία［遠征・出征］Ⅰ 10；12
**ストラティア** στρατιά［軍勢・軍隊・遠征軍］Ⅱ 4；5, アタ 145；147；148；165；170；175, 続ス 146；151, ゾナ 699~701
**ストラティイア** στρατηγία（ストラティイエ στρατηγίαι）［軍司令官職・将軍職・統率権］Ⅰ 2, アタ 149；168, 1-10
**ストラティイコス** στρατηγικός（ストラティイケ στρατηγικαί）［将軍にかかわる・戦術に関する・司令官に相応しい］
　**ストラティイキ＝アレティ** στρατηγικὴ ἀρετή［司令官に相応しい才能（若いアレクシオスの）］Ⅱ 3
　**ストラティイキ＝ファランクス** στρατηγική φαλαγξ［将軍に相応しい軍勢］Ⅰ 21
　**ストラティイキ＝メレティ** στρατεηγική μελέτη（ストラティイケ＝メレテ στρατηγικαὶ μελέται）［戦術の研究・戦術上の才能・策略実践］Ⅳ 6；15
**ストラティイコタトス** στρατηγικώτατος（ストラティイコタティ στρατηγικώτατοι）［優れた将軍］Ⅳ 1
**ストラティイコン** στρατηγικόν［将軍としての］アタ 150
**ストラティイマ** στρατήγημα（ストラティイマタ στρατηγήματα）［戦術・策略］Ⅰ 14
**ストラティオティコス** στρατιωτικός［兵士の・軍事の・戦いの］
　**ストラティオティカ** στρατιωτικά（τά）［軍事・兵士のこと］Ⅱ 3；26, Ⅳ 4；34
　**ストラティオティカ＝ヴレヴマタ** στρατιωτικὰ βούλεύματα［戦略］Ⅰ 14

**ストラティオティキ＝アベホニ** στρατιωτική ἀμπεχόνη［兵士の衣服］アタ 164
**ストラティオティキ＝ファランクス** στρατιωτικὴ φάλαγξ［兵士の集団］プセ 166
**ストラティオティコン** στρατιωτικόν（τό）［軍隊・兵隊・兵士］Ⅲ 9；10；12, Ⅳ 30, アタ 149；172, 続ス 144；153, ゾナ 696
**ストラティオティス** στρατιώτης（ストラティオテ στρατιῶται）［兵士］序 7, Ⅰ 8；9；12；14；15；21, Ⅱ 5；7；12；20；29, Ⅲ 7；9；13；15；19, Ⅳ 3；8；11；23；27；32；34, プセ 167, アタ 142；146；152；153；155；158；159；161；163；166；169~173, 続ス 143~147；149；153, ゾナ 697；698；701；705, 1-76
**ストラティゴス** στρατηγός（ストラティイ στρατηγοίϖ）［将軍・軍司令官・指揮官］Ⅰ 8；10；12；14；24, Ⅱ 4, Ⅲ 4；8；10；20, Ⅳ 3；4；15；16, プセ 167；170；171, アタ 153, 解題 5, 0-4, 1-17；58；73, 2-64, 3-90,（99）・アナトリキの（ニキフォロス＝メリシノス）序 4, Ⅲ 15, 0-4
**ストラティゴス＝トン＝アナトリコン** στρατηγὸς τῶν Ἀνατολικῶν［アナトリキの軍司令官］Ⅲ 15, 3-85
**ストラティゴス＝アフトクラトル** στρατηγὸς αὐτοκράτωρ［総司令官（遠征軍）］2-82・（クロパラティスのマヌイル）Ⅰ 7；11, 1-1；80・（イサアキオス 2）Ⅱ 3・（アレクシオス）Ⅱ 19・（コンスタンディノス（ケサルの息子））アタ 169・（ケサルのヨアニス）2-43
**ストラテヴマ** στράτευμα（ストラテヴマタ στρατεύματα）［軍・軍勢・遠征軍］Ⅰ 7；10；13；14；17；21；23, Ⅱ 5；6；17；18；20；24；29, Ⅲ 3；7；9；10；14；16；17, Ⅳ 2；4；6~9；11；12；16；28；31；32；36；39, プセ 161；162；164；167~169, 続ス 145, ゾナ 697；699；705
**ストラテヴマ＝ティス＝エオアス** στράτευμα τῆς ἑώας［東方軍（小アジアの）］Ⅳ 4
**ストラテヴマ＝ミスソフォロン** στράτευμα μισθοφόρον［傭兵軍］Ⅱ 19
**ストラテフシス** στράτευσις［軍事行動（宦官ヨアニスの非常識な）］Ⅳ 35
**ストラトス** στρατός［軍・軍隊・集団］Ⅰ 8~10；12；14；17；21；24, Ⅱ 4；9, Ⅳ 7；33, プセ 161；168；169, アタ 146；149~151；155；174, 続ス 142~144；150；153
**ストラトペダルヒス** στρατοπεδάρχης［軍司令官］Ⅱ 19~27, Ⅲ 1
**ストラトペドン** στρατόπεδον（ストラトペダ στρατόπεδα）［陣地・野営地・軍隊・本隊］Ⅰ 11；14；15；17；18；21；23, Ⅱ 4；5；21, Ⅲ 9；13, Ⅳ 23, プセ 162；163；166~168, アタ 147；148；174, 続ス 143；146, , ゾナ 699；700, 1-114
**ストリモン** Στρύμων 川［北ギリシアの川（ストルマ Struma）］Ⅳ 18, 解題
**ストルムビツァ** Στρούμπιτζα［マケドニア共和国東部の都市、ストルミツァ Strumica］Ⅳ 18, 4-78
**ストロス** στόλος［艦隊（イタリアの）］Ⅲ 3
**スパシ** σπάθη［幅広の剣］Ⅳ 24
**スフェンドニ** σφενδόνη［石投げ器（パチンコ）］Ⅲ 9
**スフライデス** σφραγῖδες ＜スフライス σφραγῖς［印璽］Ⅳ 17
**スホレ** Σχολαί →ドメスティコス＝トン＝スホロン
**スポンディ** σπονδη（スポンデ σπονδαί）［条約・協定］Ⅰ 10, アタ 152；159；174
**ズムボス** Τζούμβος［ゾムボスに同じ］続ス 143
**スライマーン** Sulaiman →ソリマン
**スラヴ人** Σθλάβινος（Σθλάβινοι）解題 , 2-48
**スラヴの民** ἔθνος τῶν Σθλαβίνων Ⅲ 1；3, 解題 4
**スラキア／トラキア** Θρᾴκη［バルカン半島東部］Ⅱ 3, Ⅲ 1, Ⅳ 2；3；5；6, 解題 , 0-22, 2-76,

3-4；5；46；58；83；84；126；137, 4-1
**スラキア／トラキア人** Θρᾷξ（スラケス Θρᾷκες）I 3, III 8, IV 2；6
**スラキア／トラキアの** Θρᾳκικός IV 2；3；5, 0-22, 3-46；84；126；137, 4-1
**スラキアの軍勢** Θρᾳκικον στράτευμα IV 2
**スラキアの山々** Θρᾳκικά ὄρα IV 5
**スルタノス** σουλτάνος（スルタニ σουλτάνοι）［イスラム王朝の君主、スルタンに同じ］II 21, IV 33, アタ 149~151；154；158~160；162~167；172；176, 続ス 144~153, (116)
→①タングロリピクス Ταγγρολίπηξ［セルジューク族の指導者（トゥグリル＝ベク）］・②アルプ＝アルスラン Alp Arslan［セルジューク＝トルコのスルタン（在位 1063~72)］・③マリク＝シャー Malik-Shāh［アルプ＝アルスランの息子、後セルジューク朝のスルタン（在位 1072~92)］
**スルタン** sultan／σουλτάν［イスラム王朝の君主］プセ 161, ゾナ 698~700；702；703；705, 解題, 1-50；52；54；73；75；83；86；105；106；110；112；117；118；124；150；161, 2-63；87；88；121, 3-102, (6, 42, 44, 60, 63, 70, 72, 75, 76)
①大セルジュク朝の（アルプ＝アルスラン）→アルプ＝アルスラン・②ガズナ朝の（マフムードおよびマスウード）→マフムード、マスウード・③セルジュク朝初代の（トゥグリル＝ベク、大スルタンと称される）→トゥグリル＝ベク・④ブワイフ朝の（マリク＝アッラヒーム）→マリク＝アッラヒーム
**スロノス** θρόνος（スロニ θρόνι）［座・帝座・王座］序 7；8
**スロノス＝ヴァシリオス** θρόνος βασίλειος［皇帝の座］序 7, アタ 169
**スロノス＝ティス＝ヴァシリアス** θρόνος τῆς βασιλείας［帝座］序 5；8, アタ 169
**スロノス＝ティス＝パトリアルヒアス** θρόνος τῆς πατριαρχίας［総主教職の座］III 24
**スロノス＝パトリアルヒコス** θρόνος πατριαρχικός［総主教の座］II 28
**スンダク** Soundaq［1071 年夏、ローマ軍の馬糧徴発隊を奇襲したトルコ人部隊の指揮官］1-109；111

## セ

**聖ソフィア寺院** ὁ ναὸς τοῦ Θεοῦ／Agia Sophia（ソフィア）（コンスタンティノープルの）解題 21；22, 0-6, 2-120, 3-96；111；114, 4-6 →ナオス＝トゥ＝ソフィアス
**聖コスマスと聖ダミアノスの修道院** monstère des saints Cosme et Damien［コンスタンティノープルのコスミディオン地区にあった修道院］3-75
**聖パンテレイモン** Aios Panteleémon の橋［ヴラヘルネ地区と金角湾対岸を結ぶ橋］3-76；78
**セヴァスティア** Σεβαστεία［小アジア東部の都市、現シワス Sivas］II 4, アタ 147, 続ス 144, 解題, 1-84；100；153
**セヴァストス** σεβαστός［爵位］一般的意味 1-16・アレクシオスIV 28, 解題, 4-75；100・イサアキオス（アレクシオス兄）IV 29・ニキフォロス（アレクシオス弟）1-43
**セオクトノス** θεοκτόνος［神の殺害者（ユダヤの民)］アタ 178
**セオス** Θέος［神］序 10, II 22, III 2；6；17；24, IV 3: 38, プセ 166, アタ 155；164；165；169；176, 続ス 145；150
**セオセン** θεόθεν［神から（与えられた視力)］アタ 176
**セオトコス** Θεοτόκος［神の母］I 20, プセ 166, 続ス 145
**セオドシウポリス** Θεοδοσιούπολις［小アジア東部の都市（エルズルム Erzurum)（マンツィ

ケルトの西北およそ135km)］Ｉ13, アタ145；148；155；166；168 , 続ス144；152, 解題 , 1-100；104；153,（84）
**セオドソポリス** Θεο΄δοσόπολις［→セオドシウポリス］ゾナ697；703
**セオドトス** Θεόδοτος［アレクシオス＝コムニノスの親族の一人］Ⅱ6, Ⅳ8, 2-22, 4-42
**セオドラ** Theodora［コンスタンディノス８世の娘、女帝］解題
**セオドラ＝コムニニ** Θεο΄δώρα ἡ Κομνηνή［アレクシオスの姉妹］Ｉ2；6, 1-37, 2-125
**セオドラ＝ドゥケナ** Θεο΄δώρα ἡ Δούκαινα［アンドロニコス＝ドゥカスの娘］Ⅲ6, 3-35
**セオドルポリス** Θεοδρούπολις［スラキアの都市（コンスタンティノープルの西およそ70kmに位置する)］Ⅳ2；3, 解題
**セオドロス＝アリアティス** Θεόδωρος ὁ Ἀλυάτης［ロマノス帝の将校、マンツィケルトの戦いにおいて右翼を指揮した］Ｉ16, アタ170～172, 続ス153, ゾナ705, 1-120；152；155,（94）
**セオドロス＝ドキアノス** Θεο΄δώρος ὁ Δοκειανός［アレクシオスの親族］Ⅱ25, 1-22, 2-100
**セオフィラクトス家** Θεοφυλάκτοι　Ｉ2
**セオフィロス** Θεόφιλος［コロニアの主教］続ス154
**セオミトル** Θεομήτωρ［神の母］Ｉ12, Ⅱ26；27
**セオロイカ＝リマタ** θεολογικὰ ῥήματα［聖書にある言葉］プセ171
**セサリア** Θεσσαλία［セタリア　Θετταλία）［ギリシア中東部の地域］Ⅳ6；16
　**セサリア人** Θεσσαλός（Θεσσαλοί）［セタリアの住民］Ⅳ6
**セサロニキ** Θεσσαλονίκη［ギリシア北部の都市］Ⅲ8, Ⅳ16；18；19；26, 解題 , 1-35, 4-81；82
**ゼタ** Zéta →ディオクレフスの土地（モンテネグロ）
**セマ** θέμα［行政区・地方］解題 , 0-18, 1-17, 2-48, 4-26,（99）→アナトリコン、アルメニアコン、ハルディア、メソポタミア、ヴォレロン、ハルシアノンなど
**セムニオン** σεμνεῖον［修道院］ゾナ706
**セラピア** θεραπεία［召使い］アタ165, ゾナ703
**セラペフティコン** θεράευτικόν［召使い］Ⅲ6；19
**セラポン** θεράπων（セラポンデス θεράποντες）［戦友］Ⅱ5；7, 2-21・［従者・召使い］Ⅳ38；39
**セルジュク** Seljuk［トゥルクメンの族長］解題
**セルジュク＝トルコ**［トゥルクメンあるいはオグズ／グズと呼ばれた遊牧トルコ人の一派で族長セルジュクを祖とするトルコ人集団］Ｉ10, プセ161, 続ス153, 解題 , 1-79,（2, 137）

**ソ**

**ゾイ** Ζωή［コンスタンディノス10世の娘］Ⅲ6, 1-42, 3-42；129
**ソティル** Σωτήρ「救世主］Ⅱ26
**ゾナラス** Zonarasu［12世紀の歴史家］生涯 , ゾナ , 解題 , 0-30, 1-51；64；70；71；117；177, 3-104,（17, 20, 48, 60, 128, 130, 140）
**ソフォン** Σόφων 山（小アジア西部、ソフォン湖の南）Ⅱ16；18, 2-5；41；53；68
**ソマトフィラキア** σωματοφυλακία［護衛の地位］アタ147・［身辺護衛の役目］続ス144
**ゾムポスの**橋 Ζόμπου γέυρα［アンカラの西南およそ134kmあたりに位置する］Ⅱ14；15, 1-94, 2-51
**ソラキディオン** θωρακίδιον［面頬］Ⅳ9
**ソラクス** θῶραξ（ソラケス θώρακες）［鎧］Ⅳ4；11, Ⅱ6；7・［宦官］Ⅱ12

**ソリマン** Σολυμάν［後のニケアのスルタン（スライマーン Sulaiman）（在位 1077~86）］Ⅲ 16, Ⅳ 2, 3-97；98；103；104, 4-11

## タ

**大宮殿** μέγα ἀνάκτορον（τό）（コンスタンティノープル） 解題 , 3-118, (86)
**大スルタン** al-Sulṭān al-Mu'aẓẓam（the Great Sultan）［トゥグリル＝ベクの称号］解題
**大セルジュク朝**　解題 , 2-88
**ダヴィド** David［皇帝護衛隊エテリアの長］3-126
**タヴレズィオン** Ταβρέζιον［イラン北西部の都市（タヴリーズ）］Ⅰ 10
**タヴロス** Ταῦρος 山脈（タウルス）［小アジア南部の山脈、現トロス Toros 山脈］アタ 173, 2-114
**タヒドロモス** ταχυδρόμος（タヒドロミ ταχυδρόμοι）［急使］ 続ス 147
**タルソス人の都市** πολίς τῶν Ταρσῶν［都市タルソスは小アジア東南部の都市］アタ 173
**タクシアルヒス** ταξιάρχης［総帥（大天使ミハイル）］Ⅳ 3, 2-82；84
**タクシス** τάξις（タクシス τάξεις）［隊列］Ⅳ 10, Ⅳ 36, アタ 159・［隊形］Ⅳ 36・［部隊］Ⅰ 16, Ⅲ 26, Ⅳ 9, 1-122；127・［戦闘隊形］Ⅳ 2, Ⅳ 23・［陣立て］Ⅱ 14
　**タクシス＝ドリフォロン** τάξις δορυφόρων［護衛兵部隊］アタ 175
　**タクシス＝ファランゴス** τάζις φάλαγγος［戦闘隊形］Ⅱ 11；12
**タクティカ** τακτικά（τά）［戦術・戦術書］Ⅰ 1
**タグマ** τάγμα（タグマタ τάγματα）［軍・部隊］ Ⅰ 13, Ⅲ 12, Ⅳ 33；34, 続ス 149, ゾナ 696, 解題 , 0-18, 1-17, 4-26；28；33；118
**タグマタルヒス** ταγατάρχης［指揮官］Ⅳ 36, 4-118
**タティキオス** Τατίκιος［アレクシオスの竹馬の友］Ⅳ 20, 4-84
**タナイス** Τάναΐς 川［ドン Don 川］Ⅰ 7, (34)
**ダビデ** Δαυίδ［イスラエルの王］Ⅲ 4
**ダブリーズ** Tabriz［イラン北西部の都市］解題 , 1-105
**タフロス** τάφρος［溝］Ⅳ 5
**ダニューブ川**　→イストロス川
**ダマスカス** Damascus［シリアの都市］2-87, (42)
**ダマリス** δάμαλις［若い牝牛（石像）のことで、この石像が置かれていた場所がダマリス Damalis と呼ばれた、現スクタリ Scutari］0-24, 3-122, 4-105
**タミオン** ταμεῖον（タミア ταμεῖα（τά）［金庫］Ⅳ 1
**タミス** Τάμις/Ταμῆς［スキタイ人（ウズィ）傭兵の指導者］アタ 157, 続ス 147, 1-115；117, (57, 60)
**ダモクラニア** Δαμοκρανία［スラキアの村］Ⅳ 3
**ダラシノス家** Δαλασσηνοί Ⅰ 2
**タランギス** Ταράγγης［アルプ＝アルスランの宦官、マンツィケルトの戦いにおいてトルコ軍の指揮をとる］Ⅰ 17
**タルハニオティサ** Ταρχανειώτισσα　→エレナ
**タルハニオティス** Ταρχανιώτης（トラハニオティス Τραχανιώτης）ゾナ 699
→①ヨシフ・②カタカロン
**タングロリピクス** Ταγγρολίπηξ［セルジューク族の指導者（トゥグリル＝ベク）］Ⅰ 7~10, 解題 ,

1-54
**ダンダンカン** Dandanqān の要塞（メルブの近くに位置する）解題

## ツ

**ツゥルロス** Tzouroulos［トラキアの小さな町、現チョルル Çorlu］0-22

## テ

**ディアディマ** διάδημα［帝冠］Ⅰ 4, 解題
**ディアドホス** διάδοχος［後継者（ヴォタニアティス帝はニキフォロス＝ヴリエニオスを自分の後継者にしようとした）］Ⅳ 3
**ディアムヴォリス** Diampolis［バルカン山脈南麓の町］解題
**ディオエニス** Διογένης　①ロマノス 4 世 Ῥωμανός［ローマ皇帝（在位 1068~71）］・②コンスタンディノス Κωνσταντῖνος［ロマノス 4 世の息子］・③偽ディオエニス（レオン？）2-126・④ニキフォロス［ロマノス 4 世の息子］1-34
**ディオクレフス** Διοκλεύς（ディオクリス Διοκλεῖς）［ゼタ Zeta（今日のモンテネグロ）のスラヴ人］Ⅲ 3, 解題, 3-6；10
**ディカスティス** δικαστής（ディカステ δικασταί）［裁判官］Ⅰ 22, 1-8
　**ディカスティス＝パントン** Δικαστὴς πάντων［至上の裁判官（キリスト）］Ⅰ 22
**ディカスティリオン** δικαστήριον（ディカスティリア δικαστήρια）［法廷］Ⅰ 22
**ティタンのような** τιτανώδης（ティタン Τιτάν はギリシア神話の神の一つ）アタ 177, (105)
**ディディミ** Δίδυμοι 山［小アジア東部の山］Ⅱ 6, 2-23
**ディナスティア** δυναστεία［権力（ペルシア人の）］Ⅰ 11
**ディナステヴォン** δυναστεύων（ὁ）（ディナステヴォンデス δυναστεύοντες）［有力者］Ⅰ 25, Ⅱ 7, 1-179
**ディナミス** δύναμις（ディナミス δυνάμεις）［軍勢］Ⅰ 8~16；21~24, Ⅱ 3；5；14；15；17；20；29, Ⅲ 8；11, Ⅳ 1；2, Ⅳ 15；28；31；33；35, プセ 161；162, アタ 154；159；160；170；172；174, 続ス 145；147；148；153, ゾナ 697~700；704・［兵力］序 7, Ⅰ 17, Ⅲ 10；16, Ⅳ 5
**ディナトス** δυνατός（ディナティ δυνατοί）［有力者］Ⅱ 24
**ディフィリ** δίφροι［二輪馬車（皇帝用の）］3-59
**ディミオス** δήμιος［処刑吏］Ⅱ 24
**ディモス** δῆμος［民衆］Ⅱ 23, Ⅲ 18
**ティモテオス** Θιμόθεος［古代テーベの音楽家］Ⅱ 27
**ディラヒオン** Δυρράχιον［現アルバニアの海港都市（ドゥラス Durrës）］Ⅲ 3；5；8, Ⅳ 16, 解題, 0-26, 2-78；103, 3-17；19；25, 4-66
**ティラニス** τυραννίς［反逆・反乱・帝国支配］Ⅱ 23, Ⅲ 1；9, Ⅳ 16
**ティラノス** τύραννος［反逆者］Ⅱ 23；24
**ディリミテ** Διλιμιταί［ダイラム Daylam（カスピ海南西の山岳地帯の名）に住むイラン系住民、ササン朝ペルシアの時代には兵士として雇われた］アタ 149
**ティロピオン** Τυροποιόν［カパドキアの要塞］アタ 171；172, 続ス 153, ゾナ 705, 1-156, (9)
**デクシオシス＝アドラ** δεξίωσις ἁδρά［大きな贈物］続ス 151, (131)

**デクティ** Δέκτη［ニコミディア近くの村］Ⅱ 9, 2-26
**デスピナ** δέσποινα［女主人・皇后 187］アタ 169, (88)
**デスポティス** δεσπότης（デスポテ δεσπόται）［主人］序 10, Ⅱ 12, アタ 158, 続ス 147・［所有者］Ⅳ 17・皇帝 アタ 169, (87)
**テニオマ** ταινίωμα［リボン（皇帝の頭を飾る）］Ⅰ 5, 1-25
**テフリキ** Tephrike［カパドキアの都市］解題
**テメニズマ** τεμένισμα［女子修道院］プセ 166
**テメノス** τέμενος［教会］Ⅰ 20, 1-148
**デモステネス** Δημοσθένης［古代アテネの政治家］序 11, 解題
**デモニオン** δαιμόνιον［悪鬼］Ⅲ 11, 1-162, 3-73

**ト**

**ドゥカス** Δούκας 序 9 ; 10
　ドゥカス Δούκας（最初の πρωτο῀ς）
　　ドゥカス家の始祖とされる人物　序 9
　→①コンスタンディノス 10 世［ローマ皇帝（在位 1059~67)］・②ヨアニス 1［コンスタンディノス 10 世の弟、ミハイル 7 世の叔父、通称ケサル］・③ミハイル 7 世［コンスタンディノス 10 世の長男、(在位 1071~78)］・④アンドロニコス［コンスタンディノス 10 世の息子］・⑤コンスタンディオス［ミハイル 7 世の弟］・⑥アンドロニコス［ケサルのヨアニス＝ドゥカスの息子］・⑦コンスタンディノス［ケサルのヨアニス＝ドゥカスの息子］・⑧コンスタンディノス［ミハイル 7 世の息子、ロベール＝ギスカールの娘、つづいてアンナ＝コムニニの許嫁となる］・⑨ミハイル［アンドロニコス＝ドゥカスとブルガリアのマリアの息子］・⑩ヨアニス 2［アンドロニコス＝ドゥカスとブルガリアのマリアの息子］
　**ドゥカス家** τὸ τῶν Δουκῶν γένος / οἱ Δουκοί　生涯 , 序 9, 1-131 ; 164, 3-40 ; 131, (77)
　**ドゥカスの** Δουκικός 序 5 ; 6 ; 8~10, Ⅰ 5 ; 6, 解題 , 1-158 ; 172
　**ドゥカス家の皇帝につながる出自** τὸ Δουκικὸν βασιλείου ῥίζωμα　序 10
　**ドゥカスの名を持つ者たち** Δουκώνυμοι（οι）序 9, (19)
**トゥキュディデス** Θουκυδίδης［古代ギリシアの歴史家］生涯 , 解題
**ドゥクス** δούξ（dux）（軍司令官・長官・指揮者）
　アドリアヌポリスのドゥクス δούξ Ἀδριανουπόλεως 解題・（カタカロン＝タルハニオティス 2-115）・アンティオキアのドゥクス δούξ Ἀντιοχείας Ⅱ 28 ; 29（ハタトゥリオス 続ス 153・ニキフォリツィス 2-4・イサアキオス、アレクシアスの兄 2-112・ヨシフ＝タルハニオティス 2-113・ヴラカミオス 2-114）・イリリス人のドゥクス δούξ τῶν Ἰλλυριῶν（ヴァシラキスⅢ 8）・コンスタンティノープルのドゥクス δούξ Κωνσταντινονπόλεως（ドゥカス家の始祖）序 9・全西方のドゥクス δούξ πάσης δύσεως Ⅰ 13 ; 15・セオドシウポリスのドゥクス δούξ Θεοδοσιουπόλεως アタ 168・（ヴァシラキス 続ス 146, 1-104・プロエドロスのパウロス 1-153）・ディラヒオンのドゥクス δούξ Δυρραχίου 解題・（1077 年反乱のニキフォロスⅢ 3, 3-19）・ブルガリア / ブルガール人の土地のドゥクス δούξ Βουλγαρίας 解題 , (1077 年反乱のニキフォロスⅢ 3・スコピエ 3-16)・その他（ヴァスプラカンの、リフディアス 1-73・パリストリオンの、ヴェスタルヒスのネストル 3-5・帝国の、ニケタス 3-8・メソポタミアの、ニキフォロス＝パレオロゴス 3-92・メガス＝ドゥクス（帝国艦隊の最高責任者)、イサアキ

オス＝コンドステファノス 4-120）
**トゥグリル＝ベク** Toghril Beg[セルジュク朝の初代のスルタン］Ⅰ8, 解題, 1-54；56；66；68；73；75；77；86
**ドゥケナ** Δούκαινα
→ゾイ［コンスタンディノス10世の三女］・イリニ［アレクシオスの妻、ケナルのヨアニスの息子アンドロニコスの長女］・アンナ［ケサルのヨアニスの息子アンドロニコス次女］・セオドラ［ケサルのヨアニスの息子アンドロニコス三女］Ⅲ6, 3-35
**トゥタフ** Τουτάχ［トルコ人指揮官］Ⅱ21；22 →アミール
**トゥルクメン** Türkmen［ムスリムとなったトルコ系民族（セルジュク＝トルコはトゥルクメンあるいはオグズ／グズと呼ばれた遊牧トルコ人の一派）］解題, 1-47, 2-31
**トゥルドン** τοῦλδον［輜重］Ⅳ9, 4-44
**ドゥロス** δοῦλος（ドゥリ δοῦλοι）［奴隷］ヴォタニアティスの 序6；7・マヴリクスの Ⅱ26
**ドヴロミル** Dobromir［黒海西岸のメセムヴリアで反乱を起こしたブルガール人］4-103
**ドキア** Δόκεια［小アジア中北部の要塞（カスタモンの南、現トスヤ Tosya / Tossia）］アタ 169~171, 続ス 152；153, ゾナ 704, 1-153
**トクセヴマタ**［矢］Ⅳ12；37
**トクソン** τόξον（トクサ τόξα）［弓］Ⅰ9, Ⅱ10, Ⅳ20, アタ 156~158
**ドグマ** δόγμα（ドグマタ δόγματα）［決定・布告］アタ 168
**ト＝シオン** τὸ θεῖον［神的な何か］Ⅱ17, 2-16
**ドメスティコス** Ⅳ22, 解題, 0-18, 1-167, 2-27,（97）
**メガス＝ドメスティコス** μέγας δομέστικος［最高軍事司令官］一般的意味 1-17・アレクシオス 序7, Ⅱ9, 0-18・ヨアニス（アレクシオスの父）Ⅰ3・アドリアノス（アレクシオス弟）1-42
**ドメスティコス＝ティス＝アナトリス** δομέστικος τῆς ἀνατολῆς［東方軍司令官］一般的意味 1-17
**ドメスティコス＝トン＝スホロン** δομέστικος τῶν Σχολῶν［中央軍の司令官］Ⅰ3, 1-17, 2-7・イサアキオス（アレクシオス兄）Ⅱ3・アンドロニコス（ケサルの息子）Ⅱ14・ヨアニス（1077年反乱ヴリエニオスの弟）Ⅲ11；12, Ⅳ6；12・アレクシオスⅣ2；4；5；10；16；20；25；26, 4-10；102
**ドメスティコス＝トン＝スホロン＝ティス＝アナトリス** δομέστικος τῶν Σχολῶν τῆς ἀνατολῆς［東方軍司令官］一般的意味 1-17
**ドメスティコス＝トン＝スホロン＝ティス＝ディセオス** δομέστικος τῶν Σχολῶν τῆς δύσεως［西方軍司令官］1-99
**トライアヌポリス** Τραΐανούπολις［スラキアの都市（マリツァ川の河口近く、右岸に位置する）］Ⅲ9；10, 解題, 3-54
**トラケシオン＝セマ**［小アジア西部の地域］解題, 2-48, 4-108
**トラゴニシオン** Τραγονήσιον［マルマラ海の島の一つ］Ⅱ18, 2-74
**トラハニオティス** →タルハニオティス
**トラペズス** Τραπεζοῦς［黒海南岸の都市（トラブゾン Trabzon）］アタ 167, 1-82；134
**トランスオクシアナ** Transoxiana［アムダリア川とシルダリア川に挟まれた地域］解題, 1-47
**ドリ** δόρυ（ドラタ δόρατα）［槍］Ⅰ6；9；15, Ⅱ5；15, Ⅳ11；13；23；24
**トリイリス** τριήρης（トリイリス τριήρεις）［三段櫂船］Ⅲ3, 続ス 142, ゾナ 696
**トリガミア** τριγαμία［三度目の結婚（ヴォタニアティスとアラニアのマリアの）］Ⅲ25

**ドリストラ** Dristra［ダニューブ南岸の都市、現シリストラ Silistra］3-5
**トリセア** Τρισέα［小アジア西部の地名］Ⅱ 18, 2-69
**ドリフォリア** δορυφορία（ドリフォリエ δορυφορίαι）［護衛・護衛隊］Ⅰ 19, アタ 144 ; 175, ゾナ 703
**ドリレオン** Δορύλαιον［小アジア中西部の都市、アンカラの西 206km（現エスキシェヒル Eskişehir)］Ⅰ 12, Ⅱ 14, Ⅳ 33, 1-94, 2-44, 3-100
**ドリン** Dorin 川［アルバニア北部の川、アドリア海のドリン湖に注ぐ］3-17
**トルコ人** Τοῦρκος（Τοῦρκοι）Ⅰ 7~17 ; 19, Ⅱ 3~9 ; 11~13 ; 17 ; 18 ; 21 ; 22 ; 26 ; 27 ; 29, Ⅲ 16 ; 17, Ⅳ 1 ; 2 ; 4 ; 6 ; 7 ; 10~14 ; 31 ; 34~39 他随所に
**トルコ人の・トルコ風の** Τουρκικός / τουρκικός　Ⅰ 7~11 ; 13 ; 14 ; 17, Ⅱ 6 ; 13 ; 17 ; 18 ; 21 ; 26 ; 29, Ⅲ 16, Ⅳ 2 ; 4 ; 7 ; 10~14 ; 31 ; 36 他随所に
**トルコ遠征**　解題 , 1-79 ; 81, (26)
　ロマノス＝ディオエニスの最後のトルコ遠征（1071 年）解題・アレクシオス帝の最後のトルコ遠征（1116 年）解題
**トルニキオス**　→ ペトロス
**トルニキオス＝コテルツィス** Τορνικίος ὁ Κοτέρτζης［ロマノス帝の将校］続ス 147, (57)
**ドルンガリオス**［ティス＝ヴィグラス］δρουγγάριος［τῆ βίγλας］［高位の裁判官職］Ⅲ 2, 3-14, 4-94
**トロイアノス** Τρωΐανος［ブルガール人の皇帝サムイルの親族］Ⅲ 6, 3-32
**トロペオフォロス** τροπαιοφόρος［戦勝記念碑をかかげる者］プセ 170
**トロペオン** τρόπαιον（トロペア τρόπαια）［戦勝記念碑・戦果］序 7 ; 10 ; 11, Ⅱ 27, Ⅳ 3 ; 27
**ドロモン** δρόμων［帝国の代表的戦艦］Ⅰ 4 ; 20, Ⅲ 22 ; 23, 2-108, 3-22 ; 123

## ナ

**ナイソス** Ναϊσός［セルビア共和国中東部の都市（ニシュ Niš）］Ⅲ 1, Ⅳ 30, 解題 , 3-7
**ナオス** ναὸς［聖堂（教会）］
　**ヴラヘルネの（神の母の）教会** ναὸς ἐν Βλάχερναις Ⅲ 18 ; 21, アタ 153, 3-110 ; 114, (47)
　**神なるロゴスの母の聖堂** ναὸς τῆς τοῦ Θεοῦ Λόγου μητρός（スラキアのキドクトスの）Ⅳ 6
　**神の母の教会** ναὸς τῆς Θεομήτορος（イラクリアの Ⅱ 26・アドリアヌポリスの Ⅲ 10）
　**サヴマトルギ＝アナルギリに捧げられた教会** ναὸς ἐπι᾽ ὀνόματι τῶν θαυματουργῶν Ἀναργύρων（コンスタンティノープルの）Ⅲ 12
　**神智の聖堂** ναὸς［τῆς］τοῦ Θεοῦ Σοφίας（コンスタンティノープルの聖ソフィア寺院）Ⅲ 18 ; 19
　**天軍の総帥ミハイルの聖堂** ναός τοῦ ταξιάρχου τῶν ἄνω δυνάμεων Μιχαήλ（スラキアのダモクラニア村の）Ⅳ 3
　**人の手によるものでない神の母の聖堂** ὁ ἀχεοροποίητος τῆς Θεομήτπρπς ναό（黒海南岸のイラクリアの）Ⅱ 26
**ナジアンゾス** Ναζιανζός［カパドキアの都市］続ス 155
**ナジレイ** Naziréens［修道士のこと］3-112
**ナフス** ναῦς（ニエス νῆες）［船］Ⅱ 27, Ⅲ 3, アタ 142
　**ナフス＝モニリス** ναῦς μονήρης［一段櫂船］Ⅱ 27

**フォルティイ＝ナフス** φορτηγὴ ναῦς［貨物船］Ⅲ 3
**リストリケ＝ニエス** ληστρικαὶ νῆες［海賊船］Ⅲ 3

## ニ

**ニキタス＝ホニアティス** Niketas Choniates［13 世紀の歴史家］生涯 , 解題
**ニキフォリツィス** Νικηφορίτζης［ミハイル 7 世の側近の宦官（ニキフォロス）］Ⅱ 1；14；17；28, Ⅲ 2；4；16；18；19；26, Ⅳ 4, 解題 , 2-4；120, 3-5；126；137
**ニキフォロス＝ヴリエニオス** Νικηφόρος ὁ Βρυέννιος ①［反逆者ニキフォロス＝ヴリエニオスの父。この者も反逆を企てたとしてミハイル 6 世治世下の 1057 年に視力を奪われた］生涯 , 解題・②［ヴォタニアティス帝に対する反逆者、1078 年アレクシオスに倒される］生涯 , 序 4~7；9, Ⅱ 14；15, Ⅲ 15；17；18；22；23；25, Ⅳ 1；2；3；16；18；29；30；31；33；34；40, 続ス 143, 解題 , 0-3, 1-35, 2-78, 3-42；86, 4-105・③［1077 年反逆者の孫、アンナの夫で歴史家］生涯 , 序 11 , 解題 , 0-1；3；36, 1-149；179, 2-19；48；83, 4-7；79；115
**ニキフォロス＝ヴァシラキス** Νικηφόρος ὁ Βασιλάκης（ヴァシラキオス Βασιλάκιος）［反逆者の将軍］序 7, Ⅰ 14；15, Ⅲ 4；5；8, Ⅳ 16；18~20；22~28, アタ 155；続ス 146；150, ゾナ 698；702, 解題 , 0-17, 1-104；111~113；115；119, 3-27, 4-66；75；76；81；86；89；94；99；100；103,（72, 128）
**ニキフォロス＝ヴォタニアティス** Νικηφόρος ὁ Βοτανειάτης［反逆者の将軍、皇帝（在位 1078~81）］生涯 , 序 4~7；9, Ⅱ 14；15, Ⅲ 15；17；18；22；23；25, Ⅳ 1~3；16；18；29；30~34；40, 続ス 143, 解題 0-3, 1-35, 2-78, 3-42；86, 4-105
**ニキフォロス＝コムニノス** Νικηφόρος ὁ Κομνηνός［アレクシオスの弟］Ⅰ 2；6, 1-43
**ニキフォロス＝シナディノス** Niéphore Synadènos［ニキフォロス＝ヴォタニアティスの縁者］3-42
**ニキフォロス＝ディオエニス** Ⅲ 2；9, 1-34, 3-12；62,（91, 104）
**ニキフォロス＝パレオロゴス** Νικηφόρος ὁ Παλαιολόγος［エオルイオス＝パレオロゴスの父］Ⅱ 19, 2-78；81, 3-92
**ニキフォロス＝フォカス** Νικηφόρος ὁ Φωκᾶς［ローマ皇帝（在位 963~69）］Ⅰ 10,（110）
**ニキフォロス＝メリシノス** Νικηφόρος ὁ Μελισσηνός［アレクシオスの姉エヴドキアの夫］Ⅰ 6；11, Ⅲ 15, Ⅳ 31, 解題 , 0-4；24, 1-16；36, 3-93, 4-105
**ニケア** Νίκαια［小アジア西部の都市］Ⅰ 12, Ⅲ 16~18；22, Ⅳ 2；31；33~35, 解題 , 1-1；89, 2-120, 3-100~102；104, 4-25；38；115；117
**ニコミディア** Νικομήδεια［ヴィシニアの都市］Ⅱ 9；16, 0-13, 2-5；26；41；53；59；65, 4-121
**ニコメデスの**［都市］Νικομήδους［πόλις］（ニコミディア）］Ⅱ 16
**ニシャプール** Nīshāpūr［イラン北東部の都市］解題 , 1-60

## ネ

**ネア＝ケサリア** Νέα Καισάρεια（ネオケサリア Νεοκαισάρεια / Neokaisareia）［小アジア東北部の都市、現ニクサル Niksar］Ⅱ 19, 解題
**ネアコミ** Νεακώμη（ネオンコミ Νέων κώμη）［ヴィシニアの海岸に位置する場所］アタ 144, 続ス 142,（28）
**ネアニスコス** νεανίσκος［年少者（*Alexias*, I, 1,1 に見られるアレクシオスへの表現）］解題

**ネア＝ミシア** νέα Μυσία［ブルガリア北部の地域］Ⅳ 18, 4-77
**ネストル** Nestor［ブルガール人、パリストリオンのドゥクス］3-5
**ネミツィ** Νεμιτζοί［ドイツ人傭兵］アタ 147, 続ス 144, ゾナ 696, 1-95, 2-48, (34, 35)

**ノ**

**ノミスマ** νόμισμα［帝国の通貨］Ⅳ 1
**ノモス** νόμος［法（キリスト教における神の法）］アタ 165
**ノルマン人** Normans　解題, 0-26, 2-14 ; 47~49 ; 59 ; 70, 3-18 ; 57 ; 82, 4-7 ; 66, (40, 58, 82, 106)

**ハ**

**ハインリヒ 4 世** Henri IV d'Allemagne 4-13
**パウロス**［使徒パウロ］アタ 165
**パウロス** Παῦλος［ロマノス＝ディオエニス帝の顧問官］アタ 168, 続ス 152, 1-153, (84)
**バグダード** Baghdād［イラクの都市］解題, 1-56 ; 65 ; 66
**ハスカリス** Χασκάρης［アラン人傭兵］Ⅱ 12 ; 13
**ハタトゥリオス** Χατατούριος（ハタトゥリス Χατατούρης）［アルメニア人武将］Ⅰ 21 ; 24, プセ 169 ; 170, アタ 167 ; 172 ; 174, 続ス 153, ゾナ 705, 1-158 ; 173 ; 174, (10)
**パツィナキ** Πατζινάκοι［バルカン半島のトルコ系遊牧民（ペチェネグ）］Ⅱ 3, 解題, 1-115 ; 118, 2-14, 3-5 ; 83 ; 84, 4-7 ; 21 ; 103, (34)
**パトリアルヒア** πατριαρχία［総主教職］Ⅲ 2 ; 24
**パトリアルヒコス** πατριαρχικός［総主教の］Ⅱ 28
**パトリアルヒス** πατριάρχης（パトリアルヘ πατριάρχαι）［総主教］Ⅱ 28 ; 29, Ⅲ 16 19 ; 25, Ⅳ 3
**パトリオン** πάτριον（τό）［父祖伝来の習慣（スキタイの）］アタ 159
**パトリキオス** πατρίκιος［爵位］Ⅰ 10, Ⅲ 9, 解題, 1-16, 4-21 ; 53
**パパス** Πάπας［ヨアニス＝ドゥカスに仕えたケルト人］Ⅱ 14
**バビロニア人** Βαβυλώνιοι（oἱ）バビロニア人）Ⅰ 10
**バビロン** Βαβυλών［バグダード］Ⅰ 7 ; 10 ; 14
**パフラゴニア** Παφλάονία［小アジア西北部］Ⅱ 20 ; 25
**パフラゴニア人** Παφλαγών（Παφλαγόνες）Ⅲ 4, アタ 173
**ハラクス** χάραξ［防柵の陣営］Ⅰ 14~16, Ⅱ 3~6 ; 12, アタ 155~157 ; 162 ; 170, 続ス 146 ; 148 ; 149, ゾナ 696 ; 698 ; 700, 1-114・［防御柵］Ⅰ 1, Ⅳ 5, アタ 151
**パラシマ** παράσημα［標章（皇帝の）］Ⅰ 17, Ⅲ 8, 3-59
**パラタクシス** παράταξίς［戦列］Ⅳ 38・［戦闘集団］アタ 161, 続ス 149, ゾナ 701
**パラティオン** παλάτιον（パラティア παλάτια）［宮殿］Ⅲ 12 ; 22, Ⅳ 40, アタ 143 ; 168, 続ス 142
**パリストリオン** Paristrion［ダニューブの中下流南岸地域の名称］3-5
**パリストリィイ＝ポリス** Παρίστοριοι πόλεις［イストロス（ダニューブ）川に沿った諸都市（（Ioannes）Bryennios the patrikios, father of the kaiser）］Ⅲ 1
**バルカン半島** Balkan　解題, 3-17
**バルカン山脈**　解題, 3-83　→エモス山脈
**ハルキドン（カルケドン）** Χαλκηδών［コンスタンティノープル対岸の都市］アタ 178, 続ス 154,

1-88；176, 2-109, 3-104；107；119, (12, 25)
**ハルキドンの海峡** πορθμὸς τοῦ Χαλκηδονίου Ⅰ 23, Ⅳ 31, アタ 143, 解題
**ハルシアノンの地方** ἐπαρχία τοῦ Χαρσιανοῦ［ハルシアノンは小アジア東中部の要塞名］アタ 146, (32)
**ハルティキの地** Χαλτική［ハルディア Chaldia= セマ（小アジア北東部）］Ⅰ 11, 解題 , 1-82
**バルバリコス** βαρβαρικός（蛮族の）アタ 147；163
**バルバリコス** βαρβαρικῶς（蛮族風に・異国語で）Ⅱ 13
**バルバロス** βάβαρος（バルバロイ βάρβαροι）［蛮族］Ⅰ 12, Ⅱ 9；11~18；20~23, Ⅲ 5
**バルバロン** βάρβαρον（τό）［蛮族］Ⅰ 25, Ⅱ 15；25, Ⅳ 38
**パレオロゴス** Παλαιολόγος
→ニキフォロス、エオルイオス
**パレムヴォリ** παρεμβόλη（パレムヴォレ παρεμβόλαι）［陣営・陣地］Ⅱ 4, Ⅳ 20；22；23, アタ 151~153；156；158, 続ス 146~149, ゾナ 700
**ハロン / カロン** Χάρων［冥府の川の渡し守］Ⅰ 2, 1-12
**パンイペルセヴァストス** panipersebastos［爵位］生涯 , 解題 24・一般的意味 1-16・ミハイル＝タロニティス 1-34
**パンクラティア** Ⅱ 1 →マリア
**パンフィリア人** 解題

## ヒ

**ピサシリオス** Πισασίριος［アラブ人の支配者（アル＝バサシリ Al-Basasiri)］Ⅰ 7；10, 解題 , 1-56
**ビザンティオン** Βυζάντιον［コンスタンティノープル］Ⅰ 23 Ⅱ 28, Ⅲ 1；4；5；10, Ⅳ 2；30
**ピシディア** Πισιδία［小アジア西南部の地域名］アタ 173
**ピスティス** πίστεις［誓約・約定・忠誠］Ⅱ 21, Ⅳ 10, プセ 171, アタ 159
**ピペルディス** Πιπερούδης（ピペルディオン Πιπεδούδιον）［ヴォスポロス海峡の東側にあった修道院］アタ 169, 続ス 152, 1-148
**ビュザスの都市** ἡ Βύζαντος［ビザンティオン、ビュザス Βύζας はビザンティオンの建設者］アタ 172；173
**ピリヒオス＝オルヒシス** πυῤῥίχειος ὄρχησις / πυρρίχιος ὄρχησις［戦いの舞い］アタ 158, 続ス 147
**ピレ** Πύλαι［マルマラ海南岸の都市、現ヤロワ Yalova］アタ 144, (27, 28)
**ヒロスファクティス** →コンスタンディノス、エフストラティオス

## フ

**ファスガノン** φάσγανον［刀］アタ 163
**ファーティマ朝** Fāṭima［エジプトのイスラム王朝］解題 , (42)
**ファララ** φάλαρα［馬の両頬を覆う飾り］Ⅳ 9

**ファランガルヒア** φαλαγγαρχία（ファランガルヒエ φαλαγγαρχίαι）［軍の単位］1-9, 3-56
**ファランガルヒス** φαλαγγάρχης（ファランガルヘ φαλαγγάρχαι）［ファランガルヒアの指揮者］Ⅲ 8, Ⅳ 11, 3-56
**ファランクス** φάλαγξ（ファランゲス φάλαγγες）［本隊］Ⅰ 11；Ⅳ 23・［部隊］Ⅱ 4；14；15；Ⅳ 4・［軍勢］Ⅰ 15；16；21；24, Ⅱ 18, Ⅳ 2；10~12；15；20；23；25；26・［戦闘隊形］Ⅰ 17；Ⅳ 10・［戦列］Ⅰ 1；24・［戦闘集団］Ⅲ 17, Ⅳ 6~8；24, プセ 166；168~170, アタ 161, 続ス 148；149, ゾナ 701, 1-119；127
**ファルマカ** φάρμακα［魔法の薬］Ⅰ 11
**フィニコヴァフィ＝ペディラ** φοινικοβαφῆ πέδιλα（τά）［緋色のサンダル］序 5
**フィラキ** φυλακή［見張り・監視・護衛・守備隊・防御物］Ⅲ 9
**フィラクス** φύλαξ（フィラケス φύλακες）［守備隊］Ⅲ 13・［護衛隊］Ⅲ 20, プセ 165, アタ 149
**フィラレトス** Φιλάρετος［ὁ Βλαχάμιος］（フィラレトス＝ヴラハミオス）［アルメニア人将校、反逆者］Ⅱ 28, 2-116；119；121, 解題 , 2-114, 4-103
**フィリピ** Φίλιπποι［北ギリシアの都市］Ⅳ 28, 4-96
**フィリプポリス** Φιλιππούπολις（フィリポスのポリス Φιλίππου πόλις）［ブルガリアの都市、現プロヴディフ Plovdiv フィリポスはマケドニアの王フィリポス 2 世］Ⅳ 30, 解題 , 3-4, 4-103
**フィロパティオン** Φιλοπάτιον［帝都の長城の外、金門の近くに位置する皇帝の居所］Ⅳ 17, 解題
**フォカス家** Φωκαῖ［血筋上ブルガリアのマリアに関係］Ⅲ 6
**プシフォス** ψῆφος［決定（神の）］アタ 169, ゾナ 706
**プトリズマ** πτόλισμα［都市（アマシア）］プセ 166
**フトバ** khuṭba［イスラム世界で礼拝に先立って行われる説教］解題 , 1-60
**ブハラ** Bukhara［中央アジアの都市］解題
**プラグマ** πρᾶγμα（プラグマタ πράγματα）［国事・国家・帝国・政権］イタリアの統治Ⅰ 2
　**タ＝トン＝ロメオン＝プラグマタ** τὰ τῶν Ῥωμαιων πράγματα（ローマ人の国家 Bryennios, Histoire）序 11, Ⅱ 1；25
　**キナ＝プラグマタ** ；キナ（国事）Ⅰ 4；18, Ⅱ 1；2, ゾナ 707
**ブラシダス** Βρασίδας［アムフィポリス Amphipolis の戦い（前 422 年）において英雄的に戦死したスパルタの将軍］Ⅱ 13
**フランク人** Φράγγος（Φράγγοι）［西方人・ラテン人］Ⅰ 24, Ⅱ 4；24, Ⅲ 3, Ⅳ 4；6；7；10；14；24, プセ 169, アタ 148；150；170；171, 続ス 144；153, ゾナ 705, 1-118；154；172, 2-13；59；70；82, 3-57,（40, 92）
**フリアト** Χλίατ［ヴァン湖の北岸近くの都市、現アフラト Ahlat］→フレアト
**プリアリオン** πλοιάριον（πλοιάρια プリアリア）［船］アタ 167
**フリイア** Φρυγία［小アジア西部の地域］Ⅱ 18, Ⅲ 16, Ⅳ 2；4；31, 2-44, 3-86, 4-26
　**フリイア人** Φρύξ（Φρύγες）［フリイアの住民］Ⅱ 14, 2-48
**プリオン** πλοῖον［船］アタ 169
**フリシオン** χρυσίον［金貨］Ⅱ 8；29, 続ス 142
**フリストポリス** Christoupolis（カヴァラ Kavala）［北ギリシアの都市カヴァラ Kavala］4-76；96；97；99
**フリスポリス** Χρυσούπολις［イスタンブルの対岸の都市（ダマリス）、スクタリ Scutari、現ウスキュダル Üsküdar］Ⅳ 32, 解題 , 2-59；109, 3-86；104；107；121；122
**プリズレン** Prizren［コソボ南部に位置する都市］3-6

**フリセ＝スフライデス** χρυσαῖ σφραγῖδες［金印（皇帝の）］Ⅳ 17
**プリソス** πλῆθος［民衆・群衆］序 4, Ⅱ 23 ; 24 ; 29・［多数］アタ 160・［多数の軍勢・大軍］Ⅲ 16 ; 17, アタ 173, 続ス 144・［軍勢］アタ 155 ; 156 ; 158 ; 171
**フリソシマンドス＝グラフィ** χρυσοσήμαντος γραφή（フリソシマンディ＝グラフェ χρυσοσήμαντοι γραφαί）［金印文書］Ⅲ 10 ; 18, Ⅳ 18
**フリソスクロス** Χρυσόσκουλος［アルプ＝アルスランの義兄弟］Ⅰ 11 ; 12, Ⅲ 15 ; 16, 解題 , 1-83 ; 87, 3-102
**フリソトリクリノス** χρυσοτρίκλινος［大宮殿の広間の一つ］アタ 169
**プリロフォリア＝エノルコス** πληροφορία ἔνορκος［誓いによる確約］ゾナ 706
**プリンギプス** Πρίγκιψ［マルマラ海の島］Ⅰ 22, 2-74, (110)
**ブルガリア** Βουγαρία　Ⅲ 3, Ⅳ 16
**ブルガール人** Βούλγαροι　Ⅰ 2 ; 3, Ⅲ 1 ; 3 ; 6, Ⅳ 30, 解題 , 3-5 ; 6, 4-66
**フルラ** φρουρά（フルレ φρουραί）［守備隊 Ⅰ 14, Ⅲ 3, アタ 152・牢獄 Ⅲ 18 ; 19
**フルリオン** φρούριον（フルリア φρούρια）［要塞］Ⅰ 13 ; 21 ; 25, Ⅱ 16 ; 18~21 ; 24, Ⅲ 16, Ⅳ 5 ; 19, プセ 169 ; 171, アタ 146 ; 153 ; 169 ; 171, 続ス 143 ; 152 ; 153, ゾナ 704 ; 705
**フレアト** Χλέατ［ヴァン湖北西岸の都市、現アフラト Ahlat］Ⅰ 14 ; 16, 解題 , 1-107 ; 117 ; 118, 2-14, (21)
**プレヴリティス** πλευρῖτις［胸膜炎（イサアキオス＝コムニノス帝の病）］Ⅰ 4
**プレスヴィア** πρεσβεία［使節・使節団］Ⅰ 7 ; 25, Ⅳ 2 ; 3
**プレスヴィス** πρέσβυς（πρέσβεις/πρεσβειϑϖς）（プレスヴェフス πρεσβεῖς）［使節・使者］Ⅰ 1 ; 10 ; 22, Ⅱ 21 ; 22, Ⅲ 10 ; 23, Ⅳ 2~4, アタ 152 ; 159 ; 160 ; 164 ; 167, 続ス 147 ; 148 ; 150 ; 152, ゾナ 699 ; 700 ; 702
**プレネトス** Πραίνετος［ニコメディア湾南岸の港（ドラコン Drakon の河口に位置する）、現カラミュルセル Kara Mürsel/Karamürsel］Ⅲ 22, 0-13, 3-120, 4-117 ; 121
**フレビナ** Χλεμπίνα［カバラ Kavalla（北ギリシア）近くの村］Ⅳ 28
**プロエドロス** πρόεδρος［高位の爵位（10 世紀後半に創設。宦官の最高位の爵位、11 世紀中頃には宦官以外にも授与 – *Les Listes, p.299*）］一般的意味 1-16・ケサルの息子アンドロニコス Ⅰ 16, アタ 173, 1-167・コンスタンディノス＝ヒロスファクティス Ⅳ 2・パウロス　アタ 168, 続ス 152, 1-153, (84)・セオドロス＝アリアティス　アタ 170, 続ス 153, 1-120 ; 152 ; 155・ケサルの息子コンスタンディノス　ゾナ 704 ; 705, 3-1・フリソスクロス 1-87・アレクシオス 2-82・ニキフォロス＝ヴァシラキス 3-27・ニキフォロス＝メリシノス 4-105
**プロゴノス** προγόνος［義理の息子（ディオエニス帝の）・先祖］解題 , アタ 161
**プロスタクシス** πρόσταξις［命令書］アタ 176
**プロスタグマ** πρόσταγμα［勅令］序 6,［指令］4-97
**プロタ＝ティ＝ストラティイア** πρῶτα τῇ στρατηγίᾳ［筆頭司令官職（パウコス）］アタ 168
**プロティ** Πρώτη［マルマラ海のプリンギプス諸島の一つ］Ⅰ 25, プセ 172, アタ 179, 続ス 154, ゾナ 706
**プロトヴェスティアリオス** πρωτοβεστιάριος［皇帝の衣装係］アンドロニコス Ⅲ 6・宦官のヨアニス Ⅳ 31 ; 32 ; 40・ミハイル＝タロニティス 1-34・ヴァシリオス＝マンシス (135)
**プロトヴェスティス** πρωτοβέστης［爵位］ヴァシリオス＝マレシス　アタ 167, 2-59, (135)
**プロトス＝アシクリティス** πρῶτος ἀσηκρῆτις［主席書記官］アタ 167, (134)
**プロトス** πρῶτος（プロティ πρῶτοι）［士官］Ⅳ 4

**プロトストラトル** πρωτοστράτωρ［馬丁長］マヌイル＝コムニノス Ⅰ 7・ケサルの息子コンスタンディノス Ⅱ 2, 2-6, 3-1
**プロトストラティゴス** πρωτοστράτηγος［総司令官］ロマノス 4 世　プセ 162
**プロトプロエドロス** πρωτοπρόεδρος［爵位（筆頭プロエドロス）］ヨシフ＝タルハニオティス Ⅱ 28・ヴォリラス Ⅳ 16・ケサルの息子コンスタンディノス　アタ 169, 3-1・マヌイル 1-80・ケサルの息子アンドロニコス 1-167・ニキフォロス＝ヴァシラキス 3-27・ニキフォロス・メリシノス 4-105
**プロドロミ** πρόδρομοι（οἱ）［騎馬の先遣兵士］Ⅰ 14
**プロドロモス** Πρόδρομος［12 世紀の賞賛演説などの作者］生涯 , 解題
**プロニア** πρόνοια［摂理］Ⅰ 17, Ⅱ 19, Ⅲ 17；19；21, Ⅳ 15, ・［配慮］Ⅲ 6・［下賜］4-72；99
**プロノミ** προνομή（プロノメ προνομαί）［飼料徴発・畑荒らし］Ⅱ 9・［略奪］Ⅰ 11, Ⅱ 27
**プロフィティス** προφήτης［預言者（「預言者イエス」マタイ 21 章 11 節）］Ⅰ 5
**プロポンディス** Πρόοντίς［マルマラ海］Ⅰ 4；7, Ⅱ 17；27, アタ 179, 続ス 154, ゾナ 704, 3-82, 4-30
**フロロス** Φλῶρος［ニキフォロス＝ヴァシラキスの父］Ⅲ 4, 3-27
**プロロヒズミ** προλοχισμοί［罠］Ⅰ 17, 1-126；130
**フロンディスティリオン** φροντιστήριον［修道院（思索の場所）］Ⅰ 12；25, アタ 169；179, 続ス 152；154
**ブワイフ朝** Buwayh［シーア派の王朝（932~1062）］解題 , 1-56
**フン人** Οὔννος（Οὔννοι）［ウズィ（11 世紀）］Ⅰ 7

## へ

**ヘクトル** Ἕκτωρ［ホメロスの英雄］Ⅳ 26
**ペス** παῖς（ὁ, ἡ）（παῖδες）［子供］序 6, Ⅱ 15, Ⅳ 3, 2-52
**ペズィコス** πεζικός［徒の］
　**ペズィキィファランクス** πεζικὴ φάλαγξ［徒の部隊］Ⅰ 24
　**ペズィコン** πεζικόν（τό）［歩兵］Ⅳ 36
**ペゾス** πεζός（ペズィ πεζοί）（ὁ）［徒・歩兵］アタ 149；151, 続ス 147
**ペゾフィラケス** πεζοφύλακες（οἱ）［徒歩の守備兵］アタ 161, 続ス 149
**ペチェネグ** Pechenegs　→パツィナキ
**ペディラ** πέδιλα（τά）［サンダル（皇帝の）］緋色の靴（ココヴァフィ＝ペディラ）Ⅳ 31, 皇帝用の赤色のサンダル（エリスラ＝ペディラ）3-59
**ペディキ＝イリキア** παιδικὴ ἡλικία/paidikê êlikia［ごく少年期（アレクシオスの）］解題
**ペトリオン** Πέττριον［コンスタンティノープルの修道院（鉄門の近くにあった）］Ⅲ 25, 3-130
**ペトロス＝トルニキオス** Πέτρός ὁ Τορνίκιος［マケドニア人の兵士］Ⅳ 24
**ペプロメニ** πεπρωμένη（ἡ）［運命、appointed lot in *GED*］アタ 150, (43)
**ヘラクレスの** Ἡράκλειος［ヘラクレスはギリシアの伝説上の英雄］序 11, 解題
**ヘラス** Ἑλλάς［古代ギリシア］Ⅱ 1, 2-3；4
**ペリクレス** Περικλές［古代のギリシアを騒がせた男］Ⅱ 1, 2-3
**ペリケファレア** περικεφαλαία［兜］Ⅱ 15, Ⅳ 38
**ペリセオリオン** Peritheorion［カヴァラの北東、直線距離でおよそ 58km に位置する町、現アマクサデス Amaxades］4-76

**ペリントス** →イラクリア（マルマラ海北岸）
**ペルシア** Περσίς（ペルシアの Περσικός） I 7；9；13；14, アタ 148；150, 1-49；55；106
　**ペルシアの軍隊** Περσικὸν στρατεύμα I 14
　**ペルシアの同盟軍** Περσικὴ συμμαχία I 25
　**ペルシアの王** βασιλεὺς τῆς Περσίδος［タングロリピクス（トゥグリル＝ベク）］ I 9
**ペルシア人** Πέρσης（Πέρσαι） I 7~11；19, II 21, プセ 161, アタ 149；168, 解題 , 1-133, (75, 106)
**ペルセウス** Περσεύς［古代マケドニアの王］ II 3, 2-11
**ペレキス** πέλεκύς［両刃の斧］ I 20
**ペレキフォロス** πελεκηφόρος（ペレキフォリ πελεκηφόρος）［斧を担ぐ（蛮族）］ II 14, III 5；20
**ヘロニソス地方** Χερρόνησος［今日のゲリボル Gellibolu 半島の地方］ III 14
**ペンダポリス** Πεντάπολις［小アジア中西部のフリイアの都市］ IV 2

**ホ**
**ホイ** Khoi（**フボイ** Khvoy）［イラン北西部の都市］1-74；105
**ボエモン** Bohémond［ノルマン人ロベール＝ギスカールの息子］生涯x , 解題 , 4-79
**ポダンドン** Ποδανδόν（ポダンドス）［タヴロス山脈の隘路上に位置する要塞、現在はアダナ県の都市ポザンティ Pozanti］ アタ 173, 続ス 153, 1-169, (99)
**ホニアティス** →ニキタス＝ホニアティス
**ホネ** Chonae（ホナイ Χῶναι）［小アジア西南部の都市、デニズリ Denizli の近く］ 解題 , 1-87
**ホマティノス** Χωματηνός（ホマティニ Χωματηνοί）［フリイアで徴兵された兵士］ IV 4；9, 4-26
**ホメロス** Ὅμηρος［古代ギリシアの詩人］ II 27・ホメロスの歌 Ὀμηρικόν（τὸ） IV 26
**ホラーサーン**［Khorasn イラン東北の地方］解題
**ホラスミィイ** Χωράσμιοι［ホラスミア Chorasmia（ホラズム）の住民］ I 7, 1-50
**ポリオルキア** πολιορκία［攻囲（アダナに対する）］アタ 174
**ホリオン** χωρίον（ホリア χωρία）［村・場所・領地・地方］ II 9, IV 3；28, 続ス 142
**ポリス** πόλις / πόλεις［都市］
　不特定 I 1；13；21, II 14；17；21；24；29, III 15；16, IV 3；30, アタ 167・個々のポリス－都（コンスタンティノープル） II 13, III 12；13；18；19；22；23, IV 2；17；39, プセ 163；164；166, アタ 143・アダナ アタ 174, 続ス 153・アドリアヌポリス III 10・アマシア II 19；22；23・アンキラ II 8・アンティオキア II 28・ケサリア II 3・セオドシウポリス I 13, アタ 166・セサロニキ III 8, IV 8；19；20；26；27・タルソス アタ 173・トライアヌポリス III 9・ニケア III 18・ニコメデスの都市（ニコメディア） II 9；16, 0-3, 2-5；26；41；53；59；65, 4-121・ネア＝ケサリア II 19・パリストリィイ III 1・フレアト I 14・マンツィケルト アタ 149；152
**ポリスマ** πόλισμα［都市］ IV 1
**ポリティア** πολιτεία［市民生活・国家・都市］ IV 1；17, アタ 148
**ポリティス** πολίτης（ポリテ πολῖται）［市民］ IV 1；27；30, アタ 169
**ポリテヴマ** πολίτευμα［政治組織］ IV 28
**ポリフニオン** πολίχνιον［小さな町］オノラトス I 4, ガヴァドニア II 6
**ポルスモス** πορθμός［海・海峡］ I 4；23, II 2, III 21, IV 31, アタ 143
**ポルフィリス** πορφυρίς［緋色の衣服］アタ 177
**ポルフィロエニトス** πορφυογέννητος［緋の産室生まれ（皇子・皇女）］一般的意味 0-7・コンス

タンディノス＝ドゥカス（ミハイル7世の息子）序 8；10, 0-8；26・コンスタンディオス（ミハイル7世の弟）序 8, Ⅲ 6；13；22, 0-8；25；26；28, 3-121・ヴァシリオス2世 Ⅰ 10・コンスタンディノス＝ポロフィロエニトス（10世紀の皇帝）1-61, (47)
**ポレモス＝エムフィリオス** πόλεμος ἐμφύλιος［内乱］Ⅳ 3
**ホロヴァティ** Χωροβάτοι［クロアティア人 Croatians］Ⅲ 1；3, 解題
**ホロポリス** χωρόπολις［地方都市（アルツィ）］アタ 148
**ポントス** Πόντος［黒海ないしその南岸地域］Ⅱ 2；19；20；26, Ⅲ 21

## マ

**マイストロス** μάγιστρος［爵位］一般的意味 1-16・ヨシフ・タルハニオティス Ⅰ 13；14, アタ 149, 続ス 144, 3-46, 解題・カタカロン Ⅱ 28・ヨアニス＝ヴリエニオス Ⅲ 11・ヴァシラキス アタ 155・エフストラティオス＝ヒロスファクティス アタ 167, 続ス 152・ニキフォロス＝ヴリエニオス 続ス 145, ゾナ 697・ニキフォロス＝ヴァシラキオス 続ス 146, ゾナ 698, 1-104
**マヴリクス** Μαύρηξ［黒海のイラクリア地方の有力者］Ⅱ 26；27, 2-103
**マヴロン＝オロス** Μαῦρον ὄρος［黒い山（マケドニア地方の山）］Ⅳ 18
**マケドニア** Μακεδονία［北ギリシアからマケドニア共和国の地域］Ⅱ 3, Ⅲ 1, Ⅳ 2；18, 解題, 2-1, 3-4~6；16；58；4-66；76；78；79
**マケドニア人** Μακεδών　Ⅰ 3, Ⅲ 8, Ⅳ 6；24, 解題
**マケドニア人の** Μακεδονικός（ストラテヴマ στράτευμα）［マケドニア人の（軍勢）］Ⅱ 3, Ⅳ 2；6；26, 解題, 2-11
**マスウード** Mas'ūd［ガズナ朝のスルタン（在位 1030~41）、マフムードの長男］解題, 1-52；59；63
**マスゥル** Μασούρ［クトルムスの息子、ニケアのトルコ人の首領の一人］Ⅳ 2
**マニアキス** Μανιάκης（エオルイオス Γεώργιος）［帝国の著名な将軍（11世紀前半に活躍）］Ⅳ 6
**マニ教徒** Manichean　解題
**マヌイル＝ヴァシラキス** Μανουήλ ὁ Βασιλάκης（ニキフォロス＝ヴァシラキスの兄弟）Ⅳ 26
**マヌイル＝コムニノス** Μανουήλ ὁ Κομνηνός ①［アレクシオスの祖父］Ⅰ 1；2；7；11；12, アタ 147, 続ス 144, 解題 3；14, 1-1；79, 3-102・②［アレクシオスの長兄］Ⅰ 2；6, 解題・③［アレクシオスの孫、マヌイル1世（在位 1143~80）］生涯
**マヌイルの修道院** monastère de Manuel［ミハイル7世が退位後に過ごした帝都の修道院］3-127
**マヒティス** μαχητής［戦士（ミハイル＝ヴトミティス）］Ⅱ 27
**マフムード** Maḥmūd［ガズナ朝のスルタン（在位 998~1030）］解題, 1-50；52　→ムゥフゥメト
**マヘラ** μάχαιρα（マヘレ μάχαιραι）［剣（短剣）］Ⅰ 17, プセ 162
**マリア** Μαρια（アラニアの ἐξ Ἀλανίας、パンクラティア Παγκράτεια）［ミハイル7世およびヴォタニアティス帝の皇后）］Ⅰ 24, Ⅱ 1, Ⅲ 1；25, Ⅳ 2, 解題, 2-1；79, 3-114；129；131；133
**マリア（ブルガリアの）**［アンドロニコス＝ドゥカスの妻］Ⅲ 6, 0-31, 3-32
**マリア＝コムニニ** Μαρία ἡ Κομνηνή［アレクシオスの姉妹］Ⅰ 6, 1-13
**マリク＝アッラヒーム** al-Malik al-Raḥīm［ブワイフ朝のスルタン（在位 1048~55）］解題
**マリク＝シャー** Malik-Shāh［アルプ＝アルスランの息子、後セルジューク朝のスルタン（在位 1072~92）］Ⅱ 1, 解題, 2-63；87；88；121
**マルマラ海** Marmara　解題　→プロポンディス

**マロクソス山** Μαροξός［小アジア西部の山（正確な場所は知られていない）］ II 18, 2-69
**マンガナの宮殿** Μαγγάνα（τά）［コンスタンティノープルのアクロポリスの東斜面にあった宮殿］ 解題
**マンズィキエルト** Μανζικίερτ［アルメニアの要塞（ヴァン湖の北に位置する）、現マラズギルト Malazgirt］ゾナ 697
**マンツィケルト** Μαντζικέρτ / Μαντζικίερτ［同上］生涯, 解題, プセ 161；162, アタ 149~166, 続ス 144~152, ゾナ 697~702, 1-79；105；114；117；119；123；150：153：167；175, 2-51：113, 3-27,（4, 21, 42, 44, 49, 59, 60, 69, 94, 118, 122）
**マンツィケルトン** Μαντζίκερτον（τό）［同上］ I 14, 1-103, 2-114
**マンビジ** Mambidj →メンベト

**ミ**

**ミケイル** Μικεήλ［タングロリピクス（トゥグリル＝ベグ）の父］ →ムゥカレト
**ミスソフォロス** μισθοφόρος（ミスソフォリ μισθοφόροι）［傭兵］I 7, II 14；15, III 11
**ミストフォリコン** μισθοφορικόν（τὸ）［傭兵・傭兵隊］アタ 146；148；156, 続ス 144,（53）
**ミソス人** Μυσός［ブルガリアの住民、パツィナキの一人］IV 16
**ミディア** Μηδία（ミディアの（地）**Μηδικὴ**（χώρα））［イラン西北部、ヴァン湖周辺の地域、ヴァスプラカン］I 7；10；13, 1-70；71
**ミディア人** Μῆδος［ミディア（ヴァスプラカン）の住民］I 10, 1-70
**ミトロポリス** μητρόπολις［主都］
アンキラ（ガラティア人の主都）II8・ケサリア（カパドキア人の）II 3, 2-12 ・セサロニキ（セサリアの）IV 16・ディラヒオン（イリリコンの）III 3, 3-17；25・ナジアンゾス　続ス 155・ニケア（ヴィシニアの）I 12
**ミトロポリティス** μητροπολίτης［主都大主教（首府大主教）］III 24
エフェソスの　III 24
**ミニマ＝シオン** μήνιμα θεῖον［神の激怒］ゾナ 701
**ミハイル** Μιχαήλ［天軍の総帥］IV 3
**ミハイル＝イタリコス**［弁論家・哲学者］ 生涯
**ミハイル＝ヴァリス** Μιχαήλ ὁ Βαρύς［ヨアニス＝ドゥカスのもとに送られた使者］III 18；19, 3-109
**ミハイル＝ヴトゥミティス** Μιχαήλ ὁ Βουτουμίτης［マヴリクスの勇ましい戦士］II 27, 2-105
**ミハイル＝ヴルツィス** Michel Bourtzès［10 世紀後半に活躍した人物］解題,（29）
**ミハイル＝キルラリオス** Μιχαὴλ ὁ Κηρουλλάριος［コンスタンティノープルの総主教（在位 1043~58）］III 2, 1-31, 3-14
**ミハイル＝タロニティス** Μιχαὴλ ὁ Ταρωνίτης［アレクシオスの姉妹マリアの夫］I 6；11, 1-34
**ミハイル 6 世**（在位 1056～57） 生涯
**ミハイル＝ドゥカス** Μιχαήλ ὁ Δούκας ①［コンスタンディノス 10 世の長男、ミハイル 7 世（在位 1071~78）］生涯, 序 4, I 6；18；20~23；25, II 1~3；14；17~20；22；28, III 1~4；8；9；13；15；16；18~21；24~26, 0-3；8, 1-136；139；143~146；149；151；180；181；184, 2-42；60；72；78；93；107；111；120, 3-14；41；96；98；113；114；121；125；127；131；133, 4-28；105・②［アンドロニコス＝ドゥカスとブルガリアのマリアの息子］II 16, III 25, 3-135

**ミハイル＝プセロス** Μιχαὴλ ὁ Ψελλός［帝国の著名な学者（11世紀）・政治家・哲学者の長］プセ，続ス 152, 解題 , 1-14 ; 151, (85)
**ミハニ** μηχανή［機械装置］アタ 156, (51)
**ミハネ** μηχαναί ＜ μηχανη［術策］アタ 156
**ミラ** μοῖρα［部隊］Ⅳ 10, アタ 157 ; 162, 続ス 144, ゾナ 697, 4-48 ・［集団］ゾナ 698 ; 701 ・［部分（軍隊の）］アタ 149
**ミラキオン** μειράκιον（τό）［少年・若者］Ⅲ 9, 解題
**ミリオン** μίλιον（ミリア μίλια）［長さの単位、約 1500m］Ⅲ 16, 3-101

## ム

**ムゥカレト** Μουκάλετ［タングロリピクス（トゥグリル＝ベグ）の父ミケイルの別称］Ⅰ 7, 1-54
**ムゥフゥメト** Μουχούμετ［ガズナ朝の支配者マフムード（在位 998~1030）］（マフムードの長男マスウードのことか）Ⅰ 7~10, 解題 , 1-50 ; 52 ; 63

## メ

**メガス＝ドメスティコス** →ドメスティコス
**メガリ＝アンティオキア** Μεγάλη Ἀντιόχεια［アンティオキアのこと］アタ 172
**メガロポリス** μεγαλόπολις［大都（コンスタンティノープル）］序 8 ; 9, Ⅱ 27, Ⅲ 10 ; 22, Ⅳ 18 ; 40
**メセムヴリア** Mésemvria［黒海西岸の都市］4-103
**メソポタミア** Μεσοποταμία［帝国の行政区、ユーフラテス川上流地域］Ⅲ 15, アタ 158, 続ス 147, 解題 , 1-66 ; 69 ; 73 ; 118, 2-78, 3-92
**メタヴォリ** μεταβολή（メタヴォレ μεταβολαί）［革命］序 4
**メタヴォリ** Μεταβολή［ケサルのヨアニスの屋敷の近くに建つ要塞名］Ⅱ 18, 2-70 ; 77
**メタセシス＝トゥ＝ヴィウ** μετάθεσις τοῦ βιου［生活の変更（修道士の生活に入ること）］プセ 171
**メトリオティス** μετριότης［中道］Ⅰ 5
**メリシノス家** Μελισσηνοί →ニキフォロス＝メリシノス
**メリソペトリオン** Μελισσοπετρίον［コロニアの近くの要塞］アタ 168, 続ス 152, 1-153, (84)
**メリティニ** Melitini［ユーフラテス上流右岸の都市（マラティヤ Malatya）］解題 , 1-156, 2-16 ; 114
**メルブ** Merv［カスピ海の東、サマルカンドの西南］解題
**メンベト** Μέμπετ［北シリアの都市（古代のヒエラポリス Hierapolis）］Ⅰ 13, 解題 , 1-101

## モ

**モエシア** Moesie［古代ローマの属州名、現在のブルガリア北部およびセルビア地方］4-77
**モスル** Mosul（Mossul）［イラクの地域］1-67 ; 69 ; 78 ; 105, 2-121
**モナディコス** μοναδικός,（モナディキ μοναδική）［修道士（女）の］Ⅰ 20, Ⅲ 1
**モナディコン＝スヒマ** μοναδικὸν σχῆμα［修道士の衣服］Ⅰ 25, Ⅱ 18, Ⅲ 24
**モナスティリオン** μοναστήριον［修道院］Ⅲ 25
**モナホス** μοναχός（モナヒ μοναχοί）［修道士］Ⅳ 21 ; 22 ; 27

**モナルヒア** μοναρχία［一人（単独）支配］I 18, プセ 163
**モナルホス** μόναρχος［単独支配の］
　**モナルホス＝アフトクラトル** μόναρχος αὐτοκράτωρ［単独皇帝（ミハイル 7 世）］続ス 152
　**モナルホス＝アルヒ**［単独の帝権（ミハイル 7 世）］アタ 169
**モニ** μονή［修道院］I 1 ; 5 ; 12, Ⅳ 27, ゾナ 704
**モニリス** μονήρης［修道士の（生活）］アタ 177

## ユ

**ユダヤ人** Ἰουδαῖος　アタ 178, 3-78

## ヨ

**ヨアニキオス** Ἰωαννίκιος　ヴァシリオス＝クルティキス Ⅲ 9・宦官の修道士 4-86
**ヨアニス** Ἰωάννης［ヴォタニアティス帝に仕えた宦官］Ⅳ 31~33 ; 35 ; 37 ; 38, 解題 , 4-112
**ヨアニス＝ヴリエニオス** Ἰωάννης ὁ Βρυέννιος ①［1077 年反逆者の弟］Ⅲ 4 ; 5 ; 7 ; 8 ; 11 ; 12 ; 14, Ⅳ 8 ; 12 ; 13, 解題・②［1077 年反逆者の息子（パトリキオス、名はヨアニスか？）］生涯 , Ⅲ 9, Ⅳ 13 ; 14, 解題 , 3-63, 4-53
**ヨアニス＝オプサラス** Jean Opsaras［ミハイル 6 世時代の将軍］解題
**ヨアニス＝クシフィリノス** John Xiphilinus［コンスタンティノープルの総主教（在位 1064~75）］解題
**ヨアニス＝コムニノス** Ἰωάννης ὁ Κομνηνός ①［アレクシオスの父］I 1~3 ; 6, 解題 , 0-10, 1-1 ; 13 ; 164, 4-84・②［アレクシオスの長男、ヨアニス 2 世（在位 1118-~43）］生涯 , 序 10、解題 , 0-29 ; 33, 1-135・③［アレクシオスの甥（兄イサアキオスの息子）］
**ヨアニス＝ツィミスキス** Ἰωάννης ὁ Τζιμισκῆς［ローマ皇帝（在位 969~76）］I 10, 4-28
**ヨアニス＝ドゥカス** Ἰωάννης ὁ Δούκας ①［コンスタンディノス 10 世の弟、ミハイル 7 世の叔父、通称ケサル］I 16 ; 18 ; 20~23 ; 25, Ⅱ 1 ; 2 ; 3 ; 14~19, Ⅲ 1 ; 6 ; 13 ; 18 ; 19 ; 24 ; 25, プセ 164 ; 165 ; 167, アタ 168 ; 169 ; 173, 続ス 149 ; 152 ; 155, ゾナ 701 ; 704 ; 705 ; 707, 解題 , 1-139 ; 143 ; 144, 2-5 ; 6 ; 49~51 ; 56 ; 59 ; 60 ; 67 ; 70 ; 72 ; 75 ; 76, 3-11 ; 41 ; 109 ; 131, (3, 20, 66, 82, 85)・②［アンドロニコス＝ドゥカスとブルガリアのマリアの息子］Ⅱ 16, 2-54, 3-31
**ヨアニス＝ラムベノス** Jean Lampènos［ブルガリアの大主教］4-66
**ヨシフ＝タルハニオティス** Ἰωσήφ ὁ Ταρχανειώτης（ヨシフ＝トラハニオティス Ἰωσήφ ὁ Τραχανιώτης）［ロマノス帝の将、カタカロンの父］I 13 ; 14, Ⅱ 28, アタ 149 ; 150 ; 155 ; 158（トラハニオティス）, 続ス 144 ; 147（トラハニオティス）, ゾナ 699, 解題 , 1-98 ; 107 ; 118, 2-14, 3-46
**ヨセフ** Ἰωσήφ［イスラエルの牧者（旧約聖書）］Ⅱ 16, 2-55
**ヨブ** Ἰώβ［ヨブ記の主人公］アタ 179

## ラ

**ラヴドス** ῥάβδος［棍棒］Ⅳ 26
**ラウル** Raoul［コンスタンティノープルへ派遣されたロベール＝ギスカールの使節］(106)

**ラオディキア人の町** ἡ Λαοδικέων［シリアの海港都市（ラオディキア）］Ⅱ 28, 2-119
**ラザロスの土曜日**（3 月 31 日）3-114
**ラテン人** Λατῖνοι［西方人・フランク人］Ⅱ 18, ゾナ 697, (106)
**ラホール** Lahore［パキスタン中東部の都市］解題
**ラムビ** Lambè / Lampe［フリイアの町、ホマ Choma の南に位置する］0-6, 3-86 ; 94 ; 104

**リ**
**リカオニア** Λυκαονία［小アジア東中部の地域］Ⅱ 14, アタ 173
**リカオニア人** Λυκάονες　Ⅱ 14
**リカンドス** Lykandos［リカンドス＝セマ（小アジア西南部）の要塞］1-156
**リティ** Λιτή［セサロニキの近くの町］Ⅳ 19, 4-81
**リディア** Lydiaα［小アジア西部の地域］解題
**リディア人**　解題
**リビア** Λιβύη［アフリカの地域］Ⅰ 7
**リフディアス**　→コンスタンディノス＝リフディアス

**ル**
**ルカンティス** Lycanthès［ミハイル 6 世時代の将軍］解題
**ルセリオス** ʽΡουσέλιος　→ウルセリオス
**ルフィニアネ**　ʽΡουφινιαναί［コンスタンティノープル対岸の宮殿の一つ］Ⅲ 22, 3-119

**レ**
**レオン** Λέων　①［マンツィケルトの戦い後の逃走中、トルコ人に殺された高位の役人］アタ 167, 続ス 152・②［ディオエニスの息子、コンスタンディオス］1-37, 2-126
**レオンダキオス** Λεοντάκιος［ヨアニス＝ドゥカスの孫（ミハイル）の家庭教師］Ⅱ 16
**レオン＝ディアヴァティノス** Λέων ὁ Διαβατηνός［ロマノス帝のアルプ＝アルスランへの使者］Ⅰ 14, 1-105, (42)
**レカス** Lékas［フィリプポリス出身のパウリキ派、サルディキ（ソフィア）で反乱を起こす（1079 年）］4-103
**『歴史』**
　**アタリアティスの**　解題 , 1-115 ; 117 ; 183, (6, 10, 12, 13, 17, 21, 115, 117)
　**ニキタス＝ホニアティスの**　解題
　**ニキフォロス＝ヴリエニオスの**　生涯 , 解題 , 0-1 ; 3 ; 5, 1-16 ; 22 ; 38 ; 115 ; 129, 2-19 ; 63 ; 78 ; 111, 3-46 ; 88 ; 92 ; 95 ; 113 ; 120 ; 128, 4-7 ; 42 ; 59 ; 67 ; 73 ; 106 ; 107 ; 116, (9, 10, 14, 16, 20, 38, 42, 63, 69, 94, 141)
**レテ** Λήθη［ギリシア神話のエリス Eris の娘、忘却の意、同時に冥界の川の名］序 5
**レデストス** Rhaidestos［マルマラ海北岸の都市］2-4, 3-49 ; 58 ; 82

**ロ**

**ロガ** ῥόγα［年金］続ス 142
**ロガス** λογάς（ロガデス λογάδες）［選りすぐれた者（元老院の）］Ⅰ22・［高級将校］Ⅳ 33
**ロゴス** Λόγος［神］Ⅳ 6
**ロゴセティス＝トゥ＝ドロムゥ** λογοθέτης τοῦ δρόμου［道路網の管理や郵便業務に関わり、また外交関係にも一部従事した重要な官職］ニキフォリツィス Ⅱ 1, Ⅲ 16；18；19；26, 3-5；126
**ロゴセティス＝トン＝イダトン** λογοθέτης τῶν ὑδάτων［水通橋にかかわる役人］アタ 167
**ロハゴス** λοχαγός（ロハイ λοχαγοί）［歩兵部隊の指揮官］3-55・［将校］Ⅲ 8；10, Ⅳ 2, 続ス 143］
**ロベール＝ギスカール** Robert Guiscard［南イタリアのノルマン人征服者］解題 24, 1-37, 2-14；78, 3-18,（106）
**ロベール＝クリスピン** Robert Crispin（クレパン Crépin） →クリスピノス
**ロホス** λόχος（ロヒ λόχοι）［独立部隊］Ⅰ11；17, Ⅳ 10, アタ 150；162, 続ス 147, 1-130・［待ち伏せ］Ⅰ1, Ⅱ 3；20, Ⅲ 17, 1-3, 2-85
**ローマ** Ῥώμη ①古い πρεσβυτέρα［都市ローマ］序 9・②新しい πνεωτέρα［コンスタンティノープル］序 9
**ローマ人** Ῥωμαῖος（Ῥωμαῖοι）Ⅰ 7；10；13；16；17, Ⅱ 3；4；6；9；10, Ⅲ 1；15, Ⅳ 9；アタ 147；153；155；157；159；160；162；166；174；179, 続ス 145；147；149；解題, 1-131, 2-33, 4-66,（49, 54, 70, 74）・ローマ人の国家（プラグマタ）序 11, Ⅱ 1・ローマ人の帝国（プラグマタ）Ⅱ 25・ローマ人の帝国（アルヒ）Ⅲ 4, Ⅳ 17・ローマ人の国家（イエモニア）Ⅰ1・ローマ人の舵取り（イエモニア）序 11・ローマ人の権力（アルヒ）Ⅰ 4・ローマ人の支配 Ⅰ 4, Ⅲ 3, アタ 149；163・ローマ人の帝笏（スキプトラ）Ⅰ 6・ローマ人の皇帝（ヴァシレフス、ヴァシリス）Ⅰ 2；11；17；19, Ⅱ 16；17；21；26, Ⅲ 9；10；17, Ⅳ 31, プセ 162；164, アタ 164, 続ス 146；150, ゾナ 702、2-39；59；72・ローマ人の防柵の陣地（ハラクス）Ⅰ 14・ローマ人の陣地 1-117・ローマ人の諸部隊（タクシス）Ⅰ 17・ローマ人の諸部隊（ファランゲス）アタ 161, 続ス 148・ローマ人の軍隊（ロマイキ ストラティア）ゾナ 700・ローマ人の将軍（ストラティギ）Ⅳ 28・ローマ人との協定に従う者（イポスポンディ）Ⅲ 3・ローマ人の土地 プセ 161, アタ 158, 続ス 147・ローマ人の領域（エピクラティア）続ス 151・ローマ人の繁栄 アタ 176・ローマ人の従者 アタ 154・ローマ人の敵 プセ 170・ローマ人の失態 ゾナ 701
**ローマの** Ρωμαϊκός / Ρωμαϊκά' / Ρωμαῖος［ローマの・ローマ人の］Ⅱ 3；17, 4-77
　**ローマ遠征軍** Ῥωμαϊκὸν στράτευμα　Ⅱ 17
　**ローマ軍** Ῥωμαϊκὸν στρατόπεδον / Ρωμαϊκὴ στρατία　Ⅰ 16；17；21, Ⅱ 5, プセ 167, アタ 148, 解題 3；4；8；14, 1-114；123, 2-11,（44, 69）
　**ローマ人の軍勢** Ῥωμαϊκὰ στρατεύματα / Ρωμαϊκαὶ δύναμεις　Ⅰ 12；16, Ⅱ 5；17, アタ 174
　**ローマ人の高潔** Ῥωμαϊκὴ γενναιότης　Ⅰ 15, Ⅱ 5
　**ローマ人の衣服** Ῥωμαϊκὴ σκευή　アタ 166, 続ス 152
　**ローマ人の都市** Ῥωμαϊκὴ πόλις　アタ 149
　**ローマ人の領土** Ῥωμαϊκὰ ὁρία　Ⅱ 8；9；21, アタ 166；172, ゾナ 699
　**ローマ人の陣立て** Ῥωμαϊκὴ τάξις / Ῥωμαϊκὴ φάλαγξ　Ⅱ 14, 解題
　**ローマ人の立派な装い（衣服）** τὸ ῥωμαϊκώτερον　続ス 152, ゾナ 703
　**ローマ人兵士** Ῥωμαῖοι στρατιῶται　続ス 145；146, 1-115, 2-67
　**ローマ帝国** Ῥωμαϊκὴ βασιλεία 序 5；10, Ⅰ 6；25, Ⅱ 21, Ⅲ 11；16, Ⅳ 1；3；31, 解題, 0-18, 1-6；58；86；105；118, 2-14, 3-8；17；102, 4-7,（34, 40, 94, 106）

**ロマノス＝ディオエニス** Ῥωμανός ὁ Διογένης［ローマ皇帝ロマノス４世（在位 1068~71）］生涯，I 6；7；11~25, II 1；3 ；29, III 1；15, プセ，アタ，続ス，ゾナ，解題，0-20, 1-37；40；79；85；87；88；94~96；100；101；103；108；110；112；117~120；131~133；137；149；151~154；158；161；164；170~172；174；176~181；184, 2-4；78；97；113；114, 3-129, 4-22,（11, 14, 17, 20, 44, 60, 68, 71, 75~79, 84, 104, 106, 137, 138）
**ロムフェア** ῥομφαία（ロムフェエ ῥομφαίαι）［両刃の剣］I 20, IV 9, プセ 165, アタ 157

# ＜関係史料および参照文献＞

*本項は、訳者の当初の文章を尊重しつつ、文献表記方法を統一するために大幅に編集した（村田）。

## I. 主要関係史料解説

**プセロス『年代記』**（版本：Psellos, *Chronographie*）

ミハイル＝プセロスは1018年コンスタンティノープルに生まれ、1081年より後に死去したらしい。『年代記』は976年から1078年までの14人の皇帝・女帝について主として個人的な観察にもとづいた記述である（*ODB*, pp.1754-1755）。英訳にPsellos / Sewter, *Fourteen Byzantine Rulers* がある。

**アタリアティス『歴史』**（版本：Attaleiates, *Historia*）

ミハイル＝アタリアティスは1020年ころから30年の間に生まれ、1079年あるいは1085年後に死去したらしい。『歴史』の扱う時代範囲は1034年から1079/80年、ニキフォロス＝ヴォタニアティスの廃位（1081年）後に最終的に完成された（*ODB*, p.229）。Attaleiates / Polemis, *Istoria* にはBonn版（Attaleiates, *Historia*）のギリシア語テキストと共にその対訳の現代ギリシア語訳がおさめられている。新しいテキスト（Ataliates / Martin, *Historia*）とそれにもとづく英訳が出版された（Attaleiates / Kaldellis-Krallis, *History*）。

**スキリツィス『歴史通観』**（版本：*Scylitzes-Cedrenus*）

11世紀後半の人であるヨアニス＝スキリツィスの『歴史通観』は811年から1057年までを扱っている。エオルイオス＝ケドリノスは12世紀の歴史家、その『歴史概要』は世界創造から1057年まで扱い、811年以降はスキリツィスをそのまま使用している（*ODB*, p.1914, p.1118）。新しいテキストと現代語訳として、Scylitzes / Thurn, *Synopsis*（テキスト）; Skylitzès / Flusin-Cheynet, *Empereurs*（仏訳）; Skylitzes / Wortley, *Synopsis*（英訳）がある。

**『続スキリツィス』**（版本：Scylitzes *Continuatus*）

作者不詳の『続スキリツィス』はヨアニス＝スキリツィスの『歴史通観』の続編をなし、1057年から1079年まで扱う。アタリアティスの『歴史』の書きかえである（*ODB*, p.1914）。しかしたとえば本書「付録」で訳出した部分に関しては、アタリアティスに見られない記事が散見する。

**ゾナラス『歴史要約』**（版本：Zonaras, *Epitomae historiarum*）

ヨアニス＝ゾナラスはアレクシオス1世時代の高位の役人（12世紀前半）、その年代記『歴史要約』は世界創造から1118年までを扱う。811年以降はスキリツィスとプセロスに基づいているが、アレクシオスの治世に関する部分は彼自身の筆による（*ODB*,

p.2229)。ドイツ語の部分訳が出版されている（Zonaras / Trapp, *Chronik*)。

**アンナ＝コムニニ『アレクシアス』**（版本：Anne Comnène, *Alexiade*)

アンナ＝コムニニの『アレクシアス』は12世紀後半の作品。英訳にAnna Comnena / Dawes, *Alexiad* と Anna Comnena / Sewter-Frankopan, *Alexiad* がある。J. N. Ljubarskij のロシア語訳（Anna Comnena / Ljubarskij, *Aleksiada*）は多数の訳註と共に明快な訳文は大いに参考になる。さらに新たなギリシア語テキスト（Anna Comnena / Reinsch-Kambylis, *Alexias*）とそれにもとづくドイツ語訳がでた（Anna Komnene / Reinsch, *Alexias*：このドイツ語訳はギリシア語テキストに先立って現れた)。[本書においては、『アレクシアス』からの引用は主として日本語訳（『アレクシアス』[相野]）で示した]

各項の最初に掲げた各版本はGautierの使用しているものであるが、Gautierの *Nicéphore Bryennios, Histoire* を含めすべて、*Thesaurus Linguae Graecae*（CD-ROM), the University of California, 1992に収録されている。この貴重なCDは、*The Encyclopaedia of Islam*, CD-ROM Edition と共に元流通科学大学教授・梅田修氏所蔵のものを利用させていただいた。あらためて感謝の意を記しておきたい。

## II. 主要参照文献

### II-1. 史料および現代語訳


『アレクシアス』(相野) = アンナ＝コムニニ（相野洋三訳）『アレクシアス』悠書館、2019年 ; 2020年（第2刷)。

Anna Comnena / Dawes, *Alexiad* = *The Alexiad of Anna Comnena*, trans. by E. A. S. Dawes, London, 1928.

Anna Comnena / Ljubarskij, *Aleksiada* = Анна Комнина, *Алексиада*, перевод, комментарий и статьи, Я. Н. Любарский, Москва, 1965.

Anna Comnena / Reinsch-Kambylis, *Alexias* = *Annae Comnenae Alexias*, eds. D. R. Reinsch et A. Kambylis, 2 vols. (Corpus Fontium Historiae Byzantinae, 40/1-2), Berlin, 2001.

Anna Comnena / Sewter-Frankopan, *Alexiad* = *The Alexiad of Anna Comnena*, trans. E. R. A. Sewter, London, 1968; revised with Introduction and Notes by P. Frankopan, London, 2009.

Anna Komnene / Reinsch, *Alexias* = Anna Komnene, *Alexias*, übers. D. R. Reinsch, Köln, 1996; 2. Aufl., Berlin, 2001.

Anne Comnène, *Alexiade* = Anne Comnène, *Alexiade*, I-II-III, text établi et traduit par B. Leib, Paris, 1937-1943-1945.

Ataliates / Martin, *Historia* = Miguel Ataliates, *Historia*, introducción, edición, traducción y comentario de I. Pérez Martin, Madrid, 2002.

Attaleiates / Kaldellis-Krallis, *History* = Michael Attaleiates, *The History,* trans. by A. Kaldellis and D. Krallis, Cambridge, MA, 2012.

Attaleiates / Polemis, *Istoria* = Μιχαὴλ Ἀτταλειάτης, *Ἱστόρια*, μετάφραση, εἰσαγωγή, σχόλια, I.

Πολέμης, Ἀθήνα, 1997.

Attaleiates, *Historia* = *Michaelis Attaliotae Historia*, eds. W. B. de Presle et I. Bekker (Corpus Scriptorum Historiae Byzantinae), Bonn, 1853.

Choniates / Magoulias, *Annals* = *O City of Byzamtium, Annals of Niketas Choniatēs*, trans. H. J. Magoulias, Detroit, MI, 1984.

Choniates, *Historia* = *Nicetae Choniatae historia,* ed. J. L. van Dieten, 2 vols. (Corpus Fontium Historiae Byzantinae, 11/1-2), Berlin, 1975.

Dain, *L'Extrait tactique* = A. Dain, *L' « Extrait tactique » tiré de Léon VI Le Sage*, Paris, 1942.

Dain, *Leonis VI problemata* = A. Dain, *Leonis VI Sapientis problemata*, Paris, 1935.

Dain, *Sylloge tacticorum* = A. Dain, *Sylloge tacticorum: quae olim "inedita leonis tactica" dicebatur*, Paris, 1938.

Grégoire, *Nicéphore Bryennios, Les Quatre Livres des Histoires* = H. Grégoire, Nicéphore Bryennios, *Les Quatre Livres des Histoires*, Traduction Française avec Notes, *Byzantion*, 23 (1953), pp.469-530; 25-26-27 (1955-56-57), pp.881-926.

Janssens, *Bataille de Mantzikert* = E. Janssens, La Bataille de Mantzikert (1071) selon Michel Attaliatès, *Annuaire de l'Institut de Philologie*, Bruxelle, 20 (1973), pp.291-304.

*La Geste de Robert Guiscard* = Guillaume de Pouille, *La Geste de Robert Guiscard*, édition, traduction, commentaire et introduction par M. Mathieu, Palerme, 1961.

*Nicéphore Bryennios, Histoire* = Nicéphore Bryennios, *Histoire*, introduction, texte, traduction et notes par P. Gautier (Corpus Fontium Historiae Byzantinae, 9), Bruxelles, 1975.

Oikonomidès, *Listes de préséance* = N. Oikonomidès, éd., *Les listes de préséance byzantines des IXe et Xe siècles: introduction, texte et commentaire*, Paris, 1972.

Psellos / Sewter, *Fourteen Byzantine Rulers* = Michael Psellus, *Fourteen Byzantine Rulers, The Chronographia of Michael Psellus*, trans. with an introduction by E. R. A. Sewter, rev. ed., London, 1966.

Psellos, *Chronographie* = Michel Psellos, *Chronographie*, text établi et traduit par É. Renauld, I-II, Paris, 1926-1928.

Scylitzes / Thurn, *Synopsis* = *Ioannis Scylitzae Synopsis historiarum*, ed. I. Thurn (Corpus Fontium Historiae Byzantinae, 5), Berlin, 1973.

*Scylitzes Continuatus* = *Ἡ Συνέχεια τῆς Χρονογραφίας τοῦ Ἰωάννου Σκυλίτση (Ioannes Skylitzes Continuatus)*, εκδ. Ε. Θ. Τσολάκης, Θεσσαλονίκη, 1968.

*Scylitzes-Cedrenus* = *Georgius Cedrenus Ioannis Scylizae ope suppletus et emendatus*, ed. I. Bekker (Corpus Scriptorum Historiae Byzantinae), vol. II, Bonn, 1839.

Skylitzès / Flusin-Cheynet, *Empereurs* = Jean Skylitzès, *Empereurs de Constantinople*, texte traduit par B. Flusin et annoté par J.-C. Cheynet, Paris, 2003.

Skylitzes / Wortley, *Synopsis* = John Skylitzes, *A Synopsis of Byzantine History, 811-1057,* introduction, text and translated by J. Wortley, Cambridge, 2010.

Strabon, *Geographica* = *Strabonis Geographica*, ed. C. Mueller et F. Duebner, Paris, 1853.

Zonaras / Trapp, *Chronik* = *Militärs und Höflinge im Ringen um das Kaisertum, Byzantinische*

*Geschichite von 969 bis 1118 nach der Chronik des Johannes Zonaras*, übers. E. Trapp (Byzantinische Geschichtsschreiber, 16), Graz, 1986.

Zonaras, *Epitomae historiarum* = *Ioannis Zonarae Epitomae historiarum, libri XIII-XVIII*, ed. Th. Büttner-Wobst (Corpus Scriptorum Historiae Byzantinae), Bonn, 1897.

ホメロス（松平千秋訳）『イリアス』上下巻、岩波文庫、1992-1996 年。

## II-2. 参照文献

Ahrweiler, *Recherches* = H. Ahrweiler, Recherches sur l'administration de l'Empire byzantin aux IX^e^-XI^e^ siècles, *Bulletin de Correspondance Hellénique*, 84 (1960), pp.1-111.

Ahrweiler, *Byzance et la mer* = H. Ahrweiler, *Byzance et la Mer: La marine de guerre, la politique et les institutions maritimes de Byzance aux VII^e^-XV^e^ siècles*, Paris, 1966.

Buckler, *Anna Comnena* = G. Buckler, *Anna Comnena: A Study*, Oxford, 1929.

Cahen, *Campagne de Mantzikert* = C. Cahen, La campagne de Mantzikert d'après les sources musulmanes, *Byzantion*, 9 (1934), pp.611-642.

Cahen, *Première pénétration turque* = C. Cahen, La première pénétration turque en Asie Mineure (seconde moitié du XI^e^ siècle), *Byzantion*, 18 (1948), pp.5-67.

Cahen, *Qutlumush* = C. Cahen, Qutlumush et ses fils avant l'Asie Mineure, *Der Islam*, 39 (1964), pp.14-27.

Cheynet, *Mantzikert* = J.-C. Cheynet, Mantzikert: Un désastre militaire?, *Byzantion*, 50/2 (1980), pp.410-438.

Chalandon, *Alexis Comnène* = F. Chalandon, *Essai sur le règne d'Alexis I^er^ Comnène*, Paris, 1900.

Chalandon, *Jean II Comnène* = F. Chalandon, *Jean II Comnène (1118-1143) et Manuel I^er^ Comnène (1143-1180)*, Paris, 1912.

Dölger, *Regesten* = F. Dölger, *Regesten der Kaiserurkunden des oströmischen Reiches von 565-1453*, 5 Teile, München, 1924-1965.

Dölger-Wirth, *Regesten* = F. Dölger und P. Wirth, *Regesten der Kaiserurkunden des oströmischen Reiches von 565-1453*, 2. Teil: *Regesten von 1025-1204*, 2. Aufl., München, 1995.

*EI* = *La Encyclopédie de l'Islam*, I-II-III-IV, Leiden-Paris, 1913-1934; *The Encyclopaedia of Islam,* CD-ROM Edition, Leiden, 2001.

Gautier, *Jean Tzetzès* = P. Gautier, La curieuse ascendance de Jean Tzetzès, *Revue des Études Byzantines*, 28 (1970), pp.207-220.

Grumel, *Chronologie* = V. Grumel, *La Chronologie*, Paris, 1958.

Honigmann, *Ostgrenze* = E. Honigmann, *Die Ostgrenze des byzantinischen Reiches von 363 bis 1073*, Bruxelles, 1935.

Janin, *Constantinople byzantine* = R. Janin, *Constantinople byzantine: Développement urbain et répertoire topographique*, 2^e^ éd., Paris, 1964.

Janin, *Églises et monastères* = R. Janin, *La géographie ecclésiastique de l'empire byzantine,* 1^re^ Partie: *Le Siège de Constantinople et le patriarcat œcuménique*, tome III: *Les églises et les*

*monastères*, 2e éd., Paris, 1969.

Kafesoğlu, *A History of the Seljuks* = İ. Kafesoğlu, *A History of the Seljuks: İbrahim Kafesoğlu's Interpretation and the Resulting Controversy*, ed. G. Leiser, Carbondale, IL, 1988.

Laurent, *Byzance et les Turcs* = J. Laurent, *Byzance et les Turcs seldjoucides dans l'Asie occidentale jusqu'en 1081*, Nancy-Paris, 1919.

Laurent, *Chronologie des gouverneurs d'Antioche* = V. Laurent, La chronologie des gouverneurs d'Antioche sous la seconde domination byzantine, 969-1084, *Mélanges de l'Université Saint-Joseph*, 38 (1962), pp. 219-254.

Moravcsik, *Byzantinoturcica* = G. Moravcsik, *Byzantinoturcica,* II, Berlin, 1958.

Neville, *Heroes and Romans* = L. Neville, *Heroes and Romans in Twelfth-Century Byzantium: The Material for History of Nikephoros Bryennios*, Cambridge, 2012.

*ODB* = A. P. Kazhdan, ed., *The Oxford Dictionary of Byzantium*, 3 vols., Oxford, 1991.

*PBW* = M. Jeffreys et al., *Prosopography of the Byzantine World, 2016*, London, 2017, available at http://pbw2016.kdl.kcl.ac.uk.

Polemis, *Notes* = D. Polemis, Notes on Eleventh-Century Chronology (1059-1081), *Byzantinische Zeitschrift*, 58 (1965), pp.60-76.

Polemis, *The Doukai* = D. Polemis, *The Doukai: A Contribution to Byzantine Prosopography,* London, 1968.

Ramsay, *Historical Geography* = W. M. Ramsay, *The Historical Geography of Asia Minor,* London, 1890.

Treadgold, *History* = W. Treadgold, *A History of the Byzantine State and Society*, Stanford, CA, 1997.

Vryonis, *Decline of Medieval Hellenism* = S. Vryonis, Jr, *The Decline of Medieval Hellenism in Asia Minor and the Process of Islamization from the Eleventh through the Fifteenth Century*, Berkely-Los Angeles, 1971.

井上浩一『歴史学の慰め　アンナ・コムネナの生涯と作品』白水社、2020 年。

ジュディス・ヘリン（井上浩一監訳）『ビザンツ　驚くべき中世帝国』白水社、2010 年。

尚樹啓太郎『コンスタンティノープルを歩く』東海大学出版会、1988 年。

尚樹啓太郎『ビザンツ帝国史』東海大学出版会、1999 年。

中谷功治『テマ反乱とビザンツ帝国――コンスタンティノープル政府と地方軍団――』大阪大学出版会、2016 年。

中谷功治『ビザンツ帝国　千年の興亡と皇帝たち』中公新書、2020 年。

根津由喜夫『ビザンツ貴族と皇帝政権――コムネノス朝支配体制の成立過程――』世界思想社、2012 年。

渡辺金一『コンスタンティノープル千年―革命劇場――』岩波新書、1985 年。

## III. 使用したギリシア語辞典

*DGF* = A. Bailly, *Dictionnaire grec-français*, La seizième édition, Paris, 1950.

*GEL* = H. G. Liddell and R. Scott et al., *A Greek-English Lexicon*, Oxford, New Edition, reprinted 1961.

*IGEL* = *An Intermediate Greek-English Lexicon, founded upon the seventh edition of Liddle and Scott's Greek-English Lexicon*, Oxford, 1963.

*MLD* = Δ. Δημητράκος, *Μέγα λεξικόν της Ελληνικής γλώσσης*, Αθήνα, 1964.

*PGL* = G. W. H. Lampe, *A Patristic Greek Lexicon*, Oxford, 1961.

Pring, J. T., *The Oxford Dictionary of Modern Greek*, Oxford, 1986.

*SGL* = E. A. Sophocles, *Greek Lexicon of the Roman and Byzantine Periods, from B.C.146 to A.D.1100*, New York, 1900.

Δημητράκος, Δ., *Νέον ορθογραφικόν ερμηνευτικόν λεξικόν*, Αθήνα, 1956.

古川晴風編著『ギリシャ語辞典』大学書林、1989 年。

# 〈訳註〉

・引用文献ページ番号の肩付き数字は行を示している。
・「付録：マンツィケルトの戦い」訳註は、収録したプセロス『年代記』、アタリアティス『歴史』、『続スキリツィス』、ゾナラス『歴史要約』を通して註番号を付した。
・引用史料の後ろに［付］とある場合、付録の当該頁に訳文があることを示す。
・訳者の遺稿を尊重しつつ、文献などの表記の統一をおこない、明らかな誤りについては断りなく変更した（村田）。

## ＜ニキフォロス＝ヴリエニオス『歴史』＞

### 序文

0-1 －ニキフォロス＝ヴリエニオスのいわゆる『歴史』の古写本はトゥルーズの聖書学教授であったP. Poussinesが1649年以前にたまたまトゥルーズで出会い、それを写しとった。この古写本は不幸にしてその後行方不明となる（Gautier, *Nicéphore Bryennios, Histoire*, pp.33-36）。Gautier版はPoussinesによって写し取られたものに基づく。Gautier以前の版本は*Corpus Byzantinae Historiae*（Paris, 1661）、*Corpus Scriptorum Historiae Byzantinae*（Bonn, 1836）、J.P. Migne, *Patrologia graeca,* tome 127, col.24-216（Paris, 1864）。元の写本の冒頭部分が失われているので、ヴリエニオスの著作の本来のタイトルはわからない。序文の［11］でニキフォロスが自分の著作を「歴史材料Hyle istorias」と呼ぶのが相応しいと言っているので、それがタイトルであったかもしれない。なお序文の［4］~［10］は作者不詳で、［11］のみがヴリエニオスの手によるものであることについては、*Nicéphore Bryennios, Histoire*, p.47を参照。したがって本来はこの「序文」という文字もなく、これはGrégoireにしたがってつけた（Préface, Προθεωρία）（Grégoire, *Nicéphore Bryennios, Les Quatre Livres des Histoires*, p.469, n.1 ）。

0-2 －［4］以下の表題もテキストにはつけられていない、以下Gautierの仏訳にあるものを参考にしてつけた。

0-3 －ニキフォロス＝ヴォタニアティスのミハイル7世ドゥカスに対する反乱はAttaleiates（*Historia,* pp.241-242）によれば1077年10月に起こった。「その者もまたつづいて」の言葉が示している先行の反乱は、確かに［著者の祖父、同名の］ニキフォロス＝ヴリエニオスのそれであろう。しかしながら［アタリアティスにおいては］ヴリエニオスの反乱は少なくともヴォタニアティスのそれより少なくとも1ヵ月後であることは明らかである（Attaleiates, *Historia*, p.242 :「すでに10月を過ぎていた」)。ヴリエニオスの証言は、匿名氏のそれに近い：彼の祖父の反乱はヴォタニアティスのそれに先行した（ヴリエニオス『歴史』第Ⅲ巻［16］）（*Nicéphore Bryennios, Histoire,* p.54, n.2）。

0-4 －アナトリキ（ギリシア文字は索引を参照、以下同じ）は字義通りには「東方人」の

意であるが、ここではアナトリコン＝セマを意味する。ストラティゴス職について、ストラティゴスはこの時期においては広大な地方《セマ》を統括し、大軍勢を指揮する軍司令官と、限られた小地域、一都市あるいは要塞を守護する軍司令官に分かれる（Ahrweiler, *Recherches*, p.50）。

0-5 －ヴォタニアティスの反乱はヴリエニオス『歴史』第Ⅲ巻［15］以下で語られる。

0-6 －匿名氏はほとんど 6 ヵ月つづいた事件をこのように要約し、後に再びそれらについて言及する（*Nicéphore Bryennios, Histoire*, p.55, n.4）。ヴォタニアティスは 1077 年 10 月反乱を起こす。民衆が聖ソフィア寺院においてヴォタニアティスを皇帝と宣言したのは 1078 年 1 月 7 日、その時ヴォタニアティスはまだ小アジア西部のラムビの都市におり、コンスタンティノープルへの入城は 1078 年 4 月 2 日。

0-7 －ポルフィロエニトスは皇后のお産のために用意された宮殿内の部屋、緋の産室《ポルフィラ》（porphyrae aedes）で生まれた者、つまり皇子・皇女をさす。

0-8 － Gautier によれば、「生まれながらにしてその権利の正当な保持者」はコンスタンディノスと呼ばれたミハイル 7 世のとても幼い息子（当時 4 歳）である。しかし同帝には同じく緋の産室生まれ《ポルフィロエニトス》の同名の弟があった。以下その弟の記述がつづくので、Gautier はここで弟（アデルフォス）を息子（イオス）と訂正することには躊躇せざるをえないとする。そして序文［4~10］の匿名氏が疑いもなく無知によってミハイル 7 世ドゥカスの緋の産室生まれの弟と同帝の息子コンスタンディノスとを混同しているとし、他の史料、*Scylitzes Continuatus*（p.185[1]）, Attaleiates, *Historia*（p.305[1]）, Anne Comnène, *Alexiade*（I, p.155,[25] 161[10]［*Alexias*, IV, 5, 3[20]; 6, 7[55];『アレクシアス』（相野）第Ⅳ巻 5［3］、6［7］］）によって確認される同帝の弟の名前コンスタンディオスを採用し、テキストをそのように訂正している（*Nicéphore Bryennios, Histoire*, p.55, n.6）。

0-9 －明らかに失われた部分でアレクシオスについて記述されていたのであろう。

0-10 －彼が退位を決心した時、まず弟のヨアニス＝コムニノス（すなわちアレクシオス 1 世の父）に帝位を受けるように申し出た、しかしヨアニスは辞退したので、次に元老院議員のコンスタンディノス＝ドゥカスに帝位を託すことになる。ヨアニスの妻は夫の辞退を決して諦めきれなかった（*Nicéphore Bryennios, Histoire*, p.56, n.2）。この次第は第Ⅰ巻［4~5］で語られる。

0-11 － Gautier はこれはなんら根拠のない主張で、匿名氏がその擁護を企てたアレクシオス＝コムニノスの簒奪を正当化するために用意したものであるとする（*Nicéphore Bryennios, Histoire*, p.56, n.3）。アンナ＝コムニニは、コムニノス一族のヴォタニアティス帝への反乱・反逆を明確に反逆《アポスタシア》の言葉で認めている（『アレクシアス』（相野）第Ⅱ巻 4［2］、6［2, 4, 7］、9［1］、第Ⅲ巻 4［6］、5［3, 5］、12［1］）。なおアレクシオスはコムニノス一族の兵士から、兄のイサアキオスをさしおいて皇帝歓呼の形で選挙されて皇帝となった。ビザンツでは血統の原理にもとづく世襲王政の原理は確立されず、この国の国制上の大原則が皇帝選挙制であったことについては、渡辺金一『コンスタンティノープル千年』に詳しい。

0-12 －匿名氏は帝位が空位であった 3 日の間、すなわち 1078 年 3 月 31 日から 4 月 2 日

までの間、生じたにちがいないこの奇妙な事件を述べている唯一の人物である。なおコンスタンディオスは1060年に生まれているので、当時18歳ぐらいの若者。この若者に適用されている子供《ペディオン》という用語は、同時代のビザンツ文学において例がないわけではない（*Nicéphore Bryennios, Histoire*, p.57, n.6）。

0-13 －アレクシオスのこの奔走はヴリエニオスによっても詳述されているが（第Ⅲ巻［22］）、1078年4月2日、コンスタンティノープルへのヴォタニアティスの入城前夜に起こった。会見は疑いもなく、ニコミディア湾の南岸、プレネトスでなされた、そしてヴォタニアティスはそこから帝都に向かって乗船するのである（*Nicéphore Bryennios, Histoire*, p.58, n.1）。

0-14 －ヴリエニオスとその妻アンナ＝コムニニは、ヴォタニアティスのこれら二人のお気に入りについてもっとも敵意に満ちた人物描写を残している。ヴォリリオスは精力と警戒心に欠けることはなかったが、1081年4月1日におけるコムニノス一族の帝位簒奪を失敗させることはできなかった（*Nicéphore Bryennios, Histoire*, p.58, n.2）。なおアンナは奴隷の一人をヴォリリオスでなくヴォリロスと表記している（『アレクシアス』（相野）第Ⅰ巻7［1］）。なお「奴隷」は軽蔑的呼称で、彼ら二人は奴隷ではない。

0-15 －アンナ＝コムニニは、彼女の立場からイサアキオスとアレクシオス＝コムニノス兄弟に対するヴォリロスとエルマノスの陰謀を主張している（『アレクシアス』（相野）第Ⅱ巻1［3］、2［4］、3［4］、4［1, 3-4］さらにZonoaras, *Epitomae historiarum*, pp.726-727参照）、しかし1080年末あるいは1081年初めに置かれるべきこの指令書については言及していない（Dölger, *Regesten*, no.1052［Dölger-Wirth, *Regesten*, no.1052（1081 märz）］）（*Nicéphore Bryennios, Histoire*, p.59, n.3）。

0-16 －アンナ＝コムニニはこの企てを二人の奴隷（ヴォリロスとエルマノス）によるものにしている（『アレクシアス』（相野）第Ⅱ巻4［1, 6］）（*Nicéphore Bryennios, Histoire*, p.60, n.1）。

0-17 －ニキフォロス＝ヴリエニオスとニキフォロス＝ヴァシラキスについては、序文の失われた部分で言及されていたのだろう。彼らの蜂起は、第Ⅲ巻［9］および第Ⅳ巻［18］で語られる（*Nicéphore Bryennios, Histoire*, p.61, n.2）。

0-18 －メガス＝ドメスティコスは最高軍事司令官。アレクシオス1世治下においてもっぱら職業兵士から構成されたローマ帝国陸軍は、傭兵制度にしたがって帝国内の住民から、あるいは帝国と同盟関係にある、または帝国内に勤務する外国人から徴募された中央軍の諸軍タグマタであった。地方で徴募され、現地で勤務する軍隊（すなわち諸セマの軍隊）はすでに消滅してしまっていた。帝国人将官あるいは外国人将官の命令下におかれた中央軍の諸軍（Scholai, exkoubitoi, arithmos, Ikanatoiなど）はさまざまの軍事行動に参加する。彼ら将官はすべて中央の軍事司令部、すなわちこの時期に創設され、メガス＝ドメスティコスの命令下におかれた参謀本部にしたがう。したがってその時期まで東方軍と西方軍に分かれ、それぞれ一人のドメスティコスの命令下に置かれていた帝国軍はこれからは一つの指揮下に入る（Ahrweiler, *Byzance et la Mer*, pp.206-207）。第Ⅰ巻の註1-17をも参照。

0-19 − Grégoire はここを次のように埋めることを提案している。「彼自身の相続権をコンスタンディノス＝ドゥカスに委ね、その死後に自分［イサアキオス＝コムニノス］の子孫の一人が統治すべきである、しかしこの約束に反して……」(Grégoire, *Nicéphore Bryennios, Quatre Livres des Histoires*, p.472)。Gautier もここに註をつけ、Grégoire の提案を紹介すると共に、ここには欠文はないとする別の学者の意見も指摘している（*Nicéphore Bryennios, Histoire*, p.62, n.3）。

0-20 −おそらくロマノス＝ディオエニス、この者は故コンスタンディノス 10 世の妻を娶り、1068 年 1 月 1 日皇帝として戴冠された（*Nicéphore Bryennios, Histoire*, p.63, n.5）。

0-21 − 1081 年 2 月 15 日月曜日の明け方、彼はこっそりとコンスタンティノープルを離れる。この行動をアンナ＝コムニニは、正確さは別にしてこと細かに記述している（『アレクシアス』（相野）第Ⅱ巻 4［5］~6［3］）（*Nicéphore Bryennios, Histoire*, p.62, n.6）。

0-22 −諸軍を集結したアドリアヌポリス（Zonaras, *Epitomae historiarum*, p.727）から、アレクシアスはまずチョルル Tchorlou［ツゥルロス］に向かう、そこにはアンナにしたがえば（『アレクシアス』（相野）第Ⅱ巻 6［3-9］）、1081 年 2 月の初頭トルコ人のキズィコス Cyzicus 占領の報を受けた後、彼の命令で一軍が集まっていた、そしてそこからアシラ（アシラス）とスヒザ（共にコンスタンティノープル近郊のスラキアの村）に向かう（*Nicéphore Bryennios, Histoire*, p.63, n.7）。

0-23 − Zonaras, *Epitomae historiarum*, p.727. アンナは、オレスティアス、すなわちアドリアヌポリスの住民は以前ニキフォロス＝ヴリエニオスを捕らえたことでコムニノスに恨みを抱き、そのためヴォタニアティスに忠誠の態度を保持していたとだけ述べている（『アレクシアス』（相野）第Ⅱ巻 6［10］）（*Nicéphore Bryennios, Histoire*, p.64, n.1）。アドリアヌポリスはニキフォロス＝ヴリエニオスの出身地。次の註 0-24 も参照。

0-24 −その場面に多くの頁を使っているアンナ＝コムニニ（『アレクシアス』（相野）第Ⅱ巻 6［10］~ 7［7］））によれば、彼は帝都の近く、スヒザ Schiza で皇帝に宣言されたことになっている。他の著述家（Zonaras, *Epitomae historiarum*, p.727 ; *Ephraemii Chronographi Caesares*, in PG, 143 (1865) col.137, v.3458-3461）によれば、軍隊による皇帝歓呼はアドリアヌポリスで起こった。これらの事件は、同じく反乱を起こしたニキフォロス＝メリシノスがダマリスに到着したその時、3 月の終わりに起こった（『アレクシアス』（相野）第Ⅱ巻 8［1］）。アレクシオスが帝都に入ったのは、1081 年 4 月 8 日木曜日になってからである（*Nicéphore Bryennios, Histoire*, p.64, n.2）。

0-25 −ミハイル 7 世の弟コンスタンディオス＝ドゥカスであって、当時まだ 4、5 歳にすぎない 7 世の息子のコンスタンディノス＝ドゥカスではない。匿名氏は、1079 年春に起こした反乱の後にある島に追放されていたその若いポルフィロエニトスがアレクシオス側に立っていることを指摘している唯一の人物である。反乱そのものについては Attaleiates, *Historia*, p.305 ; *Scylitzes Continuatus*, p.185 ; Zonaras, *Epitomae historiarum*, p.724。また Polemis, *Notes*, pp.72-73 も参照（*Nicéphore Bryennios, Histoire*, p.64, n.3）。

0-26 − Gautier が言うように匿名氏はミハイル 7 世の兄弟のコンスタンディオスと息子のコンスタンディノスを混同している、むしろ両者を同一人物としている。文の流れか

らこのポルフィロエニトスはすぐ前にでている「その者」、すなわち兄弟となろう。しかしここは疑いもなくミハイル7世の息子、コンスタンディノス＝ドゥカスである。Gautier はその理由を二つ指摘している。すなわちコンスタンディオス＝ドゥカスは1081年10月18日にディラヒオンの近くでノルマン人との戦闘で殺された（『アレクシアス』（相野）第Ⅳ巻6［7］）。他方、今問題になっているアレクシオス＝コムニノスの娘、アンナ＝コムニニは、1083年12月2日土曜、明け方に生まれた（同第Ⅵ巻8［1］）、そして彼女はコンスタンディノス＝ドゥカス、当時10歳のミハイル7世の長男と婚約させられた（同第Ⅵ巻8［3］）（*Nicéphore Bryennios, Histoire*, p.65, n.5）。

0-27 －これらの特権の認可は『アレクシアス』（相野）第Ⅵ巻8［3］でも確認される（*Nicéphore Bryennios, Histoire*, p.65, n.6）。

0-28 －ここの文から、結局匿名氏がただ一人のポルフィロエニトス、すなわち、アレクシオス＝コムニノスが1078年3月の末、帝座につけようとして失敗し、次にヴォタニアティスのもとに連れて行った子供（コンスタンディオス＝ドゥカス）しか知らなかったことが理解される（*Nicéphore Bryennios, Histoire*, p.65, n.7）。

0-29 －コンスタンディノス＝ドゥカスは1094年の後半、あるいは1095/6年に死去した。実際、彼はアレクシオス帝の長男、ヨアニス＝コムニノスの誕生（1087年8月13日月曜日）の結果、権力の座から遠ざけられた。後者は1095年の日付をもつナポリの大司教の書簡によれば1091年あるいは1092年共治帝となる（*Nicéphore Bryennios, Histoire*, p.66, n.1）。

0-30 －簒奪者［アレクシオス］の雑多な要素からなる軍隊は数日間、首都において略奪に身をゆだね、乱暴と殺人さえ犯した（*Nicéphore Bryennios, Histoire*, p.66, n.2）。アンナ＝コムニニも惨事は指摘しているが、流血はなかったとしている（『アレクシアス』（相野）第Ⅱ巻10［4］）。ゾナラスは殺人を言及（Zonaras, *Epitomae historiarum*, p.729）。

0-31 －アンドロニコス＝ドゥカスとブルガリアのマリアとの娘、イリニ＝ドゥケナ。当時10歳と11歳の間にあった彼女とアレクシオスの結婚は1078年の初めに行われた（*Nicéphore Bryennios, Histoire*, p.67, 3）。Chronology for 1078 in *PBW* を参照。

0-32 －これは明らかに伝説である（*Nicéphore Bryennios, Histoire*, p.68, n.1）。

0-33 －ヨアニス＝コムニノス。当時31歳であった彼は、1118年8月15日から16日にかけての深夜、劇的状況下で権力を握った。Gautier は、参考文献として Chalandon, *Alexis Comnène*, pp.273-276 ; Chalandon, *Jean II Comnène*, pp.1-8 をあげている（*Nicéphore Bryennios, Histoire*, p.68, n.2）。

0-34 －ミハイル7世の息子、コンスタンディノス＝ドゥカス、1095/6年頃死去（*Nicéphore Bryennios, Histoire*, p.69, n.3）。

0-35 －おそらくミハイル7世の弟、コンスタンディオス＝ドゥカス、1081年10月18日死去（*Nicéphore Bryennios, Histoire*, p.69, n.4）.

0-36 －この序文［11］の執筆者ニキフォロス＝ヴリエニオスは、自分の夫の歴史を書くことを求めた前皇后イリニ＝ドゥケナに向かって話しかけている（*Nicéphore Bryennios, Histoire*, p.70, n.1）。

0-37 －明らかにテキストは欠文（*Nicéphore Bryennios, Histoire*, p.71, n.3）。

0-38 －当時の文人に見られる決まり文句（*Nicéphore Bryennios, Histoire*, p.72, n.1）。

**第 I 巻**

1-1 －ヴァルダス＝スクリロスの 3 回にわたる反乱と最終的な降服（989 年）については Treadgold, *History*, pp.513-518 に詳しい。ただしマヌイルについては触れられていない。アンナは十字軍士のニケア攻囲の場面で、この者について少し述べている。「昔、先の皇帝イサアキオス＝コムニノスと兄弟ヨアニスの父、すなわち私の父の祖父であるマヌイルは［皇帝］ヴァシリオスによってスクリロスとの敵対関係を、あるいは武力であるいは説得して和平を結ばせることで終結する使命をあたられた、それはその者が東方のストラティゴス＝アフトクラトルに昇進した時であった」（『アレクシアス』（相野）第 XI 巻 1［6］）。

1-2 －つまり皇帝家の一員として受け入れられた（Neville, *Heroes and Romans*, p.177）。

1-3 －ロヒ（ロホスの複数—ギリシア文字は索引を参照）は、歩兵隊の小隊の意味のほかに「待ち伏せ・待ち伏せの場所」の意味にも使われる（*GED*）。

1-4 －彼らは皇族に属する若者たちと同じ教育を受けた（*Nicéphore Bryennios, Histoire*, p.76, n.1）。

1-5 －洗礼者ヨハネに捧げられた首都の修道院のうちもっとも有名で、首都の西南隅の金門近くに位置する（*Nicéphore Bryennios, Histoire*, p.76, n.2）。尚樹啓太郎『コンスタンティノープルを歩く』134-136 頁に、修道院の説明と廃墟として残っている前廊部分の写真がある。

1-6 －中世ローマ帝国の時代において、人の年代については厳密な年齢規定はなされずに、いくつかの時期に分けられた、すなわち幼児期・児童期・青春（思春）期あるいは結婚適齢期・老齢期（*ODB*, p.36）。男子の結婚の最低年齢は 14 歳である（*ODB*, p.1305）。思春期《イヴィ》は古代アテネでは成年男子以前の 16 歳、スパルタでは 18 歳（*GED*）。Grégoire はイヴィに prime jeunesse, Gautier は adolescence の語をあてている。

1-7 －大半は傭兵から構成され、皇帝の身辺の護衛の任にあたった部隊。Cf. J. Bury, *The Imperial Administrative System in the Ninth Century*, London, 1911, pp.106-108 ; L. Bréhier, *Les institutions de l'empire byzantin*, Paris, 1949, p.134 ; Ahrweiler, *Recherches,* pp.27-29（*Nicéphore Bryennios, Histoire*, p.76, n.4）.

1-8 －このエパルヒア（エパルヒエは複数形）の用語はここの場合では一つの州（地方）の統治をさしており、それゆえディカスティスあるいはプレトルとも呼ばれるクリティス の 職［judge 職］。Cf. Ahrweiler, *Recherches,* pp.69-75（*Nicéphore Bryennios, Histoire*, p.76, n.5）.

1-9 －ファランガルヒア（フランガルヒエは複数形）は［2048 人の部隊の指揮者の職務を意味するが］ここでは専門用語としての意味をもたず、高位の軍事指揮権をさしている（*Nicéphore Bryennios, Histoire*, p.76, n.6）。

1-10 －ストラティイア（ストラティイエは複数形）の用語は戦場における一軍の総司令官の職務をさすが、一地方に駐屯する軍隊の指揮者の職務をさすこともある（*Nicéphore Bryennios, Histoire*, p.76, n.7）。

1-11 －ヴリエニオスによる間違い。エカテリナはサムイルの姪で、イヴァン・ヴラディスラフの娘（*Nicéphore Bryennios, Histoire*, p.77, n.8）。Aikaterine 101 in *PBW* を参照。

1-12 －この人物ハロンは他所では知られていない（*Nicéphore Bryennios, Histoire*, p.77, n.9）。つづいて語られるように渾名のハロンは冥府の渡し守ハロン（カロン）から。Alexios 5001［Alexios Charon, father of Anna Dalassene］in *PBW* を参照。

1-13 －ヨアニス＝コムニノスとアンナ＝ダラシニの結婚はおそらく1040/5年頃であろう。実際8人の子供はすべて1067年以前に生まれており、この年にはマリアとエヴドキアはすでに結婚していた（*Nicéphore Bryennios, Histoire*, p.78, n.2）。

1-14 －このことはまたミハイル＝プセロス（Psellos, *Chronographie*, Ⅱ, p.128［Psellos/Sewter, *Fourteen Byzantine Rulers,* p.320］）も語っている（*Nicéphore Bryennios, Histoire*, p.79, n.3）。

1-15 －彼は1057年8月31日コンスタンティノポリスに入り、翌日、9月1日月曜日に戴冠された（*Scylitzes-Cedrenus*, p.637）。小アジアの軍事貴族イサアキオス＝コムニノスの反乱と皇帝即位については、Treadgold, *History*, pp.597-598 参照。

1-16 －ケサルとノヴェリシモスと共に最高の爵位、正規には皇帝一族の者にのみ授与される。以下、人名とともにさまざまの爵位がしばしば併記されるので、フィロテオスの『官職表（クリトロロイオン）』（899年に制作）にみられる18の爵位（アクシア）を上位から記しておく。ケサル、ノヴェリシモス、クロパラティス、ゾスティ＝パトリキア、マイストロス、アンティパトス、パトリキオス、プロトスパタリオス、ディシパトス、スパタロカンディダトス、スパタリオス、イパトス、ストラトル、カンディダトス、マンダトル、ヴェスティトル、セレンディアリオス、ストラティラティス（アポ＝エパルコン）。この時期以後、プロエドロス、セヴァストス、パンイペルセヴァストスなど新しい爵位がつくられ、また宦官への爵位は別に存在した。

頻繁に、あるいは何度も現れるケサル、クロパラティス、パトリキオスについて少し解説しておこう。ケサルは皇族に与えられ、時には皇帝の後継者と見なされた。ヴォタニアティス帝の使節が反逆者ニキフォロス＝ヴリエニオスに対して和平交渉に臨んだ時、養子縁組とケサルの爵位の授与、そして帝国の後継者の地位を約束する皇帝の提案を申し出ている（ヴリエニオス『歴史』第Ⅳ巻［3］）。ケサルはアレクシオス帝による新しい爵位の創設まで最高位であった。アレクシオス帝はすでに義兄弟のニキフォロス＝メリシノスにケサルの爵位を与えてしまっていたので、兄のイサアキオス＝コムニノスにより高位の爵位を与える必要からセヴァストス（augustus）とアフトクラトル（imperator）とを合成してセヴァストクラトルを創設した。これはいわば第二皇帝であった（『アレクシアス』（相野）第Ⅲ巻4［1］）。クロパラティスはほんらい宮殿護衛を任務とする高位の官職、9世紀に爵位と見なされ、10世紀まで皇族に与えられるものであった。11世紀には筆頭クロパラティス、すなわちプロトクロパラティスの称号が

現れる。パトリキオスはコンスタンティヌス大帝によって創設され、ユスティニアヌス1世以来すべての名門一族の者に与えられた。反逆者ニキフォロスの息子もこの爵位を帯びている（ヴリエニオス『歴史』第Ⅲ巻［9］）。パトリキオスの筆頭はプロトパトリキオスである。元老院議員の最高位の階層はパトリキオス保有者であった（以上、Oikonomidès, *Listes de préséance,* pp.88-98 を参照した）。

1-17 − Gautier は参考文献の一つとして Ahrweiler の研究をあげている。以下はそれによる。中央軍《タグマ》の一つ、スホレのタグマの指揮官、すなわちドメスティコス＝トン＝スホロンは9世紀以降帝国軍の種々の作戦行動においてことのほか重要な役割を果たす。すぐれて精鋭の軍隊の指揮官、帝都に駐在するコンスタンティノープルの中央軍全体の最高司令長官は皇帝が自ら率いる軍事行動において皇帝の副官をつとめ、皇帝の不在の場合はその代理人となる。オリエントにおいてアラブ人に対する継続的な戦いは、作戦行動に参加する地方軍、すなわちセマ軍と中央軍からなる全軍を総括する一つの指揮権の創設を必要とした。地方の民・軍の行政的責任をおったセマの軍司令官《ストラティゴス》がつねに移動することを要求される軍隊の指揮権を行使することのできないことは明らかである。他方軍事的役割しかもたないドメスティコス＝トン＝スホロンはそのような任務にすこぶる適している。ドメスティコス＝トン＝スホロンは徐々に、皇帝の出陣なしにオリエントで行われる諸遠征において一種の「総司令官 strategos autokrator」の存在となっていく。諸セマのストラティゴスを含めて、一つの遠征に参加するすべての将官は彼の命令下に置かれる。その全面的な責任をおった作戦行動を成功裡に展開するために、ドメスティコス＝トン＝スホロンは彼の在任期間との関連で長期におよぶ場合、時には帝都ではなくオリエントの地に参謀本部を設置した。したがってこれからはその長にドメスティコス＝トン＝スホロン＝ティス＝アナトリス（東方の）と呼ばれるドメスティコス＝トン＝スホロンをもつオリエントの指揮権は、重要な遠征の場合に時折設けられたオクシデントのそれより先にしばしば設置された。9世紀の諸史料は実際くり返して、複数のセマ軍が一人の高位の人物、通常は皇帝の親族に掌握されていることを言及しており、その者は状況に応じて、オリエントあるいはオクシデントのモノストラティゴス（単独のストラティゴス）あるいはモノタトス＝ストラティゴスの称号をおびる。たとえばミハイル3世（在位 842~867）の治世において、ケサルのヴァルダスの二人の息子、その一人はドメスティコス＝トン＝スホロンの資格でオリエントの軍事指揮権を、他の一人はモノストラティゴス＝トン＝ディティコン（西方）の資格でオクシデントの軍事指揮権を引き受けた。これは二つの指揮権の分離の最初のケースである。しかしミハイル3世およびその後継者ヴァシリオス1世（在位 867~886）の治世下では、指揮権の分離は先行の時代におけるように、例外的な、一時的な性格をおびている。その時の必要によって強いられた指揮権の分離は、なお慣例的なものとなっていない。しかしオクシデントにおいて、まずシメオンついでサムイルによって引き起こされたブルガリア人の大攻撃に対する防御の組織化はオリエントの指揮権と並んで、半恒久的なオクシデントの指揮権の創設を必然的なものとさせたのである。諸史料がオリエントの軍事指揮権保有者に与えている称号は domestikos scholon tes Anatoles、そしてただ単に domestikos ton scholon、さらに domestikos だけの場合がある。それに対してオク

シデントのそれの場合は、「西方」がつけ加えられる。domestikos Duseos, archon Duseos, katepano Duseos, douks Duseos（Ahrweiler, *Recherches,* pp.55-58.)。メガス＝ドメスティコスについては「序文」註 0-18 を見よ。中央軍タグマ / タグマタについての詳しい解説は、中谷功治『テマ反乱とビザンツ帝国』の第 6 章「タグマについて――八世紀ビザンツにおける近衛連隊の誕生――」を参照。

1-18 － *Scylitzes-Cedrenus*, pp.619-638 ; Attaleiates, *Historia*, pp.53-70 ; Zonaras, *Epitomae historiarum*, pp.665-666 ; *Scylitzes Continuatus*, pp.103-109 ; Psellos, *Chronographie*, II, pp.84-138（*Nicéphore Bryennios, Histoire*, p.79, n.7)。

1-19 － 1059 年 10/11 月頃（*Nicéphore Bryennios, Histoire*, p.80, n.1)。

1-20 － Psellos, *Chronographie*（II, p.130）にしたがえば、ヴラヘルネ宮殿（*Nicéphore Bryennios, Histoire*, p.80, n.6)。Psellos / Sewter, *Fourteen Byzantine Rulers,* p.323.

1-21 －彼のせっかちな退位についての深い理由はなお明らかにされていない（*Nicéphore Bryennios, Histoire*, p.80, n.7)。

1-22 －他の歴史家たち（Psellos, *Chronographie*, II, p.134, 137 ; Attaleiates, *Historia*, p.69 ; Zonaras, *Epitomae historiarum*, p.673 ; *Scylitzes Continuatus*, p.108）は、皇帝は自分の兄弟も甥のセオドロス＝ドキアノスも意中になかったと断言している（*Nicéphore Bryennios, Histoire*, p.81, n.8)。セオドロス＝ドキアノスは『歴史』第Ⅱ巻［25］に登場する。

1-23 －プセロスにおいては（Psellos, *Chronographie*, II, p.137［Psellos / Sewter, *Fourteen Byzantine Rulers*, pp.329-330］)、この申し入れはコンスタンディノス＝ドゥカスに向けられている（*Nicéphore Bryennios, Histoire*, p.81, n.9)。

1-24 －これらの言葉は、プセロス（Psellos, *Chronographie*, II, p.133［Psellos / Sewter, *Fourteen Byzantine Rulers*, pp.325-326］）においては皇帝イサアキオスの妻、皇后エカテリナの口からでている（*Nicéphore Bryennios, Histoire*, p.81, n.11)。

1-25 －テニオマの語は *MLD* にも採用されていない。ταινία, ταινιόω（headband, bind with a headband）に関係する言葉であろう。Grégoire と Gautier はそれぞれ diadème impérial、la couronne impériale をあてている。

1-26 －その時期については明らかにされていない。Grumel, *Chronologie*, p.35 では 1059 年 12 月 25 日、Polemis, *The Doukai,* p.30 では 11 月 24 日（*Nicéphore Bryennios, Histoire*, p.82, n.3)。

1-27 －正義を行き渡らせるためになされた彼の絶えざる努力は他の歴史家によって確認される（Attaleiates, *Historia*, p.76 ; Psellos, *Chronographie*, II, pp.146-147, および 139 :「彼は第一の関心事として、社会一般における公正さとよき秩序を確定すること、金銭欲を断ち切り、中庸と正義を導入することとした」)（*Nicéphore Bryennios, Histoire*, p.83, n.4)。Psellos / Sewter, *Fourteen Byzantine Rulers*, p.331.

1-28 －コンスタンディノス 10 世が自ら裁判にかかわり、判決を下したことは、プセロスの次の一節によって確認される :「法廷において判定を下す場合には、その者は市民の権利の諸原則について無知ではなかった」（Psellos, *Chronographie*, p.146 ; Psellos / Sewter, *Fourteen Byzantine Rulers*, pp.331-332)。

1-29 －イサアキオス＝コムニノスは疑いなく1060年の末、あるいは1061年の初めに死去した。Cf. Attaleiates, *Historia*, p.69[15] ; *Scylitzes Continuatus*, p.109[3]（*Nicéphore Bryennios, Histoire*, p.84, n.2）.

1-30 － 1067年5月23日（*Nicéphore Bryennios, Histoire*, p.84, n.3）。

1-31 －ドゥカスの二度目の妻エヴドキア＝マクレンヴォリティサで、総主教ミハイル＝キルラリオスの姪（*Nicéphore Bryennios, Histoire*, p.84, n.4）。

1-32 － Cf. Polemis, *The Doukai,* p.34, pp.42-46, pp.48-53（*Nicéphore Bryennios, Histoire*, p.84, n.5）.

1-33 － 1067年7月12日。Cf. Gautier, L'obituaire du typikon du Pantocrato, *Revue des Études Byzantines*, 27 (1969), pp.235-262 : p.248（*Nicéphore Bryennios, Histoire*, p.84, n.6）.

1-34 －この者はアレクシオス＝コムニノスの即位に際して、プロトセヴァストスおよびプロトヴェスティアリオス（皇帝の衣装係の長官、高位の行政職でもある）、ついでパンイペルセヴァストスの爵位を授与されることになる。彼は1094年ニキフォロス＝ディオエニスによって仕組まれた陰謀に巻き込まれ、追放される（『アレクシアス』（相野）第Ⅲ巻4［2］、第IX巻6［5］、8［4］）（*Nicéphore Bryennios, Histoire*, p.84, n.9）。

1-35 －ニキフォロス＝ヴォタニアティスに対して立ち上がった彼は、アレクシオス＝コムニノスと帝国を争うこととなる。アレクシオスは彼にケサルの爵位とセサロニキの都市を与えて味方にする。Cf.『アレクシアス』（相野）第Ⅱ巻8［3］、第Ⅲ巻4［1］（*Nicéphore Bryennios, Histoire*, p.85, n.10）.

1-36 －ニキフォロス＝メリシノスの父。Anonymus 5011 in *PBW*を参照。Gautierによればこの者は10~11世紀にアンティオキアの統治にかかわった。ヴルツィオス家はおそらくもともとはアラブ人であったろう（*Nicéphore Bryennios, Histoire*, p.85, n.11）。

1-37 －この者は1074/5年にアンティオキアの近くでトルコ人との戦いにおいて殺された（『アレクシアス』（相野）第X巻2［2］）。彼はここでアンナ＝コムニニによってまさしくレオンと呼ばれる者であるように思える。これらの名の混同については、M.Mathieu, Les faux Diogènes, *Byzantion,* 22 (1952), pp.133-148を参照。コンスタンディノス＝ディオエニスとセオドラの結婚は皇帝ロマノス＝ディオエニスが彼の息子の一人を、このコンスタンディノスが大いに考えられるが、ロベール＝ギスカールの娘の一人と結婚させることを断念した後のことかもしれない（*Nicéphore Bryennios, Histoire*, p.85, n.12）。

1-38 －コンスタンディノス＝ディオエニスはヴリエニオス『歴史』第Ⅱ巻［29］において再び登場するが、アンティオキア郊外におけるトルコ人との戦いで戦死したことが記されるだけである。人物像についてはなにも触れられていない。

1-39 －ここの文章をGrégoireはune heureuse synthèse de deux qualités opposées, Gautierはun magnifique chef-d'oeuvre vivant constitué de deux qualités opposées、L. Nevilleはthe most beautiful offering in life by combining two opposite qualities（Neville, *Heroes and Romans*, p.161）としている。

1-40 －アンナによれば、1071年当時彼は14歳であった（『アレクシアス』（相野）第I巻1［16］）。ロマノス＝ディオエニスの時期のアレクシオスについて、アンナはミラキコ

ンの語を使っている（同序文3［2］）。なお、Gautier と Leib はそれぞれ、イヴィとミラキコンの訳語に同じ adolescent をあてている。

1-41 －アンナによれば、アレクシオスは 1073 年初めてウルセリオス（Roussel de Bailleul）に対する遠征に兄イサアキオスの指揮のもとに参加した（『アレクシアス』（相野）第I巻1［3］）。

1-42 －この者は 1081 年プロトセヴァストスおよびメガス＝ドメスティコスに任命される（『アレクシアス』（相野）第Ⅲ巻4［2］; Zonaras, *Epitomae historiarum*, p.732）。彼は、皇帝コンスタンディノス＝ドゥカスの3番目の娘ゾイ＝ドゥケナと結婚した（*Nicéphore Bryennios, Histoire*, p.86, n.3）。

1-43 －兄アレクシオス帝によってセヴァストスおよび艦隊のドゥルンガリオス（司令官）に任命される（『アレクシアス』（相野）第Ⅲ巻4［2］; Zonaras, *Epitomae historiarum*, p.732（*Nicéphore Bryennios, Histoire*, p.86, n.4）。

1-44 －ストラトル（馬丁）の長官、騎乗して皇帝にしたがうのが主な任務（*ODB*, p.1748）。

1-45 －ここでマヌイルの話は中断され、トルコ人の話が始まる。マヌイルについては *Nicéphore Bryennios, Histoire*, pp.100-103［本巻［11］］において再開される。

1-46 －本巻の［7]~[10］はほとんどスキリツィスからの借用である（*Nicéphore Bryennios, Histoire*, p.88, n.3）。*Scylitzes-Cedrenus*, pp.566-572 ; Scylitzes / Thurn, *Synopsis*, pp.442-447 ; Skylitzès / Flusin-Cheynet, *Empereurs*, pp.368-372.

1-47 －本巻［7]~[10］で扱われるトルコ人の集団はグズ Ghuzz あるいはオグズ Oghuz、後にはトゥルクメン Turkmen と呼ばれた。ヴリエニオス、むしろ彼の使った史料はオグズを南ロシアに向かった同一民族の少数グループと混同している。オグズの大きな集団はセルジュク一族の君主たちの指揮下に入り、トランスオクシアナ（ギリシア語でオクソス川［アムダリア］のかなたの地）に広まった（*Nicéphore Bryennios, Histoire*, p.88, n.4）。

1-48 －アガルは『旧約聖書』に見えるアラブ人の先祖イシュマエルの母で、アガルの息子たち、すなわちアガリニはアラブ人・サラセン人の意（*SGL*）。

1-49 － 7世紀におけるアラブ人によるササン朝ペルシアの征服を言っている（*Nicéphore Bryennios, Histoire*, p.89, n.5）。

1-50 －ホラスミア Chorasmia（Khwarizm）の住民、ホラスミアはソグディアナとバクトリアの西、アムダリア（オクソス）の下流域に位置する地域。この地は 1017 年マフムード Mahmud［ガズナ朝のスルタン］によって征服された（*Nicéphore Bryennios, Histoire*, p.89, 6）。

1-51 －この単語は損なわれている、あるいは Poussines が誤って写したのかもしれない。［史料である］*Scylitzes-Cedrenus*（II, p.567[4]); Scylitzes / Thurn, *Synopsis*, p.448; Skylitzès / Flusin-Cheynet, *Empereurs*, p.368 では Orètanes であるが、ストラボン（Strabon, *Geographica*, 115）に記載される同名の民族はイベリア半島のそれであり、採用することはできない。ゾナラス（p.634[9]）ではこの住民は削除されている（*Nicéphore Bryennios, Histoire*, p.89, n.7）。

1-52 －このムゥフゥメトはガズナ朝のスルタン、マフムード Mahmud（在位 998~1030）で、ムスリムの著名な征服者の一人、少なくとも 17 回のインド遠征を指揮した。しかしセルジュク族とかかわらねばばならなかったのは、マフムードではなく、彼の長男で後継者のマスウード Masud Abu Said（在位 1030~41）であった。したがって、以下ムゥフゥメト（マフムード）はマスウードと読みかえねばならない（*Nicéphore Bryennios, Histoire*, p.90, n.1）。

1-53 － *Scylitzes-Cedrenus*（II, p.567[7]）によれば、送った相手はトルコ人の土地（中央アジアのトルキスタン）の支配者。Cf. Moravcsik, *Byzantinoturcica*, II, p.234.（*Nicéphore Bryennios, Histoire*, p.90, n.2）. Scylitzes/Thurn, *Synopsis*, p.443[6] ; Skylitzès/Flusin-Cheynet, *Empereurs,* p.369.

1-54 －タングロリピクスすなわちトゥグリル＝ベク Tughril-Beg はセルジュク朝の初代のスルタン（在位 1037~1063）（*Nicéphore Bryennios, Histoire*, p.90, n.3）。

1-55 －この橋は *Scylitzes-Cedrenus*（II, p.567[15]）; Scylitzes/Thurn, *Synopsis,* p.443 にしたがえば、トルコ人の「ペルシア」への侵入を防いだ。この川は疑いもなくヤクサルテス、現在のシルダリア。アラル海に流れ込むこの川は古代においてはしばしばアルメニアのアラクシスと混同された（*Nicéphore Bryennios, Histoire*, p.91, n.5）。

1-56 －ヴリエニオスが従っているスキリツィスの説明は年代上間違っている。ブワイフ朝に仕えた最高アミール、ピサシリオス（Al-Basasiri）を攻撃したのはトゥグリル＝ベクであり、前者は 1055 年バクダードから追放され、1059 年に奪還するが、1060 年 1 月の戦闘で戦死した（Skylitzes/Wortley, *Synopsis,* p.417, n.107）。al-Basasiri 101 in *PBW* を参照。

1-57 － Karbonitis はおそらく Karmanitis（Karman-Kirman）の読み違いであろう。中央イランの大きな砂漠の南西に位置する（*Nicéphore Bryennios, Histoire*, p.91, n.6）。

1-58 －このストラティゴスというローマ帝国の軍事指揮官の用語を著者は、トルコ人、サラセン人にも適用する。

1-59 －ガズナ朝の君主マスウードの将軍、ベクトーディの敗北（1035 年夏）、あるいは 1038 年サラフス近くにおけるスバシの敗北をさしている。Caghri-Beg in *EI*, II, 1968, pp.4-5; Ⅲ , 1936, p.454 を参照（*Nicéphore Bryennios, Histoire*, p.92, n.1）。

1-60 －彼は 1038 年ニシャプールを占領し、フトバ la Khutba において彼の名を唱えさせた。Cf. Tughril-Beg in *EI*, IV, 1934, p.872（*Nicéphore Bryennios, Histoire*, p.92, n.2）.

1-61 － Κάβαροι in Moravcsik, *Byzantinotourcica,* II, p.144 を参照（*Nicéphore Bryennios, Histoire*, p.94, n.2）。10 世紀の文人皇帝コンスタンディノス＝ポルフィロエニトスは「カヴァリ Kabaroi はハザール族 Chazars に属する」（*Constantine Porphyrogenitus De Administrando Imperio*, Greek text edited by G.Moravcsik, English trans. by R.J.H.Jenkins New rev. ed., Washington DC, 1967, pp.174-175）と述べている。一研究者によれば、カヴァリは中央アジアのホレズム Choresm（Khorezm）の住民、混成種族でユダヤ教を受け入れていた。彼らは 712 年アラブ人によってホレズムから追い出された後、ハザール族と合流。そして 780 年ハザールの支配に反抗したが、再び追放されることになり、トルコ人

に合流した（*De Administrando Imperio*, vol. II, Commentary, London, 1962, p.149）。

1-62 －おそらくイスファハン Isfahan。両者の大合戦は 1040 年 5 月、実際はメルヴとサラフスの間、ダンダナカンで、カラコルムの大砂漠の南端で起こった（*Nicéphore Bryennios, Histoire*, p.94, n.3）。

1-63 －ムゥフゥメト（実際はマスウード）はこの戦闘で死ななかった。味方の将軍たちに見捨てられ、敵に包囲されたが、彼は道を切り開いて戦場を抜け出し、無事ガズナに戻った（*Nicéphore Bryennios, Histoire*, p.94, n.4）。

1-64 －ゾナラス（Zonaras, *Epitomae historiarum*, p.636[1]）によれば、橋の諸塔に配置されていた。おそらくシルダリアであろう川については、*Nicéphore Bryennios, Histoire*, p.91, n.5［本巻の註 1-55］; p.94, n.5 を参照。

1-65 － 1058 年のある謁見の場で、彼はバクダードのカリフから「東方と西方の王 roi de l'Orient et de l'Occident」と呼びかけられた。Cf. *EI*, IV, 1934, pp.217, 872（*Nicéphore Bryennios, Histoire*, p.94, n.6）。

1-66 －本巻の註 1-56 参照。セルジュク＝トルコに敵対したこの者は 1055 年トゥグリル＝ベクがバクダードに入城したとき、その地を離れた。アミールの Dubaïs b. Ali b. Mazyad（cf. *EI*, II, 1927, pp.1192-1193）と同盟し、有力な兵力を握ったピサシリオス Al-Basasiri は 1057 年 1 月、上メソポタミアのシンジャール Sindjar［ハランの東南］の近くで、トゥグリル＝ベクのいとこクタルムシュに指揮された同ベクの軍勢に対して残酷な敗北を加えた。1058 年 12 月、彼はバクダードに入城、しかし一年しかそこに留まることができなかった。彼はトゥグリル＝ベクの接近で都市を離れる。しかし彼の追跡に送り出された後者の軍隊に追いつかれ、1060 年 1 月 15 日殺された。Cf. *EI*, I, 1960, p.1075（*Nicéphore Bryennios, Histoire*, p.96, n.3）.

1-67 － *Scylitzes-Cedrenus*（p.570[15]）; Scylitzes / Thurn, *Synopsis,* p.446[76]; Skylitzès / Flusin-Cheynet, *Empereurs,* p.371 においては Karbésios / Karbésis。
Honigmann, *Ostgrenze*, p.178 ; Cahen, *Qutlmush*, p.19 によれば、モスル Mossoul の君主、Mutamid ad-Daula Qirwaš b. Muqallad のこと（*Nicéphore Bryennios, Histoire*, p.96, n.4）。

1-68 －トゥグリル＝ベクの従兄弟のクタルムシュ Qutalmish、この者の息子のスライマン Sulaiman は小アジアのルム＝セルジュク朝の創設者。Cf. Kafesoğlu, *A History of the Seljuks*, p.36, pp.40-41, p.45, p.67.

1-69 － 1045/6 年、高地メソポタミアのシンジャール Sindjar 近くでのこと。シンジャールはモスル Mosul の西およそ 115 キロ、その者はそこから北およそ 279 キロのアルガナ Arghana［エルガニ Ergani］に至り、さらに東へおよそ 246 キロのヴァン湖北岸のアフラト Ahlat の近くのアルゼス Ardjech［エルジシュ Erciş］にいたる。（*Nicéphore Bryennios, Histoire*, p.96, n.5, n.6）。

1-70 －次の註のゾナラスの記事からミディアはここではヴァスプラカンをさしていると思われる。

1-71 －ゾナラス（Zonaras, *Epitomae historiarum*, p.636）はこう書いている。「彼はミディアの支配者に使者を送る。ここは以前 Vaasparkan と呼ばれた」（*Nicéphore Bryennios,*

*Histoire*, p.97, n.7）。ヴァン湖の東側の地方。

1-72 －コンスタンディノス＝リフディアスはコンスタンディノス 9 世モノマホスの主席大臣であった後、1059 年 2 月 2 日総主教に任命された（*Nicéphore Bryennios, Histoire*, p.98, n.1）。

1-73 －ヴァスプラカンのストラティゴス、ステファノス＝リフディアス（Attaleiates / Polemis, *Istoria*, p.93, n.84）。Ahrweiler は、Attaleiates, *Historia*, p.44 にしたがって、彼は 1048~49 年トルコ人によって攻撃されたその地方のドゥクスであり、イヴィリア人の兵士を従えていたとしている。さらにイヴィリア人部隊は 1048~49 年にはペチェネグ戦に従軍し、他方 1051~52 年にはイヴィリアの軍はその地方に散らばっていたいかほどかの外国人傭兵から構成されていた。したがって 5 万にのぼるイヴィリア・メソポタミア軍の解体はおそらく 1048~49 年と 1051~52 年の間に、そしてきっと 1050 年に、つまりスルタンのトゥグリル＝ベクがイブラヒム＝イナル Ibrahim-Inal の反乱（1049~50 年）のためアルメニアへの攻撃をうち切った時に、起こっただろうと述べている（*Byzance et le Mer*, p.147, n.5）。Stephanos 103 in *PBW* を参照。

1-74 － Matthieu d'Édesse, *Chronique,* éd. Dulaurier, Paris, 1858, pp.80-81 によれば、トルコ人の首長たちは彼をホイ Khoi［フボイ Khvoy］（ウルミア湖［ヴァン湖の東］の北西の Her）に連行し、拷問の末に殺した。彼の体は皮を剥がされ、その中に干し草を一杯詰め込まれて防壁からぶら下げられた（*Nicéphore Bryennios, Histoire*, p.98, n.2）。*Armenia and the Crusades, tenth to twelfth centuries : the Chronicle of Matthew of Edessa*, trans. E. Dostourian, Belmont, MA, 1993, p.74.

1-75 － *Scylitzes-Cedrenus*（p.571）; Scylitzes / Thurn, Synopsis, p.446 ; Skylitzès / Flusin-Cheynet, *Empereurs,* p.371 はその者の敗走について語っている（*Nicéphore Bryennios, Histoire*, p.98, n.4）。「その者はスルタンのもとへ帰還すると、敗走については弁明し、その原因を他者に帰した」

1-76 － Grégoire は「戦いを挑んできた兵士たち」の兵士たち《ストラティオテ》に les mauvais の言葉を補っている（Grégoire, *Nicéphore Bryennios, Les Quatre Livres des Histoires*, p.485）。Grégoire の指摘を参考にして訳した。

1-77 －確定できないセルジュク＝トルコの将軍、おそらくトゥグリル＝ベクの兄弟 Baïhnu Israïl Arsan の息子、ハサン Hasan であろう。Cf. Cahen, *Première pénétration turque,* p.15, n.1 ; Cahen, *Qutlumush*, pp.19-20（*Nicéphore Bryennios, Histoire*, p.98, 6）. Cf. Asan 101 in *PBW*.

1-78 －このトルコ軍は 1048 年、Stragna 川、すなわち大ザーブ川 grand Zab の上流で、アニとイヴィリアの軍司令官とヴァスプラカンの軍司令官アアロン Aaron（le vestès）によって全滅させられた（*Nicéphore Bryennios, Histoire*, p.99, n.7）。大ザーブ川はヴァン湖の東に源を発し、イラクのモスルの南でティグリス川に合流する。アサンの失敗に終わった遠征については *Scylitzes-Cedrenus*, pp.573-574 ; Scylitzes / Thurn, *Synopsis,* pp.448-449 ; Skylitzès / Flusin-Cheynet, *Empereurs,* p.373。

1-79 － 1048 年におけるアサンの遠征で終わるこの［10］につづいて、［11］では皇帝ロ

マノス＝ディオエニスの命を受けたマヌイル＝コムニノスによる1070年のトルコ遠征が、そして［13］~［17］において1071年の運命的なマンツィケルトの戦いが語られる。トルコ人の帝国領への最初の攻撃以後、マンツィケルトの戦い前夜までのトルコ人による帝国領侵略については、解題の「セルジュク＝トルコの小アジア進出——マンツィケルトの戦い前夜まで」を参照。

1-80 －本巻の［7］の初めで中断した話が再開される。プロトプロエドロスであったマヌイルは1070年の春、クロパラティスおよびストラティゴス＝アフトクラトルに任命された（*Nicéphore Bryennios, Histoire*, p.100, n.1）。

1-81 －この場合、全東方軍のストラティゴス＝アフトクラトルは、この対トルコ遠征の軍事行動の総司令官。註 1-17 参照。

1-82 －ハルディア＝セマ。Honigmann, *Ostgrenze* の Haltik/Chaldia を参照（*Nicéphore Bryennios, Histoire*, p.100, n.3）。トラペズスを主都とする地域。

1-83 －フリソスクロスは、スルタンのアルプ＝アルスランの義兄弟で、Arisighi/Arisiaghi あるいは Erisgen と呼ばれたトルコ人指揮官のギリシア語名（*Nicéphore Bryennios, Histoire*, p.100, n.4）。Cahen, *Campagne de Mantzikert,* p.625. Cf. Chrysoskoulos 101 in *PBW*.

1-84 －この戦闘は1070年秋、セヴァスティア（シワス）で起こった（*Nicéphore Bryennios, Histoire*, p.100, n.5）。

1-85 － Attaleiates, *Historia*, p.140 ; *Scylitzes Continuatus*, p.140 ; Zonaras, *Epitomae historiarum*, pp.694-695 はこの戦闘で多くの帝国兵士が倒れたことを述べている。散乱した遺骨は翌年ロマノス＝ディオエニスを深く動揺させることになる（*Nicéphore Bryennios, Histoire*, p.101, n.6）。

1-86 －スルタンは、トゥグリル＝ベクの甥で後継者のアルプ＝アルスラン（在位 1063~72）。彼はローマ帝国の友好国で同盟国のグルジア（コーカサス南部）の境界で二つの遠征（1064年と1067/8年）を指揮した（*Nicéphore Bryennios, Histoire*, p.101, n.7）。

1-87 －フリソスクロスはプロエドロスの爵位を受けとる。Cf. Attaleiates, *Historia*, pp.141-142 ; *Scylitzes Continuatus*, p.141 ; Zonaras, *Epitomae historiarum*, p.695. これらの歴史家はその者について若く、背が低く、はなはだしく醜いと述べている。Attaleiates（p.142）によれば、ロマノス＝ディオエニスは最初あまり歓迎の態度をとらず、数日後にやっと謁見を許した。アルプ＝アルスランはこの背信行為に対して、軍司令官のアフシン Afshin によってホナイ Chonae までのアナトリコンの地域を略奪することで復讐した。Cf. Cahen, *Première pénétration turque*, pp.27-28（*Nicéphore Bryennios, Histoire*, p.102, n.1）. ホナイはメンデレス川 Meandros の上流の町。

1-88 －ロマノス＝ディオエニスは1071年3月13日首都を離れ、海峡を渡り、首都のアジア側のイエリアの宮殿［ハルキドンの南東、海に突き出た岬に位置］に向かった。Cf. Attaleiates, *Historia* p.142［付］; *Scylitzes Continuatus*, p.142［付］; Zonaras, *Epitomae historiarum*, p.695［付］（*Nicéphore Bryennios, Histoire*, p.102, n.2）.

1-89 －ニケアに近い丘。『アレクシアス』（相野）第XI巻2［8］でも言及されている（*Nicéphore Bryennios, Histoire*, p.103, n.7）。

1-90 －この修道院は他所では知られていない（*Nicéphore Bryennios, Histoire*, p.103, n.8）。

1-91 － 1071年3月末、あるいは4月初め（*Nicéphore Bryennios, Histoire*, p.104, n.1）。Manuel 61 in *PBW* では1071年4月17日。

1-92 －『アレクシアス』（相野）第I巻1［1］によれば、彼はその時14歳であった（*Nicéphore Bryennios, Histoire*, p.104, n.2）。

1-93 －この場面はアンナ＝コムニニによって確認される（『アレクシアス』（相野）第I巻1［1］）。

1-94 －ディオエニスはドリレオンから出発し、ゾムポスの橋でサンガリオス川を渡った。Cf. Attaleiates, *Historia*, p.145［付］, *Scylitzes Continuatus*, p.143［付］. 1071年7月にはケルジニ Keltzene［現エルジンジャン Erzincan］にいる（*Nicéphore Bryennios, Histoire*, p.104, n.4）。

1-95 －皇帝はアリス川を越え、ケサリアに向かい、次にクリア＝ピィ Krya Pege というところで野営した。そこで彼はネミツィ Némitzi（ドイツ人たち）の突然の反乱を鎮圧しなければならなかった。Cf. Attaleiates, *Historia*, p.146［付］, *Scylitzes Continuatus*, p.143［付］, Zonaras, *Epitomae historiarum*, p.696［付］（*Nicéphore Bryennios, Histoire*, p.104, n.5）.

1-96 －アルプ＝アルスランは5月ディオエニスの出征の通報を受けた時、アレッポ Aleppo を包囲していた。Cf. Cahen, *Campagne de Mantzikert*, pp.627-628（*Nicéphore Bryennios, Histoire*, p.105, n.6）.

1-97 －知られていない場所。あるいは誤って綴られている。おそらくヴァン湖の南岸、Wastan（Vaspourakan の君主たちの住居である Agthamar［Akdamar］島に向き合っている）であろう。Cf. Honigmann, *Ostgrenze*, p.209（*Nicéphore Bryennios, Histoire*, p.106, n.1）.

1-98 －タルハニオティスはカタカロンの父（*Nicéphore Bryennios, Histoire*, p.106, n.2）。

1-99 －著者の祖父。西方軍全体のドゥクスはドメスティコス＝トン＝スホロン＝ティス＝ディセオスに相当する（*Nicéphore Bryennios, Histoire*, p.106, n.3）。本巻註1-17を参照。

1-100 －しかしディオエニスは彼ら二人の進言にしたがい、セヴァスティアからセオドシウポリスに向かった。そこで彼は軍隊の集結を完了し、兵士たちに2ヵ月分の食料を分配した。Cf. Attaleiates, *Historia*, p.148［付］; *Scylitzes Continuatus*, p.144［付］; Zonaras, *Epitomae historiarum*, pp.696-697［付］（*Nicéphore Bryennios, Histoire*, p.106, n.5）.

1-101 －北シリアのマンビジ Mambidj/Manbij の都市（Bambykè, Hiérapolis, Mabboug）で、ここは最初の遠征（1068年）の時にディオエニス帝が奪った（*Nicéphore Bryennios, Histoire*, p.107, n.6）。1069年春、二度目の遠征において、ユーフラテス上流地域を略奪していたトルコ人の一部を攻撃し、逃走する彼らをあるいは殺戮し、また東方へ追いやった。しかしその間に他のトルコ人の軍勢がアナトリコン地方のイコニオンを包囲する。皇帝はトルコ人のアナトリアへの進出を阻止できず、帝都へ帰還することになった。

1-102 －ギリシア人歴史家は彼の軍隊がこの上なく大きかったことを指摘するだけだが、アラブの歴史家は明らかに誇張された数をあげている。Cf. Cahen, *Campagne de Mantzikert*, pp.629-630 : Ibn al-Athîr は20万、'Imâd ad-dîn と al-Fâriqî は30万、Sibt ibn al-Gauzi は30万、al-Qalânisi は40万、アルメニア人年代記者エデサのマテオスは100万

の数字をあげている（*Nicéphore Bryennios, Histoire*, p.107, n.7）。

1-103 －ヴァン湖北岸近くの町。マンツィケルトンは 1068 年にトルコ人の手に落ちたが、この時、すなわち 1071 年 8 月中旬にディオエニスによって奪還される。Cf. Attaleiates, *Historia*, p.155［付］; *Scylitzes Continuatus*, pp.144-145［付］; Zonaras, *Epitomae historiarum*, p.697［付］(*Nicéphore Bryennios, Histoire*, p.107, n.8).

1-104 －マイストロスのニキフォロス＝ヴァシラキオスはセオドシウポリスのドゥクスであった（*Nicéphore Bryennios, Histoire*, p.107, n.9）。ここで一度だけヴァシラキオスとあるが、他所ではヴァシラキスと表記されている。Cf. Nikephoros Basilakes in *PBW*.

1-105 －この者は、アレッポを包囲していたアルプ＝アルスランのもとに使節として送られた。ローマ帝国とトルコ人の間の暗黙の休戦が破られたこと、皇帝がアルメニアへの道をとったことを告げたのはおそらく彼であろう。スルタンは、そのギリシア人使節に逃亡したのではないかと思わせたほどあわただしく出立した。実際スルタンはエデサ、そしてモスルに退いた。そこで彼は助けを求めるマンツィケルトの住民の代表を迎え、そして次にウルミエ湖［ダブリーズの南西 120 キロ］の北西に位置するホイ Khoi/ フボイ Khvoy に向かって前進し、そこでアゼルバイジャンから到着することになっていた補強軍を待った（*Nicéphore Bryennios, Histoire*, p.108, n.1）。付録の註 42 をも参照。

1-106 － Grégoire も Gautier も原文通りに、le Sultan......avait quitté la Perse et s'enfuyait à Babylone. としているだけである。ペルシアをイランととれば、ここの文章は理解できない。スルタンの正確な行動については前註 1-105 を参照。

1-107 －彼は［先にフレアトに派遣され］苦境にあったウルセリオス（Roussel de Bailleul）の救援に送られ、精鋭の歩兵と騎兵からなるかなりの軍勢を指揮した（*Nicéphore Bryennios, Histoire*, p.108, n.3）。ウルセリオス（ルセリオス）が先にフレアト（フリアト）へ派遣されたことについては、Attaleiates, *Historia*, p.148［付］; *Scylitzes Continuatus*, p.144［付］; Zonaras, *Epitomae historiarum*, p.677［付］を参照。

1-108 －ディオエニス帝の遠征軍に参加したアタリアティス（Attaleiates, *Historia*, pp.149-150［付］）、および *Scylitzes Continuatus*（pp.144-145［付］）は皇帝のとった作戦を弁護している、しかしながらディオエニスが彼のもとに不十分な、とりわけ戦闘経験のあまりない兵士しか残さなかったことから、この軍隊の分割は悪い結果をもたらしたように思える（*Nicéphore Bryennios, Histoire*, p.109, n.4）。

1-109 －この馬糧徴発隊に対する奇襲は 1071 年 8 月 16 日 (?)、トルコ人スンダクによって企てられたものであろう。Cf. Cahen, *Campagne de Mantzikert,* p.630（*Nicéphore Bryennios, Histoire*, p.109, n.5）.

1-110 －しかし Attaleiates, *Historia*（pp.153-154［付］）および *Scylitzes Continuatus*（p.145［付］）によれば、ディオエニスは奇襲の実行者がスルタンであることを気づいていた（*Nicéphore Bryennios, Histoire*, p.109, n.6）。

1-111 －著者のヴリエニオスはその行動が大変疑わしい祖父のことを考えて、事実を曲げたように思える。実際 Attaleiates, *Historia*（pp.154-155［付］）および *Scylitzes Continuatus*（pp.145-146［付］）にしたがえば、このトルコ人派遣部隊（スンダクの指揮する）に対

して送り出されたのはニキフォロス＝ヴリエニオスであり、彼は苦境に陥り、さらに傷つき、皇帝に救援を求める、皇帝はしばらく時をおいてからニキフォロス＝ヴァシラキスを彼のもとに送り出す。この者はトルコ人に向かって突撃し、相手を敗走させた。しかしヴリエニオスは自分の軍勢をその場に引き留めて、彼のあとを追わなかった（*Nicéphore Bryennios, Histoire*, p.110, n.2）。

1-112 －彼は敵陣近くで落馬し、トルコ人に捕らえられた。スルタンは最大の敬意を彼に払った。Cf. Attaleiates, *Historia*, p.155［付］; *Scylitzes Continuatus*, p.146［付］; Zonaras, *Epitomae historiarum*, p.698［付］（*Nicéphore Bryennios, Histoire*, p.110, n.3）。ロマノス＝ディオエニスの捕縛の知らせを受けたとき、スルタンは本人かどうか確認させるため、ヴァシラキスをその場に来させている（Zonaras, *Epitomae historiarum*, p.702［付］）。Cf. Cahen, *Campagne de Mantzikert,* p.636, n.7.

1-113 －このエピソードは他の歴史家によっては語られていない。むしろ彼らは、苦境に陥ったニキフォロスの救援にヴァシラキスが駆けつけたと書いている（*Nicéphore Bryennios, Histoire*, p.110, n.4）。Cf. Attaleiates, *Historia*, p.155［付］; *Scylitzes Continuatus*, p.146［付］; Zonaras, *Epitomae historiarum*, p.698［付］.

1-114 －この「防御柵の陣地《ハラクス》」とすぐ前の「陣地《ストラトペドン》」の言葉に対して、Grégoire と Gautier はそれぞれ同じ camp の語をあてている。共にマンツィケルトの近くにもうけられたローマ軍の陣地のことであろう。

1-115 － Attaleiates, *Historia*, pp.155-157［付］; *Scylitzes Continuatus*, p.146［付］; Zonaras, *Epitomae historiarum*, pp.698-699［付］によれば、ヴァシラキスが捕らえられたその日、皇帝は全軍と共に陣地を出て、ある丘に見張りを立てて、敵の攻撃を待った。夕方になり、敵が姿を見せないので、全軍を陣地に連れもどした。その直後にトルコ人が突然の攻撃に乗りだしてくる、そして月のない闇夜をローマ人兵士たちは武装をとかず待機し、その間、自分たちの味方［傭兵のスキタイ（パツィナキ）――すべてにおいてトルコ人に似ていた］と塹壕の周りをわめき声をあげながら馬を駈ける敵とを識別することができないでいた（*Nicéphore Bryennios, Histoire*, p.112, n.1）。その時の具体的な状況については、付録アタリアティス『歴史』［156］を見よ。3 人の歴史家の記述する以上の記事は、以下の註 1-117 におけるタミスの指揮するウズィの脱走とともに、ニキフォロスの『歴史』には取り上げられていない。

1-116 －明らかにヴリエニオスが胸と背中を負傷した日の翌朝であろう。

1-117 － Gautier はここに註して「この決戦の日の夜明けに」とし、続いて次のように書いている。ペチェネグ（トルコ系）のタミス Tamis によって指揮されたウズィ（トルコ系）の派遣部隊が離反し敵のもとに走り、このことが全軍に大混乱を引き起こした（*Nicéphore Bryennios, Histoire*, p.112, n.2）。Gautier はタミスの寝返りをマンツィケルトの戦いの当日のこととしているが、Gautier 自身が典拠の一つにあげているゾナラスにしたがえば、決戦はタミスの寝返りの翌日である。トルコ人が一晩中ローマ人の陣地を取り囲んだことについてヴリエニオスは言及していないが、ゾナラスによれば「[トルコ人は］陣地を取り巻き、そしてその周りを騎馬で駆け回りながら矢を射かけ、意味のわ

からない鬨の声と遠吠えを軍隊の周囲に鳴り響かせた。とにかくそのようにしてその夜は過ぎた。夜明けにウズィの軍勢の一部が敵方へ脱走した……皇帝はすばやくフレアトに人をやり、その地の軍勢を呼びもどそうとした。しかし戻って来なかったので、……ディオエニスは、明日、彼のもとにいる者たちで戦い抜こうとした、そして［翌］早朝に戦いの準備をしていた。その間に、和平を話し合うべく、スルタンの使節が到着したのである」（Zonaras, *Epitomae historiarum*, p.699［付］）。ゾナラスと共にアタリアティス（Attaleiates, *Historia,* pp.157-158［付］）も続スキリツィス（*Scylitzes Continuatus*, p.147［付］）もこのスルタンの使節の到着の日に、いわゆるマンツィケルトの戦いが行われたとしている。この問題については付録アタリアティス『歴史』の註（60）で再度触れる。

1-118 －フレアトの軍勢を呼びもどすことは皇帝が最後に決定したことである。Cf. Attaleiates, *Historia*, p.158［付］; *Scylitzes Continuatus*, p.147［付］. ディオエニスはフレアトを包囲するために先にウルセリオス（Roussel de Bailleul）にはパツィナキとフランク人を指揮させて、次にヨシフ＝タルハニオティスには相当多数の分遣隊を率いさせて送っていた。しかし二人の将軍、特に後者のタルハニオティスはスルタンが攻撃しにやってくるのを聞かされると、ウルセリオスを誘ってメソポタミアを経てローマ帝国領に退却してしまったのである。Cf. Attaleiates, *Histoira*, p.158［付］; *Scylitzes Continuatus*, p.147［付］; Zonaras, *Epitomae historiarum*, p.699［付］（*Nicéphore Bryennios, Histoire*, p.113, n.3）.

1-119 －「さてトルコ人は以前よりいっそう強力で、より多数の軍勢《キルル》となって近づいてきた」から以下「無傷のままに保った」までの記事は、唐突であり、つづく記事と結びつかない、きわめて不自然なものである。著者ヴリエニオスにおいて混乱があるように思われる。皇帝はトルコ人との戦いを決心し、そこで軍隊を陣地の外へ連れ出し、戦闘隊形に整列させる。すなわち皇帝は軍の中央を引き受け、右翼の指揮をアリアティスに、左翼の指揮をヴリエニオスに託し、アンドロニコスは後衛の任務を命じられた。皇帝軍はこの陣立てでトルコ人に向かって進軍していくのである。最初の、「さて」以下の記事は、おそらくヴァシラキスの救援を命じられたヴリエニオスの働きに関するものであるように思われる。この時ヴリエニオスは槍で胸を傷つけられ、背中に二本の矢を受けながら、英雄的に戦い、自身の軍勢《ファランクス》を無事に陣地に連れもどしたのであった。したがって最初のヴリエニオスに関する記事は、歴史家ヴリエニオスの語る順序にしたがえば、マンツィケルトの戦いの前日の事件となる。

1-120 －プロエドロスのセオドロス＝アリアティスは惨事の後もディオエニスに忠実であった。彼は 1072 年に対ディオエニス征討軍に捕らえられて、目を潰される（*Nicéphore Bryennios, Histoire*, p.114, n.1）。

1-121 －アンドロニコスはおそらくメガス＝エテリアルヒス、すなわち主として外国人で構成された徴集兵の指揮官であった（*Nicéphore Bryennios, Histoire*, p.114, n.3）。エテリ（エテロスの複数）はエテリア（エテリエ）の兵士。エテリアについては本巻註 1-7 参照。

1-122 －その構成は十分に知られていない。『アレクシアス』（相野）第 I 巻 5［2］でも言

及されている。Cf. Ahrweiler, *Recherches,* p.28（*Nicéphore Bryennios, Histoire*, p.114, n.4）。

1-123 －マンツィケルトの戦いにおけるローマ軍の破局の責任はまずこの者（アンドロニコス）に帰せられるであろう（*Nicéphore Bryennios, Histoire*, p.114, n.5）。本巻註 1-131 参照。

1-124 －他の歴史家によれば、アルプ＝アルスランは戦いの前に、カリフの使者を通じて和平の提案を行っている。しかし皇帝は軽率にもその提案を退けた。Cf. Attaleiates, *Historia*, pp.159-160［付］; *Scylitzes Continuatus*, pp.147-148［付］; Zonaras, *Epitomae historiarum*, pp.699-700［付］. ヴリエニオス自身はスルタンによる使者の派遣と和平提案には言及していないが、皇帝への和平の提案はアラブ史料からも確認される（Cahen, *Campagne de Mantzikert,* pp.631-633 : 8 月 17 日（?）に到着した使節は、カリフの主要な高官の一人 Al-Muhalban によって導かれたもので、それにはトルコ人 Sawtekin が同行した（*Nicéphore Bryennios, Histoire,* p.115, n.7）。

1-125 －この人物は他の歴史家によって言及されていない（*Nicéphore Bryennios, Histoire*, p.115, n.8）。Cf. Moravcsik, *Byzantinoturcica*, II, 298 ; Taranges 5000 in *PBW*.

1-126 －プロロヒズミとエネドレはほどんど同じ意味（*Nicéphore Bryennios, Histoire*, p.116, n.2）。プロロヒズモスの意味は ambuscade in *GEL* ; forethought in *PGL*. ここでは Gautier の訳語 pièges を採用した。

1-127 －タクシスはここではファランクス、すなわち戦闘部隊。Cf. Dain, *Leonis VI problemata*, p.68, no 10（*Nicéphore Bryennios, Histoire*, p.116, n.3）.

1-128 － Grégoire は「騎兵を援助するため、その後を追うことを強いられた」と「騎兵を援助するため」を補っている（Grégoire, *Nicéphore Bryennios, Les Quatre Livres des Histoires*, p.492）。

1-129 －この戦術は、アレクシオス＝コムニノスがヴリエニオス［著者の祖父］との戦闘で指揮することになるトルコ人によって採用される（ヴリエニオス『歴史』第Ⅳ巻［12]）（*Nicéphore Bryennios, Histoire,* p.116, n. 4）。

1-130 － Grégoire はロヒに les postes avancés、エネドレに les embuscades（que l'ennemi avait ménagées à l'arrière）をあて、両者を区別しているが、同じことを言っていると思える。Gautier はロヒ lochoi を少し前にある 罠《プロロヒズミ》 の意味として解してはいけないのであれば、embuscade をあてるしかないとしている（*Nicéphore Bryennios, Histoire*, p.116, n.5）。

1-131 － Attaleiates, *Historia*, pp.161-162［付］; *Scylitzes Continuatus*, pp.148-149［付]; Zonaras, *Epitomae historiarum*, p.701［付］によれば、ロマノス＝ディオエニスはその日の夕刻、トルコ人は戦闘を避けると確信し、夜になる前に追跡をやめることを決めた。それを通告するために、彼は帝国旗を反転する命令を与える（軍旗を自分の陣地の方向へ向ける）。しかしこの合図は間違って解釈されてしまった。すなわち皇帝がうち負かされた、あるいは皇帝が死んだと人々は信じたのである、そしてこれが全体の逃走を引きおこした。トルコ人はこれを利用して敗走するローマ人を攻撃しに殺到した。これらの歴史家たちはアンドロニコス＝ドゥカスが故意に皇帝の敗北の間違った噂を広め、自身と配下の兵士が大急ぎで戦場を離れたことを告発している。それが真実である

のか、偽りであるのか、とにかくこの告発はヴリエニオスによっては取り上げられていない。実際ドゥカス家と繋がりのある彼がそのような事実解釈を広めることはあり得ない（*Nicéphore Bryennios, Histoire*, p.116, n.6）。

1-132 − Attaleiates, *Historia*, pp.163-166［付］; *Scylitzes Continuatus*, pp.150-152［付］; Zonaras, *Epitomae historiarum*, pp.701-703［付］; Psellos, *Chronographie*, II, p.164［付］はアルプ＝アルスランが哀れな敵に用意した友好的なもてなしを長々と語り、両者間で交わされた条約の条項を列挙している（*Nicéphore Bryennios, Histoire*, p.117, n.8）。

1-133 −戦闘の正確な日付は確定されていない。研究者は 8 月 19 と 25/26 日の間で躊躇している。Cf. R. Grousset, *Histoire de l'Arménie de origines à 1071,* Paris, 1947, p.628. Gautier は、同時代のビザンツの一作家、諸帝についての覚書 notices impériales の著者の記事、「ロマノス＝ディオエニスは第 9 インディクティオン 8 月 26 日金曜日にペルシア人に打ち負かされた（cf. Atheniensis 1429, f.45）」を紹介している（*Nicéphore Bryennios, Histoire*, p.117, n.9）。比較的最近の研究は、8 月 26 日としている（Cheynet, *Mantzikert,* p.411 ; Attaleiates / Polemis, *Istoria,* p.291, n.249 ; Attaleiates / Kaldellis-Krallis, *History,* p.291, n.216; 1071 August 26, Chronography in *PBW*）。

1-134 −その中に歴史家ミハイル＝アタリアティスもいた。彼はトラペズス（トラブゾン）で皇帝の解放［の噂］を知った（*Nicéphore Bryennios, Histoire*, p.118, n.2）。

1-135 −これはおそらく十字架形にカットされた見事に美しい真珠で、皇帝ヨアニス＝コムニノスが 1137 年シャイザル Shaizar/Sézer（北シリアの都市）を奪った時に取り返すことになる（*Nicéphore Bryennios, Histoire*, p.118, n.3）。

1-136 −惨事の知らせは 9 月後半にコンスタンティノープルに達したにちがいない。なぜなら皇后エヴドキアと息子ミハイルは 1071 年 10 月の終わりまでの 1 ヵ月間、共同統治した（*Nicéphore Bryennios, Histoire*, p.118, n.4）。Cf. Eudokia, 19 août 1071 - 24 oct. 1071 ; Michael（VII）, Doukas Parapinakès 24 oct. 1071 - 7 jan. 1078（Grumel, *Chronologie,* p.358）.

1-137 −文脈から、逃亡した後衛の指揮官アンドロニコス＝ドゥカスがすでに帝都に帰還していたが、ロマノス＝ディオエニスの正確な運命を知らなかったことを想像させる（*Nicéphore Bryennios, Histoire*, p.118, n.5）。

1-138 −プセロスにしたがえば（Psellos, *Chronographie*, II, p.164[10]［付］）、一族によるキノプラクシア（共同統治）（*Nicéphore Bryennios, Histoire*, p.120, n.1）。Psellos / Sewter, *Fourteen Byzantine Rulers*, p.357.

1-139 −この計画はプセロスによって提案されたようである。ケサルはそれに賛成したにとどまる。この母と子二人による共同統治は 9 月 20 日頃成立した（*Nicéphore Bryennios, Histoire*, p.120, n.2）。

1-140 −この[19]はほとんどすべてプセロス（Psellos, *Chronographie*, II, p.164［付］）から借用（*Nicéphore Bryennios, Histoire*, p.120, n.3）。Psellos / Sewter, *Fourtenn Byzantine Rulers*, pp.357-58.

1-141 − Attaleiates, *Historia*, p.165[7]［付］と *Parisinus gr*. 1708（フランス国立図書館所蔵ギリシア語写本）, f. 6 にしたがえば、8 日後、9 月 3 日に解放された（*Nicéphore Bryennios,*

*Histoire*, p.120, n.6)。

1-142 − *Parisinus gr*. 1708, f. 6 および Georges Le Moine Continué, in *PG*, 110, 1863, col. 1254B によれば、1 万人のサラセン人が護衛した（*Nicéphore Bryennios, Histoire*, p.121, n.8）。

1-143 − Grégoire と Gautier はともに ceux de son parti の語をあてている。ケサルのヨアニス＝ドゥカスを中心とする皇帝ミハイルを支持するグループとは別にミハイルの母をおしたてる党派が存在したことがうかがえる。

1-144 − 双数が使われている。ケサルの甥、すなわちコンスタンディノス 10 世の息子はミハイルとアンドロニコスとコンスタンディオスの 3 人である。Grégoire も Gautier も単に ses neuveux としている。11 歳の子供だったコンスタンディオスを除いた他の二人をさしているのであろう。

1-145 − 著者が常に利用しているプセロス（Psellos, *Chronographie*, II, p.165［付］［Psellos / Sewter, *Fourteen Byzantine Rulers*, p.359］）にしたがえば、皇帝護衛隊を味方につけたのは皇帝ミハイル自身であった（*Nicéphore Bryennios, Histoire*, p.122, n.2）。

1-146 − おそらく政変は共同統治から 1 ヵ月後、10 月の最後の週に起こったと思われる（*Nicéphore Bryennios, Histoire*, p.123, n.5）。

1-147 − Grégoire（*Nicéphore Bryennios, Les Quatre Livres des Histoires*, p.495）は la tente、Gautier（*Nicéphore Bryennios, Histoire*, p.122）は la chambre としているが、私は *SGL* の tabernacle を取った。幕屋（「出エジプト記（25-10）」）が原意であろう。

1-148 − ヴォスポロスの岸辺にたつピペルディスの修道院。Attaleiates, *Historia*, p.169［付］; *Scylitzes Continuatus*, p.152［付］; Zonaras, *Epitomae historiarum*, p.704［付］; Psellos, *Chronographie*, II, p.165［付］;『アレクシアス』（相野）第 IX 巻 6［1］（*Nicéphore Bryennios, Histoire*, p.124, n.1）.

1-149 − 歴史家ニキフォロスはアルプ＝アルスランによる解放後もロマノス＝ディオエニスを皇帝と呼び、それはコンスタンティノープルから派遣されたディオエニス追討軍への降服までつづく。他方プセロスはミハイル 7 世の皇帝宣言後においてはディオエニスをもはや皇帝とは呼ばない。ニキフォロスにおいてはミハイル 7 世とディオエニスの戦いを二人の皇帝による内乱ととらえ、プセロスにおいてはその後のディオエニスの行為を反逆ととらえていることになろう。

1-150 − スルタンとの最初の会見から 8 日目［Attaleiates, *Historia*, p.165[7]［付］]、もしマンツィケルトの戦いが 8 月 26 日に起こったとするなら、1071 年 9 月 3 日頃（*Nicéphore Bryennios, Histoire*, p.124, n.3）。

1-151 − ミハイル 7 世の側近は、特にミハイル＝プセロスの教唆でディオエニスをすでに廃位し、至るところに書簡を送って、廃位の皇帝を迎えてはならない、彼をアフトクラトルとして扱ってはいけないことを命じた。Cf. Attaleiates, *Historia*, p.168［付］; *Scylitzes Continuatus*, p.152［付］; Zonaras, *Epitomae historiarum*, p.704［付］. Dölger, *Regesten*, no.983［Dölger-Wirth, *Regesten*, no.983］を参照（*Nicéphore Bryennios, Histoire*, p.124, n.4）。

1-152 − 大部分はロマノス＝ディオエニスの故郷、カパドキア出身の兵士から構成、指

揮をとったのはプロエドロスのセオドロス＝アリアティスで、彼はやがて捕らえられ、失明させられる。Cf. Attaleiates, *Historia*, pp.170-171［付］; *Scylitzes Continuatus*, p.153［付］; Zonaras, *Epitomae historiarum*, pp.704-705［付］(*Nicéphore Bryennios, Histoire*, p.124, n.5)。

1-153 − Attaleiates, *Historia*, pp.166-172［付］; *Scylitzes Continuatus*, pp.152-153［付］; Zonaras, *Epitomae historiarum*, pp.704-706［付］から、ロマノスが囚われの身から解放された後にとった帰還のルートを知ることができる。彼はマンツィケルトからトルコ人護衛隊と共にセオドシウポリス（エルズルム）に向かい、イヴィリアの村々を通過し、次にコロニアおよびメリソペトリオン（コロニアの北西 70 キロ）に向きをとった、そこで彼はもとエデサの指揮官《カテパノ》で当時セオドシウポリスのドゥクスであった者（プロエドロスのパウロス）に見捨てられ（1071 年 9 月）、次にアルメニア＝セマに入る。そこで自分が正式に廃位されたことを知る。たぶんセヴァスティア（シワス）を避け（遠征に向かう途中その都市のアルメニア人集団に弾圧を加えた）、ドキアに達する［アマシアの西、カスタモンの南］。彼は 1071 年秋ここに陣をはった、そして多数の傭兵を集めたのである。ディオエニスの帰路における一行程にすぎなかったアマシアについて言及しているのはプセロス（Psellos, *Chronographie*, II, p.166［付］[Psellos/Sewter, *Fourteen Byzantine Rulers*, pp.360-361]）と、文字通りそれを写しているヴリエニオスだけである（*Nicéphore Bryennios, Histoire*, 124, n.6）。

1-154 −コンスタンディノス＝ドゥカスの軍は、ディオエニスが以前反乱のかどでアヴィドスへ追放したクリスピノス（Crispin）の率いるフランク人傭兵部隊によって強化され、さらにディオエニスのフランク人兵士は戦闘の始まりにおいて敵に寝返った。Cf. Attaleiates, *Historia*, pp.170-171［付］; *Scylitzes Continuatus*, p.153［付］; Zonaras, *Epitomae historiarum*, pp.704-705［付］. (*Nicéphore Bryennios, Histoire*, p.126, n.2)。

1-155 −プロエドロスのセオドロス＝アリアティスもその一人（*Nicéphore Bryennios, Histoire*, p.126, n.3）。本巻註 1-152 参照。

1-156 −カパドキアのティロピオンの要塞。Grégoire はメリティニとリカンドスの間に位置するトリピアであるとしている（*Nicéphore Bryennios, Histoire*, p.126, n.4）。

1-157 −アンティオキアの統治官に任命された（*Nicéphore Bryennios, Histoire*, p.126, n.5）。

1-158 −ハタトゥリオスはコンスタンディノス＝ドゥカスの援助を命じられたが、離脱してディオエニスのもとに走った。Cf. Attaleiates, *Historia*, p.172［付］; *Scylitzes Continuatus*, p.153［付］; Zonaras, *Epitomae historiarum*, p.705［付］. Attaleiates（p.172[15]）にしたがえば、1071 年冬の初め（*Nicéphore Bryennios, Histoire*, p.127, n.6）。

1-159 − 1071~72 年の冬（*Nicéphore Bryennios, Histoire*, p.128, n.2）。

1-160 − Dölger, *Regesten*, nos. 984-985［Dölger-Wirth, *Regesten*, nos.984-985］.

1-161 −これらの裏工作はおそらく 1071~1072 年の冬に起こったであろう。冬の接近でコンスタンディノス＝ドゥカスはすでに軍隊を解散していた（Attaleiates, *Historia*, p.172［付］）。ディオエニスは安全に小アルメニア［キリキア］にあり、アンティオキアとその領域に頼ることができ、彼が集めた軍勢に満足せず、スルタンに要請した援軍を待っ

ていたので恐るべき存在であった（Attaleiates, *Historia*, p.172［付］; *Scylitzes Continuatus*, p.153［付］; Zonaras, *Epitomae historiarum*, p.705［付］）。プセロス（Psellos, *Chronographie*, II, p.169［付］.［Psellos / Sewter, *Fourteen Byzantine Rulers*, p.363］）によれば、これらの書簡は平和の人である教会人によってもたらされたであろう。彼らはおそらく、本巻［25］で語られるディオエニスの失明処置に抗議せずにその場に居合わせたと同じ教会人ではなかったであろう（*Nicéphore Bryennios, Histoire*, pp.128-129, n.4）。

1-162 － Gautier は le persécuteur とし、le démon と註記している（*Nicéphore Bryennios, Histoire*, p.129, n.5）。本書第Ⅲ巻［11］にデモニオン（悪鬼）の語が現れる。

1-163 －その名は知られていない、プセロスであるとはあまり考えられない（*Nicéphore Bryennios, Histoire*, p.129, n.7）。

1-164 －ヴリエニオスがいかに主張しようともアンナ＝ダラシニは潔白であったようには思えない。彼女が本来自分の夫（ヨアニス＝コムニノス）のものであった帝位を継承したドゥカス家の党派に大変腹を立てていたことが思い出されるであろう（序文参照）。また最近、彼女は娘の一人を、ロマノス＝ディオエニスの息子、コンスタンディノス＝ディオエニスと結婚させたことにより彼と姻戚関係にあった（*Nicéphore Bryennios, Histoire*, p.130, n.1）。Cf. Konstantinos 181 in *PBW*.

1-165 －マルマラ海上のこの島は保養地であり、また監禁場所でもあった（*Nicéphore Bryennios, Histoire*, p.131, n.2）。

1-166 － 1071~1072 年の冬の初め。Cf. Attaleiates, *Historia*, p.172［付］（*Nicéphore Bryennios, Histoire*, p.131, n.3）.

1-167 －おそらくマンツィケルトの敗北に責任があったと思われるアンドロニコス＝ドゥカス。本巻［17］を参照。彼はプロエドロスあるいはプロトプロエドロスで、東方のドメスティコスに任命されていた（*Nicéphore Bryennios, Histoire*, p.132, n.1）。

1-168 －彼はおそらく 1072 年の春に出発したものと思われる（*Nicéphore Bryennios, Histoire*, p.132, n.2）。

1-169 －ポダンドス［タルソスの北］の隘路《クリスラ》とキリキアの門を経る代わりに、彼は、Attaleiates, *Historia*, pp.173-174［付］; *Scylitzes Continuatus*, p.153［付］にしたがえば、イサウリア［小アジア東南部］を横切り、海岸に沿って進み、タルソスの近くに出た。しかしプセロスとヴリエニオスは彼に反対のルートをとらせているように思える（*Nicéphore Bryennios, Histoire*, p.132, n.4）。

1-170 －タルソスの東、アダナに拠ったロマノス＝ディオエニスのもとにはわずかの兵士しかいなかった。Cf. Psellos, *Chronographie*, II, p.169［付］［Psellos / Sewter, *Fourteen Byzantine Rulers*, p.363］; Attaleiates, *Historia*, p.174［付］（*Nicéphore Bryennios, Histoire*, p.133, n.6）.

1-171 － Attaleiates, *Historia*,（p.174［付］）が判断するように、もしディオエニスが先に山岳地帯の峰を掌握していたなら、アンドロニコスの軍は決して隘路を突破できなかったであろう（*Nicéphore Bryennios, Histoire*, 134, n.1）。アタリアティスは自身の破滅を引きおこしたディオエニスの無策を非難している。

1-172 －プセロス（Psellos, *Chronographie*, II, p.170[1]［付］［Psellos / Sewter, *Fourteen Byzantine Rulers*, p.363］）は、アンドロニコスの遠征について書いていた同じ日（おそらく 1073 年）にクリスピノス（Robert Crépin）が亡くなった、と記している（*Nicéphore Bryennios, Histoire*, p.134, n.2）。このフランク人傭兵隊長は以前ディオエニスによって反逆のかどでアヴィドスに追放されていたが、先のコンスタンディノス＝ドゥカスの対ディオエニス戦においてフランク人傭兵隊を指揮した。このクリスピノスと同じくフランク人傭兵隊長ウルセリオス（Roussel）については、G. Shlumberger, Deux chefs normands des armées byzantine au XIe s., *Revue historique,* 16（1881）, pp.289-303 : p.296 sq. および L. Bréhier, Les aventures d'un chef normand en Orient au XIe siècle, *Revue des. cours et conférences de la Faculté des Lettres de Paris*, 20（1911）, pp.172-188 がある。

1-173 －ハタトゥリオスの捕縛の話は Attaleiates, *Historia*, p.174［付］; *Scylitzes Continuatus*, p.153［付］; Zonaras, *Epitomae historiarum*, p.705［付］においてはすこぶる簡潔である。最後の二人は、彼が次に殺されたとしている。彼の最後については知られていない（*Nicéphore Bryennios, Histoire*, p.136, n.1）。

1-174 －逃げることのできたハタトゥリオスの兵士は、ディオエニスの拠るアダナの要塞に避難した。食料が欠乏し始めていたその都市は、ただちにアンドロニコス＝ドゥカス軍に包囲された。Cf. Attaleiates, *Historia*, p.174［付］; *Scylitzes Continuatus*, p.153［付］; Zonaras, *Epitomae historiarum*, p.705［付］（*Nicéphore Bryennios, Histoire*, p.136, n.4）.

1-175 －マンツィケルトの戦いの後、二人の君主の間で交わされた協定により、アルプ＝アルスランが送ることになっていた援軍（*Nicéphore Bryennios, Histoire*, p.136, n.5）。

1-176 －この降伏に先立って、アンドロニコス＝ドゥカスとロマノス＝ディオエニスとの間で交渉がなされた。ディオエニスは不当な扱いを一切受けないという条件で、帝位を放棄し、髪の毛を切り修道士の衣服をまとって余生を過ごすことを受け入れた。皇帝ミハイルの使者、すなわちハルキドンとイラクリアとコロニアの府主教たちは皇帝ミハイルの名においてそれを請けあったのである。Cf. Attaleiates, *Historia*, pp.174-175［付］; *Scylitzes Continuatus*, p.153［付］; Zonaras, *Epitomae historiarum*, pp.705-706［付］（*Nicéphore Bryennios, Histoire*, p.137, n.6）.

1-177 －ディオエニスの捕縛前後の模様は Attaleiates, *Historia*, p.175［付］; *Scylitzes Continuatus*, pp.153-154［付］においてより詳しく語られている。なお前註にもあるように、プセロスとそれにしたがっているヴリエニオス以外の歴史家（アタリアティス・続スキリツィス・ゾナラス）においてはディオエニスの捕縛は触れられておらず、ディオエニスはアンドロニコスとの協定成立後、みずから投降したのであった。

1-178 －ディオエニスの捕縛はおそらく 1072 年 5 月の中頃のことであろう。6 月 29 日における彼の目潰しに先行して、宮廷と総司令官［アンドロニコス］との間で交渉がなされたが、それはその距離からいってたっぷり 1 ヵ月を要した（*Nicéphore Bryennios, Histoire*, p.138, n.2）。

1-179 －この有力者とは誰をさすのであろうか。Gautier はこのことに言及していない。単に目潰しが行われた現地の有力者のことであるかもしれない。上記の語句に Grégoire

とGautierは共にun personnage alors puissantをあてている。しかし遠征軍指揮者でありディオエニスを掌握しているアンドロニコス自身とも考えられる。これは、著者ニキフォロスが妻の母の夫を気遣ってのことかもしれない。しかしつづいて「その事態はアンドロニコスを深く苦しめた」以下の記述から、このような遠回しの言い方をしなくてもよかったのではないかと思われる。付録の註20を参照。

1-180 －軍隊と共にコティアイオンに着いたディオエニスは毒人参による毒殺のはかりごとの犠牲になり悲しむべき状態にあった。そしてその都市で不幸な皇帝の運命を決定する皇帝ミハイルの命令を待つことになる。Cf. Attaleiates, *Historia*, pp.175-176［付］; *Scylitzes Continuatus*, p.154［付］; Zonaras, *Epitomae historiarum*, p.706［付］. なお［11世紀末ごろの］プッリャのグリエルモは、彼はイラクリア（黒海南岸）で失明させられたと語っている（cf. *La Geste de Robert Guiscard*, p.169）（*Nicéphore Bryennios, Histoire*, p.138, n.3）。

1-181 －この者はディオエニスの不倶戴天の敵。プセロス（Psellos, *Chronographie*, II, pp.171-172［付］.［Psellos / Sewter, *Fourteen Byzantine Rulers*, p.366］）は神を証人にしてこう主張している、皇帝ミハイル＝ドゥカスは、彼の側近によってディオエニスに対して取られた決定を知らされていなかった（*Nicéphore Bryennios, Histoire*, p.138, n.4）。

1-182 －他の歴史家たちは、この文書をapophasis（判決書）(Attaleiates, *Historia*, p.176[5]［付］; *Scylitzes Continuatus*, p.154[8]［付］)、psèphos（判決）(Zonaras, *Epitomae historiarum*, p.706[7]［付］）と呼んでいる。Cf. Dölger, *Regesten*, no.991［Dölger-Wirth, *Regesten*, no.991］(*Nicéphore Bryennios, Histoire*, p.138, n.5).

1-183 －これは1072年6月29日、コティアイオンにおいて行われた（*Nicéphore Bryennios, Histoire*, p.138, n.6）。Gautierは同註において眼球摘出のシーンのアタリアティスによる描写（Attaleiates, *Historia*, p.178［付］）を仏訳している。ギリシア語原文からの訳は、付録アタリアティス『歴史』［178］を参照。

1-184 － 1072年8月4日。流罪の間、彼は妻のエヴドキアの介護を受けた。彼女は息子ミハイル＝ドゥカスから彼のもとに行く許可をえたのである。Cf. Attaleiates, *Historia*, p.179［付］; *Scylitzes Continuatus*, p.154［付］; Zonaras, *Epitomae historiarum*, p.706［付］(*Nicéphore Bryennios, Histoire*, p.140, n.2)。上記3人の年代記者は、皇后がディオエニスの葬儀を執り行ったことを述べているが、看護したことには触れていないように思える。「付録」のそれぞれの該当箇所を参照。

**第II巻**

2-1 －彼女はおそらくグルジアの王バグラト4世の娘。Cf. Polemis, *The Doukai*, p. 46, n. 43. Gautier, *Jean Tzetzès*, p. 212によれば、彼女はabasge［Abasgiaの人、コーカサス南部黒海沿岸の住民］であって、alaine［アラン人、コーカサス北麓地方の住民］ではなかった（*Nicéphore Bryennios, Histoire*, p.142, n.3). Maria 61 in *PBW*.

2-2 － Anna Komnene / Reinsch, *Alexias*, p.71, n.8. Eirene 65 in *PBW*.

2-3 －おそらくアリストファネスの『アカルナイの人々』530 から借用（*Nicéphore Bryennios, Histoire*, p.144, n.1）。「……オリュンポスのペリクレスどのが稲妻を光らせて雷鳴を轟かせてヘラス世界をひっかき廻し、……」（村川堅太郎訳「アカルナイの人々」『ギリシア喜劇 I　アリストパネス（上）』ちくま文庫、1986 年、36 頁）。

2-4 －ヴケラリオン＝セマ［アンカラを主都する地方］出身の宦官であったニキフォロスは最初コンスタンディノス 10 世ドゥカス治下で秘書官職を果たした。しかし彼による陰謀と中傷は皇后の寵を失わせ、アンティオキアのドゥクスに左遷させられた（1063 年と 1067 年の二回にわたる）。さまざまな罪で投獄される。1069 年釈放され、またある島に追放された後すぐに、ロマノス＝ディオエニスによってヘラスとペロポネソスの判事に任命された。ニキフォリツィスの愛称はコンスタンディノス＝モノマホスの治世、その若さから与えられたと言われる（*Nicéphore Bryennios, Histoire*, p.142, n.6）。この男を悪名高い存在にしたのは、マルマラ海北岸の都市レデストス Rhaidestos（現テキルダー Tekirdag）に小麦の国家独占販売を実施するため穀物の取引所を設立し、物価高騰を引き起こしたことであった。ニキフォロス＝ヴリエニオスの反乱を機に、レデストスの住民はこの取引所を打ち壊した。詳しくは渡辺金一『コンスタンティノープル千年』（3~14 頁）参照。

2-5 －おそらく 1073 年、これは Polemis, *Notes*, p. 67 ; Polemis, *The Doukai*, p.37, 60 によって提示された年。ケサルの領地はニコミディアの東、ソフォン山の近くにあった（*Nicéphore Bryennios, Histoire*, p.145, n.4）。本巻註 2-41 参照。

2-6 －コンスタンディノスはケサルの末子。プロトストラトルは皇帝の馬係の長官、本来は高い官職ではなかったが、皇帝との個人的な関係から威信を高め、11 世紀からはもっとも高位の官職の一つとなる（Oikonomidès, *Listes de préséance*, pp.33-38）。

2-7 －この軍職については第 I 巻の註 1-17 参照。

2-8 － Attaleiates, *Historia*, p.183 ; *Scylitzes Continuatus*, p.157 ; Zonaras, *Epitomae historiarum*, p. 709. この遠征の日付を決定する年代上の正確な目印はないが、1073 年に起こったものと推定される。Cf. Cahen, *Première pénétration turque*, p. 33 ; Polemis, *Notes,* p.67 ; Laurent, *Byzance et les Turcs*, p.92, n.1（*Nicéphore Bryennios, Histoire*, p.146, n.3）. Cf. Chronology for 1073 in *PBW*.

2-9 － 1071 年当時 14 歳であったとするアンナ＝コムニニの証言（『アレクシアス』（相野）第 I 巻 1［1］）を信用するなら、アレクシオスはその時 16/17 歳であった（*Nicéphore Bryennios, Histoire*, p.146, n.4）。

2-10 －「壮年の域に達する前に」と言ってもいいだろう。Grégoire と Gautier はそれぞれ avant la maturité, avant même sa maturité をあてている。

2-11 －アエミリウス＝パウルスの二人の息子のうち年上のスキピオ＝アエミアヌスは、ローマ軍がマケドニアの王ペルセウスの軍勢を粉砕したピュドナの戦い（前 168 年）において勇名を馳せた。スキピオは当時 17 歳であった（*Nicéphore Bryennios, Histoire*, p.146, n.5）。

2-12 －彼らはイコニオンへの道を取っていた。本巻註 2-15 も参照（*Nicéphore Bryennios,*

*Histoire*, p.146, n.6）。

2-13 －クリスピノス（Robert Crépin）はおそらく1073年に死去したであろう（第Ⅰ巻註1-172参照）。ウルセリオス（Roussel）に指揮されたフランク人部隊はAttaleiates, *Historia*, p.183 ; *Scylitzes Continuatus*, p.157 ; Zonaras, *Epitomae historiarum*, p.709によれば、400名におよんだ。彼は自分の故国の人々、またあらゆる民族出身の人々で構成された有力な軍勢を集めていた（『アレクシアス』（相野）第I巻1［2］）（*Nicéphore Bryennios, Histoire*, p.148, n.1）。

2-14 －バイユールBailleul一族に属するノルマン人ルセル［ウルセリオス］はロベール＝ギスカールと一緒にプッリャに降った。彼はすぐにロベールの兄弟ロジェールにしたがい、シチリアにおけるムスリムとの戦闘で名を上げる。1069/70年頃、理由は知られていないが、ロベール＝クレパンRobert Crépin［クリスピノス］につづいてローマ帝国軍に勤務し、まずパツィナキと戦った。トルコ人に対する1071年の遠征に参加し、フレアトの包囲を命じられる。苦境にある皇帝を救援しに行こうとしたが、ヨシフ＝タルハニオティスに引き止められ、彼と共にローマ領に引き下がった。1073年、若いイサアキオス＝コムニノスの命令下にある彼が見いだされる。この遠征の年表がPolemis, *Notes*, pp. 66-68で検討されている。アンナ＝コムニニもウルセリオスとアレクシオスとの戦いを語っている（『アレクシアス』（相野）第I巻1［1-3, 4］）（*Nicéphore Bryennios, Histoire*, p.146, n.8）。

2-15 － 他の歴史家（Attaleiates, *Historia*, p.183; *Scylitzes Continuatus*, p.157; Zonaras, *Epitomae historiarum*, p.709）にしたがえば、ウルセリオスはケサリアではなく、イコニオンで変節した（*Nicéphore Bryennios, Histoire*, p.148, n.3）。

2-16 －ウルセリオスはイコニオンからメリティニに向かい、そこでトルコ人に対して勝利する。Cf. Attaleiates, *Historia*, p.183 ; *Scylitzes Continuatus*, p.157（*Nicéphore Bryennios, Histoire*, p.149, n.4）.

2-17 －歴史家たちはその戦闘がケサリアで起こったことを認めることで一致している。Cf. Attaleiates, *Historia*, p.183 ; *Scylitzes Continuatus*, p.157（*Nicéphore Bryennios, Histoire*, p.149, n.5）.

2-18 －イサアキオスは軍隊の一部を率い、急襲の効果をあげるべく夜を徹してトルコ人に向かって進んだが、トルコ人は警戒していたため、若い軍司令官は最初の戦闘で捕らえられた。軍司令官の奮戦の次第はアタリアティスにおいても語られている（Attaleiates, *Historia*, p.184）（*Nicéphore Bryennios, Histoire*, p.149, n.6, n.7）。

2-19 －歴史家ニキフォロスは『歴史』の中でアレクシオスが神によって守られていることを何度も記している。ここはその一つ。

2-20 －つまりアレクシオスがその者たちが何かしていること、それが戦闘にそなえての行為であると思ったこと。

2-21 － GrégoireとGautierはそれぞれceux de sa maison、ses familiersの語をあてている。

2-22 －アレクシオス＝コムニノスのごく親しい者の一人、他所では知られていないが、第Ⅳ巻［8］でまた現れる（*Nicéphore Bryennios, Histoire*, p.151, n.2）。Theodotos 5000 in

*PBW*（ここではこの人物を含めた「他のすべての者たち」に companios の語をあてている）。

2-23 －プトレマイオス（『地理学』5, 4, 3）とストラボン（Strabon, *Geographica*, XII, 5, 3）によって Dindymos と呼ばれるガラティアの山を、Ramsay, *Historical Geography,* p.227 はアモリオンの北東に位置するギュニュズ（Günyüzü）山と見なしているが、この同定は文脈から受け入れがたい。なぜなら相当の距離を前提としなければならない。アレクシオス＝コムニノスはこの［6］の終わりのところではケサリアの南 30 キロの地点にいる（*Nicéphore Bryennios, Histoire*, p.152, n.2）。

2-24 －言及されている町が知られないとしても、ガヴァドニアは分かっている。そこはストラボン（Strabon, *Geographica*, II, 1, 15, XII, 2, 10）が Gabadania あるいは Bagadania の形で知らせている「広大な平野」で、エルジジャス Erdjijas（Argée）山とタルソスの間に位置する、またシリア人はガヴァドニアを Davalu と呼んでいた（*Chronique de Michel le Syrien,* éd. J.-B. Chabot, Ⅲ, Paris, 1905, p.311）。この最後の地名はケサリアの南およそ 35 キロ地点、エルジジャス山とデヴェリ山の間に位置する小さな都市デヴェリの形で現在に至っている（*Nicéphore Bryennios, Histoire*, p.152, n.3）。

2-25 － Attaleiates, *Historia*, p.184 ; *Scylitzes Continuatus*, p.158 ; Zonaras, *Epitomae historiarum*, p.710 はイサアキオス＝コムニノスが身代金としてかなりの金額を支払ったことを指摘するだけにとどめている（*Nicéphore Bryennios, Histoire*, p.156, n.1）。

2-26 －他所では知られていない村、しかし一行はすでにサンガリオス川左岸にいるので、ニコミディアから遠くでない地点にきている。Cf. *Nicéphore Bryennios, Histoire*, p.158, n.1.

2-27 －最初この一節にとまどったが、トルコ人の諸集団が当時小アジアの各地を自由勝手に動き回っていることを実にリアルに伝えている記事であろう。これらの諸集団はあるいは略奪者の群れとしてあるいは帝国政府にまた個々軍事指導者や反逆者に雇われた傭兵集団として行動している。この一農夫は現れた略奪者の集団をドメスティコスに仕える傭兵の一団と勘違いしたのであろう。Cf. Neville, *Heroes and Romans*, p.65, p.70, p.164. 小アジアの農夫たちは簡単なトルコ語を発することができたかもしれない。註 2-31 も参照。

2-28 －少し後の記事（［11］）からアレクシオス側の兵員はおよそ 70 名（うち馬のある騎兵は 20 名）。

2-29 － Grégoire と Gautier は共にこの語に leurs vertus militaires（彼らの軍事的能力）をあてている。

2-30 －ソフォクレス『アイアス』479 の表現（*Nicéphore Bryennios, Histoire*, p.160, n.1）。「生まれ高き者は、立派に生きるか、さもなくば立派に死ぬか」（風間喜代三訳「アイアス」『ギリシア悲劇Ⅱ ソポクレス』ちくま文庫、1986 年、34 頁）。

2-31 －イサアキオスとアレクシオスに率いられた騎兵の小集団はトルコ人を押し返した後、反転し、そして西に向かって退却していた召使いと馬のない騎兵の小隊に追いつこうとつとめたと解釈されねばならない。さして重要な話ではないが、歴史家には彼

の英雄を讃えるものとして取り上げられているこの話全体は帝国軍の崩壊と、当時小アジアにおいて一般的であった不安定性を示しているものと言え、小アジアの諸ルートはトゥルクメンの略奪者の群れの自在に行き来するところであった。Cahen, *Première pénétration turque*, p. 31 を参照（*Nicéphore Bryennios, Histoire*, p.160, n.2）。

2-32 －トルコ人は約 200 人（本巻［9］を見よ）。

2-33 －ティ サヴマシオンは何をさしているのであろうか。この［12］に記される図体の大きな男を助けたアレクシオスとその時の彼の言葉か、あるいは［13］におけるアラン人アラヴァティスの勇猛な行為であるのか。むしろ［12］と［13］で語られるアレクシオスに率いられた少数のローマ人の活躍をさしているように思われる。

2-34 －これは矛盾する。戦闘隊形を組んでいる者たちは徒《かち》である。

2-35 －この二人の傭兵はおそらく一般兵士にすぎないだろう。数世紀にわたって帝国へ兵士を提供してきたアラン人と帝国の特別な関係については、*Nicéphore Bryennios, Histoire*, p.162, n.2。Arabates 101 and Chaskares 101 in *PBW*.

2-36 －エテリエに属する兵（第 I 巻の註 1-7 参照）。

2-37 － Grégoire も Gautier も injures barbares の語をあてている。私は、en langue barbare, c. à. d. en lanuge étrangère in *DGF* を採用した。すなわちアラン人の言葉。

2-38 －「あのアラン人」とはアラヴァティス。

2-39 －おそらく 1073 年秋。兄弟のイサアキオスと共にカルピアノス地区［コンスタンティノープル市内］を散策していた若いアレクシオスに、やがてローマ人の皇帝になるだろうとある修道士が告げたのは、おそらくこの時期であったろう（『アレクシアス』（相野）第 II 巻 7［4-6］）（*Nicéphore Bryennios, Histoire*, p.166, n.1）。

2-40 － 1074 年の春（*Nicéphore Bryennios, Histoire*, p.166, n.2）。

2-41 －すなわちソフォン山の近く、ニコミディアの東に位置する彼の所領（*Nicéphore Bryennios, Histoire*, p.167, n.3）。ソフォン山は Sabandja（Sapanca）Dagh で、ニコミディアの東、同名の湖の南に位置する（Ramsay, *Historical Geography*, p.188）。

2-42 －ミハイル 7 世の師であったプセロスは、この点に関してより好意的な意見を述べている。「彼の口調は調和がとれ、まことにリズミカルである。その話しぶりは沸き立つ波のようでなく、曖昧でも聞き苦しくもない」（Psellos, *Chronographie*, II, p.175［Psellos / Sewter, *Fourteen Byzantine Rulers*, p.370］）（*Nicéphore Bryennios, Histoire*, p.167, n.5）。

2-43 －彼はストラティゴス＝アフトクラトル、すなわちその時に計画された遠征軍の総司令官に任命された。Cf. Attaleiates, *Historia*, p.184, *Scylitzes Continuatus*, p.158, Zonaras, *Epitomae historiarum*, p.710（stratarque）（*Nicéphore Bryennios, Histoire*, p.168, n.1）。

2-44 －サンガリオス川の源流は北フリイアの山岳地域、ナコリア Nakoleia（ドリレオンの南）の少し東に始まる。Attaleiates, *Historia*, p.185 および *Scylitzes Continuatus*,p.158 によれば、ウルセリオスはアルメニアコン＝セマからやって来た（*Nicéphore Bryennios, Histoire*, p.168, n.2）。

2-45 － Attaleiates, *Historia*, p.184 と *Scylitzes Continuatus*, p.158 も同じことを指摘している

（*Nicéphore Bryennios, Histoire*, p.168, n.3）.

2-46 －アモリオンの北東でサンガリオス川に架かる橋（Ramsay, *Historical Geography*, 197頁の地図参照）。Gautier によればこの橋は 12 世紀の歴史家たちによってしか言及されていない（Attaleiates, *Historia*, p.145[2], 184[2]: Zompos ; *Scylitzes Continuatus*, p.143[1], 158[5]: Tzoumpos ; Anne Comnène, *Alexiade*, Ⅲ, p.201 : Zompè［Anna Comnena / Reinsch-Kambylis, *Alexias*, XV, 4, 5］）（*Nicéphore Bryennios, Histoire*, p.168, 4）。

2-47 －このノルマン人隊長は他所では知られていない（*Nicéphore Bryennios, Histoire*, p.168, n.6）。Papas 101 in *PBW*.

2-48 － Grégoire と Gautier は共に、当時の地方名（セマ）でなく古い地方名を採用する著者ニキフォロスの擬古主義の立場を指摘している。本文におけるアシア出身者はエフェソスを主都とするスラケシオン＝セマ（小アジア西部）の兵士であり、リカオニア人とフリイア人はホマ地方の人々（小アジア西南部ホマ）である。すぐつづいて現れるケルト人については、彼らはフランス人あるいはまたドイツ人であろう。それが他所でネミツィ――スラヴ人がゲルマン人に与えている呼び名――と呼ばれているドイツ人軍団であると信じさせるもの、確かに、この連隊はほとんど常に斧を担いだヴァランギ、すなわち最初はスカンディナヴィア系、そしてニキフォロスの時期にはイングランド人、のかたわらで言及されている。しかしこれら「ケルト人」とウルセリオスの兵士との連帯はやはり彼らをノルマン人あるいはフランス人と見なさせる（Grégoire, *Nicéphore Bryennios, Les Quatre Livres des Histoires*, p.514, n.1 ; *Nicéphore Bryennios, Histoire*, p.169, n.8）。

2-49 －戦闘が始まる前に、ケサルは使節を介してウルセリオスと交渉した、しかしノルマン人隊長は勝利を信じて、提案と約束、贈物をはねつけた。Cf. Attaleiates, *Historia*, p.185 ; *Scylitzes Continuatus*, p.158（*Nicéphore Bryennios, Histoire*, p.169, n.9）.

2-50 － Grégoire はこの文は訳していないが（Grégoire, *Nicéphore Bryennios, Les Quatre Livres des Histoires*, p.514）、この蛮族たちはケサルの指揮する斧を担いだ蛮族であろう。Gautier は Les barbares résistant à son offensive, ...（蛮族たちは彼の攻撃に立ち向かったので）としている。「彼の」とはウルセリオスであろう（*Nicéphore Bryennios, Histoire*, pp.168 および 170）。

2-51 － Attaleiates, *Historia*, pp.185-186 によれば、ゾムポスの橋を渡らないようにと勧めたヴォタニアティスの意見にしたがわなかったためにケサルは打ち破られた。ウルセリオスの手に落ちた者に、ケサルとアンドロニコスのほか、［マンツィケルトの戦いの折り捕らえられた］ヴァシリオス＝マレシスがいた。Cf. Attaleiates, *Historia*, p.187 ; *Scylitzes Continuatus*, p.158（*Nicéphore Bryennios, Histoire*, p.170, n.2）.

2-52 － Gautier はこのペス pais に enfant、次のペスに fils をあてている。この語は Descent に関して child（son or daughter）、Age に関して child, boy or girl に適用される（*GEL*）。

2-53 －現サパンジャ山 Sabandja［Sapanca］dagh、ニコミディアの東、同名の湖の南に位置する。Cf. *Nicéphore Bryennios, Histoire*, p.172, n.1.

2-54 －ミハイルとヨアニス、それぞれ 1062 年と 1064 年に生まれている（*Nicéphore Bryennios, Histoire*, p.173, n.2）。Michael 121 and Ioannes 65 in *PBW*.

2-55 －「イスラエルの牧者よ、羊の群れのようにヨセフを導かれる者よ、耳を傾けてください。ケルビムの上に座される者よ、光を放ってください」(「詩篇」80-1、日本聖書協会)。

2-56 －ケサルの孫ミハイルは第Ⅲ巻の［25］に登場する。

2-57 －おそらく、1074 年夏（*Nicéphore Bryennios, Histoire*, p.176, n.3）。

2-58 －この新しい遠征がアンドロニコス＝ドゥカスのコンスタンティノープル帰還前に決定されたのかどうかは知られていない。しかし文脈からそのように信じさせられる（*Nicéphore Bryennios, Histoire*, p.176, n.4）。

2-59 －ヴリエニオスは、想起するに値する諸事件について沈黙している。サンガリオスの河畔で帝国兵士を打ち破った後、ウルセリオスはケサルのヨアニスとヴァシリオス＝マレシス（プロトヴェスティス）を連行して、直接コンスタンティノープルに向かった。その途中、皇帝の使者が現れる（cf. Dölger, *Regesten*, no. 995, 1073 年春）、使者は彼の服従の代償に、クロパラティスの爵位とすばらしい贈物を提案した。しかしウルセリオスは聞く耳をもたず、フリスポリスまで進軍をつづけ、そこで陣をはる。フランク人傭兵が至るところから彼のもとに集まり、またたくまに彼の軍は 3000 近くになった。反乱者を宥めるために、皇帝は彼の妻と子供たちをその者に手渡したが、しかし密かにトルコ人と交渉し、贈物を与えて、彼らをノルマン人傭兵隊長と戦うよう仕向けた。そのためウルセリオスはフリスポリスに火を放った後、急いでニコミディアに引き上げ、そこでケサルから鎖を取り除き、彼をローマ人の皇帝と宣言した。Cf. Attaleiates, *Historia*, pp.187-189 ; *Scylitzes Continuatus*, pp.158-159 ; Zonaras, *Epitomae historiarum*, pp.710-711（*Nicéphore Bryennios, Histoire*, p.176, n.6）.

2-60 － Attaleiates, *Historia*, p.188 の証言によれば、その時、ケサルは甥［皇帝ミハイル］に対して激昂していた、なぜなら甥は彼の敗北の後、その財産を没収し、彼の子供たちに同じ処置を準備した（*Nicéphore Bryennios, Histoire*, p.177, n.7）。

2-61 － Grégoire と Gautier は共に la divinité をあてている。

2-62 － Cf. Attaleiates, *Historia*, p.189 ; *Scylitzes Continuatus*, p.159 ; Zonaras, *Epitomae historiarum*, pp.710-711（*Nicéphore Bryennios, Histoire*, p.178, n.1）.

2-63 －この人物はニキフォロス＝ヴリエニオス『歴史』に初めて現れるトルコ人のアルトキドス朝 Artukids の先祖。［この王朝はディヤルバクル（トルコ東南部、ティグリス川上流右岸の地域）を支配した（11~15 世紀）］。Cahen によれば、このトルコ人首長は皇帝ミハイルの要請を受けたスルタンのマリク＝シャーによってウルセリオス攻撃に差し向けられたものと見られる（Cahen, *Première pénétration turque*, p.33）（*Nicéphore Bryennios, Histoire*, p.178, n.2）。

2-64 －著者は帝国の軍事用語ストラティゴスをトルコ人にも適用する。第Ⅰ巻の［8］にも同じ適用が見られる。

2-65 －彼らはまだニコミディアにいた。Cf. Attaleiates, *Historia*, p.189（*Nicéphore Bryennios, Histoire*, p.178, n.3）.

2-66 － Attaleiates, *Historia*, p.189 と *Scylitzes Continuatus*, p.159 にしたがえば、監視兵は、ト

ルコ人の軍勢は5000と6000の間と見なした（*Nicéphore Bryennios, Histoire*, p.178, n.4）。

2-67 －ウルセリオスの兵力はその時は2700 人。Attaleiates, *Historia*, p.189[22]は、ローマ人の兵士を引きつけたであろうケサルの皇帝宣言の知らせの広がる時間的余裕がなかったので、彼の軍隊は増大しなかったと書き加えている（*Nicéphore Bryennios, Histoire*, p.179, n.6）。

2-68 －この川は確定できない。ソフォン山から同名の湖に流れ込む川は五つをくだらない（*Nicéphore Bryennios, Histoire*, p.179, n.7）。

2-69 －マロクソス山と次に現れるトリセアの村は他所では知られていない（*Nicéphore Bryennios, Histoire*, p.180, n.1）。

2-70 － 戦 い は Attaleiates, *Historia*, pp.190-193 ; *Scylitzes Continuatus*, pp.159-160 ; Zonaras, *Epitomae historiarum*, p.711 においてより詳しく語られている。戦闘は二度行われたようである。フランク人がまずトルコ軍に突撃をかけ、逃走する彼らを追跡しあらゆる方向へ駆けだした。しかし同時に、10万以上と見られる別のトルコ軍（Attaleiates, *Historia*, p.190[23]）が現れ、ウルセリオスの兵士を包囲した。彼らは執拗に戦ったが、間もなく彼らの馬すべてが殺された。ケサルとウルセリオスは捕らえられ、戦闘で生き残ったフランク人は、ノルマン人［ウルセリオス］の妻がいたメタヴォリの要塞に逃げ込んだ（*Nicéphore Bryennios, Histoire*, p.180, n.2）。

2-71 －すぐに彼の妻によって請けもどされた。Cf. Attaleiates, *Historia*, pp.192-193; *Scylitzes Continuatus*, p.160（*Nicéphore Bryennios, Histoire*, p.180, n.3）.

2-72 －ケサルは財貨を用意するため友人のヴァシリオス＝マレシス（前出）をコンスタンティノープルに送った、この者はミハイル＝ドゥカスに、トルコ人たちが彼の叔父をローマ人の皇帝に宣言し、その者を利用して小アジアの諸都市を奪い取る考えでいることを伝えた。ミハイル7世は急いでケサル釈放に要求された多額の金を集めたが、しかしヴァシリオス＝マレシスを追放に処し、その財産を没収した。Cf. Attaleiates, *Historia*, p.192 ; *Scylitzes Continuatus*, p.160 ; N. Duyé, Un haut fonctionnaire byzantin du XI$^{e}$ siècle : Basile Malésès, *Revue des Études Byzantines*, 30（1972）, pp.167-178 : p.178（*Nicéphore Bryennios, Histoire*, p.180, n.4）.

2-73 －彼には反乱したことで両眼を失う恐れがあった。Cf. Attaleiates, *Historia*, p.193 ; *Scylitzes Continuatus*, p.160.（*Nicéphore Bryennios, Histoire*, p.180, n.5）.

2-74 － Gautier は、プリンギプス諸島の一つと推定している（*Nicéphore Bryennios, Histoire*, p.180, n.6）。

2-75 － Gautier は歴史家たちの情報から以上の諸事件――ケサルとウルセリオスの捕縛と解放――は1074年の後半のこととしている（*Nicéphore Bryennios, Histoire*, p.181, n.7）。

2-76 －ケサルはそこで修道士の頭巾をかぶった修道院には戻らず、いろいろの所領に滞在した。1081年2月にコムニノス一族が反乱を起こした時、スラキア（トラキア）のモロヴンドス Moroboundos という所領にいた（『アレクシアス』（相野）第Ⅱ巻6［4］）、そして同年3月、修道士の衣服を身につけた彼を「修道院長」と呼んだ胸壁上の兵士の冷やかしを受けながら、コンスタンティノープルの城壁を調べていた（『アレクシアス』

（相野）第Ⅱ巻 9［3］）（*Nicéphore Bryennios, Histoire*, p.182, n.1）。

2-77 －おそらく 1074 年の後半。ひとたび解放されると、ウルセリオスは再びヴィシニアのメタヴォリの要塞（前出）を獲得し、次に味方のすべてを伴ってアルメニアコン＝セマの方向に向かい、そこで彼は再びいくつかの古い「要塞《カストラ》」を握った。Cf. Attaleiates, *Historia*, p.199 ; *Scylitzes Continuatus*, p.161 ; Zonaras, *Epitomae historiarum*, p.712（*Nicéphore Bryennios, Histoire*, p.182, n.2）.

2-78 －後に現れるエオルイオス＝パレオロゴスの父。ヴリエニオスは、彼はメソポタミア＝セマの統治官であったと指摘している（『歴史』第Ⅲ巻［15］）。ロマノス＝ディオエニスの敵であった彼は、ミハイル＝ドゥカス、そして特にニキフォロス＝ヴォタニアティスに忠実に仕えた（『アレクシアス』（相野）第Ⅱ巻 6［2］）。その後、1081 年 10 月 18 日、ロベール＝ギスカールとの戦いで、ディラヒオンの近くで戦死した（『アレクシアス』（相野）第Ⅳ巻 6［7］）（*Nicéphore Bryennios, Histoire*, p.182, n.3）。

2-79 －おそらくアヴァスギア人（アヴァシイアの住民）とグルジア人（コーカサス山脈の南西の地方の住民）の王エオルイオス 2 世 Georges（1072~1089）、彼は確かに皇帝の妻マリアの兄弟であり（cf. A. A. Vasiliev, The Foundation of the Empire of Trebizond（1204-1222）, Speculum, 11/1（1936）, pp.3-37 : p.4 ; Polemis, *The Doukai*, p.46, n.43）、一般にアラン人と呼ばれているが、Gautier, *Jean Tzetzès,* p.209 によれば、実際はアヴァスギア人であった（*Nicéphore Bryennios, Histoire*, p.182, n.4）。アラン人はコーカサス山脈の北側、アヴァスギア人あるいはイヴィリア人、グルジア人は同山脈の南側の住民である。

2-80 －歴史家たちはすべてアレクシオスの若さを強調している（Attaleiates, *Historia*, p. 199[12] ; *Scylitzes Continuatus*, p. 161[17] ; Zonaras, *Epitomae historiarum*, p.712[5]）、アンナ＝コムニニ（『アレクシアス』（相野）第Ⅰ巻 1［1］を信じるなら、アレクシオスは 1071 年の当初 14 歳であったので、当時は 18 歳頃である（*Nicéphore Bryennios. Histoire*, p.183, n.6）。

2-81 －年代上の指標がないので、これから起こる諸事件を何年からのことにするかは不可能。しかし Gautier はニキフォロス＝パレオロゴスとアレクシオス＝コムニノスの遠征が 1075 年中に展開したものであるとの印象をもっていると述べる（*Nicéphore Bryennios, Histoire*, p.183, n.5）。Chronology for 1075 in *PBW* ではこの年にニキフォロス＝パレオロゴスの派遣とアレクシオスの対ウルセリオス遠征が位置づけられている。

2-82 －すなわち彼の命令下におかれた諸軍の総司令官。アンナ＝コムニニは遠征軍総司令官を意味する用語を二つ用いている、ストラティゴス＝アフトクラトル（『アレクシアス』（相野）第Ⅰ巻 1［3］）、ストラトペダルヒス（第Ⅰ巻 2［1］）。皇帝となった後、この遠征についてある修道士と語り合う場面で、アレクシオスは次のように言明することになる。「かつてタクシアルヒス taxiarque であった時、私は皇帝によってフランク人ウルセリオスと戦うべくオリエントに派遣された」（E. Sargologos, *La Vie de saint Cyrille le Philéote, moine byzantin*（＋ 1110）, Bruxelles, 1964, p.233）。アレクシオスはその時プロエドロスの爵位保持者であった（*Nicéphore Bryennios, Histoire*, p.183, n.7）。タクシアルヒスは 1000 人の歩兵（槍を携えた 500 人、投げ槍の 200 人、弓兵の 300 人）の指揮官（Oikonomidès, *Listes de préséance,* p.335）。つまり遠征軍総司令官に任命されたアレクシ

オスは、しかし現実は1000名の歩兵部隊の指揮官であったということであろう。以下の註2-84を参照。

2-83 － Attaleiates, *Historia*, p.199 ; *Scylitzes Continuatus*, p.161 ; Zonaras, *Epitomae historiarum*, p.712. これらの歴史家は、ニキフォロス＝ヴリエニオスとその妻アンナの二人だけがこと細かに語っている若いアレクシオスのこの遠征をほんの数行で要約している（*Nicéphore Bryennios, Histoire*, p.184, n.2）。

2-84 －もしその時彼がタクシアルヒス（上記註2-82）であったのなら、おそらく1000あまり、あるいはもう少し多くの兵力をもっていたであろう。この将校は実際1000名の兵士を指揮した。Cf. *Incerti scriptoris byzantini saeculi X liber de re milifari,* éd. R. Vari, Leipzig, 1901, 1, 13（*Nicéphore Bryennios, Histoire*, p.184, n.3）.

2-85 －ロホスとエネドラの用語はほとんど同意語と思える。Cf. Dain, *Sylloge tacticorum,* p.29, §7, 2（*Nicéphore Bryennios, Histoire*, p.185, n.4）.

2-86 －以下の夫の文章をアンナ＝コムニニは言いかえ、ところどころは文字通りに書き写している（『アレクシアス』（相野）第I巻2［1］）（*Nicéphore Bryennios, Histoire*, p.186, n.1）。

2-87 －知られていないトルコ人指揮官。C. Cahen（*Première pénétration turque*, p.33, n.3）は、この者を［スルタンの］マリク＝シャーの年下の兄弟トゥトゥシュTutushとすることを拒む。1078/9年から1095年までダマスカスのアミールであったこのアルプ＝アルスランの息子は確かにヘジラ458年（1065/6）に生まれているので、この遠征時においては10歳頃となる。彼は早熟な将軍であったけれども――14歳でシリアに侵入する――、その者をアレクシオス＝コムニノスの交渉相手とすることは困難である。Cf. art. Tutush, *EI*, IV, 1934, pp.1034-1035（*Nicéphore Bryennios, Histoire*, p.186, n.2）. Cf. Anonymus 5013 in *PBW*.

2-88 －大セルジュク朝のスルタン、マリク＝シャー（在位1072~92）。

2-89 －以下の事件は『アレクシアス』（相野）第I巻2［2］においてくり返されている（*Nicéphore Bryennios, Histoire*, p.188, n.1）。

2-90 － Attaleiates, *Historia*, pp.199-206 ; *Scylitzes Continuatus*, p.161 ; Zonaras, *Epitomae historiarum*, p.712においても言及されている（*Nicéphore Bryennios, Histoire*, p.188, n.2）。

2-91 －すべての住民、特に有力者と富裕者が召集されたと、アンナ＝コムニニは書いている（『アレクシアス』（相野）第I巻2［5］）（*Nicéphore Bryennios, Histoire*, p.188, n.2）。

2-92 －この格言は、『アレクシアス』（相野）第X巻8［3］にも見いだされる（*Nicéphore Bryennios, Histoire*, p.188, n.4）.

2-93 －アンナ＝コムニニ『アレクシアス』（相野）第I巻2［4］によれば、ミハイル＝ドゥカスはこの件に関して全く無視していた（*Nicéphore Bryennios, Histoire*, p.189, n.1）。

2-94 －おそらく少し後に出てくる有力者（本巻［24］の冒頭）。アンナ＝コムニニ『アレクシアス』（相野）第I巻2［6］は職業的扇動者が民衆の中に忍び込まされていたと主張している（*Nicéphore Bryennios, Histoire*, p.190, n.1）。「なぜなら人々を騒動にかき立てる者たちがいたのであり、それらはこのうえなく極悪な者たちと、民衆を騒動に駆りた

てる術を心得ている者たちであった」。

2-95 －ここの文章ははっきりしない。アンナ＝コムニニ『アレクシアス』(相野) 第I巻2［6］は少し修正してくり返しているが、向かい合っている二つの集団の態度をはっきりさせることには至っていない（*Nicéphore Bryennios, Histoire*, p.191, n.2)。「ところで一方でウルセリオスを助け出し、そのため群衆を煽動して彼を確保させようとするものたちがおり、他方でひどく煽り立てられて——なぜなら烏合の衆はそのような状態になるものである——、ウルセリオスを奪い取り、牢屋から解放しようとする者たちがいたので、騒動はきわめて大きくなってしまった」。

2-96 － Grégoire は「もし暴動が起こり（反逆者の解放 la libération du tyran に至れば)」と、（　）内の言葉を補足している（*Nicéphore Bryennios, Les Quatre Livres des Histoires*, p.524)。私はウルセリオスが解放されて反乱を起こせばと、解釈した。

2-97 －眼球摘出は残虐な体刑であるが、しかし常に帝国人から重要なものとして評価され、公開で行われ、犠牲者が有名人の時には人々は見物に押し寄せた。たとえばプセロス（Psellos, *Chronographie*, I, p.115.［Psellos / Sewter, *Fourteen Byzantine Rulers*, p.150]）は1042年におけるミハイル5世とその腹心の者に対するこの体刑をどきっとするほどに写実的に述べているが、ロマノス＝ディオエニスの両眼損壊についてのアタリアティスの描写（Attaleiates, *Historia*, pp.178-179［付］に比べると生彩さに劣る（*Nicéphore Bryennios, Histoire*, p.192, n.1)。*Nicéphore Bryennios, Histoire*, p.139, n.6 にアタリアティスのその部分の仏訳がある。

2-98 － Grégoire（*Nicéphore Bryennios, Les Quatre Livres des Histoires*, p.525）は、空白部分を次のように補うことを提案している。「私としてはウルセリオスをコンスタンティノープルに連れていく役目は他の者にまかせ」(*Nicéphore Bryennios, Histoire*, p.193, n.3)。

2-99 －アレクシオスの帰還の日時は明らかでない。Gautier は、それを証明することができないが、1075年秋の終わり、あるいは1076年中としたいと言う（*Nicéphore Bryennios, Histoire*, p.193, n.2 p.194, n.1)。

2-100 － Cf. Theodoros 101 in *PBW*（ここではアレクシオスとセオドロス＝ドキアノスの会見を1075年のこととしている)。

2-101 －この挿話を再現しているアンナ＝コムニニ『アレクシアス』(相野) 第I巻3［3］は、この二人のいとこの再会をアレクシオスの「祖父の町」に設定している、すなわちカスタモン（*Nicéphore Bryennios, Histoire*, p.195, n.3)。

2-102 －ヴリエニオスによってことのついでに語られた他の多くの場合と同様に（たとえば本巻［9]）、この挿話も1071年以来小アジアの諸地方に一般的に見られた危険な状態をよく示しているものである、トルコ人諸集団は全然その地に定着しようとはせず、しかしなんら妨げられることなく各地を徘徊していたのである。Cf. Cahen, *Première pénétration turque*, p.33（*Nicéphore Bryennios, Histoire*, p.196, n.3).

2-103 －この者は、後年、船舶を率いてアレクシオス帝に仕え、対ノルマン戦で活躍する（『アレクシアス』(相野) 第Ⅳ巻3［1]）。1081年、ディラヒオンの海域で行動する帝国の艦隊は疑いもなくマヴリクスによってアレクシオス帝に提供された小船団を核

として急ごしらえで編成されたものであろう（Ahrweiller, *Byzance et la Mer*, p.181）。Cf. Michael 10108（Michael Maurix）in *PBW*.

2-104 − Gautier は serviteurs affectés aux besognes militaires（軍事関係の仕事に配置された家来）をあて、この語に関して次のような解説を行っている。「明らかに私的な、多分控えめな規模の兵員からなる軍隊、イサアキオスとアレクシオスが私的に保有したものに相当するものであろう」（*Nicéphore Bryennios, Histoire*, p.197, n.5）。

2-105 −ミハイル＝ヴトゥミティスという人物は知られていない。この人物はマヌイル＝ヴトゥミティスである可能性が高い。マヌイル＝ヴトゥミティスも軍人で、皇帝アレクシオスはあらゆる戦場でその才能を利用した：『アレクシアス』（相野）第Ⅵ巻 10［5］、第 IX 巻 1［7］、2［3-4］、第 X 巻 7［5］、11［10］、第 XI 巻 1［3］～2［8］、2［10］、9［2-4］、10［7-8］、第 XⅣ巻 2［6-13］（*Nicéphore Bryennios, Histoire*, p.198, n.3）。

2-106 − 『イリアス』5, 801（松平千秋訳『イリアス（上）』175 頁）。

2-107 −アレクシオスはウルセリオスを捕らえると、書簡でミハイル＝ドゥカスに知らせた、皇帝はただちにその大事な捕虜を連れてくることを頼んだ（Cf. Attaleiates, *Historia*, p.206）。Dölger（*Regesten,* no.998）は、皇帝からの書簡を 1074 年としているが、Gautier の推定によれば、アレクシオスのコンスタンティノープルへの帰還は 1075 年の末頃、あるいは 1076 年に設定されるべきである（*Nicéphore Bryennios, Histoire*, p.199, n.4）。

2-108 −一人が一本の櫂を担う軽快のドロモン船。この種の船については、Ahrweiler, *Byzance et la mer*, pp.410, 413-414 を参照（*Nicéphore Bryennios, Histoire*, p.200, n.1）。

2-109 −ヴィシニアの諸道はまったく安全でなかった。コンスタンティノープルではトルコ人の諸集団がハルキドンやフリスポリスの地方にまで野営しにきているとの噂が流れていた（Cf. Attaleiates, *Historia*, pp.200 および 267）（*Nicéphore Bryennios, Histoire*, p.200, n.2）。

2-110 − Gautier はシムヴォラに bienveillance の語をあてているが、シムヴォラの正確な意味が理解できないとしながら、この場合は、シムヴォラは高位の徽章をさしているのかもしれないとする（*Nicéphore Bryennios, Histoire*, p.200, n.3）。Grégoire の訳は des marques de la reconnaissance impériale である。とにかく皇帝は感謝の言葉以外に何か感謝の形となるものを与えたのであろう。

2-111 −アンナ＝コムニニ『アレクシアス』（相野）第 I 巻 3［4］を除いて、すべての歴史家は、ミハイル＝ドゥカスがウルセリオスを酷い状態にとどめていたと言うことで一致している。彼は死刑執行人の手に渡され、それらの者は牛のじん帯で体罰を加え、鎖に繋いで帝都のもっとも暗く、非常に不潔な牢獄の一つに閉じこめていた。Cf. Attaleiates, *Historia*, p.207 ; *Scylitzes Continuatus*, p.161 ; Zonaras, *Epitomae historiarum*, p.712. 皇帝は後になって彼を処刑しなかったことを喜んだ、なぜなら彼は 1077 年の末、その者を牢獄から引き出し、［反逆者］ニキフォロス＝ヴリエニオスに対して送り出さねばならなくなる（ヴリエニオス『歴史』第Ⅲ巻［26］）（*Nicéphore Bryennios, Histoire*, p.200, n.4）。

2-112 − 1074 年から 1078 年まで。Cf. Laurent, *Chronologie des gouverneurs d'Antioche,* pp.249-250（*Nicéphore Bryennios, Histoire*, p.201, n.6）.

2-113 －おそらく1074年。この軍人は1071年のマンツィケルトの戦いの時、ロマノス＝ディオエニスを見捨てた。彼は1072年からアンティオキアのドゥクスであった。Cf. Laurent, *Chronologie des gouverneurs d'Antioche,* p.249（*Nicéphore Bryennios, Histoire*, p.201, n.7）. キノン＝フレオスは万人共通の死の運命。

2-114 －フィラレトス＝ヴラハミオスはアルメニア人の将校で、ロマノス＝ディオエニスのもとで仕え、マンツィケルトの戦いの後、徐々に土地を切り取り、メリティニの東に位置する地方からキリキア地方まで、タウルス山脈のすべてを含んだ広大な領地を手に入れるに至った。彼はヴォタニアティスの登極時に不意にアンティオキアを奪ったが、皇帝は彼をこの都市のドゥクスとして承認した。彼はこの職を1078年の最初の数ヵ月から1084年の12月まで保持した。アンナもこの人物について言及している（『アレクシアス』（相野）第Ⅵ巻9［2]）。

2-115 －カタカロン＝タルハニオティスは非常に若かったにちがいない。1077年の最後の数ヵ月において彼がアドリアヌポリスのドゥクスでいるのが知られるが、その年に彼は自分の娘イリニを反逆者ニキフォロス＝ヴリエニオスの兄弟ヨアニス＝ヴリエニオスの息子と結婚させることになる（*Nicéphore Bryennios, Histoire*, p.201, n.8）。カタカロン＝タルハニオティスと反逆者ニキフォロス＝ヴリエニオスとの関係は第Ⅲ巻［7］で語られる。

2-116 －エミリアノスはおそらく、都市をフィラレトスに引き渡すことを望んでいた党派、特にアルメニア人集団を支持していたようである。Cf. V. Grumel, Le patriarcat et les patriarches d'Antioche sous la seconde domination byzaniine（969-1084）, *Echos d'Orient*, 33（1934）, pp.129-147: pp.144-145 ; J. Laurent, Byzance et Antioche sous le curopalate Philarète, *Revue des Études Arméniennes,* 9（1929）, pp.61-72: pp.62-63（*Nicéphore Bryennios, Histoire*, p.202, n.2）.

2-117 － Dölger, *Regesten*, no.999によれば、1074年（*Nicéphore Bryennios, Histoire*, p.203, n.3）。

2-118 －すなわち帝国当局の代表者たち（*Nicéphore Bryennios, Histoire*, p.203, n.5）。

2-119 －アンティオキアの南、およそ89キロに位置する港、おそらくフィラレトスがこの地域を掌握していなかったので、選ばれたのであろう（*Nicéphore Bryennios, Histoire*, p.204, n.1）。本来ならアンティオキアの外港スゥデエイ（聖シメオン）からとなろう。

2-120 －彼をコンスタンティノープルに追いやったのは適切な手段ではなかった。彼はコンスタンティノープルでミハイル＝ドゥカスとニキフォリツィスに対する陰謀をはかり、1078年3月25日、帝位を求める者［ヴォタニアティス］がまだニケアにとどまっていた時に、聖ソフィア寺院においてヴォタニアティスを皇帝と歓呼する者たちの先頭に立った（*Nicéphore Bryennios, Histoire*, p.204, n.2）。第Ⅲ巻［19］で語られる。

2-121 －ポレミオスは単数。Grégoire も Gautier もこの敵について註記していない。少し前に出てくるフィラレトスであろう（本巻註2-114）。彼は1078年アンティオキアを占領するが、トルコ人から都市を守るため、トルコ陣営に加わり、割礼を受けようとさえ考えたとアンナ＝コムニニは語っている（『アレクシアス』（相野）第Ⅵ巻9［2]）。1080

年頃、彼は、アンティオキアに関してモスルのムスリム支配者の家来になろうと判断し、また大セルジュークのスルタン、マリク＝シャーの好意をえるためイスラムに改宗する態度をしめすことも辞さなかった（Anne Comnène, *Alexiade*, II, p.241 の note, Page 64, ligne 12)。

2-122 − Grégoire と Gautier はそれぞれ les autorités légales、les magistrats をあてている。本巻［28］の「有力者たち」のことであろう。

2-123 −「確かに最近に成り上がった者たちの一部は」以下の文について、Grégoire も Gautier もこの比較的長いギリシア語文は空白があるか崩れているかしており、それぞれ、訳は不確かなもの（*Nicéphore Bryennios, Histoire*, p.205, n.3)、推測によるもの（Grégoire, *Nicéphore Bryennios, Les Quatre Livres des Histoires,* p.530, n.1）とする。「彼らに向かって行った者たち」の「者たち」を Grégoire は「役人 fonctionnaires」と推測して訳している。つまり、「（アクロポリスの）出口を見張った」者たちと、「彼らの一部を殺害した」者たちとは互いに敵対している人々である。ここの部分は Grégoire にしたがった。

2-124 − これらの事件の年代確定は不可能である。とにかくそれらは 1074 年か 1075 年に起こったものと見なしておこう。イサアキオス＝コムニノスのアンティオキア到着からさほど期間の経っていない頃（*Nicéphore Bryennios, Histoire*, p.206, n.1)。

2-125 − コンスタンディノス＝ディオエニスは 1070 年頃、イサアキオスの姉妹、セオドラと結婚した（*Nicéphore Bryennios, Histoire*, p.206, n.2)。Konstantinos 181 in *PBW* を参照。

2-126 − アンナ＝コムニニ『アレクシアス』(相野) 第 X 巻 2［2］によってレオンと呼ばれている偽ディオエニスは、1095 年、自分はアンティオキアで殺されたこのコンスタンディノスであると主張することになる（*Nicéphore Bryennios, Histoire*, p.206, n.3)。

**第Ⅲ巻**

3-1 − プロトプロエドロスにしてプロトストラトルのコンスタンディノス＝ドゥカスは 1075/76 年に死去した。Cf. Polemis, *The Doukai*, pp. 59-60（*Nicéphore Bryennios, Histoire*, p.208, n.1).

3-2 − *Nicéphore Bryennios, Histoire*, p.172［第Ⅱ巻[16]].

3-3 − 彼は、アントニオスという修道士名で 1077 年 10 月 14 日に死去した。Cf. Polemis, *Notes,* pp. 68-69 ; Polemis, *The Doukai*, pp. 68-69（*Nicéphore Bryennios, Histoire*, p.208, n.3).

3-4 − ここでのスラキアとマケドニアの地理的範囲は地方行政区としてのスラキアとマケドニアであり、前者は今日のトルコ共和国のヨーロッパ部分、後者はフィリプポリスのさらに上流からアドリアヌポリスをへてエーゲ海に注ぐエヴロス（マリツァ）川の流域一帯。

3-5 − ダニューブの諸都市は帝国から離脱して、パツィナキの民に救援を訴えたので、帝国政府はその地方をおそらくブルガール人のヴェスタルヒスのネストル Nestor の指揮下においた。その者はドリストラ Dristra［今日のダニューブ南岸の都市、シリスト

ラ Silistra］のカテパノ、そしてパリストリオン Paristrion［ダニューブの中下流南岸地域をさす名称］のドゥクスに任命された。理由ははっきりしないが、この者はパツィナキと連絡をとり、マケドニアとスラキアに押し寄せた。その際、服従の代償にロゴセティス＝トゥ＝ドロムゥのニキフォリツィスを引き渡すよう要求した。最終的には彼は陰謀を恐れて、ダニューブの岸に引き下がった。Cf. Attaleiates, *Historia*, pp.205-207; *Scylitzes Continuatus*, p.166; Zonaras, *Epitomae historiarum*, pp.713-714. N. Banescu, *Les duchés byzantins de Paristrion (Paradounavon) et de Bulgarie,* Bucarest, 1946, pp.90-93 はこれらの事件を 1072/3 年に、N. Zlatarski（*Islorija na balgarskata darzava prez srednite vekove*, II, Sofia, 1924, pp.155-159）は 1074 年、あるいは少し前においている。P. Diaconu, *Les Petchénègues au Bas-Danube*, Bucarest, 1970, pp.100-109 も　参　照（*Nicéphore Bryennios, Histoire*, p.208, n.5）。Cf. Nestor 101 in *PBW*.

3-6 －これは西マケドニア［今日のマケドニア共和国］のブルガール人の反乱をさしている、彼らはゼタ Zéta［モンテネグロ］の支配者ミハイルに救援を訴えた。ミハイルは彼らに息子コンスタンディノス＝ヴォディノスを送る。後者はプリズレン Prizren［コソボ］でペトロスの名で皇帝 basileus に戴冠され、1072/73 年その地方の主要な都市を奪った（*Nicéphore Bryennios, Histoire*, p.210, n.1）。ヴォディノスは『アレクシアス』の各所に登場する（第Ⅰ巻 16［8］、第Ⅲ巻 12［1］、第Ⅳ巻 5［3］、6［9］、第Ⅵ巻 7［7］、第Ⅶ巻 8［9］、第Ⅷ巻 7［2］）。

3-7 －スクゥピ（スコピエ Skopje）とナイソス（ニシュ Nish）はヴォディノスに奪われた（*Scylitzes Continuatus*, pp.162-166）（*Nicéphore Bryennios, Histoire*, p.210, n.2）。

3-8 －ニキフォロス＝ヴリエニオスはここでローマ帝国とフンガリアの戦争を暗示させている。この戦いは帝国のドゥクスのニケタスの敗北で終わった（*Nicéphore Bryennios, Histoire*, p.210, n.3）。

3-9 － Grégoire はこの語に「ダニューブのかなた au-delà du Danube」と註記している（Grégoire, *Nicéphore Bryennios, Les Quatre Livres des Histoires*, p.882, n.1）。

3-10 －ゼタのミハイルおよびクロアティアのペトロス 4 世クレシミルの反乱をさしている。Cf. *Scylitzes Continuatus*, p.163（*Nicéphore Bryennios, Histoire*, p.211, n.4）。なお Gautier はイリリコンに対して Illyricum をあてている。註 3-17 を参照。

3-11 －ケサルのヨアニス＝ドゥカスは皇帝の制裁を免れるため、少し以前に修道士になった（第Ⅱ巻［18］）（*Nicéphore Bryennios, Histoire*, p.211, n.5）。

3-12 －第Ⅰ巻［13］において初めて登場する。

3-13 －おそらく 1074 年。Cf. Dölger, *Regesten*, no.1101［Dölger-Wirth, *Regesten*, no.1004c］（*Nicéphore Bryennios, Histoire*, p.211, n.8）.

3-14 －ドルンガリオス＝ティス＝ヴィグラス［皇帝法廷の裁判長］のコンスタンディノスは、ミハイル 7 世の母エヴドキア＝マクレンヴォリティサが総主教ミハイル＝キルラリオスの姪でもあったので、皇帝の親族であった（*Nicéphore Bryennios, Histoire*, p.212, n.1）。

3-15 －ここのキノノスに、Grégoire は co-empereur（共治帝）の語をあてている（Grégoire,

*Nicéphore Bryennios, Les Quatre Livres des Histoires*, p.883）。

3-16 －ブルガリア、すなわち西マケドニアのドゥクス、スコピエに拠る。11 世紀におけるドゥクスの役割については Ahrweiler, *Recherches,* pp.61-63 ; T. Wasiliewski, Les titres de duc, de catépan et de pronoètès dans l'empire byzantin du IXe jusqu'au XIIe siècle, dans *Actes du XIIe Congrès international d'Études byzantines*, II, Belgrade, 1964, pp.233-239（*Nicéphore Bryennios, Histoire*, p.212, n.2）、および尚樹啓太郎『ビザンツ帝国史』572~574 頁参照。

3-17 －このイリリス（イリリア）とつづいて現れるイリリコンは地理的範囲は異なるように思える。前者はバルカン半島北西部、ローマ帝国のイリリクム Illyricum 州に相当する広い範囲（南はアルバニアのドリン Dorin 川から北はイストリア Istria 半島、東はサヴァ Sava 川まで）であり、後者は本文の記載にあるように主都をディラヒオン（現アルバニアの第一の港ドゥレス Durrës）とするより限られた地域であろう。

3-18 －ロベール＝ギスカールの率いるノルマン人、この者についてはさしあたり F. Chalandon, *Histoire de la domination normande en Sicile et en Italie*, I, Paris, 1907, pp.258-264 を参照。

3-19 － Cf. Dölger, *Regesten*, no.1002（1074 年）［Dölger-Wirth, *Regesten*, no.1004d］. l074 年の日付は確かでないように思える。上記の諸事件の年代はまだ十分には確定されていない。ニキフォロス＝ヴリエニオスが 1077 年 11 月に反乱を起こした時、彼はまだディラヒオンのドゥクスである（本巻［5］）（*Nicéphore Bryennios, Histoire*, p.213, n.4）。

3-20 －敵の待ち伏せの機会を少なくするための作業であろう。Neville, *Heroes and Romans*, p.121 を参照。

3-21 －イポスポンディの訳語に Grégoire（*Nicéphore Bryennios, Les Quatre Livres des Histoires*, p.884）と Gautier（*Nicéphore Bryennios, Histoire*, p.214）は共に tributaires（従属者・貢納者）をあてている。

3-22 －すなわちドロモン船。Cf. Ahrweiler, *Byzance et la mer*, pp.410-411（*Nicéphore Bryennios, Histoire*, p.214, n.2）.

3-23 －すなわちニキフォロス＝ヴリエニオス。

3-24 －この人物は他所では知られていない。しかしその姓はしばしば、特に 11~12 世紀に検証される（*Nicéphore Bryennios, Histoire*, p.215, n.4）。Cf. Eusthathios 124 in *PBW.*

3-25 －著者はイリリス（イリリア）とイリリコンを厳密に区別していないように思われる。ここは主都がディラヒオンであるイリリコンであろう。

3-26 － 1077 年の後半（秋？）のことと思える（*Nicéphore Bryennios, Histoire*, p.214, n.3）。Dölger-Wirth, *Regesten*, no.1006d では 1077 年 10 月 3 日の少しあと。Cf. Chronology for 1077 in *PBW.*

3-27 －プロエドロスあるいはプロトプロエドロスのニキフォロス＝ヴァシラキスはすでに 1071 年のマンツィケルトの戦いにおいて言及されている（*Nicéphore Bryennios, Histoire*, p.106［第 I 巻［14］］）。アンナ＝コムニニ『アレクシアス』（相野）第 I 巻 7［1］は彼の極端な野望と称号への貪欲を非難している。彼の父フロロスは他所では知られていない（*Nicéphore Bryennios, Histoire*, p.216, n.2）。

3-28 − *Scylitzes Continuatus*（p.181）にしたがえば、ヴァランギ。この傭兵部隊については、A. Vasiliev, The Opening Stages of the Anglo-Saxon Immigration to Byzantium in the Eleventh Century, *Seminarium Kondakovlanum*, 9（1937）, pp.39-70 ; S. Blöndal, Nabites the Varangian. With Some Notes on the Varangians under Nicephorus Ⅲ Botaniates and the Comneni, *Classica et Mediaevalia*, 2（1939）, pp.145-167 を参照（*Nicéphore Bryennios, Histoire*, p.216, n.5）。

3-29 − 鼻をそがれたその蛮族は、翌年復讐する。ヨアニス＝ヴリエニオスはヴォタニアティスとの最初の会見を終えて宮殿を出たとき、身体を損傷させた相手の短刀の一撃で暗殺される、おそらく 1078 年の 4~5 月の頃。Cf. *Scylitzes Continuatus*, p.181（*Nicéphore Bryennios, Histoire*, p.218, n.2）.

3-30 − 第Ⅲ巻の［1］。

3-31 − ミハイル・ヨアニス・イリニ・アンナ・セオドラ。

3-32 − アンナ＝コムニニ『アレクシアス』（相野）第Ⅱ巻 6［3］によれば「マリアはブルガリア人の中で最高の一族の出身で、その美貌と、四肢と容貌の調和のとれたすばらしさによってことのほか魅力的で、そのためこの時期においてすべての女性たちの中でもっとも美しいと見なされていた」。ヴリエニオスの情報は正確でない。トロイアノスはサムイルの甥であるイヴァン＝ヴラディスラフ（1018 年没）の第 4 番目の息子、したがってマリアはサムイルの甥の孫娘である（*Nicéphore Bryennios, Histoire*, p.218, n.7）。Cf. Maria 62 in *PBW*.

3-33 − 彼女の母の名が知られないので、これらの有力一族とのつながりについて情報が得られない（*Nicéphore Bryennios, Histoire*, p.220, n.1）。

3-34 − Grégoire と Gautier はそれぞれ à l'Époux chaste par excellence, à l'Époux chaste, parce qu'étranger aux passions をあてている。

3-35 − 彼女は 1070 年頃生まれ、イリニの名で神に捧げられた。12 世紀の最初の十年の間の 2 月 20 日に死去（*Nicéphore Bryennios, Histoire*, p.220, n.2）。

3-36 − イリニとアンナ（*Nicéphore Bryennios, Histoire*, p.220, .n.3）。

3-37 − アレクシオスの将来の妻イリニの名はしかしここで初めて現れる。

3-38 − 彼は、全身衰弱と水腫を患っていた（*Nicéphore Bryennios, Histoire*, p.220, n.5）。

3-39 − この情報はひとりヴリエニオスだけが伝えているが、アレクシオスの義父になったかもしれないその者を同定できるほど明瞭でない。その者はあるいは皇帝ロマノス 3 世アルイロスの兄弟ヴァシリオス［1057 年のイサアキオス＝コムニノスの反乱に加わった］であるかもしれない。その者の娘エレニはイヴィリア［コーカサス南部］の女性支配者マリアの息子、ヴァグラトと結婚した（*Nicéphore Bryennios, Histoire*, p.220, n.6）。

3-40 − 彼女はミハイル帝の治世の始め、婚姻関係でつながる帝位を失った皇帝、ロマノス＝ディオエニスと密かに連絡をとったかどで告発され、裁判にかけられた後、子供たち共にプリンギポス島に追放された（*Nicéphore Bryennios, Histoire*, p.128［第 I 巻［22］]）。また彼女は自分の夫の気の弱さということだけでコンスタンディノス 10 世において権力を握るに至ったドゥカス家の支配には我慢できない思いでいた（*Nicéphore Bryennios, Histoire*, p.221, n.8）。第 I 巻［4]~[5］を参照。

3-41 －イリニは確かにケサルのヨアニス＝ドゥカスの孫娘であり、皇帝ミハイル＝ドゥカスおよび兄弟コンスタンディオスの従兄弟の娘である（*Nicéphore Bryennios, Histoire*, p.222, n.1）。

3-42 －ニキフォロス＝ヴォタニアティスおよびニキフォロス＝シナディノス［前者の血縁］と結婚し損なった後、彼女はアレクシオスの弟アドリアノスと結婚した（*Nicéphore Bryennios, Histoire*, p.222, n.2）

3-43 －婚約は多分 1077 年夏。アレクシオス＝コムニノスはこの時 20 歳頃、イリニ＝ドゥケナは 10 歳と少々（*Nicéphore Bryennios, Histoire*, p.222, n.3）。

3-44 － 1077 年 10 月 14 日に死去（*Nicéphore Bryennios, Histoire*, p.223, n.4）。

3-45 －本巻［13］。

3-46 －カタカロン＝タルハニオティス、この者はマイストロスのヨシフ＝タルハニオティス（『歴史』第Ⅱ巻［28］）の息子で、後には反乱軍の左翼の指揮を取ることになる（『歴史』第Ⅳ巻［6］、『アレクシアス』（相野）第Ⅰ巻 5［2］）。また 1095 年コマニに対してアドリアヌポリスを守護する（『アレクシアス』（相野）第Ⅹ巻 2［7］）。彼の一族はおそらくスラキアのキプセラの近く、タルハニオン Tarchanion 村の出身であろう（*Nicéphore Bryennios, Histoire*, p.223, n.6）。

3-47 －この者は当時アドリアヌポリスの軍司令官《カテパノ》であった。Cf. Attaleiates, *Historia*, p.242[22]（anonyme）; *Scylitzes Continuatus*, p.173[1]（anonyme）（*Nicéphore Bryennios, Histoire*, p.224, n.1）.

3-48 －同じ意見が *Scylitzes Continuatus*（p.173）によって写しとられた Attaleiates, *Historia*（p.243, pp.245-246）に見える。彼らは、もし最小限の力を示せば、発生したばかりの反乱を容易に鎮圧できただろうと主張している（*Nicéphore Bryennios, Histoire*, p.224, n.2）。

3-49 －このアンナは多分ヴァタツィス家の一員であったであろう（*Nicéphore Bryennios, Histoire*, p.17, p.224, n.3）。Attaleiates, *Historia*（p.244[19-21], p.245[15]）にしたがえば、1077 年レデストス［マルマラ海北岸の都市］で混乱の種をまき散らしたヴァタツィス某の妻は、夫を通じて反逆者ヴリエニオスの親類であった（*Nicéphore Bryennios, Histoire*, p.16, n.4）。Anna 64 in *PBW* を参照。つづいて現れるタルハニオティスの姉妹エレニについては、Helena 5000 in *PBW* を参照。

3-50 －本巻［4］。

3-51 －おそらく 1077 年 11 月、なぜならアタリアティス（Attaleiates, *Historia*, p.242）によれば、ヴリエニオスの反乱が始まったのは 10 月以後である（*Nicéphore Bryennios, Histoire*, p.225, n.6）。

3-52 － Attaleiates, *Historia*, p.246（*Nicéphore Bryennios, Histoire*, p.225, n.8）.

3-53 － Attaleiates, *Historia*（p.246）は、この衝突に言及していない（*Nicéphore Bryennios, Histoire*, p.225, n.9）。

3-54 －この出会いは Attaleiates, *Historia*（p.246）と *Scylitzes Continuatus*（p.173）によれば、トライアヌポリスで起こった（*Nicéphore Bryennios, Histoire*, p.226, n.1）。

3-55 －ロハゴスは 16 人の分隊、すなわち 32 人の歩兵の指揮官。Cf. Dain, *Sylloge*

*tacticorum*, p.57, no.7 ; Dain, *L'Extrait tactique*, p.86 et 95（traduction）. Psellos, *Chrongraphie*, II, pp. 205, 275 をも参照（*Nicéphore Bryennios, Histoire*, p.226, n.3）。

3-56 －ファランガルヒスは *SGL* によればファランガルヒアの指揮官、ファランガルヒアは 2merarchia、メラルヒアは 2chiliarchia=2048 人。しかし、典拠は紀元後 2 世紀のアエリアノス『戦術論』である。

3-57 － Attaleiates, *Historia*（p.242）によれば、ヨアニス＝ヴリエニオスは西方諸州の諸軍の一部、多数のヴァランギとフランク人（ノルマン人）、そして都市（アドリアヌポリス）の軍事指揮官［カタカロン＝タルハニオティス］と彼の一族をも従えていた（*Nicéphore Bryennios, Histoire*, p.226, n.2）。

3-58 － Attaleiates, *Historia*（p.243）によれば、ヴリエニオスは当初スラキアとマケドニアの僅かな数の都市しか味方につけていなかった。この歴史家（Attaleiates, *Historia*, pp.244-246）はヴリエニオスの血縁者であるヴァタツィス某の、精力的で大胆な妻がどのようにしてレデストスを反逆者の側に引き入れたかを語っている（*Nicéphore Bryennios, Histoire*, p.226, n.4）。

3-59 － Attaleiates, *Historia*（p.247[1-2]）によって確認される情報（*Nicéphore Bryennios, Histoire*, p.227, n.5）。帝権の標章《パラシマ》とはすなわち二輪馬車《ディフィリ》とそれらを引く馬、皇帝用の赤色《エリスラ》のサンダル《ペディラ》。

3-60 －ギリシア語文は崩れており、疑いもなく空文がある（*Nicéphore Bryennios, Histoire*, p.227, n.7）。［近くに］は Grégoire の訳から補足。

3-61 －この表現はアリストファネス『雲』548 にみられる（*Nicéphore Bryennios, Histoire*, p.228, n.1）。「まずスタートから……」（田中美知太郎訳「雲」『ギリシア喜劇 I　アリストパネス（上）』ちくま文庫、1986 年、357 頁）。ただしアリストファネスの使っている言葉は、アポ＝ヴァルヴィドン ἀπὸ βαλβίδων である。

3-62 －「すでに帝位を望む気になっている ὁ τοῦ βασιλειῶνος ἤδη Νικηφόρου υἱός, .... 」のは明らかにニキフォロス＝ヴリエニオスであって、息子ではない。βασιλειῶνος < βασιλειάω desire to reign（*SGL*）; aim at royalty（*GEL*）. しかしこの文章自体、少し前の「彼自身まだためらい、反逆の行動にでることを拒んでいたが」や、つづく［10］の最初の部分から見て矛盾する。Gautier の le fils de Nicéphore qui déjà prétendait à l'empire, ... の文は、「すでに帝国をあこがれていた」のはニキフォロスの息子と解することができるが、ギリシア語文からはこの読みは成り立たない。Grégoire の le fils de Nicéphore déjà tout de près de l'empire も、早晩帝国を掌握できる（すでに帝国は手の届くところにある）と思っていたのが息子と解するなら、同様であろう。

3-63 －歴史家［アンナ＝コムニニの夫ニキフォロス＝ヴリエニオス］の父、おそらく 16/8 歳（*Nicéphore Bryennios, Histoire*, p.228, n.2）。解題「反逆の系譜」の前半部分を参照。

3-64 －この軍人は多分、『アレクシアス』（相野）第Ⅶ巻 3［6］に言及されているクツォミティスであろう（*Nicéphore Bryennios, Histoire*, p.228, n.3）。

3-65 －彼は後にしばしば言及される。おそらくアルメニア人家族の出身であることに

ついては、Polemis, *The Doukai*, p.138 を参照。アンナ＝コムニニは彼を時にはヨアニキスとも呼んでいる（『アレクシアス』（相野）第Ⅴ巻 5 [7]、第Ⅶ巻 1 [2]、3 [6]、11 [6]、第Ⅷ巻 6 [4]）。彼はエオルイオス＝パレオロゴス（第Ⅳ巻 [33]）のいとこである（*Nicéphore Bryennios, Histoire*, p.228, n.4）。

3-66 － Attaleiates, *Historia*（pp.246-247）によれば、11 月（1077 年）の初め。Zonaras, *Epitomae historiarum*（p.716）; *Scylitzes Continuatus*（pp.172-173）; Anne Comnène, *Alexiade*（I, pp.17-18）はいかなる情報も与えていない（*Nicéphore Bryennios, Histoire*, 230, n.1）。

3-67 －アンナ＝コムニニ『アレクシアス』（相野）第Ⅰ巻 4 [3] に同じ情報がある（*Nicéphore Bryennios, Histoire*, p.230, n.2）。

3-68 － Attaleiates, *Historia*（pp.247-248）にはニキフォロス＝ヴリエニオスのアドリアヌポリス入城についてもう少し詳しい記述が見られる（*Nicéphore Bryennios, Histoire*, p.231, n.3）。

3-69 －首都の前に到達する前に、ヨアニス＝ヴリエニオスはペリントス（イラクリア）を荒した。その都市は彼の兄弟に味方することを拒否したのである。シリムヴリアの守備隊を指揮していたアレクシオス＝コムニノスは、彼の軍隊とともにコンスタンティノープルに引き上げた。Cf. Attaleiates, *Historia*, p.250 ; *Scylitzes Continuatus*, pp.174-175（*Nicéphore Bryennios, Histoire*, p.232, n.2）.

3-70 －ヴリエニオスの軍隊における彼らの存在は特に悪い結果をもたらすことになる（第Ⅳ巻 [9]）（*Nicéphore Bryennios, Histoire*, p.232, n.3）。

3-71 －多分 1077 年の 12 月のうちに彼はコンスタンティノープルの前に到着した（*Nicéphore Bryennios, Histoire*, p.233, n.4）。

3-72 － Attaleiates, *Historia*（pp.250-251）によれば、確かに彼の語るところは偏向的であるが、ヴリエニオスの軍隊に対する首都の人々の対応は冷ややかなものであった。Zonaras, *Epitomae historiarum*, p.716 ; *Scylitzes Continuatus*, p.175 も参照（*Nicéphore Bryennios, Histoire*, p.233, n.5）。

3-73 － Grégoire も Gautier も文字通り démon の語をあてている。『アレクシアス』においても悪鬼（デモン / デモネス）は何回もあらわれる：『アレクシアス』（相野）第Ⅲ巻 8 [3]、第Ⅵ巻 9 [5]、12 [4]、第 XIV 巻 4 [8]、第 XV 巻 8 [5]、6 [7]、10 [3-4]。

3-74 － Zonaras, *Epitomae historiarum*（p.716）は、ヴリエニオスの軍隊は飛び道具でヴラヘルネ地区の城塞の守備隊を攻撃したと書いている（*Nicéphore Bryennios, Histoire*, p.233, n.6）。

3-75 －聖コスマスと聖ダミアノスの修道院 [コスミディオンの地区にあった]。Cf. R. Janin, *Églises et monastères*, pp.286-289 ; Janin, *Constantinople byzantine*, pp.461-462（*Nicéphore Bryennios, Histoire*, p.233, n.7）.

3-76 －聖パンテレイモンと呼ばれる橋で、ヴラヘルネ地区を金角湾の対岸と結びつける。かつてユスティニアノスの橋と呼ばれた（Attaleiates/Polemis, *Istoria*, p.435, n.364）。

3-77 －ステノン、すなわち海峡は一般にヴォスポロス海峡をさす（*Nicéphore Bryennios, Histoire*, p.233, n.9）。

3-78 －より詳細だが、しかしより偏った Attaleiates, *Historia*（pp.251-252）の物語はヴリエニオスに対して好意的ではない。この歴史家は、事態のすべてをその将軍の責任にしている。都市を奪うことを諦めて、彼は陣地を海峡の地方に移動させ、聖パンテレイモンの橋からヴォスポロスまでのほとんどすべての屋敷を焼き払った、すなわち小礼拝堂・ヴィラ・教会、そして特に木材で建てられていたユダヤ人の屋敷。D. Jacoby, Les quartiers juifs de Constantinople à l'époque byzantine, *Byzantion*, 27（1967）pp.167-227 参照（*Nicéphore Bryennios, Histoire*, p.234, n.1）。

3-79 － Attaleiates, *Historia*, p.252 を参照（*Nicéphore Bryennios, Histoire*, p.235, n.2）。

3-80 －明らかに金角湾の海岸地区（*Nicéphore Bryennios, Histoire*, p.235, n.3）。

3-81 －おそらく 1078 年 1 月のうち。Polemis, *Notes*, pp.68-69 を参照。［ヨアニス＝］ヴリエニオスは、1078 年 1 月 7 日にはなおコンスタンティノープルを前にしていた（*Nicéphore Bryennios, Histoire*, p.235, n.5）。

3-82 －著者は再び彼の大叔父の名声に手心を加える配慮から、事実を簡略にし粉飾している。なんらの成果もえず、また冬の寒さに苦しめられて、ヨアニス＝ヴリエニオスは 1 月 7 日に陣地を引き払った（Attaleiates, *Historia*, p.257）、そして二個の連隊と共に、プロポンディスのアシラス——帝都とシリムヴリアの中間に位置する——に赴いた。最近に投獄されていたウルセリオス（Roussel de Bailleul）は皇帝によって釈放され、城壁の高みからヴリエニオスのノルマン人と無益にも交渉する。ルス人の船舶に援助されたアレクシオス＝コムニノスとウルセリオスはアシラスに対して成功裡の急襲を放った、彼らはそこからヨアニス＝ヴリエニオスを追い出し、後者はレデストスに逃げ込む（1078 年 1 月のはじめ）。Cf. Attaleiates, *Historia*, pp.253-255, 261 ; Zonaras, *Epitomae historiarum*, pp.716-717 ; *Scylitzes Continuatus*, p.175（*Nicéphore Bryennios, Histoire*, p.236, n.1）. アシラスはイスタンブルの西およそ 34 キロに位置し、現ビュユックチェクメジェ Büyükçekmece。

3-83 －スキタイ（パツィナキ）はヴリエニオスの反乱を利用して、バルカン（エモス）山脈を越えた。彼らの一部はスラキアを荒らし、他の一部は、簒奪者がいたアドリアヌポリスを包囲した。飢えは、後者に交渉することを強いた。蛮族たちは金貨 20 ケンテナリアと織物、銀製の壺とひきかえにやっと引き下がることに同意した。Cf. Attaleiates, *Historia*, pp.261-262 ; Zonaras, *Epitomae historiarum*, p.717; *Scylitzes Continuatus*, pp.175-176（*Nicéphore Bryennios, Histoire*, p.236, n.3）.

3-84 －ヨアニス＝ヴリエニオスのパツィナキに対するこの勝利は、おそらく著者の作り話であろう。他の歴史家はそれについて言及していない。歴史家たちは反対に、1078 年 3 月キズィコスの地方を味方に引き入れるべく兄弟によって派遣されたヨアニス＝ヴリエニオスがウルセリオスによってそこで打ち負かされたことを語っている。Cf. Zonaras, *Epitomae historiarum*, p.717 ; *Scylitzes Continuatus*, p.176. また Attaleiates, *Historia*（pp.268-269）は異なる話、すなわちスラキアのイラクリアにおけるウルセリオスのヨアニス＝ヴリエニオスに対する勝利を述べている（*Nicéphore Bryennios, Histoire*, p.237, n.4）。

3-85 －この軍職の性質については、Ahrweiler, *Recherches,* p.50 を参照。ヴォタニアティ

スはその時クロパラティスの爵位を得ていた。Cf. Attaleiates, *Histoire*, p.213 ; Zonaras, *Epitomae historiarum*, p.718 ; *Scylitzes Continuatus*, p.172（*Nicéphore Bryennios, Histoire*, p.237, n.6）.

3-86 －この者はフリイアのラムビの出身であった。1077年10月、反乱の当初においてはそこにいることが見いだされる。Cf. Attaleiates, *Historia*, p.242[5], 253[3]; *Scylitzes Continuatus*, p.172. 彼の即位はある天体、あるいは彗星によって予測されたであろう。それはラムビからフリスポリス［スクタリ］の方へ、それからヴラヘルネ地区に向かって流れた。Cf. Attaleiates, *Historia*, pp.241-242. なお、Attaleiates, *Historia*（p.213）は彼の出身地をアナトリコン＝セマとしている（*Nicéphore Bryennios, Histoire*, p.237, n.5）。

3-87 － Attaleiates, *Historia*（p.241）および Zonaras, *Epitomae historiarum*（p.718）によれば、ヴォタニアティスの反乱はヴリエニオスのそれに先行した（*Nicéphore Bryennios, Histoire*, p.238, n.1）。

3-88 －『歴史』第I巻［11］。ヴォタニアティスはこの者を自分のもとへ呼び寄せた。Cf. Chrysoskoulos 101 in *PBW*.

3-89 － Zonaras, *Epitomae historiarum*（p.715）によれば、彼はオリエントの主要な有力者によって皇帝に宣言された。*Scylitzes Continuatus*（p.172）は何人かの名前をあげている、すなわちアレクサンドロス＝カヴァシラス、（ロマノス）ストラヴォロマノス、シナディニ家、グゥデリオス。その反乱は1077年10月に勃発した。Cf. Polemis, *Notes,* p.69（*Nicéphore Bryennios, Histoire*, p.238, n.3）.

3-90 －メリシノスは、まもなくアナトリキのストラティゴスに任命される（*Nicéphore Bryennios, Histoire*, p.239, n.6）.

3-91 －この者はアレクシオスの妻イリニの妹アンナ＝ドゥケナと結婚し、そして彼の義兄弟アレクシオス＝コムニノスの権力獲得に大いに手をかすことになる。Attaleiates, *Historia*（p.263）はヴォタニアティスを裏切った二人の将軍を言及しているが、パレオロゴスとメリシノスにちがいないだろう（*Nicéphore Bryennios, Histoire*, p.239, n.7）。

3-92 －『歴史』第II巻［19］で登場するニキフォロス＝パレオロゴスで、多分メソポタミアのドゥクスであったろう。Cf. Ahrweiler, *Recherches,* pp.59-60（*Nicéphore Bryennios, Histoire*, p.239, n.8）.

3-93 －つまり本巻［15］の終わりのニキフォロス＝メリシノスとエオルイオス＝パレオロゴス以外の東方地域の将軍（軍司令官）たちのことであろう。

3-94 －彼は1078年1月7日以前にはラムビを出立していない（註3-86）。彼は実際、コンスタンティノープルにおいて彼の支持者たちが彼を皇帝と宣言した時には、「アナトリコン＝セマの彼の小さな町」にとどまっていた。Cf. Attaleiates, *Historia*, p.256 ; Polemis, *Notes*, pp.69-70（*Nicéphore Bryennios, Histoire*, p.239, n.9）.

3-95 －『歴史』第II巻［28］。他の際だった反対者の一人はイコニオンの府主教イザヤスであった。Cf. Attaleiates, *Historia*, pp.258-259（*Nicéphore Bryennios, Histoire*, p.239, n.10）。

3-96 － 1078年1月7日日曜日、ミハイル＝ドゥカスと元老院のすべてが会議の座にあったとき、聖ソフィアに集合した群衆はヴォタニアティスを皇帝と歓呼し、ミハイル＝

ドゥカスの名前を罵倒した。Cf. Attaleiates, *Historia*, p.256（*Nicéphore Bryennios, Histoire*, p.239, n.11）.

3-97 －スライマーン＝ブン＝クタルムシュ、1064 年の彼の父クタルムシュの死後、小アジアのセルジュクの首領となる（*Nicéphore Bryennios, Histoire*, p.240, n.1）。アンナ＝コムニニはソリマスと表記している。Cf. Sulayman 5000 in *PBW*.

3-98 － Zonaras, *Epitomae historiarum*（p.718）と *Scylitzes Continuatus*（p.176）が、彼の父クタルムシュと混同しているスライマーンはミハイル＝ドゥカスの提案を受け入れた。この情報は Attaleiates, *Historia*（pp.263-265）によって確認される。Cahen, *Première pénétration turque*, p.43（*Nicéphore Bryennios, Histoire*, p.240, n.2）.

3-99 －彼は最初、300 の兵士しか有していなかった（本巻［17］）。

3-100 －すなわちドリレオンを経てニケアに至る街道（*Nicéphore Bryennios, Histoire*, p.240, n.5）。

3-101 －アツラの場所は Ramsay（*Historical Geography*, p.210）には示されていないが、Ramsay は Atzoula をヴリエニオス（*Nicéphore Bryennios, Histoire*, p.103）とアンナ＝コムニニ『アレクシアス』（相野）第 XI 巻 2［8］によって引用されているアザラス Azalas の山地と訂正し［ニケアとガロス（サンガリオスの支流）の間に位置する］、200 ミリア（milles）という非常識な数字を 20 に直すよう提案している（*Nicéphore Bryennios, Histoire*, p.240, n.6）。

3-102 －スルタンのアルプ＝アルスランの義兄弟、マヌイル＝コムニノスの働きでローマ帝国に勤務することになり（第 I 巻［11］~［12］）、後にヴォタニアティスにしたがった（本巻［15］）。Gautier は、コティアイオンでヴォタニアティスに会いに来たトルコ人傭兵部隊を指揮していた者がフリソスクロスであろうとしている（*Nicéphore Bryennios, Histoire*, p.240, n.3）。Attaleiates, *Historia*, p.265 によれば、この傭兵部隊は皇帝ミハイルによりニケアに派遣されていたものであるが、ニケアの守りの役目を放棄して、コティアイオンに到着したヴォタニアティスに会いに行き、彼への服従と忠誠を表明した。

3-103 －実際スライマーン（ソリマン）はその後ニケアに到着したヴォタニアティスに仕えた。Cf. Attaleiates, *Historia*, pp.266-267（*Nicéphore Bryennios, Histoire*, p.241, n.8）.

3-104 －ヴォタニアティスは聖ミハイルの像を先頭にしてニケアの前に到着した。都市が彼のために行った熱狂的な歓迎は彼と戦っていたトルコ人に特に大きな印象を与えたので、クタルムシュの息子たちは彼に敬意を表しにやって来て、彼に仕えることを約束した。Cf. Attaleiates, *Historia*, pp.265-267 ; Zonaras, *Epitomae historiarum*, p.718 ; *Scylitzes Continuatus*, pp.176-177. アタリアティスとゾナラスにおいてはクタルムシュとスライマーンを混同している。ヴォタニアティスのニケア到着の日時は知られていないが、おそらく 1078 年の 2 月の後半に位置づけられるであろう、なぜなら彼は「3 月の最初の日に」に一分遣隊を送ってハルキドンとフリスポリスに陣を張らせた（Attaleiates, *Historia*, p.267）。したがって彼は 2 月になってからしかラムビを離れていない（*Nicéphore Bryennios, Histoire*, p.242, n.1）。

3-105 － Grégoire と Gautier はそれぞれ envie（妬み）（Grégoire, *Nicéphore Bryennios, Les*

*Quatre Livres des Histoires*, p.895）と malice（悪意）（*Nicéphore Bryennios,Histoire*, p.242）の語をあてている。

3-106 － Attaleiates, *Historia*, pp.269,[12] 272 ; Zonaras, *Epitomae historiarum*, p.119[4] ; *Scylitzes Continuatus*, p.177[20]は、首都の人々の多くが、周辺をうろついているトルコ人にひどい目に遭わされることなくヴィシニアへ駆けつけたことを付言している（*Nicéphore Bryennios, Histoire*, p.243, n.3）。

3-107 －彼らの決心は、ハルキドンとフリスポリスに陣を構えていた反逆者側のいくつかの大隊の存在によって固められた。Cf. Attaleiates, *Historia*, pp.267-268（*Nicéphore Bryennios, Histoire*, p.244, n.1）.

3-108 －アンティオキアの総主教（第Ⅱ巻［28］）。

3-109 －この人物についてはほとんど知られていない。ケサルとの会見は 1078 年 3 月 24 日の夕方に起こった（*Nicéphore Bryennios, Histoire*, p.244, n.4）。Cf. Michael（Barys）125 in *PBW*.

3-110 －この著名な教会については、Janin, *Églises et monastères*, pp.161-171 を参照（*Nicéphore Bryennios, Histoire*, p.245, n.5）。尚樹啓太郎『コンスタンティノープルを歩く』190~198 頁。

3-111 －聖ソフィア寺院におけるこの半非合法な集会はエヴァンエリスモス（Annonciation）の祝日（お告げの祝日）の朝、すなわち 1078 年 3 月 25 日に起こった。Cf. Attaleiates, *Historia*, p.270 ; Zonaras, *Epitomae historiarum*, p.719 ; *Scylitzes Continuatus*, pp.177-178（*Nicéphore Bryennios, Histoire*, p.246, n.1）.

3-112 －ここでの総主教はコンスタンティノープルのコスマスと、アンティオキアのエミリアノスであった。集会の扇動者は Zonaras, *Epitomae historiarum*（p.719）と *Scylitzes Continuatus*（p.178）によれば、エミリアノスと、イコニオンの府主教イザヤスであった。Attaleiates, *Historia*（p.270）によれば、元老院のエリートたちと聖職者のすべて、アゴラの民衆、ナジレイ（修道士）の上級者たちであった（*Nicéphore Bryennios, Histoire*, p.246, n.2）。

3-113 －匿名氏の序文（『歴史』序文［5］）参照。ミハイル＝ドゥカスがいかなる理由から彼の息子、コンスタンディノスを候補にあげなかったかは解らない。後者はごく幼かった（4 歳頃）にもかかわらず、唯一の正当な継承者であった（*Nicéphore Bryennios, Histoire*, p.248, n.1）。

3-114 －これらの事件の時間的流れは明らかでない。ミハイル＝ドゥカスの譲位はヴリエニオスとアタリアティス（Attaleiates, *Historia*, pp.270-271）にしたがえば、聖ソフィアでの集会の同じ日（1078 年 3 月 25 日）であったように思われる。しかし事実は次のような方法で分析しうるだろう。3 月 25 日、ミハイルと皇后マリア、彼らの息子コンスタンディノスはヴラヘルネの宮殿へ、それから隣接する教会に避難する（Attaleiates, *Historia*, p.271）、しかしミハイルが正式に廃位され、屈辱的にストゥディオスの修道院に連れて行かれるのは（Attaleiates, *Historia*, p.270 ; Zonaras, *Epitomae historiarum*, pp.719-720 ; *Scylitzes Continuatus*, p.178）、同じ月の 31 日、ラザロスの土曜日になってからであ

る（Zonaras, *Epitomae historiarum*, p.720; *Scylitzes Continuatus*, p.178）（*Nicéphore Bryennios, Histoire*, p.248, n.2）。ストゥディオス修道院はコンスタンティノープルの城壁から内に向かって約5キロ弱、マルマラ海岸近く位置した。

3-115 －動詞 ὑποσκάζων ＜ ὑποσκάζω は *GEL* と *DGF* においてそれぞれ一語だけが採用されている、すなわち limp a little, boiter un peu（少し片足を引きずる）。Grégoire と Gautier の訳語はそれぞれ、trompé par des raisonnements juvéniles（若者の考えにより誤り）、ballotté par des raisonnements juvéniles（若者の考えによって迷わされ）である。とにかく意味は明確でない。

3-116 －以下語られるコムニノスのこの試みは序文［6］においてより詳細に語られているが、それは3月25日、あるいは3月31日と4月2日の間に起こった（*Nicéphore Bryennios, Histoire*, p.248, n.3）。

3-117 －エレヌポリスの東、ニコメディア湾の南岸に位置する小さな港。Cf. Ramsay, *Historical Geography*, p.188. ヴォタニアティスは1078年4月2日の夕方そこに到着した（Attaleiates, *Historia*, pp.272[23]-273[1]）（*Nicéphore Bryennios, Histoire*, p.248, n.4）。

3-118 －コンスタンティノープルが皇帝の不在のままであった3日間、首都の人々によって守られていた大宮殿とヴラヘルネの宮殿（すなわち3月31日から4月2日まで、Attaleiates, *Historia*, p.272[2]；Zonaras, *Epitomae historiarum*, p.720[10]；*Scylitzes Continuatus*, p.178[24]）は、4月2日の夕方、ヴォタニアティスの人々によって掌握された。Cf. Zonaras, *Epitomae historiarum*, p.720；*Scylitzes Continuatus*, p.179（*Nicéphore Bryennios, Histoire*, p.248, n.5）。

3-119 －ハルキドンの南東、5キロに位置する小さな町。Cf. Ramsay, *Historical Geography*, p.189；Janin, *Constantinople byzantine*, pp.151-152, carte XIII（*Nicéphore Bryennios, Histoire*, p.249, n.7）。

3-120 －この文章も全体的にわかりにくい。まずコンスタンディオスについて、「実際に体験する前に自分の身に生じるであろうこと」とはなんであろう。ポルフィロエニトスとして期待していた特別な優遇的扱いがまったく問題にされなかったことか。次の「ことの起こる前に明言した」はどういう意味なのだろう。Grégoire と Gautier はここは等しく .....avait..... annoncé avant l'événement. としている。Gautier は、この会見は『歴史』序文［6］で語られているが、それは4月2日の夕方、ヴォタニアティスのコンスタンティノープル入城の前夜に起こったにちがいない、なぜなら彼がプレネトスに到着したのはその日であったから、と註記している（*Nicéphore Bryennios, Histoire*, p.250, n.1）。「ことの起こる前」とは、「ヴォタニアティスがコンスタンティノープルへの入城を果たし、権力を掌握する前」をさし、アレクシオスはそのことを予知し、明言したのであろうか。

3-121 －すなわちポルフィロエニトスのコンスタンディオス（『歴史』序文［6］）。ミハイル帝の自分の弟に対するきわめて厳しい態度の動機については知られていない。しかしながら、ミハイル帝は、気質上我が強く、衝動的なこの皇子が機会さえあればすぐに政変を起こすだろうと疑っていたことは考えられることである。実際コンスタンディオスはヴォタニアティス治世下でそれを試みることになる（*Nicéphore Bryennios, Histoire*,

p.250, n.2)。1079年皇帝ヴォタニアティスによって東方のトルコ人に対する遠征軍の指揮者として送り出された時、彼は海峡を渡った時点で反乱し、フリスポリスで彼の軍隊によって皇帝に宣言された、しかし自身の支持者によって皇帝へ引き渡され(*Scylitzes Continuatus*, 185$^{1-7}$)、剃髪・島流しの刑に服した(185$^{7-9}$). Cf. Konstantinos 61 in *PBW*.

3-122 －すなわちフリスポリスの半島状の地の先端に位置するダマリス［今日のウスキュダル］。

3-123 －皇帝用ドロモン船については、Ahrweiler, *Byzance et la mer*, pp.156-157 を参照(*Nicéphore Bryennios, Histoire*, p.251, n.4)。

3-124 － 1078年4月3日の早朝。Cf. Attaleiates, *Historia*, p.273 ; Zonaras, *Epitomae historiarum*, p.720 ; *Scylitzes Continuatus*, p.179 はその週の日を正確に示している。復活祭前の火曜日(*Nicéphore Bryennios, Histoire*, p.251, n.5)。

3-125 －彼はまずヴラヘルネの宮殿に逃げ込み、そこで修道士の衣服を身につけた。そこからは彼はみじめな馬に乗せられてストゥディオス修道院に連れて行かれた。Cf. Attaleiates, *Historia*, p.270 ; Zonaras, *Epitomae historiarum*, pp.719-720 ; *Scylitzes Continuatus*, p.178 (*Nicéphore Bryennios, Histoire*, p.251, n.6).

3-126 －特にロゴセティス＝トゥ＝ドロムゥのニキフォリツィスとメガス＝エテリアルヒス（皇帝護衛隊エテリアの長）のダヴィド、しかしこれらの者は3月31日に逃亡しており、スラキアのイラクリアのウルセリオス（Roussel de Bailleul）のもとに避難していた。Cf. Attaleiates, *Historia*, p.271 ; Zonaras, *Epitomae historiarum*, p.720 ; *Scylitzes Continuatus*, p.178 (*Nicéphore Bryennios, Histoire*, p.252, n.1).

3-127 －ミハイルは一度しかそこに行っていない、そして残りの日々をマヌイルの修道院で過ごした。Cf. Attaleiates, *Historia*, p.303 ; Zonaras, *Epitomae historiarum*, pp.722-723 ; *Scylitzes Continuatus*, p.182 ; Polemis, *The Doukai*, p.44 (*Nicéphore Bryennios, Histoire*, p.252, n.3). マヌイルの修道院はコンスタンティノープルの東北部、有名なホーラ博物館とフェティエ＝ジャーミーの中間あたりにあった古い修道院で、その名は9世紀のアルメニア人将軍マヌイルに因むといわれる。

3-128 －匿名氏も『歴史』序文［4］で簒奪者の高齢を主張している(*Nicéphore Bryennios, Histoire*, p.252, n.4)。

3-129 －ヴォタニアティスは選択に困るくらいであった。コンスタンディノス10世ドゥカスの娘、ゾイ＝ドゥケナおよび多数の元老院議員の娘たちが候補として示された、しかし彼自身は二人の女性の選択しか心になかった。コンスタンディノス10世そしてロマノス＝ディオエニスと順次に結婚したエヴドキア＝マクレンヴォリティサと、先の皇帝の妻、アラニアのマリア。最初の者に好みが傾いたのは明らかであった、しかし好意的にこの結婚を考えていたエヴドキアは、その卓越した徳のゆえに徳そのものとあだ名されたある修道士によって本分に立ち返ったのである。誓いをたてて再婚をしないことを約束したエヴドキアはロマノス＝ディオエニスと結婚したことですでに誓いを無視し、そして三度目の結婚をしようとしていたのである(*Nicéphore Bryennios, Histoire*, p.253, n.6)。

3-130 － Gautier は、この女子修道院の位置は不明であるとしている(*Nicéphore Bryennios,*

*Histoire*, p.253, n.7）。他方Anna Komnene/Reinsch, *Alexias*の索引には、Petria がコンスタンティノープル市内の地区として（p.596）、またAnna Comnena/Reinsch-Kambylis, *Alexias,* II（p.62）には同地区にペトリア修道院があったと記されている。さらに上記 Anna Komnene/Reinsch, *Alexias*のコンスタンティノープル市内図（p.562）には鉄門 Eisernes Tor と共にペトリア地区（金角湾南岸近く）が示されている。

3-131 －明らかにケサル（ヨアニス＝ドゥカス）は、マリアとミハイル7世の一人子コンスタンディノスを通じて帝位をドゥカス家につなごうと考えていた。

3-132 －ヴェヴディニと呼ばれるヴォタニアティスの先の妻はその時には死んでいた（*Nicéphore Bryennios, Histoire*, p.254, n.1）。Cf. Bebdene 101 in *PBW*.

3-133 －アラニアのマリアもまた、彼女の夫、皇帝のミハイル＝ドゥカスがまだ生きていたので姦通を犯したことになる。ヴォタニアティスは三重婚をしようとしていた、そして彼の三度目の結婚は、同時代の教会法学者の見解では、正真正銘の姦淫であった。Cf. Attaleiates, *Historia*, p.304. Cf. P. Gautier, Le chartophylax Nicéphore, *Revue des études byzantines,* 27（1969）, pp.159-195 : pp.184-187（*Nicéphore Bryennios, Histoire*, p.254, n.2）.

3-134 －ヴォタニアティスがとりわけ結婚することを望んだ元女帝、エヴドキア＝マクレンヴォリティサ［註3-129参照］。皇帝は彼女の追放［第I巻［20］］を終わりにし、すべての財産を回復させた。Cf. Attaleiates, p.304.（*Nicéphore Bryennios, Histoire*, p.254, n.3）.

3-135 －第II巻［16］の「可愛いミハイル」。

3-136 －この司祭は総主教によって罷免させられることになる（*Nicéphore Bryennios, Histoire*, p.255, n.5）。

3-137 －この点について Attaleiates, *Historia*, pp.271-272 ; Zonaras, *Epitomae historiarum*, pp.725-726 ; *Scylitzes Continuatus*, pp.185-186 の説明は、ヴリエニオスと異なっている。ロゴセティスはスラキアのイラクリアでウルセリオスによって捕らえられたであろう。しかし後者は1078年3/4月突然に死去した、そこで彼の取り巻きはニキフォリツィスが彼を毒殺したと疑い、彼をヴォタニアティスに引き渡した（*Nicéphore Bryennios, Histoire*, p.255, n.7）。

3-138 －拷問にかかわった者はメガス＝エテリアルヒスのストラヴォロマノスであった（Zonaras, *Epitomae historiarum*, p.726 ; *Scylitzes Continuatus*, p.186）（*Nicéphore Bryennios, Histoire*, p.255, n.9）（第IV巻［2］に登場）。

**第IV巻**

4-1 －ニキフォロス＝ヴリエニオスはその時スラキアの一部を支配している（*Nicéphore Bryennios, Histoire*, p.256, n.1）。

4-2 －東方（小アジア）と西方（ヨーロッパ）からの税収入のことであろう。この［1］の後半に「アジアから金庫にもたらされる財貨の流入はアジアの全域をトルコ人が握ったため止まってしまい、ヨーロッパからのものも完全に押さえられ、……皇帝の金庫の財貨はほとんどないに等しい状態になっていたからである」とある。

4-3 − Attaleiates, *Historia*（p.274^21-22^）にも同じ考察が見られる（*Nicéphore Bryennios, Histoire*, p.256, n.3）。

4-4 − この貨幣価値の低落については、Ph. Grierson, The Debasement of the Bezant in the Eleventh Century, *Byzantinische Zeitschrift*, 47（1954）, pp.379-394を参照（*Nicéphore Bryennios, Histoire*, p.256, n.4）。

4-5 − この分配は、枝の主日の祭日についてアタリアティスが記述しているそれのように、一般には復活祭の数日前、年に一度行われた。このビザンツに特徴的な制度については、P. Lemerle, « Roga » et rente d'État aux X^e^-XI^e^ siècles, *Revue des études byzantines*, 25（1967）, pp.77-100 を参照（*Nicéphore Bryennios, Histoire*, p.257, n.5）。

4-6 − 1078 年 3 月 25 日、聖ソフィア寺院で突発した騒乱（第Ⅲ巻［19］）。

4-7 − ノルマン人とパツィナキ。彼の軍隊はアンナ＝コムニニ（『アレクシアス』（相野）第Ⅰ巻 5［2］にしたがえば 1 万から 1 万 2000 を超えなかったにちがいない。この数字はヴリエニオス『歴史』第Ⅳ巻［6］を参考にしたものと思われる。同時代の軍隊のわずかな兵員を考慮すれば、ニキフォロスとその妻があげている数字は明らかに誇張されていると考えたくなる。推定されるローマ帝国軍の兵員については、F. Lot, *L'art militaire et les armées au moyen âge en Europe et dans le Proche Orient*, I, Paris, 1946, pp.66-68 を参照（*Nicéphore Bryennios, Histoire*, p.258, n.3）。

4-8 − その時ヴォタニアティスは二人の使節を派遣し、もし彼（ヴリエニオス）が企てを捨てるなら彼にケサルの栄誉を約束し、彼が自身の支持者に与えた栄職を保証した。しかしなんらの成果もなかった。Cf. Attaleiates, *Histoire*, pp.285-286 ; Zonaras, *Epitomae historiarum*, p.721 ; *Scylitzes Continuatus*, p.179（*Nicéphore Bryennios, Histoire*, p.258, n.4）. この使節については後述される。

4-9 − その事実はアンナ＝コムニニ『アレクシアス』（相野）第Ⅱ巻 1［5］によって報告されているが、より後のことに思われる、おそらく 1080 年（*Nicéphore Bryennios, Histoire*, p.259, n.5）。

4-10 − その時における彼の爵位はノヴェリシモスであった（*Nicéphore Bryennios, Histoire*, p.259, n.6）。ドメスティコス＝トン＝スホロンについては、第Ⅰ巻註 1-17 を参照。

4-11 − Cf. Cahen, *Première pénétration turque*, pp.42-43 ; C. Cahen, art. Sulaiman, *EI*, IV, 1934, pp.558-559（*Nicéphore Bryennios, Histoire*, p.259, n.7）. Sulaiman 5000, Mansur 5000 in *PBW* を参照。

4-12 − Attaleiates, *Historia*, p.286 ; Zonaras, *Epitomae historiarum*, p.721 ; *Scylitzes Continuatus*, p.179 によって指摘される第三の使節のことである。Gautier はその時期を 1078 年の 4 月あるいは 5 月初めと推測している。Cf. Attaleiates, *Historia* p.287^7^ ; *Scylitzes Continuatus*, p.180（*Nicéphore Bryennios, Histoire*, p.260, n.1）. Cf. Dölger-Wirth, *Regesten*, no.1034（1078 年 4~5 月頃）.

4-13 − この人物はとりわけアレクシオス＝コムニノスの治世のもとで出世することになり、1081 年ドイツ王ハインリヒ 4 世のもとに使節として派遣される（『アレクシアス』（相野）第Ⅰ巻 10［2］）（*Nicéphore Bryennios, Histoire*, p.260, n.2）。Konstantinos 126 in *PBW*

を参照。

4-14 －第Ⅲ巻［26］の註 3-138 および Romanos 61 in *PBW* を参照。『アレクシアス』（相野）第Ⅱ巻 5［5, 7］でも登場する。

4-15 － Gauter はテキストが損なわれているとしている（*Nicéphore Bryennios, Histoire*, p.260, n.3）。Grégoire は ... qui tirait son origine de cette contrée のように de cette contrée を補っている（Grégoire, *Nicéphore Bryennios, Les Quatre Livres des Histoires*, p.902）。

4-16 －第 I 巻註 1-7 参照。

4-17 － Attaleiates, *Historia*（p.286）によれば、ヴリエニオスは数日たってからしか彼らを受け入れなかった（*Nicéphore Bryennios, Histoire*, p.261, n.6）。

4-18 －カタカロン＝タルハニオティス（第Ⅲ巻［7］）（*Nicéphore Bryennios, Histoire*, p.261, n.7）。

4-19 － 300 名の騎兵隊の指揮官。Gautier は以下の参照文献―― Dain, *L'Extrait tactique*, p.93, n.5 ; Dain, *Leonis VI problemata*, p.13 ; A. Dain, *Histoire du text d'Elien le tacticien*, Paris, 1946, p.96.――をあげている（*Nicéphore Bryennios, Histoire*, p.261, n.8）。

4-20 － Attaleiates, *Historia*（p.286）によれば、彼は実際には馬上の使節たちを迎えた、そして彼の取り巻きは使節たちを［騎乗していることで］罵った（*Nicéphore Bryennios, Histoire*, p.261, n.9）。

4-21 －パトリキオスのヴリエニオス、1050 年におけるパツィナキに対する勝利者。クロパラティスとして死去した。というのは彼の妻（Vatatzina?）はクロパラティサであった（*Nicéphore Bryennios, Histoire*, p.262, n.1）。Cf. Anonymus 195（Bryennios）in *PBW*.

4-22 －ヴォタニアティスは、彼を自分の正式の後継者にする養子縁組を彼に提案した。ヴリエニオスは同様にロマノス＝ディオエニスによって養子縁組されていた（*Nicéphore Bryennios, Histoire*, pp.17, 262, n.2）。

4-23 －アシラの近くにある村。聖ミハイルに捧げられた教会は *Scylitzes-Cedrenus*（$p.542^{12}$）と Zonaras, *Epitomae historiarum*（$p.616^{5}$）によっても言及されている（*Nicéphore Bryennios, Histoire*, p.263, n.3）。

4-24 －この慣行とケサルの服装については、*Le Livre des Cérémonies*, II. Commentaire, ch. 52（éd. A. Vogt, Paris, 1967, pp.42-50）および Pseudo-Kodinos, *Traité des offices*（éd. J. Verpeaux, Paris, 1966, p. 276 et index）を参照（*Nicéphore Bryennios, Histoire*, p.264, n.1）。

4-25 －ニケアのトルコ人支配者の派遣した 2000 の兵士と思われる（本巻［2］）。『アレクシアス』（相野）第 I 巻 4［4-5］では、アレクシオスはトルコ人の到着を待たずに出陣したとある。しかしヴリエニオスの陣立てに対してアレクシオスのそれが語られる際、カタカロンにホマ出身の兵士とトルコ人同盟兵士の指揮をゆだねたと述べられる（同第 I 巻 5［3］）。

4-26 －ヴォタニアティスの出身地フリイアで徴兵されたホマティニからなるこの中央軍《タグマ》について、Ahrweiler, *Recherches*, pp.34-36 ; H. Ahrweiler, Chôma-Aggélokastron, *Revue des études byzantines*, 24（1966）, pp.278-283 : p.279 を参照。このタグマはコンスタンディノス＝カタカロンの指揮下に置かれた（*Nicéphore Bryennios, Histoire*, p.264, n.5）。

11 世紀末頃までには従来のセマの軍隊は完全に消滅し、存在するのは中央の国庫から給与と装備を与えられ、種々の勤務にしたがう職業兵士から構成された諸タグマであった。タグマは Scholai, exkoubitoi, arithmos, Ikanatoi など（序文註 0-18 を参照）の他に、地方で徴兵され、さまざまの地域名で呼ばれるタグマ、そして外国人傭兵からなり、それぞれの民族名で呼ばれるタグマが存在した（Ahrweiler, *Recherches*, pp.33-36)。

4-27 －アンナ＝コムニニもアレクシオスの軍勢についてほぼ同じ構成を与えている。すなわち「最近やっと剣と槍を扱い始めたばかりのわずかのアサナティと呼ばれる兵士、少数のホマ Choma 出身の兵士、それに心細いほどの少数のケルト人部隊」（『アレクシアス』（相野）第 I 巻 4［4］）。アンナは、この時に皇帝の側近たちはトルコ人同盟部隊の救援要請を行ったが、アレクシオスはトルコ人の援軍を待たずに出発したと述べている（註 4-25 参照）。Gautier は Attaleiates, *Historia*, p.288 から、この時に皇帝がクレタ島から呼びよせ首都の前に集合させた召集兵が加わったとしている（*Nicéphore Bryennios, Histoire*, p.265, n.7）。

4-28 －アサナティのタグマはヨアニス＝ツィミスキス（在位 969~976）によって創設され、この皇帝の後しばらく消滅していたが、ミハイル＝ドゥカスによって再建された（Ahrweiler, *Recherches,* p.28）。

4-29 －イリの用語はこの場合においては騎兵中隊 un escadron de cavalerie を意味する。Cf. Dain, *Elien le tacticien*, pp. 96-97（*Nicéphore Bryennios, Histoire*, p.266, n.1）.

4-30 －今日カリヴリ Kalivri と呼ばれる小さな川、この川はシリムヴリアとイラクリアとの間でプロポンディスに流れ込む（*Nicéphore Bryennios, Histoire*, p.266, n.2）。

4-31 －綴りは一様でない。Galavrye（Attaleiates, *Historia*, p.289), Kalavrye（Zonaras, *Epitomae historiarum*, p.721 ; *Scylitzes Continuatus*, p.180), Kalavre（Anne Comnène, *Alexiade*, I, p.20［Anna Comnena/Reinsch-Kambylis, *Alexias*, I, 5, 2］), Kalavria（*Chronicon paschale*, ed. L. Dindorf, vol. I, Bonn, 1832, p.622）。シリムヴリアの北東 10 キロにある同名の川の岸に位置するカリヴリ Kalivri と呼ばれる村（*Nicéphore Bryennios, Histoire*, p.266, n.3）。

4-32 － Kedouktous（*Theophanes Continuatus*, ed. I. Bekker, Bonn, 1838, p.65[12]; *Scylitzes-Cedrenus*, p.86）; Kidoktou（Zonaras, *Epitomae historiarum*, p.31,[73] 34[11]）; Kedoktou（Anne Comnène, *Alexiade*, I, p. 19［Anna Comnena / Reinsch-Kambylis, *Alexias*, I, 4, 5］). イラクリアとシリムヴリアとの間にある小さな平野。

4-33 － *Scylitzes Continuatus*（p.167）および『アレクシアス』（相野）第Ⅶ巻 9［2］で言及されているタグマ（*Nicéphore Bryennios, Histoire*, p.268, n.1）。

4-34 －アドリアヌポリスの軍司令官《カテパノ》、彼の姉妹エレニとヨアニス＝ヴリエニオスの息子との結婚で少し前からヴリエニオスの同盟者となっていた（第Ⅲ巻［7］）。

4-35 －歴史家ヴリエニオスもアンナも中央の軍隊についてその数を記していないが、右翼のそれに大きく劣るものではなかったと思われる。John Haldon はヴリエニオス軍の総数をおよそ 1 万 2000、すなわち右翼は 5000、左翼は 3000、中央は 3~4000 としている（J. Haldon, *The Byzantine Wars*, Stroud, UK, 2008, p.184）。

4-36 －およそ 300 メートル。この陣立ての記述はアンナ＝コムニニ『アレクシアス』（相

野）第I巻5［2］でくり返されている（*Nicéphore Bryennios, Histoire*, p.269, n.3）。ただしアンナは1スタディアを1 Roman mile（約1500m）としているので、これは訂正しなければならない。

4-37 －『アレクシアス』（相野）第I巻5［3］（*Nicéphore Bryennios, Histoire*, p.269, n.4）.

4-38 －ニケアの支配者が2000の先発部隊の後に、つづいて派遣することを約束した他の軍勢（本巻［2］）。

4-39 － Gramata: Dölger-Wirth, *Regesten*, no.1035（1078年4~5月頃）.

4-40 －この者は、アンナ＝コムニニがある時はカタカロンないしはコンスタンディノス＝エフフォルヴィノス（『アレクシアス』（相野）第I巻5［3］、第X巻3［5］、4［5］）とだけ、またある時はコンスタンディノス＝カタカロン＝エフフォルヴィノス（第X巻2［7］、6［5］、第XIII巻9［1］、10［1-2］）と呼んでいる人物としなければならない（*Nicéphore Bryennios, Histoire*, p.271, n.3）。

4-41 －誇張した表現、なぜなら少し後でアサナティが現れる（*Nicéphore Bryennios, Histoire*, p.271, n.4）。

4-42 －『歴史』第II巻［6］註2-22。セオドトスの進言は『アレクシアス』（相野）第I巻5［5］にも語られる。

4-43 －イカデ（adv., *to one's house, home, country, homewards* in *GEL*）. Grégoire と Gautier は leurs quartiers（宿営地）をあてている。しかしここは「故郷へ」とすべきであろう。アンナははっきりと述べている――「事実スキタイは帰国のことしか心になく、故国へ向かって出発をはじめ……」（『アレクシアス』（相野）第I巻5［9］）。

4-44 －［戦術書の著者］レオン6世は「トゥルドンは荷物と兵士に必要なすべてのもの、すなわち召使い・駄獣・他の動物、最後に陣営で使うために持っていくことのできる他のあらゆる物資からなる」と述べている。Cf. Dain, *L'Extrait tactique*, pp.87, 97（*Nicéphore Bryennios, Histoire*, p.272, n.4）.

4-45 －「皇帝用の馬の一頭を引き連れていた者を……打ち倒し」はテキストになく、Anne Comnène, *Alexiade*, I, p.23［Anna Comnena/Reinsch-Kambylis, *Alexias*, I, 5, 7］から復元されたもの（*Nicéphore Bryennios, Histoire*, p.273, n.5 ; Grégoire, *Nicéphore Bryennios, Les Quatre Livres des Histoires*, p.909, n.1）。

4-46 －テキストでは文はここで切れていないが、Grégoire にしたがって切った。

4-47 －『アレクシアス』（相野）第I巻5［6-9］に同じ内容の記述が見える（*Nicéphore Bryennios, Histoire*, p.274, n.1）。

4-48 － Gautier はこの「トルコ人からなる部隊」を本巻［2］で語られた renfort としている（*Nicéphore Bryennios, Histoire*, p.274, n.2）。正確に言えば2000名を下らぬ同盟兵士とは別の増援部隊 autres renforts。本巻註4-25および4-38参照。

4-49 －アレクシオスの指揮下に置かれていた（本巻［7］）。

4-50 －『アレクシアス』（相野）第I巻6［1］で同じ場面が語られる（*Nicéphore Bryennios, Histoire*, p.274, n.3）。

4-51 －このヴリエニオスの戦いぶりは『アレクシアス』（相野）第I巻6［3］にも見られる。

4-52 − Grégoire と Gautier とも、ここはテキストが壊れ、文が欠落していると指摘している（Grégoire, *Nicéphore Bryennios, Les Quatre Livres des Histoires*, p.910 ; Gautier, *Nicéphore Bryennios, Histoire*, p.276, n.2）。

4-53 −すでに語られたパトリキオス（*Nicéphore Bryennios, Histoire*, p.228［第Ⅲ巻［9］の註3-63）。Gautier はこの者をアンナの夫、歴史家ニキフォロス＝ヴリエニオスの父とする（*Nicéphore Bryennios, Histoire*, p.276, n.5）。

4-54 −同じ場面が『アレクシアス』（相野）第Ⅰ巻 6［4-5］に見られる（*Nicéphore Bryennios, Histoire*, p.276, n.6）。

4-55 −この蛮族の握っていたクシフォスはつづいて記されるようにヴリエニオスの振りおろした剣により切り落とされた手と共に地面に落ちる。そこではアキナキスとなっている。著者がクシフォスとアキナキス（短い両刃の剣）を区別して使っているのであれば、ここは矛盾する。Gautier は蛮族の剣について、抜き払ってヴリエニオスに向かって行った時の剣と腕と共に切り落とされたそれを、前者は épée、後者は sabre と区別し、Grégoire は両者に同じ épée をあてている。

4-56 − Gautier はここはテキストが崩れているとし、アンナの異なる記事を指摘している（*Nicéphore Bryennios, Histoire*, p.278, n.2）。「もう一人は自分の馬から飛び降りると、豹のようにヴリエニオスの馬に飛び乗り、身体を馬の尻に乗せる」（『アレクシアス』（相野）第Ⅰ巻 6［6］）。アンナの説明ではヴリエニオスは馬に乗っており、また「もう一人」は腕を切り落とされたトルコ人ではない。アンナの記事がより現実的と思われるが、とにかく両者の記事は整合しない。

4-57 −『アレクシアス』（相野）第Ⅰ巻 6［6］; Attaleiates, *Historia*, 291 ; Zonaras, *Epitomae historiarum*, p.721 ; *Scylitzes Continuatus*, p.181 を参照（*Nicéphore Bryennios, Histoire*, p.279, n.3）。

4-58 −クロパラティサのアンナ。第Ⅲ巻［7］の註3-49を参照（*Nicéphore Bryennios, Histoire*, p.280, n.2）。Cf. Anna 64 in *PBW*.

4-59 −『歴史』第Ⅳ巻［17］。

4-60 − *monarchy, sovereignity, despotic rule, tyranny*, etc. in *GEL*. Grégoire は ..... digne de l'empire. Gautier は .....justifiaient sa rébellion. としている。

4-61 −ヴリエニオスはここで当時のアレクシオスの年齢を述べたのであろう。アンナにしたがえば当時 21 歳である（第Ⅰ巻の註 1-92）。

4-62 −アンナ＝コムニニ『アレクシアス』（相野）第Ⅰ巻 6［7-9］は、捕縛後のヴリエニオスに対するアレクシオスの丁重な扱いを詳しく語っている（*Nicéphore Bryennios, Histoire*, p.281, n.5）。

4-63 − Attaleiates, *Historia*, p. 291（*Nicéphore Bryennios, Histoire*, p.281, n.6）.

4-64 −エスナルヒスは帝国に勤務する外国人傭兵の指揮官（Oikonomidès, *Listes de préséance*, p.333）。Cf. Treadgold, *History*, p.547.

4-65 −ニキフォロス＝ヴリエニオスの反逆の後始末。次の本巻［17］参照。

4-66 −すなわちディラヒオンと西マケドニアの軍隊。ヴァシラキスの軍勢はイタリア

のノルマン人、ヴァランギ、ローマ人、ブルガール人、アルバニア人からなっていた。Cf. Attaleiates, *Historia*, p.297 ; Zonaras, *Epitomae historiarum*, p.723; *Scylitzes Continuatus*, p.182. 彼はオフリド［西マケドニア］で皇帝に戴冠されることを望んだ。しかしブルガリアの大主教ヨアニス＝ラムベノスはおそらくヴォタニアティスの同国人であったので反対した。Cf. *Scylitzes Continuatus*, p.182.（*Nicéphore Bryennios, Histoire*, p.282, n.2）。

4-67 －『歴史』第Ⅲ巻［8］。彼は1078年4~5月にそこにいた。なぜなら彼はそこでヴォタニアティスの皇帝の宣言を知った。Cf. *Scylitzes Continuatus*, p.182; Attaleiates, *Historia*, p.298; 本巻［19］（*Nicéphore Bryennios, Histoire*, p.282, n.3）.

4-68 －首都の陸側の城壁近くに位置する皇帝の住まい（*Nicéphore Bryennios, Histoire*, p.282, n.4）。

4-69 －『アレクシアス』（相野）第Ⅰ巻6［9］; Attliates, *Historia*, p.292; *Scylitzes Continuatus*, p.181. Zonaras, *Epitomae historiarum*（pp.721-722）はその行為をアレクシオスに帰しているが、これはあまり考えられない意見である。彼の失明が完全なものであったことについては *Nicéphore Bryennios, Histoire*, p.19 を参照（*Nicéphore Bryennios, Histoire*, p.283, n.5）。

4-70 － Dölger, *Regesten*, no.1036 では1078年6月頃［Dölger-Wirth, *Regesten*, no.1036（1078 ca. juni）］. Gautier は1078年の4月あるいは5月とする（*Nicéphore Bryennios, Histoire*, p.283, n.6）。

4-71 － Attaleiates, *Historia*（pp.292-293）によれば、目を潰された直後に、その者はヴォタニアティスと会見し、その時皇帝が不幸な反逆者にかけた言葉を実行するよう強く望んだ（*Nicéphore Bryennios, Histoire*, p.284, n.1）。

4-72 － *Scylitzes Continuatus*（p.184）にしたがえば、皇帝は彼に下賜《プロニア》を行った。Attaleiates, *Historia*, p.319 も参照（*Nicéphore Bryennios, Histoire*, p.284, n.2）。「確かに（皇帝は）ヴリエニオスおよび彼と同じ考えを持って行動した人々をすばらしい地位に導き、彼ら自身の財産に手をつけてはならないものとして彼らのもとにとどめただけでなく、さらにその上に皇帝からの贈物として気前よく物を彼らに与えた」（Attaleiates, *Historia*, p.319）。

4-73 －これらの者たちは、特にヴリエニオス側に立ったアドリアヌポリスの人々であった。ヨアニス＝ヴリエニオスもその一人で、しかし、彼は宮殿からの退出時にヴァランギの一人に殺害された。その者は前年ヨアニスによってアドリアヌポリスで鼻を削がれたものであった（『歴史』第Ⅲ巻［5］）。Cf. *Scylitzes Continuatus*, p.181（*Nicéphore Bryennios, Histoire*, p.284, n.3）.

4-74 －つづいて語られている「女子供を伴って大都に向かった」者たち以外の男たちをさしているのであろう。

4-75 －皇帝ヴォタニアティスはそれに先だって一人の使者を反逆者に送り、赦免とノヴェリシモスの爵位を約束した、しかしヴァシラキスは従うことを拒んだ。Cf. Attaleiates, *Historia*, p.298; Zonaras, *Epitomae historiarum*, p.723; *Scylitzes Continuatus*, p.182; Dölger, *Regesten*, no.1037［Dölger-Wirth, *Regesten*, no.1037（1078 sommer）］. Attaleiates, *Historia*（p.299[6]）; Zonaras, *Epitomae historiarum*（p.723[17]）; *Scylitzes Continuatus*（p.183）にしたがえば、アレクシオス＝コムニノスはその時、セヴァストスの爵位を授与された（*Nicéphore*

*Bryennios, Histoire*, p.284, n.4）。

4-76 －すなわちマケドニア＝セマとヴォレロン＝セマ。アレクシオスはペリセオリオン［カヴァラの北東、直線距離でおよそ 58 キロに位置する町、現アマクサデス Amaxades］で最初の勝利を得て、ヴァシラキオスがそこに配置した守備隊を追い払った。Cf. Attaleiates, *Historia*, p.299[8-9]（*Nicéphore Bryennios, Histoire*, p.284, n.5）. ヴォレロン＝セマはネストス川の東、ロドピ山脈の南の地方で、最初はストリモン＝セマに属し、11 世紀には独立のセマとなる（Oikonomidès, *Listes de préséance*, p.357）。

4-77 － Grégoire, *Nicéphore Bryennios, Les Quatre Livres des Histoires*（p.914）では la nouvelle Mysie（Moesie）としている。モエシア Moesie は古代ローマの属州名、現在のブルガリア北部およびセルビア地方。

4-78 －北マケドニア共和国の都市でシュティプ Chtip / Štip、ストルミツァの西北およそ 50 キロに位置する。したがってヴリエニオスはここで間違いをおかしている。ヴァルダリオス川はこれら二つの町の間ではなく、それらの西を流れている（*Nicéphore Bryennios, Histoire*, p.285, n.7）。

4-79 －アンナ＝コムニニ『アレクシアス』（相野）第 I 巻 7［3］はこの地理的記述をくり返している。この川はアクシオス・ヴェリカ・ヴァルダルの異なる名称をもっている。歴史家ニキフォロスは 1107~08 年対ボエモン戦に義父アレクシオスにしたがい（『アレクシアス』（相野）第 XIII 巻 11［1-2］）、この地に滞在したので、西マケドニアについて十分よく知っていただろう（*Nicéphore Bryennios, Histoire*, p.285, n.8）。

4-80 －およそ 300m か 400m（*Nicéphore Bryennios, Histoire*, p.285, n.9）。

4-81 －現在、セサロニキの北東、およそ 10 キロにリティ Liti の町がある。ヴァシラキオスはまず北に向かい、それから南西に下がってアレクシオス＝コムニノスの背後を突こうとした（*Nicéphore Bryennios, Histoire*, p.286, n.4）。

4-82 －現在同じ名の川がセサロニキの西、ヴァルダル（ヴァルダリオス）川の東を流れている。

4-83 －他所では知られていない要塞（*Nicéphore Bryennios, Histoire*, p.287, n.6）。

4-84 －アレクシオスの父ヨアニス＝コムニノスによって捕らえられたトルコ人の息子（『アレクシアス』（相野）第Ⅳ巻 4［3］）、アレクシオスの忠実な友、後に彼のもっとも優れた将校の一人となる。彼はおそらくコムニノス家の娘と結婚しただろう。彼の息子と思われるミハイル＝タティキオスは事実、コムニノス家とタティキオス家から生まれた者である（*Nicéphore Bryennios, Histoire*, p.288, n.1）。Tatikios 61 in *PBW* を参照。

4-85 －戦闘への備えとその急展開については *La Geste de Robert Guiscard*, pp.209-210 においても語られている（*Nicéphore Bryennios, Histoire*, p.288, n.2）。

4-86 －アンナ＝コムニニ『アレクシアス』（相野）第 I 巻 7［5］、8［2］、9［3］はこの者をヨアニキオスと呼んでいる（*Nicéphore Bryennios, Histoire*, p.288, n.3）。ヴァシラキスの反乱については、アンナ＝コムニニ『アレクシアス』（相野）第 I 巻 7［1］～ 9［6］においても詳細に語られる。

4-87 －アンナはもう少し説明を加えている。「私の父は実際流暢に話し、……生まれつき

の名演説家であったが、ただρを発音する時はわずかばかり言いよどみ、その舌は少しもつれた」(『アレクシアス』(相野) 第I巻7[1])。

4-88 − Grégoire と Gautier はともに un rire sardonique としている。サルディニア島産の植物 sardonion を食べれば顔面が痙攣するらしく、そこから顔面を引きつらせての皮肉な笑いということになる。Cf. σαρδάνιος in *GEL*.

4-89 − アンナ＝コムニニ『アレクシアス』(相野) 第I巻8[3] は、「しかしながらこの者はヴァシラキオスではなく、彼の側近の一人で勇敢さにおいてヴァシラキオスに引けを取らなかった」と書いている。Gautier もこのアンナの記事を紹介しているが (*Nicéphore Bryennios, Histoire*, p.290, n.3)、この本巻 [23] の表題からアレクシオスが負傷させた相手はヴァシラキスと判断しているのであろう。

4-90 − アンナにおいてもこの場面が語られている (『アレクシアス』(相野) 第I巻8[6])。

4-91 − Manuel 5002 in *PBW* を参照。

4-92 − 第Ⅲ巻 [9]、註3-65に登場している (*Nicéphore Bryennios, Histoire*, p.294, n.1)。

4-93 − 『イリアス』22, 158.「前を走って逃げるのが勇士ならば、その後を快足をとばして追うのはその強腕彼を遥かに凌ぐ豪勇の士」(松平千秋訳『イリアス (下)』314頁)。

4-94 − このシメオンは、他所でも知られる同時代の同名の人物と一致すると考えられる。すなわちヴォタニアティス帝治下、メガス＝ドルンガリオス＝ティス＝ヴィグラス [裁判官職] にあったステファノスで、同帝治下、アトス山に引退してシメオンという修道士名を帯びた。ところで Gautier はヴリエニオスによるシメオンの記載記事を他の史料とつき合わせることで、少なくともおおよそにおいて、アレクシオス＝コムニノスの対ヴァシラキス遠征の時期を決める指標が得られるとする。結論だけを記せば、ニキフォロス＝ヴリエニオスは1078年の5月中に捕らえられたこと、アレクシオスの対ヴァシラキオス遠征は同年の6月あるいは7月に置かれるべきこと (*Nicéphore Bryennios, Histoire*, p.294, n.6)。

4-95 − Grégoire と Gautier は共に à la fortune, surtout dans la victoire を、L. Neville は in fortune, especially in success (Neville, *Heroes and Romans*, p.118) をあてている。

4-96 − フィリピはフリストポリス Christoupolis (カヴァラ Kavala) の西北約15キロ、アムフィポリス Amphipolis はカヴァラの西約49キロ、共にエグナティア街道の宿駅であった。

4-97 − 反逆者の目を潰すことを命じた指令《プロスタグマ》。Cf. Attaleiates, *Historia*, p.300[14] ; Zonaras, *Epitomae historiarum*, p.724[3] ; Dölger, *Regesten*, no.1039 [Dölger-Wirth, *Regesten*, no.1039 (1078年夏)] (*Nicéphore Bryennios, Histoire*, p.296, n.4)。

4-98 − *Scylitzes Continuatus*, p.183[26] にしたがえば、カヴァラ Kavalla の近く。カヴァラの北西数キロに位置する小さな村 (*Nicéphore Bryennios, Histoire*, p.296, n.5)。

4-99 − Cf. *Scylitzes Continuatus*, p.183.[26] カヴァラの北西5キロのアミシアナ Amisiana 地区には今日もヴァシラキオン Basilakion と呼ばれる小さな村が存在する。ヴォタニアティスはヴリエニオス同様にこの者も許し、彼に対しても等しく下賜《プロニア》を行った。Cf. *Scylitzes Continuatus*, p.184[25] (*Nicéphore Bryennios, Histoire*, p.296, n.6).

策略によるアレクシオスの勝利とニキフォロス＝ヴァシラキスの失明については、プッリャのグリエルモもやや詳しく語っている（*La Geste de Robert Guiscard*, pp.209-210）。

4-100 －この事はアンナ＝コムニニ『アレクシアス』（相野）第Ⅰ巻9［6］によって確認される。他の歴史家（Attaleiates, *Historia*, p.299[6]; Zonaras, *Epitomae historiarum*, p.723[17]; *Scylitzes Continuatus*, p.183[4-19]）は対ヴァシラキオス遠征の当初にセヴァストスの爵位がアレクシオスに与えられたと書いている（*Nicéphore Bryennios, Histoire*, p.297, n.7）。

4-101 －おおよそで1078年の中頃（*Nicéphore Bryennios, Histoire*, p.298, n.1）。

4-102 － Chalandonが推定するように（Chalandon, *Alexis Comnène,* p.37, n. 4）、アドリアヌポリスはおそらくドメスティコス＝トン＝スホロンの本来の駐在地であったろう。たとえば1086年当初にメガス＝ドメスティコス［ドメスティコス＝トン＝スホロンはメガス＝ドメスティコスと呼ばれるようになる］のエオルイオス＝パクリアノスがそこにいるのが見いだされる。Cf.『アレクシアス』（相野）第Ⅵ巻14［3］（*Nicéphore Bryennios, Histoire*, p.298, n.2）.

4-103 －他の歴史家は次のような事件を記している。1）パツィナキとコマニ［前者と同じトルコ系の遊牧民］のアドリアヌポリス地方への侵入、対ヴァシラキス遠征の時期、したがって1078年6/7月（Attaleiates, *Historia*, pp.300-301; *Scylitzes Continuatus*, p.184）。2）1078年における［アルメニア人の］フィラレトス＝ヴラハミオスの服従（Attaleiates, *Historia*, p.301; *Scylitzes Continuatus*, p.184）。3）1078年末頃と思われるが、メセムヴリアでのドヴロミルによる、およびダニューブ地域でのフィリプポリス出身のパウリキ派のレカスによる擾乱。これらの反逆者は結局許しを求め、許された（Attaleiates, *Historia*, p.302; *Scylitzes Continuatus*, p.184）。4）ダニューブ地方のパツィナキの使節、彼らは帝国領を略奪をしないことを約束した（Attaleiates, *Historia*, pp.302-303）（*Nicéphore Bryennios, Histoire*, p.298, n.3）。

4-104 －この侵入については他の歴史家は言及していない（*Nicéphore Bryennios, Histoire*, p.299, n.4）。

4-105 －ニキフォロス＝メリシノスの反乱が何年に開始されたのかは分からない。とにかくメリシノスの反乱軍は1081年3月、コンスタンティノープルの対岸のダマリスに陣を張っている（『アレクシアス』（相野）第Ⅱ巻8［1］、9［1］）。ミハイル＝ドゥカスの治世、メリシノスはおそらくニキフォロス＝ヴォタニアティスに代わってアナトリコン＝セマの長となっている。ある印章で、彼はプロトプロエドロスにしてアナトリコンのモノストラティゴスと呼ばれている（*Nicéphore Bryennios, Histoire*, p.300, n.1）。

4-106 －『歴史』第Ⅰ巻［6］および註1-35を参照。

4-107 －多分ヴォタニアティスに味方しなかったことでそこに追放されていたのだろう（『歴史』第Ⅲ巻［15］）（*Nicéphore Bryennios, Histoire*, p.301, n.3）。

4-108 －明らかにアシア（小アジア西部）の地域およびスラケシオン＝セマである（*Nicéphore Bryennios, Histoire*, p.169, n.8［第Ⅱ巻註2-47］）（*Nicéphore Bryennios, Histoire*, p.301, n.4）。

4-109 － Cahen, *Première pénétration turque*, p.43 ; Laurent, *Byzance et les Turcs,* pp.97-98 ; J. Laurent, Byzance et les Turcs seldjoucides en Asie mineure. Leurs traités antérieurs à Alexis

Comnène, *Byzantis*, 2 (1911), pp.101-126: pp.121-125（*Nicéphore Bryennios, Histoire*, p.301, n.5）.

4-110 －アンナ＝コムニニ『アレクシアス』（相野）第Ⅱ巻3［1］はただ（メリシノスの味方の）トルコ人によるキズィコスの奪取を記するのみである、すなわち1081年の2月初めに設定しうると考えられる事件（*Nicéphore Bryennios, Histoire*, p.301, n.6）。

4-111 － Grégoire と Gautier はともに la fermeté de son caractère をあてている。

4-112 － Cf. Ioannes 64 in *PBW*.

4-113 － Gautier は、この冷やかしの言葉について Ducange［17世紀のフランスの学者、ビザンツ学の真の創始者と言われる］の、とにかく気の利いた説明を紹介している。すなわち、Ducange はこの「clou clou」を宦官たちの放尿の特別の仕方（guttatim［一滴ずつ］）に結びつけている（*Nicéphore Bryennios, Histoire*, p.302, n.1）。

4-114 －この遠征の年は確かでない。保留つきで1080年が提示される（*Nicéphore Bryennios, Histoire*, p.302, n.2）。Cf. Chronology for 1080 in *PBW*.

4-115 －ヴァシリアは Ramsay（*Historical Geography*, p.190）によればニケアの北12マイルの地点に位置する（*Nicéphore Bryennios, Histoire*, p.302, n.3）。『アレクシアス』（相野）第Ⅵ巻10［3］はニケアから12スタディアの地点とする。一般に1スタディオンは180mほどとされるが、アンナは1スタディオンを約1500m（Roman mile）としているので、ニキフォロスの40スタディアとアンナの12スタディアについては前者は7200m、後者は18000mとなる。アンナのスタディオンについては Anna Komnene / Reinsch, *Alexias*, p.36, n.47 を参照。

4-116 －エオルイオス＝パレオロゴスとヴァシリオス＝クルティキスについては『歴史』第Ⅲ巻［9, 15］を参照（*Nicéphore Bryennios, Histoire*, p.302, n.4）。

4-117 －アンナ＝コムニニによってしばしば言及される（『アレクシアス』（相野）第Ⅵ巻11［4］、第XI巻2［4, 7］、第XV巻1［3］、2［1, 4］）。ニケアから西に8~10キロの地点、プレネトスからニケアに至る街道の近くに位置する（*Nicéphore Bryennios, Histoire*, p.302, n.5）。

4-118 －タグマタルヒスはあれこれのタグマの指揮官（Ahrweiler, *Recherches,* p.26）。Gautier は général の語をあてている（*Nicéphore Bryennios, Histoire*, p.306, n.1）.

4-119 －レオン6世の新法26以来、宦官は相続人を養子にする権利をもっていた。Cf. R.Guilland, *Recherches sur les institutions byzantnes*, Berlin, 1967, I, p.168（*Nicéphore Bryennios, Histoire*, p.308, n.1）.

4-120 －アレクシオス帝治世下、帝国の艦隊の最高指揮者、メガス＝ドゥクスに任命される。『アレクシアス』（相野）第XII巻8［1-4, 7］、第XIII巻1［4］、7［2-4］（*Nicéphore Bryennios, Histoire*, p.308, n.2）.

4-121 －ニコミディア湾の南岸、プレネトスの少し西。Ramsay, *Historical Geography*, pp.187-188 参照（*Nicéphore Bryennios, Histoire,* p.310, n.1 ）。

**＜付録＞**

**◆プセロス『年代記』**

(1) － Psellos, *Chronographie*, II, pp.161-172 (Eudocie-Romain IV, XVIII -XLIII). 参照した現代語訳は、テキストに付されたフランス語の対訳と、英訳 Psellos / Sewter, *Fourteen Byzantine Rulers*。以下、付録本文において［ ］で括られた数字は、それぞれのギリシア語テキスト刊本の頁数を指す。

(2) －最初の二つの遠征は 1068 年夏と 1069 年春に行われた。これら二つの遠征については解題「セルジュク＝トルコの小アジア進出」を参照。

(3) － Sewter はここに以下のような註記を入れている。「プセロスはうまく次の事実を黙殺している、すなわちもしヨアニス＝ドゥカスの息子アンドロニコスが戦場を離脱し、また同時に故意に戦いに敗れたとの流言を広げなかったなら、ロマノスはそのような危険な行動に決して駆りたてられることはなかったであろう」(Psellos / Sewter, *Fourteen Byzantine Rulers*, p.356, n.1)。

(4) －「……しかしついに刀で手を打たれ、彼の馬が投槍で射倒された、しかしすぐに立ち上がり抗戦をつづけた」(付録『続スキリツィス』[150])。マンツィケルトの戦いにおけるプセロスの記述はあまりにも簡単すぎる。

(5) －長男の皇帝ミハイル、1059 年に父の共治帝となる。1071 年当時 21 歳頃。

(6) －スルタンと皇帝は 8 日の間共に食事し会話を交わした。詳しくは付録アタリアティス『歴史』［165-166］と『続スキリツィス』［151］を参照。

(7) －アンドロニコス＝ドゥカスとコンスタンディノス。

(8) －ヴァランギ。

(9) －ティロピオン。*Nicéphore Bryennios, Histoire*, p.126, n.4（ヴリエニオス『歴史』第 I 巻［21］の註 1-156）を参照。

(10) －以下の XXXVIII 章に現れるアルメニア人ハタトゥリス。この人物についてはヴリエニオス『歴史』第 I 巻［22］［24］; アタリアティス『歴史』［172］［174］;『続スキリツィス』［153］で言及されている。

(11) －ミハイルは母に対してそうであるように、義理の父であるディオエニスに対しても思いやりのある、本来心のやさしい人物であったのであろう。とにかくプセロスにおいてはそのような性格の持ち主として描かれている。

(12) －ハルキドン・イラクリア・コロニアの主教たち(付録アタリアティス『歴史』[178])。

(13) －アダナの要塞（付録アタリアティス『歴史』[174]）。

(14) －クリスピノスは皇帝ロマノス＝ディオエニスの最初の遠征に同行し、しかししかるべき敬意をもって待遇されなかったので、反乱を起こし(1069 年の復活祭)、以後明らかに盗賊となり、収税人を略奪したり、彼に向けて送られた軍勢を撃退したりしていた。アルメニアにおいて皇帝の義理の兄弟、ブルガリア人のサムイル＝アルシアノスを敗走させた後、許しを求め一時許されたが、その後わずかして再び追放され、アヴィドスへ送られた（Psellos / Sewter, *Fourteen Byzantine Rulers,* p.363, n.2)。ニキフォロス＝ヴリエニオス『歴史』第 I 巻［24］の註 1-172 も参照。

(15) －すなわちアンドロニコスのこと。

(16) －ヴリエニオスも同じ箇所で同じ言葉を使っている（『歴史』第I巻［25］）。言うまでもなくアルプ＝アルスランのトルコ人同盟軍をさしている。

(17) －ニキフォロス＝ヴリエニオスと同じくプセロスにおいても、ディオエニスの投降に際して、攻囲軍の指揮官アンドロニコスとディオエニスの間に結ばれた協定については沈黙、あるいは触れられていない。アタリアティスにしたがえば、両者の話し合いは「ディオエニスが帝権を放棄し、同時に髪を切り、残りの生涯を修道士たちと共に送ることで一致した」（付録アタリアティス『歴史』［174-175］。Cf. Attaleiates/Kaldellis-Krallis, *History,* p.317）。『続スキリツィス』においても両者の間で「ディオエニスが帝位を放棄し、髪を切って私人として暮らすという条件で協定が成った」とある（*Scylitzes Continuatus*, pp.153-154［付］）。さらにゾナラスによれば「協定に際して今上皇帝より派遣された主教たちから、不愉快な仕打ちは一切受けないとの誓言による確約が彼［ディオエニス］に与えられた」（Zonaras, *Epitomae historiarum*, p.706 ;［付］）。

(18) －『王の道』（「民数記」20 : 17 ; 21 : 22、日本聖書協会新共同訳、248、250）。「王の道」には特別な意味はないようである。仏訳と英訳はそれぞれ une route bien unie, la route impériale, 'the royal, smooth highway' とある。平坦な、正常の道の意味だろう。

(19) － οὐκ（not）があるかないかの違いである。

(20) －文字通りには「その時期において権力を握っていたある者」となろう。ヴリエニオス『歴史』第I巻［25］も同じ場面で同じ言葉を使っている。後者に関して、私は結局Grégoire と Gautier の訳を参考に、「その時のある一人の有力者」とした（『歴史』第1巻［25］の註1-179）。プセロスにおける当該箇所を、Renauld は ... à celui qui se trouvait opportunément avoir plein pouvoir sur Diogène, ...（都合よくディオエニスを掌中に収めていた者）とし、「ディオエニスの勝者、アンドロニコス」と註記している。Renauld は同註で父ケサル（ヨアニス＝ドゥカス）の冷酷な性格に対して、アンドロニコスの仁愛のそれを指摘しているが、それゆえアンドロニコスは命令の執行に大変苦しんだ。私はここでは Renauld の訳を参考にし、その註にしたがう。なお皇帝の了解なしに目潰しの命令を出した人物は、『続スキリツィス』［154：付］とゾナラス『歴史要約』［707：付］によればケサルのヨアニス＝ドゥカスであった。

**◆アタリアティス『歴史』**

(21) − Attaleiates, *Historia*, pp.142-179. 参照したのは現代ギリシア語訳の Attaleiates / Polemis, *Istoria*。2002年に新しい校訂版がスペイン語の対訳とともに出版され（Ataliates/Martin, *Historia*）、さらにこの新テキストによる英訳もあらわれた：Attaleiates/Kaldellis-Krallis, *History*。E. Janssens のフランス語訳（Janssens, *Bataille de Mantzikert*）は1971年で900周年を迎えたマンツィケルトの戦いを記念して、アタリアティスの『歴史』から戦いに至る経緯と戦闘の部分（Attaleiates, *Historia*, pp.151-166）を訳したものであり、これも参照した。末尾に6枚の図版、ヴァン湖周辺の地図とマンツィケルトの要塞とフリアト（フレアト）の城塞跡などの写真が付されている。

(22) −表題は訳者による。

(23) −現代ギリシア語訳は ... στρατολόγησε ἄνδρες ...（兵士となる者たちを召集した）、英訳は the emperor called up the soldiers.

(24) − 1071年3月13日（Attaleiates/Polemis, *Istoria*, p.257, n.229 ; Attaleiates/ Kaldellis-Krallis, *History*, p.603, n.202）。キリアキ＝ティス＝オルソドクシアス＝ Sunday of orhtodoxy. この日にイコン崇拝の復活（842年）が祝福され、正教の擁護者たちが追悼され、異端者たちが呪われた（*PGL*）。

(25) −特に皇帝が東方へ遠征に向かう時に一時的に滞在する場所。ハルキドンの郊外、アジア側の海岸にユスティニアヌス1世により建設されたイエリアの宮殿があった（Attaleiates / Polemis, *Istoria*, p.225, n.207）。

(26) −皇帝の東方への遠征の折りには、通常皇后は帝都対岸のアジア側の宮殿、あるいはヴィシニア海岸あたりまで同行したものと思われる。皇后イリニもアレクシオス帝のトルコ遠征時にはヴィシニアの各所まで同行している（『アレクシアス』（相野）第XIV巻5［2］、第XV巻1［6］〜2［1］）。

(27) −マルマラ海のアジア側の海岸に位置するヴィシニアの町、今日のヤロワ Yalova（Attaleiates/Polemis, *Istoria,* p.259, n.230）。

(28) − Ramsay によれば、ここにも皇帝の御料地があり、Neakomos、Nea Kome、Neon Kome と呼ばれていた（Ramsay, *Historical Geography*, p.187）。場所は特定されていないが、ピレおよび次に記されるエレノポリスと同様、ヴィシニアの海岸に位置していたのであろう。

(29) −「信じるべきを信じようとしないこと［確信への欠如］、当然の結論への無関心」は τὸ ἐν τῇ δοκούσῃ πίστει ἄπιστον καὶ ἀσύμβλητον に対する訳で、英訳の their lack of faith in what they seem to believe, and their unwillingness to put two and two together を参考にした（Attaleiates/Kaldellis-Krallis, *History,* p.263, p.265）。

(30) −サンガリス／サンガリオス（現サカルヤ Sakarya）川にかかる戦略上重要な橋。Vryonis, *Decline of Medieval Hellenism* の付図 "Byzantine Asia Minor in the Eleventh Century" にはアンカラの西南およそ134キロあたり、サカルヤ河畔に Zompus Bridge と記されている。

(31) − Vryonis, *Decline of Medieval Hellenism,* p.97 によれば、皇帝はこの地（アナトリコン

＝セマ）で兵を召集しようとの考えであったが、トルコ人の突然の襲撃で多くがすでに四散してしまっていた。Cf. Chronology for 1071 in *PBW*（"After crossing the Sangarios he gathered the survivors of the previous campaign［1069年］, who had been scattered around the hills and caves because of the barbarians' advance"）.

(32) －ハルシアノン＝セマ。ハルシアノンはこのセマの拠点の要塞。

(33) －ケサリアの近くに位置する大きく農産物の豊かな村（Vryonis, *Decline of Medieval Hellenism in Asia Minor*, p.24, n.131）。

(34) － Moravcsik, *Byzantinoturcica*, II, p.270によれば、サヴロマテは擬古的表現で、11世紀の文献ではフンガリア人（Ungaren）、12世紀のそれらではペチェネグ（Petschenegen）、ウズィ（Uzen）を意味する。Attaleiates/Polemis, *Istoria,* p.131, n.120では「すなわちフンガリア人Oungroi」。アタリアティスはイサアキオス＝コムニノスの治世のこととして、「太陽の沈む西方ではサヴロマテが、そして彼らと共に、民衆がパツィナキ（ペチェネグ）と呼んでいるスキタイも不穏な動きを始めたので、そこで皇帝（イサアキオス＝コムニノス）はローマ人の軍勢を彼らにさし向けることを考えた」と語っている（Attaleiates, *Historia*, p.66）。アンナ＝コムニニも同じイサアキオス＝コムニノスの遠征に関連して「以前にはミシΜυσοί（ペチェネグ）と呼ばれていたサヴロマテ」と記している（『アレクシアス』（相野）第Ⅲ巻8［6］）。とにかく中世ローマ帝国の著述家たちにとって、ダニューブの彼方のフンガリアもドイツも正確に区別しておらず、ヘロドトスに登場するタナイス川（現在のドン川）の彼方のサヴロマタイ人の名を平気でフンガリア人にもあるいはペチェネグにもネミツィ（ドイツ人）にも適用している。

(35) －ドイツ人傭兵。『アレクシアス』（相野）第Ⅱ巻9［4］にも登場し、アンナは彼らの帝国における勤務について説明している。

(36) － private friend in a foreign state in *GEL*の語に対して、現代ギリシア語訳と英訳ではそれぞれμισοφόρι（mercenaries）、guestsをあてている。

(37) －「どん尻の位置」はAttaleiates/Kaldellis-Krallis, *History,* p.269の訳語last placeから。J.-C. Cheynetはホラchoraを地方と解し、「ロマノス4世は彼らを自身の護衛の役から外し、遠方の地へdans une terre lointaine送った」としている（Cheynet, *Mantzikert*, p.422, n.55）。

(38) －ニキフォロス＝ヴリエニオス『歴史』第Ⅰ巻［11］。

(39) － 1049年（Attaleiates / Polemis, *Istoria*, p.267, n.236; Attaleiates/Kaldellis-Krallis, *History,* p.603, n.207）。

(40) －フランギア（フランク人の土地）、すなわち今日のフランス（ガリア）は、中世ローマ帝国の文献ではしばしばエルマニア（ゲルマニア）Germaniaとも呼ばれている（Attaleiates/Polemis, *Istoria*, p.267, n.237）。したがって、エルマニはドイツ人と訳せば誤解が生まれる。事実ルセリオス（またはウルセリオス：ルセル＝ド＝バイユール）はノルマン人の傭兵隊長である。

(41) －アライオンの意は軍事においてはa division, body of troops, guardを意味する（*SGL*）。通常320~400名の兵士で構成された（Attaleiates/Polemis, *Istoria*, p.269, n.239）。

(42) －下記のレオン＝ディアヴァティノスの皇帝宛書簡についてはニキフォロス＝ヴリエニオス『歴史』第I巻註 1-105 を見よ。Speros Vryonis Jr も Cahen の研究によりながら（Cahen, *Campagne de Mantzikert,* pp.627-628）、次のように説明している。「運命の戦いの直前における軍隊の分割はおそらくレオン＝ディアヴァティノス Leo Diabatenus（皇帝のスルタンへの使節）の諜報によったものであろう。その者は、アルプ＝アルスランがビザンツ軍の前進の知らせを受けるや直ちにダマスカスへの進軍を打ち切り、スルタン軍が事実上解隊し、軍の駄獣がユーフラテスの渡河の際に溺れ死んだほどのあわてようで東方に引き下がったと書き送った。スルタンはもともとビザンツ帝国の国境を攻撃する気はなく、対ファーティマ朝攻撃の計画にかかりきりであり、だからスルタンはロマノスの進撃を知って驚愕したのである。……しかし、レオン＝ディアヴァティノスはスルタンのその後の動きを皇帝に知らせることを怠った。アルプ＝アルスランは東に向かう途中で、スルタンへの救援要請の役目をおったマンツィケルトからの避難者と出会った。……スルタンは大慌てで、しかし迅速に軍勢を集めてマンツィケルトに向かった」（Vryonis, *Decline of Medieval Hellenism,* pp.97-98）。

(43) －ペプロメニとシオス＝ロゴス。現代ギリシア語訳では τὸ πεπρωμένον（destiny）、σχέδιο τοῦ Θεοῦ（plan of God）、英訳では some fate, divine wrath or reason をあてている。

(44) －「つまり［151］進軍が終わり」以下の比較的長い文章、私は理解するのに時間がかかった。ここの文章は実はマンツィケルトの戦いの日、ローマ軍が総崩れになる直前の状況を語っているものと解釈しなければならない。先取りして述べれば、戦いの当日、皇帝はスルタンからの回答を知らせるスルタンの使節の到着を待たずに、突然戦いのラッパをとどろかせ、スルタンの軍隊に向かって進軍する。スルタン軍は事態に驚愕し、後退を始める、皇帝軍は進軍をつづけ、それは夕方になるまで続いた。皇帝は自軍の陣地にはそこを守る戦闘集団を残してこなかったことに気づき、そしてまた長時間の進軍で兵士はすでに疲れ切っており、さらに進軍をつづけると帰還に際して夜となり、その時トルコ人は逃走から反転して攻撃にでるであろう、皇帝はそう判断して、進軍を止め軍隊へ陣地への帰還を命じた。しかしこの直後にトルコ人の攻撃が開始され、皇帝の計画（他の諸軍との合流）は阻止されてしまうのである。「進軍は終わり」は τῷ τέλει τῶν ἔργων（τέλος: completion; ἔργα: works in *IGEL*）に対する訳で、ἔργα をトルコ人に対するローマ軍の「進軍」と解釈し、つづく καὶ τῇ ἐκεῖθεν ἀπαναχωρήσε（ἐκεῖθεν: adv. from that pace; τῇ ἀπαναχωρήσει<ἡ ἀπαναχώρησις: action de s'éloigner de［withdraw］）を「軍隊がその場所から撤退し」としたのである。

(45) － Janssens, *Bataille de Mantzikert* の仏訳（付録註 21）はここから始まる。

(46) －現代ギリシア語訳は ἐπιπολαιότης（浅薄な性格）、仏訳は simplicité、英訳は so naive の語をあてている。

(47) －ヴラヘルネ地区（コンスタンティノープルの東北隅）にはかつてヴラヘルネ宮殿および神の母、聖母マリアの教会があった。現在この地区にコンスタンディノス＝ポルフィロエニトス宮殿と呼ばれる建物の一部が残っている。詳しくは、尚樹啓太郎『コンスタンティノープルを歩く』186~189 頁参照。

(48) －ヨハネ『福音書』、15 の 20、16 の 2（Attaleiates/Polemis, *Istoria*, p.277, n.242)。アタリアティスはながながと引用しているが、神を知らぬ者たちがやがて自分たちを追撃し殺害するだろうことを、司祭の話から感じ取ったことを伝えようとしているのであろう。*Scylitzes Continuatus* も同じ箇所を引用し（p.145［付]）、ゾナラスは次の言葉だけを引用している。「もしその者たちが私を追撃したなら、あなたがたをも追撃するであろう」(*Epitomae historiarum*, p.698［付])。

(49) －その判断は間違っていなかった。マンツィケルトの戦いの直後、陣地内にとどまっていたアタリアティスたちのもとに戦場を脱した兵士たちが逃げ帰ってくる。しかし間もなく砂塵を空高く舞いあげながらトルコ人が陣地を襲い、四方から取り囲む。ローマ人は逃走する。だが背後から迫る敵は「私たちのある者を殺し、ある者を生け捕りにし、他の者を［馬の蹄で］踏みつけにした」(Attaleiates, *Historia*, p.163［付])。やがて見るように現場に居合わせたアタリアティスの記述には迫真性がある。

(50) －英訳と仏訳はそれぞれ trickery and unabashed reversals, la scélératesse et la fourberie extrême をあてている。

(51) －ミハニについて、*GEL* には「神々などがそれによって空中に出現する劇場の器械」とある。

(52) －陣地の外にいたスキタイ（ウズィ）について、Vryonis は、彼らはその時陣地の外で商人たちから買い物をしていたと解釈している（Vryonis, *Decline of Medieval Hellenism*, p.99)。

(53) －アタリアティスはロマノス軍に傭兵として従軍したペチェネグおよびウズィをスキタイと呼んでいる（Attaleiates/Polemis, *Istoria*, p.279, n.244)。

(54) －多分トルコ人もまたローマ人と同様に、敵味方の区別が付かないのを恐れたと思われる（Vryonis, *Decline of Medieval Hellenism*, p.99)。

(55) －現代ギリシア語訳では τὶς ἐπιταγὲς τῆς κοινῆς λογικῆς.（常識を働かせて）であり、英訳でも common sense をあてている。

(56) － le Mura Nahr あるいはその支流（Janssens, *Bataille de Mantzikert,* p.296, n.1)。

(57) －おそらくウズィで、傭兵隊長（Attaleiates/Polemis, *Istoria*, p.281, n.245)。*Scylitzes Continuatus*, p.147［付］では、この隊長はコテルツィス＝トルニキオスなる者の指揮下にあった。Cf. Tames 101 in *PBW*.

(58) －仏訳では文字通り la danse guerrière（Janssens, *Bataille de Mantzikert,* p.296)。現代ギリシア語訳では（p.281）πολεμικὴ τέχνη（戦術）としている。クセノポン（松平千秋訳）『アナバシス』岩波文庫、1993 年（254～256 頁）にも戦いの踊りがいくつか紹介されている。おそらく真剣・真槍・盾などを使っての激しい剣舞なのであろう。なお E. ギボン著（中野好之訳）『ローマ帝国衰亡史 X』筑摩書房、1993 年（60 頁）にも、ウルセル（ウルセリオス）指揮下のノルマン人に関連して「彼らは武器の演舞つまりギリシア流の表現を籍りれば戦闘の舞いにすぐれている」とある。

(59) －この少し前にフリアトにいる「兵士たち［の帰還］を待ち」とあり、そしてこの後の「彼らの救援を断念し」、それは「なにかやむを得ぬ厳しい事態が彼らの帰還を阻止

したのだと思」ったからとの文章から、皇帝は歩兵の一部がトルコ人の多くを陣地から遠くへ追い払った後、すぐにフリアトへ使者を送り、帰還を命じたことが推測される。確かに *Scylitzes Continuatus*, p.147［付］には「皇帝はフリアトに急使を送り、その地にいる司令官たちを彼らの配下の軍勢ともども呼びもどそうとした」とあり、Zonaras, *Epitomae historiarum*, p.699［付］も簡潔に「皇帝はすばやくフリアトに人をやり、その地の軍勢を呼びもどそうとした」と書いている。なおマラズギルト（マンツィケルト）とアフラト（フリアト）の距離は Google Earth によれば、自動車道路では 55.3 キロ、直線距離では 43 キロ強。

(60) －この文章は短いが理解困難である。つづいて語られるところから明らかのように、マンツィケルトの戦いはスルタンの使節の到着の日に起こった。他の二つのギリシア語史料（『続スキリツィス』とゾナラス『歴史要約』）もアタリアティスにしたがっている。ところが「それらのことが行われ」の「それらのこと」とは、皇帝の明日に控えた戦争の準備とアタリアティスのスキタイに忠誠の誓約をとらせた作業をさしている。他方これに続く文、戦いに向けて兵士たちが整列して馬に乗ろうとしていた記事はスルタンの使節の到着とつながる。それらのことが「行われていた ἐπράττετο ＜ πρᾳσσω」と兵士たちが馬に「乗ろうとしていた ἐφίσταντο ＜ ἐφίστημι」のそれぞれの動詞はともに未完了過去で、ἐν ὅσω/（while）にかかる。明らかに「それらのこと」と「兵士たちの騎乗」は連続した同時間帯の記事である。しかしそれではタミスの指揮するスキタイ部隊の離脱ではじまる「その日」はあまりに長い一日となる。皇帝が明日における戦いの準備をした後に自分の幕舎で身辺整理にとりかかり、他方アタリアティスがスキタイ問題をとり組むことで「その日」は終わったとするのが自然のように思われる。つまり「それらのこと」と「兵士の騎乗」は時間的に切り離すべきであり、前者は前日のこと、後者はマンツィケルトの戦いの当日のことと、文章そのものの訂正が必要ではないだろうか。次のゾナラスの記事は、アタリアティスの文章の訂正を迫るものである。「夜明けに、ウズィの一部の軍勢［タミスの］が敵方へ脱走した。…… 皇帝はすばやくフリアトに人をやり、その地の軍勢を呼びもどそうとした。しかしもどってこなかった……そこでディオエニスは、明日、彼のもとにいる者たちで戦い抜こうと決心した。そして［翌日］早朝に戦いの準備をしていた。その間に、スルタンの使節たちが和平を話しあうべく到着したのである」（Zonaras, *Epitomae historiarum*, p.699［付］）。

(61) － *Scylitzes Continuatus*, p.148［付］は、このしるしが十字架であったと書いている。

(62) － 1071 年 8 月 26 日（Cheynet, *Mantzikert*, p.426 ; Kafesoğlu, *A History of the Seljuks*, p.49 ; Attaleiates/Polemis, *Istoria*, p.291, n.249 ; Attaleiates/Kaldellis-Krallis, *History*, p.291, n.216 ; Chronology for 1071 in *PBW*）。

(63) －敵味方の双方の陣地はあまり離れていなかった。ヴリエニオスは、スルタンは敵の陣地からほど遠からぬところにいたと述べており（『歴史』第 I 巻［14］）、ムスリム史料はより具体的に両陣営間の距離を 1 パラサンゲス（約 5.5 キロ）としている（Cahen, *Campagne de Mantzikert*, p.631, n.4）。

(64) －すぐ前の、追跡が「夕方になるまで続いた」の記述をさしているように思われる。

(65) －前方の敵から自軍の陣地の方向へ（Vryonis, *Decline of Medieval Hellenism*, p.101）。

(66) －アンドロニコス＝ドゥカス、ケサルのヨアニス＝ドゥカスの息子。*Scylitzes Continuatus*（p.149［付］）はケサルの息子アンドロニコスと明記されている。
(67) －フランス語訳では grâce à la magnanimité［寛大さから］、英訳では with his good heart, ... 現代ギリシア語訳では ὁ εὔπιστος βασιλιὰς［馬鹿正直な皇帝］。しかしカロカガシアには軽蔑的な意味はない。
(68) －ロマノス＝ディオエニス自身カパドキアの出身（Janssens, *Bataille de Mantzikert,* p.301, n.1）。
(69) －ニキフォロス＝ヴリエニオス『歴史』（第I巻［17］）もローマ軍の陣地の略奪について語っている。Cahen はムスリム側の情報からローマ軍の陣地で得られた戦利品が途方もないほど大きかったことを指摘している。「兜一つがなんと半ディナル、鎧一組が1ディナルで売られ、ただみたいな値段で金・赤色ジルコン・装身具が得られただけでなく、軍隊でさえ巨大な量の品物を持っていくことをあきらめねばならず、その地方、もっとも遠方の村々の人々がやってきて持ち去ったほどであった。そしてその作業には数日かかり、駄獣はたいへん重い負担を強いられた。多数が戦いの現場に居合わせることになったアフラトとマンツィケルトの住民はこの日のうちに、12世紀の中頃になってもなくならなかった宝物を集めた」（Cahen, *Campagne de Mantzikert*, p.636）。
(70) －英訳（with such an awareness of their human fallibility）を参考に「人間的に」とした。つまり人間は誤りをおかしやすい存在であり、今回はローマ人のたまたまの失態がトルコ人に予想もし得ない勝利をもたらした、トルコ人はそのことをはっきりと自覚していたということであろう。なお分別をもって受け取り、自慢することなく、神に帰したなどの動詞・分詞の主格はここではトルコ人たちであるが、*Scylitzes Continuatus*（p.150［付］）では単数主格のスルタンである。
(71) －すなわちディオエニス以外の捕虜たち。
(72) － *Scylitzes Continuatus*, p.150［付］および Zonaras, *Epitomae historiarum*, p.702［付］によれば、トルコ人によって先に捕らえられていたヴァシラキス（ヴァシラキオス）によってもその者が皇帝であることを、スルタンは知らされた。
(73) － *PGL* には塩の項に、「友情のしるしとして塩を分かち合う」の説明がある。
(74) －「なぜなら、神には、かたより見ることがないからである」（日本聖書協会訳）、「神は人を分け隔てなさいません」（日本聖書協会新共同訳）（「ローマ人への手紙」2-11）。
(75) － Psellos, *Chronographie*, p.164 ; *Scylitzes Continuatus*, p.151［付］; Zonaras, *Epitomae historiarum*, p.703 も子供たちの結婚について触れている。ラテン語史料の Gesta Roberti Wiscardi もペルシア人の王は「和平をより強固なものにするために、娘を洗礼させたうえで、皇帝の息子に嫁がせることを告げた」と語っている（*La Geste de Robert Guiscard,* pp.167-169）。上記の Gesta は左頁がラテン語の原文、右頁がそのフランス語の対訳、以上の訳はフランス語訳にしたがった。アラブ史料からは皇帝の娘とスルタンの長子の結婚の取り決めが知られる（Cahen, *Campagne de Mantzikert,* p.63, n.1）。
(76) －デクシオシスには二つの異なる意味があり（握手 / 挨拶と贈物）、*GEL* では offer of the right hand, greeting の意味だけが、*PGL* には graciousness, hospitality, protection, relief

の外に、gift, offering があげられている。フランス語訳は action de tendre la main droite（*DGF*）の意味にとって、... ils se séparèrent sur une simple mais ferme poignée de main de l'empereur...［皇帝からの気取りのない、しかし強い握手をうけてから、彼らは別れた］（Janssens, *Bataille de Mantzikert,* p.303）。英訳の Attaleiates / Kaldellis-Krallis, *History* も a strong handsake（p.301）としている。しかし私は贈物をとりたい。「一回限りの、大きな贈物」とはなにか。Cahen, *Campagne de Mantzikert*（p.637）に、皇帝とスルタンの間で身代金と和平の協約が交わされ、身代金は結局 150 万ディナルで決着がつき、和平の協約においては年間 6 万ディナルの貢納、30 万ディナルの即時支払いが決められた、とある。一回限りの大きな贈物は即時支払いの 30 万ディナルをさしているのではないかと思う。『続スキリツィス』の当該箇所を参照（[151] の最後）。そこでは握手に関する語彙はない。

(77) − Émile Janssens はここで仏訳を終え、アタリアティスについて以下のような評言を書き添えている。「アルプ＝アルスランの騎士道的なふるまいは、これらの出来事を記録しているキリスト教徒およびムスリムのほとんどの年代記者において証言されている。ミハイル＝アタリアティスは彼自身ロマノス＝ディオエニスのお気に入りであり、ドゥカス家の敵であったゆえに、ロマノスがその犠牲となった裏切り行為をことさら強調していると主張する者もいる。しかしこれまでの記述から誰しも認めうるのは、彼の作品をもって敗北の皇帝に対する賞賛にすぎないとは決して言えないことである。事実、自分の主人の取った行動に対するミハイルの厳しい態度こそ、正しくミハイル（アタリアティス）も当事者の一人であったこの戦闘についての彼の物語を私たちに興味をもって受け入れさせるものとしている」（Janssens, *Bataille de Mantzikert*, pp.303-304）。確かにアタリアティスは、この後においても自身の悲惨な結末を引き起こしたディオエニスの失策・無作為を厳しく指摘している（Attaleiates, *Historia*, pp.172-174［付］）。

(78) − 皇帝へのさまざまな嘆願にかかわり、そしてそれにこたえる文書を作成する役人（Attaleiates/Polemis, *Istoria,* p.295, n.252）。δέησις（δεήσεις）は「嘆願」の意。

(79) − 皇帝書記官の長、そのもっとも重要な役割の一つは金印文書の作成（Attaleiates/Polemis, *Istoria*, p.297, n.253）。

(80) − この人物については Cheynet, *Mantzikert*, p.436.

(81) − その起源が本来皇帝の衣装係に求められる爵位。

(82) − トルコ人によって解放された後、ミハイル 7 世の果断な敵となり、彼への対抗からケサルのヨアニス、つづいてノルマン人のルセル（ウルセリオス）を支持した（Cheynet, *Mantzikert*, p.437）。

(83) − 水道橋の水の分配とそれによる税の徴集にかかわった（Oikonomidès, *Listes de préséance*, p.314）。

(84) − 皇帝はパウロスをセオドシウポリスからメリソペトリオンまで同行させたと考えられる。*Scylitzes Continuatus*（p.152［付］）に、「（皇帝が）メリソペトリオンに到着した時、エデサのカテパノであったプロエドロスのパウロスはコンスタンティノープルで起こった陰謀をいち早く知り、彼（皇帝）を見捨てて夜中そこに向かって逃げ去った」とある。

(85) －この文からは布告を発送したのは皇后本人であることは明らかである。しかしそのような決定を先導したのは、自身が言っているようにプセロス本人であった。アタリアティスは当時におけるコンスタンティノープルの宮殿における動きを正確に知っていなかったようである。イニシアティヴを取ったのは皇后ではなく、プセロスおよびケサルのヨアニスであった。当時におけるコンスタンティノープル政府の動きについてはプセロスに詳しい（Psellos, *Chronographie*, II, pp.163-166［付］; Psellos/Sewter, *Fourteen Byzantine Rulers*, pp.356-360）。

(86) －大宮殿の大広間の一つ。通常ここで皇帝が外国使節などを接見する。教会建築の後陣にあたる場所に帝座が置かれていた（Attaleiates/Polemis, *Istoria,* p.299, n.256）。より詳しい説明が Oikonomidès, *Listes de préséance,* p.196, n.209 にある。

(87) －ここでは皇帝の別称。

(88) －皇后および皇帝の母に与えられる称号。

(89) －ステノン（στένον）は「狭い」の意（転じて「海峡」一般も指しうる）。

(90) － 1071 年 9 月 26 日、あるいは同じ年の 10 月末頃（Attaleiates/Polemis, *Istoria*, p.299, n.257）。

(91) －［ヴォスポロス海峡のアジア側に位置する］この修道院は神の母に捧げられたもので、キペルディス修道院とも呼ばれた（Attaleiates/Polemis, *Istoria*, p.299, n.258）。アンナ＝コムニニによれば、ミハイル 7 世は母エヴドキアを二人の息子ニキフォロスとレオン（ミハイルの異母兄弟）とともにこの修道院に追放した（『アレクシアス』（相野）第 IX 巻 6［1］）。

(92) －これらはコンスタンディノスの率いる軍に属するフランク人であろう。

(93) －［自分たちの陣地に戻っていった］は、現代ギリシア語訳（...καὶ ὕστερα πάλι ἐπέστρεφαν στὴ βάση τους: そしてそれから再び彼らの陣地に戻った）から補足した。

(94) －マンツィケルトの戦いの時、ローマ帝国軍の右翼を指揮した（ヴリエニオス『歴史』第 I 巻［16］）。捕らえられた後、釈放される（Cheynet, *Mantzikert*, p.434）。

(95) －皇帝ミハイル 7 世。

(96) － 1071 年晩秋（Attaleiates / Polemis, *Istoria*, p.303, n.262）。

(97) －帝国軍は当時、東方と西方の二つに分割され、それぞれドメスティコスの指揮下に置かれた（Ahrweiler, *Byzance et la Mer*, p.140, n.3）。

(98) － 1072 年春（Attaleiates / Polemis, *Istoria*, p.307, n.264）。

(99) －クリスラについてアンナは二度説明している、「山間の峠は民衆のことばで普通クリスラと呼ばれている」（『アレクシアス』（相野）第 X 巻 2［4］）、「クリスラと呼ばれる険しい隘路」（第 V 巻 7［1］）。Oikonomidès, *Listes de préséance,* p.342, p.360. によれば、クリスラルヒスはセマのストラティゴスからは独立した将校で、隘路の防衛にあたった。ポダンドス（ポダンドン）はタルソスの北の険しい隘路の地域を掌握する要塞。ポダンドスの南に有名な「キリキアの門」が位置する。

(100) － Zonaras, *Epitomae historiarum*, p.706［付］によれば、協定に際して今上皇帝より派遣された主教たちから、不愉快な仕打ちを一切受けないとの誓言による確約が彼に与え

られた。

(101) − ἀποκλαιόμενος ＜ ἀποκλαίω は中動で二つの意味がある――ἀποκλαύσασθαι κακά bewail one's woes ; cease to wail（in *GEL*）。後者の意味で訳した。なお現代訳と英訳はそれぞれ θρηνώντας γιά τίς συμφορές του（自身の不運を歎きながら）、lamenting the misfortunes that had struck him. となっている。読者はどちらを採用されるだろうか。

(102) −塩については付録註 73 を参照。

(103) −「傷ついたアシ」（「マタイによる福音書 12. 20」、日本聖書協会新共同訳）。

(104) −すなわち、ディオエニスとエヴドキアの子供、ミハイル 7 世の異父兄弟、名はニキフォロスとレオン（Attaleiates/Polemis, *Istoria*, p.313, n.269）。

(105) −現代ギリシア語訳は単に μία κακὴ μοίρα（不幸な運命）をあてている。ティタンとクロノスはギリシア神話における神々でゼウスと戦って敗れ、それぞれ冥界のもっとも奥（タルタロス）に幽閉された。

(106) −以上からアタリアティスは、ディオエニスの目潰しの計画に同意し、それを命じたのがミハイル 7 世であるとはっきり表明していることが知られる。他方ミハイルの師でもあるプセロスは次のように語っている。「確かに皇帝に好意を抱いている側近たちは、ディオエニスについてその者が何か画策して、再び皇帝にとって面倒の原因になるのではないかと恐れ、その計画をその者にはすっかり隠して、そのとき［ディオエニスに対して］生殺与奪の権を握っていたある人物に、書面を通じて彼の両眼を潰すことを命じたのである。もちろん行われたことは皇帝の知るところではなかった。私はへつらってそう言っているのではない、神よご承知あれ、これはまったく正しい……」（Psellos, *Chronographie*, II, pp.171-172［付］; Psellos/Sewter, *Fourteen Byzantine Rulers*, pp.365-366）。

同時代人のプッリャのグリエルモもディオエニスの問題に触れている。すなわち「すこぶる有利な条件で締結された和平は、ギリシア人の諸軍を養成することのできなかった彼の義理の息子たち（ミハイル 7 世とコンスタンディノス）の気に入らなかった。彼らは、ロマノスが帝座に復帰しないことを決定した。彼らが自分の敵となったことを知ったロマノスは、ペルシア人との同盟を頼りにして、彼らに対する内乱の準備を行った。義理の息子たちは彼と戦うことのできないのを知って、口先だけの和平で彼を騙そうと試みた。その策略を知らず、ただ和平の伝言を預かった 12 人の主教と Gocelin（ノルマン人）が彼のもとに送られた……ロマノスは主教たちと Gocelin を信用した。彼らは誓約してその者を安心させ、彼が求めた保証を与えた。不運な男は無益にも皇帝として復帰できると信じた。イラクリアに到着した彼は捕縛され、視力を奪われ、名の聞こえたこの皇帝は修道士となった」（*La Geste de Robert Guiscard*, p.169）。そして別の箇所で、「罪のないロマノスに厳罰を与えた卑劣にも残酷な命令」はミハイル（7 世）によるものであることを明記している（*Ibid.*, p.205）。プッリャのグリエルモの情報源をギリシア人著述家に求める必要はない、多数のラテン人がローマ帝国に勤務していたし、ロベール＝ギスカールによってコンスタンティノープルに派遣され、帰国後ミハイル帝の廃位を報告してロベールを激怒させたラウル（『アレクシアス』（相野）第 I 巻 15［2-3］）などの使節たちもいる。とにかく帝都ではロマノス帝の顛末についてさまざまに取りざたされてい

たであろう。

(107) －現代ギリシア語訳の註によれば「この余談 παρέκβαση (demotic Greek) は俳優の科白の形をとっている」とある (Attaleiates/Polemis, *Istoria*, p.311, n.268)。現代ギリシア語訳は、Αὐτὰ τὰ ἀναφέραμε παρενθετικά, σὰν λόγια τραγωδίας ποὺ ταιριάζουν σὲ τούτη τὴ συμφορά.［以上のことを余談として、そのような惨事に相応しい悲劇の台詞のように、私たちは語った］(Attaleiates / Polemis, *Istoria*, p.313)。

(108) －普通、失明の処置は真っ赤に焼けた鉄を犠牲者の眼にあててなされ、ここでのように眼球を潰すことはしない (Attaleiates/Polemis, *Istoria*, p.315, n.271)。刑が執行されたのは 1072 年 6 月 29 日 (Attaleiates/Polemis, *Istoria*, p.315, n.272 ; Attaleiates/Kaldellis-Krallis, *History*, p.604, n.225)。

(109) － 1072 年 8 月 4 日 (Attaleiates/Polemis, *Istoria*, p.315, n.273; Attaleiates/Kaldellis-Krallis, *History*, p.604, n.226)。

(110) －プリンギプス諸島の一つで、多くの修道院があった。多くの皇帝や名だたる人物が諸島に追放された（たとえばロマノス 1 世レカピノス、ニキフォロス＝フォカスの皇后テオファノ、セオドロス＝ストディティス、フォティオスなど）(Attaleiates/Polemis, *Istoria*, p.315, n.274)。

(111) －埋葬およびエヴドキアによる葬儀については *Scylitzes Continuatus* (p.154［付］) と Zonaras（*Epitomae historiarum*, p.706［付］) も語っている。

◆『続 スキリツィス』

(112) − *Scylitzes Continuatus*, pp.142-155.

(113) −アタリアティスにも同じことが記されている。付録註 29 を参照。

(114) −付録註 31 を参照。

(115) −アルツェ（アルツィ）についてはアタリアティスの記述を参照（『歴史』［148］）。

(116) −前年（1070 年）。Vryonis, *Decline of Medieval Hellenism,* p.98 ; Chronology for 1070 in *PBW*.

(117) −アタリアティスの文章と比較参照（『歴史』［151］および付録註 44）。

(118) −ここではマンツィケルトの掌握後における神の怒りを引きおこす皇帝の無慈悲な行為が語られる。

(119) −この挿話は Attaleiates, *Historia*, pp.152-153［付］においてより詳しく語られている。

(120) − Attaleiates, *Historia*, p.154［付］と比較参照。

(121) −戦いの舞いについて、付録註 58 を参照。

(122) −「それらのことが行われ」から「使節が到着した」までの文は、Attaleiates, *Historia*, p.159［付］と一字一句まったく同じである。「それらのことが行われ」たのは前日であり、「使節の到着」は翌日、まさしくマンツィケルトの戦いの日としなければならないだろう。付録註 60 を見よ。

(123) −付録註 61 参照。

(124) −皇帝たちとはコンスタンディノス 10 世とエヴドキアの 3 人の息子（ミハイルとアンドロニコスとコンスタンディオス）であろう。アタリアティスは「皇帝の義理の息子ミハイルの従兄弟」としている Attaleiates, *Historia*, p.161［付］。

(125) −アタリアティスはヴァシリキ＝イピス（皇帝の騎兵）をあてている（Attaleiates, *Historia*, p.167［付］）。

(126) −付録註 70 参照。

(127) −アルプ＝アルスラン。Cf. Moravcsik, *Byzantinoturcica*, II, p.70.

(128) −アタリアティスはヴァシラキオス / ヴァシラキスについては触れていない。ヴァシラキオスについての同じような記述はゾナラスにも見られる（Zonaras, *Epitomae historiarum*, p.702［付］）。

(129) −付録註 73 参照。

(130) −「最初からそうであったそれぞれの領域の権利」の確定について、アタリアティスおよびゾナラスにはそのような言及は見られない。

(131) −アタリアティスも同じ言葉を使っている。デクシオシス＝アドラはやはり「大きな贈物」とするのが自然であろう（付録註 76 を見よ）。

(132) −以下、「ヴァシリオス＝マレシスは捕らえられた」までの文は捕虜の帰還に関連して挿入されているのかもしれないが、唐突、不自然である。アタリアティスにおいてはしかるべき文脈において語られている（Attaleiates, *Historia*, p.167［付］）。

(133) −付録註 78 を見よ。

(134) －アタリアティスではプロトス＝アシクリティス（付録註 79)。
(135) －プロトヴェスティアリオス。皇帝衣装係の長。アタリアティスではプロトヴェスティス（付録註 81)。
(136) － Psellos, *Chronographie*, p.165［付］。
(137) －クリスピノス（クリスピン）の反乱は 1069 年の春、ディオエニスの第 2 回の遠征の折りに起こった（解題「セルジュク＝トルコの小アジア進出」を参照)。
(138) －協定（ディオエニスが帝位を放棄した後、髪を切って私人として暮らすことが許される）の締結において、主教たちは誓いを立ててそのことを保証したと思われる。
(139) － Romanos 4 in *PBW*.

**◆ゾナラス『歴史要約』**

(140) － Zonaras, *Epitomae historiarum*, pp.695-707. 改行は訳者が行ったものである。
(141) －アンドロニコスは後衛の指揮を託されていた（ニキフォロス＝ヴリエニオス『歴史』第 I 巻［16］)。